中文社会科学引文索引（CSSCI）来源集刊

民商法论丛 第67卷

Civil and Commercial Law Review
No.67

梁慧星　主编

社会科学文献出版社
SOCIAL SCIENCES ACADEMIC PRESS (CHINA)

目　录

儿童权益保护

论儿童权利保护的一般性原则

——以《联合国儿童权利公约》为文本分析[*]

郑净方

目　次

引　言

对于《联合国儿童权利公约》（United Nation Convention on the Rights of the Child，以下简称《儿童权利公约》、《公约》或者 UNCRC）的四个原则，我国国内有学者认为是儿童最佳利益、平等（非歧视）、尊重儿童和多重责任原则。^① 而国外学者大都认为是儿童最佳利益，非歧视，生命、生存和发展权以及尊重儿童意见原则。本文在探究《儿童权利公约》之一般性原则时以儿童权利委员会（Committee on the Rights of the Child）的文件为准。儿

---

* 本文系福建省社科规划青年项目"家庭法视域下儿童权利研究"（项目编号：2013C007）的阶段性研究成果。

① 如王雪梅《儿童权利论：一个初步的比较研究》，社会科学文献出版社，2005；王勇民《儿童权利的国际法保护》，法律出版社，2010。

童权利委员会在其 1991 年的第一届会议上，在有关缔约国提交的初步报告的形式和内容之《一般性指南》（General Guidance）中，确认了《公约》的四项一般性原则：非歧视（non-discrimination）（第 2 条），儿童最佳利益（best interest of the child）（第 3 条），生命、生存和发展权（right to life, survival and development）（第 6 条）和尊重儿童意见（respect for the views of the child）（第 12 条）。① 儿童权利委员会在其一般性意见（General Comments）中②、儿童权利基金会（UNICEF）在其一系列出版物中③也是采取这一种观点。四个指导原则（一般性原则）构成了《公约》所确立的权利的整体框架，并作为解释和理解《公约》的基础。

一 儿童最佳利益原则

《儿童权利公约》第 3 条第 1 款规定："关于儿童的一切行为，不论是由公共或私立社会福利机构、法院、行政机关或立法机构执行，均应以儿童的最佳利益为一种首要考虑（a primary consideration）。"④ 这一规定构成了《儿童权利公约》的最佳利益原则。

（一）儿童最佳利益原则之内涵与发展

1. 儿童最佳利益的界定

对于儿童最佳利益，学界并没有明确的界定，学者对其理解也各有不同。儿童最佳利益在诸多国际公约中得到承认，但对儿童最佳利益的具体内涵却没有明确的规定，对其效力的规定也有不同。

---

① General guidelines regarding the form and content of initial reports to be submitted by States Parties under article 44, paragraph 1 (a) of the Convention. See U. N. Doc. CRC/C/5 (1991), para. 13.

② See General Comment No. 12 (2009) of Committee on the Rights of the Child (CRC/C/GC/12), para. 2; General Comment No. 13 (2011) of Committee on the Rights of the Child (CRC/C/GC/13), para. 59.

③ United Nations Children's Fund, *The State of the World's Children 2012: Children in an Urban World*, UNICEF, 2012, p. 17.

④ See Article 3 (1) of United Nations Convention on the Rights of the Child 1989.

（1）学者对儿童最佳利益的理解。罗伯特·姆努金（Robert Mnookin）在 1975 年指出，"确定什么对于儿童来说是最好的，提出了一个现在看来仍然根本的问题，即生命本身的目的和价值"①。当然，儿童最佳利益包含了什么，这取决于对这一概念的理解。"能够影响儿童福利之遗传、金融、教育、环境和关系等一系列广泛的因素，在法官、社会工作者或成人的影响下，被法律限缩在一个狭窄的范围之内。"② 对儿童最佳利益这一概念的界定较好的是约翰·伊科拉尔（John Eekelaar）。他将最佳利益界定为："最佳利益是尽可能没有不利情况的成年的基本利益，例如身体、情感和智力方面的照顾发展利益；自由利益，尤其是选择自我生活方式的自由。"③ 他又论述道："将《儿童权利公约》建构为成人对儿童所应承担的义务清单，这从逻辑上是可行的。"④ 但伊科拉尔的这一界定将人类视为卑屈的，最好应对其进行约束和控制，这揭示了一种消极的怀疑的人性观。

（2）国际文件对儿童最佳利益的规定。1959 年联合国《儿童权利宣言》（Declaration of the Rights of the Child 1959）最早提出了儿童最佳利益原则，即："儿童应受到特别保护，并应通过法律和其他方法而获得各种机会与便利，使其能以健康而正常的方式和在自由与尊严的条件下，得到身体、心智、道德、精神和社会等方面的发展。为此目的而制定法律时，应以儿童的最佳利益为至高无上的考虑（the paramount consideration）。"⑤

---

① Robert Mnookin, "Child Custody Adjudication: Judicial Functions in the Face of Indeterminacy", *Law and Contemporary Problems*, Summer 1975, p. 260.

② Michael King & Christine Piper, *How the Law Thinks about Children* (*2nd edition*), Ashgate Publishing Limited, 1995, p. 50.

③ John Eekelaar, "The Importance of Thinking that Children Have Rights", *International Journal of Law and the Family*, April 1992, pp. 230 – 231.

④ John Eekelaar, "The Importance of Thinking that Children Have Rights", *International Journal of Law and the Family*, April 1992, p. 234.

⑤ See Principle 2 of the Declaration on the Rights of the Child 1959. It provided: the child shall enjoy special protection, and shall be given opportunities and facilities, by law and by other means, to enable him to develop physically, mentally, morally, spiritually and socially in a healthy and normal manner and in conditions of freedom and dignity. In the enactment of laws for this purpose, the best interests of the child shall be the paramount consideration.

它是第一部明确规定"儿童最佳利益"的国际人权文件。

在《儿童权利公约》中，儿童最佳利益是出现频率较高的一个词，也是贯穿《公约》的一个原则。儿童最佳利益（best interest of the child）一共出现了 9 次，即出现在第 9（1）条、第 9（3）条、第 18（1）条、第 20（1）条、第 21 条、第 37（c）条和第 40（2）（b）（iii）条中。但是，《公约》并没有对最佳利益进行界定，也未对其进行进一步的阐释。儿童权利委员会虽然未对儿童最佳利益的含义发布一般性意见，但是在发布的 23 个一般性意见中①有多处提到了儿童最佳利益。如第 1 号一般性意见第 9 段、第 2 号一般性意见第 9（i）段等等。

这里要注意的问题是，虽然很多国际文件都规定将儿童最佳利益予以考虑，但有的是"一个"（a）首要考虑，有的是"这个"（the，强调唯一性）首要考虑，有的是"首要"（primary）考虑，有的是"至高无上的"（paramount）考虑。如《儿童权利公约》第 3（1）条规定的是"a primary consideration"，而第 21 条的收养条款规定的却是"the paramount consideration"。1959 年《儿童权利宣言》第 2 条和 1986 年联合国《关于儿童保护和儿童福利，特别是国内和国际寄养和收养办法的社会与法律原则宣言》第 5 条明确规定儿童最佳利益是"the paramount consideration"。

从上面这些条文可以看出，各个时期立法者对儿童最佳利益的态度不同或者适用程度不同。在《儿童权利公约》规定的最佳利益原则这一条款中，儿童最佳利益并不是唯一的首要考虑，只是其中之一。儿童权利委员会坚持，为了确保在一切有关儿童的行动中均以儿童的最大利益为一种首要考虑，需要评估所有立法和其他形式的政策对儿童的影响，以确定任何拟议的法律或政策或预算分配对儿童权利的影响。②

---

① 截至 2018 年 6 月，儿童权利委员会共发布了 23 个一般性意见（General Comments），对相关问题或术语进行解释、发表意见。See from the website of Office of the United Nations High Commissioner for Human Rights（OHCHR），at http://tbinternet. ohchr. org/_ layouts/ treatybodyexternal/TBSearch. aspx? Lang = en&TreatyID = 5&DocTypeID = 11，visited on June 21st, 2018.

② See General Comment No. 5（2003）of Committee on the Convention on the Rights of the Child（CRC/GC/2003/5），para. 45.

2. 儿童最佳利益原则的制定过程

在《儿童权利公约》的起草准备工作过程中，作为"首要考虑"的儿童最佳利益的效力，也是各国代表争议的主题。波兰代表提交的《儿童权利公约》的第一次草案完全复制了 1959 年《儿童权利宣言》原则二之条文规定①，一些代表对此不能认同。因此 1980 年人权委员会工作小组（Working Group）又提交了一份草案，将儿童最佳利益视为一种首要考虑（a primary consideration）。② 一些与会代表认为，这一提法使得在紧急状况中不考虑儿童利益成为可能。如果儿童最佳利益被视为特定的或唯一的首要因素，这是不可能发生的事情。也就是说，在极少数的情况下，有些因素与儿童最佳利益同等重要或更重要，例如在分娩过程中母亲的健康。③

《公约》还规定，应当考虑"儿童最佳利益"的法律实体。根据"起草过程记录"（travaux préparatoires）④，在《公约》最初版本中，法律实体包括"父母、监护人、社会或国家机构，尤其是法院和行政机关"。⑤美国代表提出，删除父母和监护人，并将这些实体采取的行为限制为"有关儿童的官方行为"。对"官方"这一术语的解释是，将纯粹的私人决定排除在该条范围之外。当然，两种做法的目的都是一样的，即排除父母和法定监护人。⑥ 各国磋商的最终结果是：删除了"官方"一词，但也仍然将父母和法定监护人排除在外，同时增加了"立法机构"。⑦ 在《公约》最终版本中，这些法律实体是"公共或私人社会福利机构、法院、行政机关或立法机构"，这反映了国家之间利益的一种妥协。

---

① See U. N. Doc. E/CN. 4/1292（1978），p. 124.

② See U. N. Doc. E/CN. 4/L. 1542（1978），para. 44.

③ See U. N. Doc. E/CN. 4/L. 1575（1981），para. 24.

④ travaux préparatoires，磋商过程的官方记录，经常用以阐释条约或其他文件的立法意图。See http://en. wikipedia. org/wiki/Travaux_pr% C3% A9paratoires，visited on June 24th，2018.

⑤ See U. N. Doc. E/CN. 4/L. 1575（1981），para. 20.

⑥ See U. N. Doc. E/CN. 4/1349 *（1980），pp. 2 - 3.

⑦ See U. N. Doc. E/CN. 4/L. 1575（1981），para. 25.

（二）儿童最佳利益原则的法律适用

1. 儿童最佳利益原则的主要立法例

儿童最佳利益的认定曾经主要发生于监护纠纷中，但是现在也见于很多医疗决定案例之中，比如父母决定是否应该给儿童接种麻腮风疫苗。大多数法院在审理案件时都认为应依据儿童最佳利益原则予以考虑。而且，它不仅适用于私人主体之间的利益纠纷，如 Yousef 案[①]；而且也不断适用于将儿童带离父母身边由国家照顾等公共法律领域，如 Sommerfeld 案[②]。可见，儿童最佳利益原则在各国的司法实践中的适用范围是比较广泛的。

（1）英美法系国家的立法例。儿童最佳利益作为一项指导原则，在美国法中已经存在一百多年。南北达科他州早在建立前，于 1877 年引入儿童最佳利益原则，作为法院判定儿童是否获得监护或由谁来监护的一个重要因素。[③] 1881 年美国堪萨斯州最高法院审理的 *Chapsky v. Wood* 案[④]通常被认为是第一次表达考虑儿童最佳利益理念的判例。从那时起，该术语或者一些实质上的类似解释，先后出现在无数的判决和法令中，涉及收养、父母权利、教育、童工以及其他有关儿童福利等各个领域。[⑤] 同样，美国联邦法律也经常援引儿童最佳利益原则。

英国在《1989 年儿童法》（Children Act 1989）第 1 条第 1 款中明文规定，涉及儿童抚养、儿童财产的管理或财产孳息使用等有关事项时，法

---

① *Yousef v. The Netherlands* ［2003］1 FLR 210. 法院强调，当《欧洲人权公约》第 8 条规定之父母与儿童的权利都处于危险之中时，儿童的权利应当是至高无上的考虑。

② *Sommerfeld v. Germany* ［2002］1 FLR 119.

③ Elisabeth A. Mason，"The Best Interest of the Child"，in Jonathan Todres et al.，*The U. N. Convention on the Rights of the Child: An Analysis of Treaty and Implications of U. S. Ratification*，Transnational Publishers，2006，p. 123.

④ *Chapsky v. Wood*，26 Kan. 650（1889）. 该案的审理法院将一个 5 岁女孩的监护权判给了她的祖母而不是父亲。法院认为，这个一直与其祖母在一起生活的女孩可以继续通过这种照顾获得较好的成长。

⑤ Elisabeth A. Mason，"The Best Interest of the Child"，in Jonathan Todres et al.，*The U. N. Convention on the Rights of the Child: An Analysis of Treaty and Implications of U. S. Ratification*，Transnational Publishers，2006，p. 124.

院应将儿童福利作为首要考虑因素。①

澳大利亚 1995 年《家庭法改革法》（Family Law Reform Act 1995）明确规定，法院在作出抚养计划（parenting plan）、抚养令（parenting order）、查询住所令（location order）、返还子女令（recovery order）及其他与儿童有关的命令时，以及在与子女有关的一切诉讼中②，应当将儿童最佳利益作为首要考虑。

（2）大陆法系国家和地区的立法例。《德国民法典》第 1697a 条明确了儿童最佳利益原则，以不另有规定为限，在关于"父母照顾"一节所规定的事务的程序中，法院做出在考虑到真实情况和可能性以及利害关系人的正当利益的情况下，最符合儿童最佳利益的裁判。③

经修订的《法国民法典》和《日本民法典》没有明文规定儿童最佳利益原则，但在具体条文中体现了对未成年子女利益的保护。如《法国民法典》第 371 - 5 条规定的"如不可能这样做，或者子女的利益要求另做安排"、第 373 - 2 - 1 条规定之"如果子女的利益有此要求"。④ 2004 年《日本民法典》第 819 条第 6 款规定："可认定为子女的利益有必要时，家庭法院根据子女亲属的请求，可以将亲权人变更为另一方。"⑤

2. 主要国家和地区对儿童最佳利益的判定

英国《1989 年儿童法》第 1 条第 3 款罗列了法院在认定儿童最佳利益时应考虑的七大因素：儿童的真实愿望和感受（根据他的年龄和理解能力衡量）；儿童的身体、情感及教育需要；任何变化对儿童可能的影响；儿童的年龄、性别、家庭背景及法院认为相关的任何性格特征；儿童已经遭受的伤害或可能遭受的伤害的危险；儿童的父母及法院认为与所需解决的问题相关的其他人满足儿童需要的能力；法院依本法在诉讼争议中行使

---

① 蒋月：《英国婚姻家庭制定法选集》，法律出版社，2008，第 137 页。
② See Sections 63B（b），65E，67L，67V，67ZC（2）and 68B（1）of the Family Law Reform Act 1995.
③ 陈卫佐译注《德国民法典》（第 4 版），法律出版社，2015，第 517 页。
④ 罗结珍译《法国民法典》，北京大学出版社，2010，第 115~116 页。
⑤ 渠涛编译《最新日本民法》，法律出版社，2006，第 175 页。

权力的范围。①

美国 1973 年《统一结婚与离婚法》（Uniform Marriage and Divorce Act 1973)② 第 402 条规定，法官适用儿童最佳利益原则时，须考虑下列因素：儿童父母对于监护之意愿；儿童对于监护人之意愿；儿童与其父母、兄弟姐妹或其他可能影响到其最佳利益之其他人的互动及相互关系；儿童对于住所、学校及社区的适应情形；以及所有利害关系人的心理及身体健康状况。③ 在美国，为了避免儿童最佳利益原则判断的困难，法院在审理监护案件时曾发展出三种不同的推定原则。这三种原则分别为 "共同监护"（joint custody)、"心理上父母"（psychological parent) 及 "主要照顾者"（primary caretaker) 原则。

为增加儿童最佳利益的可操作性，澳大利亚 1995 年《家庭法改革法》第 6F8（2）条明确规定，法院在确定儿童最大利益时，必须考虑子女所表达的任何愿望，以及法院认为与子女愿望相关的其他重要因素（例如子女的年龄或理解水平）；子女与父母及其他人员的关系状况；生活环境的变化可能对其产生的影响，包括与以下所列人员分开可能对其产生的影响：父或母、其他子女或与之共同生活的其他人；子女与父或母接触的现实困难或花费，以及是否影响维系定期接触的父母子女间的感情；等等 12 种因素。④

在德国，作为离婚后子女亲权归属之最高决定基准的儿童最佳利益原则，学说及实务考虑四个标准：①支持原则，人格、能力及职业，较能照顾子女，并帮助子女人格之健全发展获得亲权；②继续性利益，应使子女目前以及未来之教育、发展获得一致性；③子女之意愿、年龄及性别，而子女之意愿则应考虑子女之年龄及动机等；④另有学者主张斟酌上述因素

---

① 蒋月等译《英国婚姻家庭制定法选集》，法律出版社，2008，第 137 页。
② 又称《标准结婚与离婚法》（Model Marriage and Divorce Act），是结婚和离婚的示范章程，由美国全国统一州法会议委员会（National Conference of Commissioners on Uniform State Laws）于 1970 年颁布，1973 年修订。
③ See §402. "Best Interest of Child" of Uniform Marriage and Divorce Act 1973.
④ 陈苇、王鹍：《澳大利亚儿童权益保护立法评介及其对我国立法的启示——以家庭法和子女抚养（评估）法为研究对象》，《甘肃政法学院学报》2007 年第 5 期。

仍无法做出符合子女利益之决定时，可考虑婚姻破裂之原因及离婚程序进行之状态等。①

（三）对儿童最佳利益原则之评析

儿童最佳利益具有非唯一性。《公约》条文中使用不定冠词"a"反映了起草者试图在最大限度情形下权衡儿童最佳利益②，既确保儿童最佳利益原则的广泛适用，但又想将其约束力与现实相符。这也就意味着儿童最佳利益并不总是单一的至上性考虑因素，它需要与相冲突的其他人权利益进行竞争，比如儿童之间、儿童群体与成人群体之间。③ 它承认其他当事人在某些情形下可能有同等甚至更高的法律利益（比如分娩时的紧急医疗事故）。尽管如此，起草者意图通过该条款建立一个原则，即影响儿童的决定必须首要考虑儿童的最佳利益，而父母利益或国家利益都不是最重要的考虑因素。④

儿童最佳利益具有不确定性。几乎所有的人权文件都要求在所有涉及儿童的争议中首要考虑儿童最佳利益。但是在实践中，该标准的范围和程度却是不确定的。⑤ 不同社会不同历史时期对于儿童最佳利益的概念是不一样的。不同文化也不可避免地对什么是儿童最佳利益有不同的概念。⑥ 当夫妻一方是基督徒，另一方是伊斯兰教信徒时，他们对于儿子是否割包皮发生冲突，父母双方都将儿童最佳利益放在心上，但是对其却有不同的

---

① 陈惠馨：《比较研究中、德有关父母离婚后父母子女间法律关系》，载陈惠馨著《亲属法诸问题研究》，月旦出版公司，1993，第 276~278 页。

② Elisabeth A. Mason, "The Best Interest of the Child", in Jonathan Todres et al., *The U. N. Convention on the Rights of the Child: An Analysis of Treaty and Implications of U. S. Ratification*, Transnational Publishers, 2006, p. 123.

③ Rachel Hodgkin & Peter Newell, *Implementation Handbook for the Convention on the Rights of the Child* (*3rd edition*), United Nations Children's Fund, 2007, p. 38.

④ Claire Breen, *Age Discrimination and Children's Rights: Ensuring Equality and Acknowledging Difference*, Martinus Nijhoff Publishers, 2006, p. 9.

⑤ Sandra Ferreira, "The Best Interests of the Child: From Complete Indeterminacy to Guidance by the Children's Act", *Journal of Contemporary Roman-Dutch Law*, May 2010, p. 201.

⑥ *Al-Habtoor v. Fotheringham* [2001] 1 FLR 951.

解释。①

儿童最佳利益具有性别中立性。美国在早期子女监护立法上借鉴英国的立法和司法经验，法院在离婚时子女监护问题上原先坚持"父权优先原则"，随后摒弃这一原则，引入并遵循"幼年原则"，坚持"母权优先"（maternal preference）。不论父权优先原则还是幼年原则都具有性别色彩。从 20 世纪 70 年代开始，各州法院纷纷以违反本州有关权利平等的法律规定或违反联邦宪法有关权利平等的第 14 修正案为由将"幼年原则"推翻，并发展出性别意涵较中立的"儿童最大利益原则"，作为法院判断儿童监护归属争议案件的考量标准。②

儿童最佳利益之判断具有主观性。在监护纠纷案件中，法官作出的裁定或立法者采纳的政策将取决于儿童福利的哪些方面在法官或立法者的头脑中占主导地位。换言之，他们脑中有个根深蒂固的价值判断标准，最佳利益因此而具有主观性③，如 *Painter v. Bannister* 案④和 *Re M.* 案⑤。最佳利益在法律上的模糊性和其本身的不确定性使得法官在审理案件时，自由裁量权过大。

儿童最佳利益之判断具有困难性。法院判断儿童最佳利益之原则时，必须对可能之结果加以分析及比较之后，始能得到儿童最佳利益。法院对于不确定之因素及信息之取得，必须花费相当之时日及心神。且法官之工作甚为忙碌，是否有时间、精力，依儿童最佳利益之内涵逐一调查考虑，亦令人存疑。⑥ 因此，法院在进行儿童最佳利益判定时，存在一定的困难。这使得法官不得不放弃找寻儿童最佳利益的最真实结果，而是转向经验性

---

① In Re. J.［2000］1 FLR 571；In Re. S.［2005］1 FLR 236.

② 陈苇、谢京杰：《论"儿童最大利益原则"在我国的实施——兼论〈婚姻法〉等相关法律的不足及其完善》，《法商研究》2005 年第 5 期。

③ Michael D. Freeman, *A Commentary on the United Nations Convention on the Rights of the Child-Article 3：The Best Interest of the Child*, Martinus Nijhoff Publishers, 2007, p. 28.

④ *Painter v. Bannister*, 140 N. W. 2d 152（1966）. 本案法院在很大程度上依赖于一个儿童心理学家的证词，并将儿童心理学上的最佳利益作为判决基础。法院认为"在儿童的正常发展过程中，家庭的安全性和稳定性比智力激发更为重要"。

⑤ In Re. M.［1996］2 FLR 44. 本案经常被称为"祖鲁男童"案。本案的焦点在于，一个 9 岁男童的最佳利益是继续与其白人养母待在伦敦生活还是回到南非的父母身边。

⑥ 黄义成：《论以未成年养子女为中心之收养法》，中正大学硕士学位论文，2001，第 20～21 页。

的主观判断。

二　非歧视原则

《儿童权利公约》第 2 条第 1 款规定："缔约国应尊重并确保其管辖范围内的每个儿童均享有本公约所载之权利，不因儿童或其父母或法定监护人的种族、肤色、性别、语言、宗教、政治或其他见解、国籍、族裔或社会出身、财产、残疾、出生或其他身份而有受任何形式的歧视（discrimination）。"① 这一条款规定了儿童不受歧视的权利，被称为"非歧视条款"，即儿童权利委员会在《一般性指南》中所确定的"非歧视原则"。第 2 款是对第 1 款规定之非歧视原则的补充，要求"缔约国应采取一切适当措施确保儿童受到保护，不因其父母、法定监护人或家庭成员之身份、活动、所表达的意见或信仰而受到一切形式的歧视（discrimination）或惩罚"②。

（一）非歧视原则的内涵与发展

1. 非歧视原则的源起与发展

该原则最早是作为联合国的一项宗旨出现的。1945 年《联合国宪章》第 1 条规定了联合国的宗旨之一是"在下列方面促成国际合作：解决经济、社会、文化及具有人道主义性质之国际问题，增进并激励尊重人权及基本自由，不因种族、性别、语言或宗教而有差别（distinction）"。③ 这里的"不因种族、性别、语言或宗教而有区别"是联合国的一项宗旨，尚未涉及人权保护。1948 年《世界人权宣言》不仅宣告并涵盖了主要生活领域的权利，也对"非歧视"进行了规定。④ 第 2 条规定："人人有资格享受本宣言所载之一切权利和自由，不因种族、肤色、性别、语言、宗教、

---

① See Article 2 (1) of the United Nations Convention on the Rights of the Child 1989.
② See Article 2 (2) of the United Nations Convention on the Rights of the Child 1989.
③ See Article 1 (3) of the Charter of the United Nations 1945.
④ 第 2 条使用的是"distinction"，第 7 条和第 23 (2) 条使用的是"discrimination"。See Articles 2, 7 and 23 (2) of the Universal Declaration of Human Rights 1948.

政治或其他见解、国籍或社会出身、财产、出生或其他身份等而有任何形式的区别（without distinction）。并且不得因一人所属的国家或领土之政治、行政或者国际地位之不同而有区别（no distinction）……"① 此时，该项原则才被明确为人权保护的基本原则之一。《欧洲人权公约》第 14 条②也规定了这一原则。但是，它们都是具有普遍适用性的公约，并未将关注的目光专门对准儿童这一特殊群体。

直到 1959 年《儿童权利宣言》颁布，"非歧视原则"才在儿童权利保护领域确立。《儿童权利宣言》原则一规定："儿童应当享有本宣言中所列举的一切权利。每个儿童毫无例外均享有这些权利，不因其本人或家族之种族、肤色、性别、语言、宗教、政治或其他见解、国籍或社会出身、财产、出生或其他身份而有所区别或歧视。"③《儿童权利宣言》由序言和十项原则构成，将"非歧视"原则列为第一项原则，这足以可见国际社会对该原则的重视程度。此后，"非歧视原则"又在多个国际文件中得到重申。如《公民权利和政治权利国际公约》第 2、24 和 26 条④，《经济、社会与文化权利国际公约》第 2（2）、7（a）（i）和 10 条⑤，《非洲人权与人民权利宪章》的序言和第 2、18、28 条⑥，以及《非洲儿童权利与福利宪章》第 3 条和第 26 条⑦等。

《儿童权利公约》第 2 条更是明确规定了非歧视原则，并将其作为一般性基本原则之一。儿童权利委员会虽未对第 2 条发布任何的一般性意见，但是一般性意见有对相关的非歧视问题进行探讨。如第 1 号一般性意

---

① See Article 2 of the Universal Declaration of Human Rights 1948.

② See Article 14 of European Convention on Human Rights 1950.

③ See Principle 1 of the Declaration of the Rights of the Child 1959.

④ 第 2 条使用的是"without distinction"，第 24、26 条使用的是"without discrimination"。See Articles 2, 24 and 26 of International Covenant on Civil and Political Rights 1966.

⑤ 第 2（2）条和第 10 条使用的是"without discrimination"，第 7（a）（i）条使用的是"without distinction"。See Articles 2（2）, 7（a）（i）and 10 of International Covenant on Economic, Social and Cultural Rights 1966.

⑥ 序言中使用的是"distinction"，第 2、18 和 28 条使用的是"discrimination"。See Preamble and Articles 2, 18 and 28 of the African Charter on Human and People's Rights 1979.

⑦ 这两个条文使用的是"discrimination"。See Articles 3 and 26 of the African Charter on the Rights and Welfare of the Child 1990.

见中的教育歧视①、第 3 号一般性意见中对 HIV/AIDS② 儿童的歧视③、第 4 号一般性意见中对青少年健康状态的歧视④、第 5 号一般性意见中一般执行措施的原则⑤、第 6 号一般性意见中对远离原籍国无人陪伴和无父母陪伴的儿童歧视待遇⑥等等。这足以可见这一原则的重要性。

2. 非歧视原则的内涵

《儿童权利公约》第 2（1）条规定了歧视的禁止理由，其借鉴了《公民权利和政治权利国际公约》第 2（1）条之规定⑦，增加了"族裔"（ethnic origin）和"残疾"（disability）。在《儿童权利公约》起草过程中，有代表提议加入关于婚生子女和非婚生子女歧视的特别规定。⑧ 比如中国代表提议加入如下条款："本公约之缔约国应当采取一切有效措施确保非婚生儿童享受与婚生儿童相同的法定权利，尤其是本公约规定的权利。"⑨ 但未获通过。笔者认为，婚生子女与非婚生子女也是受《公约》第 2 条保护的，因为这一对身份可以归入"出生"这一术语之下。

《公约》第 2 条所蕴含的内容，首先，要求在儿童之间不得给予歧视对待。女童应享有与男童同等的机会。难民儿童、土著或少数群体儿童应与所有其他儿童一样享有同样的权利。残疾儿童应获得与其他人一样的机会过上体面生活。⑩ 也就是说，不论男童与女童、残疾与非残疾、婚生与非婚生、农村与城市，不论种族、肤色、文化、语言抑或特殊状态（难民

---

① See U. N. Doc. CRC/GC/2002/1，paras. 10 – 11.

② HIV（Human Immunodeficiency Virus），人类免疫缺陷病毒，即艾滋病毒；AIDS（Acquired Immune Deficiency Syndrome），获得性免疫缺陷综合征，即艾滋病。

③ See U. N. Doc. CRC/GC/2003/3，paras. 7 – 9.

④ See U. N. Doc. CRC/GC/2003/4，para. 6.

⑤ See U. N. Doc. CRC/GC/2003/5，para. 12.

⑥ See U. N. Doc. CRC/GC/2005/6，para. 18.

⑦ 第 2 条第（1）款规定："本公约每一缔约国尊重和确保在其领土内和受其管辖的一切个人享有本公约所承认之权利，不因譬如种族、肤色、性别、语言、宗教、政治或其他见解、国籍或社会出身、财产、出生或其他身份等而有任何区别。" See Article 2 of International Covenant on Civil and Political Rights 1966.

⑧ See U. N. Doc. E/CN. 4/1349 * (1980)，p. 3.

⑨ See U. N. Doc. E/CN. 4/1986/39（1986），para. 13.

⑩ 〔挪〕艾德等：《经济、社会和文化的权利》，黄列译，中国社会科学出版社，2003，第 403 页。

或感染艾滋病等），都不应当予以歧视对待。

其次，非歧视原则要求不应对儿童与成人给予歧视对待。儿童和成人都是人类（human being），都具有称其为人的基本人权，都有道德地位，我们应该对二者给予相同的道德考虑。虽然我们同时也承认儿童的依赖性、脆弱性和不成熟性等，要对二者给予区别考虑，但这种区别的目的在于承认儿童的特殊性，对其给予特殊保护，而非歧视。

最后，非歧视原则还隐含着这样一层意思：基于儿童与成人之间生理和心理的差别，儿童具有脆弱性，需要给予特殊的照顾。这说明对于儿童有一种相较于成人的倾斜性保护。

非歧视原则要求缔约国尊重《公约》所载之权利，并确保其管辖范围内的每一个儿童都享受这些权利，不应有任何的差别。缔约国必须积极确定儿童个人和儿童群体，承认和实现其权利可能需要采取特别措施。应当强调的是，平等享有权利方面适用非歧视原则，并不是说待遇相等。①

（二）非歧视原则之法律适用

1. 区别（distinction）v. 歧视（discrimination）

当然，我们发现这些文件存在语义上的差异，比如有些文件使用"区别"（distinction）而非"歧视"（discrimination），有些使用语气较弱的术语"着手做"（undertake to）而非"应当确保"（shall ensure）。有学者认为"区别"（distinction）和"歧视"是一样的，没有必要进行区分，因为它们是可以相互转换的。它们只是风格上的变化，并不影响不受歧视的权利的含义。② 例如，1966 年《经济、社会和文化国际公约》（International Covenant on Economic, Social and Cultural Rights 1966, ICCPR）第 2 条使用的是"区别"，而"歧视"一词在 ICCPR 其他若干条文中多次使用，如第 26 条。对此，联合国人权委员会认为：

---

① See U. N. Doc. CRC/GC/2003/5, para. 12.

② Bruce Abramson, *A Commentary on the United Nations Convention on the Rights of the Child-Article 2: The Right of Non-Discrimination*, Martinus Nijhoff Publishers, 2008, p. 7, p. 20.

本《公约》（ICCPR）所使用之"歧视"应当理解为隐含着基于任何理由作出的区别、排除、限制或偏向，这些利益包括种族、肤色、性别、语言、宗教、政治或其他见解、民族或社会出身、财产、出生或其他身份等。权利和自由的行使是同等的，但这并不意味着在每种情形下都是完全相同的待遇。……最后，委员会认为不是每种区别对待都会构成歧视，如这种区别对待的标准是合理且客观的，且为了实现 ICCPR 规定之法定目的。①

笔者认为，区别不等于歧视，二者是有差别的。"区别"这一术语具有中立性，是将不同的人或事物给予不同的对待。而"歧视"一词具有贬义性，往往是授予某些人特权而对另一些人构成不公平对待，或者基于种族、肤色等理由剥夺某些人的权利，甚至没有正当理由给予不公平对待。

2. 平等原则 v. 非歧视原则

非歧视和平等概念在各国宪法或家庭法中普遍确立。据对世界上 110 部宪法的统计，涉及平等权利的宪法有 92 部，提到保护公民不受歧视的宪法有 89 部，两组统计数字均超过宪法总数的 80% 以上。② 所以平等原则和非歧视原则是两项紧密联系的原则，也有人将二者混用，这其实是错误的。平等要求所有人根据法律享有相同的权利，承担相同的义务，受到相同的对待；而非歧视则要求这些权利义务和待遇不会因为种种理由或根据而受到歧视。二者着重点不同。

也有学者从积极型条款和消极型条款上对平等原则和非歧视原则进行分析。积极型条款系在文辞上强调基本人权应受平等保障；而消极型条款则禁止国家对特定人之基本人权予以不当的歧视待遇。在国际人权公约中，平等原则多属积极型条款，而非歧视原则多是以消极型条款呈现。平等保护比非歧视原则更加周延，也更加积极。③ 这种区分也对缔约国提出了不同程度的义务要求。

---

① See General Comment 18 of Human Rights Committee（Thirty-seventh Session，1989），para. 7.
② 王雪梅：《儿童权利保护的基本原则评析》，《中国妇运》2007 年第 6 期。
③ 王雪梅：《儿童权利论：一个初步的比较研究》，社会科学文献出版社，2005，第 75 页。

而且，平等原则内含的意思是儿童和成人具有相同的权利和义务。而非歧视原则是承认生理和心理不平等的存在的，承认儿童不能享有成人所享有的部分权利，如角色权利。但是若儿童依其发展能力可以享有这些权利，这时就不能基于其年龄或成熟程度进行歧视对待。

3. 非歧视原则的具体适用

（1）在教育方面的歧视。第 2 条规定之歧视理由，无论是公开歧视或是隐蔽的歧视都有悖于儿童之尊严，可能破坏甚至摧毁儿童从教育机会中获益的能力。[①] 第 28 条和第 29 条规定了受教育权，第 28 条特别强调"在机会均等基础上"实现这一权利，第 29 条详述了教育儿童的目的。这两条与第 2（1）条规定的非歧视原则有一定的关联。这些实质性标准适用于全球条件和实际，并不一定是那些拥有完善教育系统的科技更发达的国家。在历史上，Brown 案[②]是具有里程碑意义的判例，该案推翻了 *Plessy v. Ferguson* 案[③]所确立的"隔离但平等"（separate but equal）的种族歧视原则，将平等教育原则载入基本法中。无论白人黑人，在受教育权上均享有相同的宪法权利。

（2）在医疗保健和相关利益方面的歧视。《公约》第 24 条对此进行了规定。儿童在医疗保健和社会服务方面的问题并未得到与教育服务同样的应有重视。非歧视法律和法规在这方面的规定是比较少的。而且，法院在牵涉儿童的健康和福利项目（医疗、食品救济、对有子女家庭补助、社会保障残疾与救济依赖）之内容或管理上对歧视性待遇的挑战（例如"平等保护"索赔）通常是不成功的。[④] 如 *Sullivan v. Stroop* 案[⑤]和 *Sullivan*

---

① See U. N. Doc. CRC/GC/2001/1，para. 10.

② *Brown* v. *Board of Education of Topeka*，347 U. S. 483（1954）.

③ *Plessy* v. *Ferguson*，163 U. S. 537（1896）.

④ Daniel L. Skoler，"Anti-Discrimination Guarantees under the U. N. Convention on the Rights of the Child-Issues and Impact for U. S. Ratification"，in Jonathan Todres et al.，*The U. N. Convention on the Rights of the Child*：*An Analysis of Treaty and Implications of U. S. Ratification*，Transnational Publishers，2006，pp. 110 – 111.

⑤ *Sullivan* v. *Stroop*，496 U. S. 478（1990）. 该案为了 AFDC（美国对有子女家庭补助计划），对留守儿童和有父母照顾儿童的资格进行区分时，强调"理性基础"测试。

v. Zebley 案①。

（三）非歧视原则之评析

首先，非歧视原则是目前国际立法和实践中的一个重要的基本原则。儿童权利委员会强调，非歧视原则平等适用于国家、私人机构和个人，而且这应当在立法中予以体现。② 第 2 条构成了《儿童权利公约》所规定的儿童其他权利的基础，是一个保护伞条款（umbrella clause），对部门权利（生活中各个领域或部门的权利，如教育、健康等）进行保护。除了保护伞条款不受歧视的权利外，一些权利本身就直接内置了非歧视条款，如《公约》第 28（1）（c）条。③ 除第 2 条规定外，《公约》另外 2 个条文也隐含着非歧视的规定，反对歧视难民儿童享受《公约》规定的权利（第 22 条）和少数民族和土著儿童享受文化、宗教和语言遗产的权利（第 30 条）。④

其次，《儿童权利公约》第 2 条实际上包含了三种不同的权利。第 2（1）条规定的是不受歧视的权利，这在其他公约中可以找到对应的条款，如《公民权利和政治权利国际公约》第 2 条之规定。《儿童权利公约》第 2（2）条包括两种权利：不因父母等人的行为而受到歧视；不因父母等人的行为而受到惩罚。这两个权利在其他条约中都没有对应条款。⑤ 同时，第 2（1）条规定"本公约所载之权利"，说明缔约国承担的非歧视的义务适用于《儿童权利公约》规定的所有权利。因此，第 2（1）条并不仅仅规定不受歧视的权利。

再者，《儿童权利公约》规定的禁止歧视的理由相较于之前的国际公

---

① *Sullivan v. Zebley*，493 U. S. 521（1990）. 作为《社会保障法》的解释，最高法院推翻了为残疾福利之目的在儿童和成人之间进行资格测试的歧视性待遇。

② Zimbabwe CRC/C/15/Add. 55，para. 12.

③ "机会均等"这一术语本身就构成一种反对歧视的标准。

④ Daniel L. Skoler，"Anti-Discrimination Guarantees under the U. N. Convention on the Rights of the Child-Issues and Impact for U. S. Ratification"，in Jonathan Todres et al.，*The U. N. Convention on the Rights of the Child：An Analysis of Treaty and Implications of U. S. Ratification*，Transnational Publishers，2006，p. 100.

⑤ Bruce Abramson，*A Commentary on the United Nations Convention on the Rights of the Child-Article 2：The Right of Non-Discrimination*，Martinus Nijhoff Publishers，2008，p. 2.

约而言是不断增加的，这反映出《公约》的保护范围在不断扩大。而且联合国大会并没有在歧视前面增加任何定语进行限制，比如"不合理"或者"不公平"歧视。只要基于法律规定的那些理由构成歧视，即违反了本条之规定，无论这种歧视是否公平或者合理。

三 生命、生存和发展权原则

《儿童权利公约》第 6 条规定："1. 缔约国承认每一个儿童均有固有的生命权。2. 缔约国应最大限度地确保儿童的生存和发展。"①

这一条文规定了儿童的生命、生存和发展权，宣扬这些权利是儿童最重要的基本人权，并且儿童权利委员会将该条文指定为《儿童权利公约》的四项一般性原则之一。

（一）生命、生存和发展权原则的内涵与发展

1. 生命、生存和发展权的内涵

生命是不可逆转且不可替代的。生命权是自然人存在于世上的根本，是人所享有的最基本的人格权，是其他一切权利的基础。人权委员会认为，"对生命权不能作严格解释，而且缔约方负有特定的义务，采取充分积极的措施确保该权利"②。在《儿童权利公约》中，生命权是唯一被描述成固有权利（inherent right）的。只有尊重和充分保护与实现生命权，其他的权利才有意义。

生存权并不经常在国际文件或国家宪法中出现，就国际层面上看，它来源于儿童基金会讨论儿童的建议，目的是考察生命权的动态方面。③ 生存权是一个有歧义的概念，同时也是一个不断发展的概念。有学者认为，这可从广义与狭义两个层面加以分析：从广义的角度，生存权不仅包括维

---

① See Article 6 of the United Convention on the Rights of the Child 1989.

② See General Comment No. 6 （1982） of Human Rights Committee （HRI/GEN/1/Rev. 8），para. 5.

③ 王雪梅：《儿童权利论：一个初步的比较研究》，社会科学文献出版社，2005，第 117 页。

持基本生活的权利内容，还包括劳动权、教育权之类的具有生存权性质的基本权利；从狭义的角度看，生存权仅指健康且带有一定文化内涵的最低限度生活的权利。最低限度生活是指人在肉体上、精神上能过像人那样的生活。① 《公约》不仅明确规定了儿童生存权（第6条），也确认了维持生活的权利，例如最高标准的健康（第24条）、充分生活水平（第27条）、社会保障（第26条）、医疗（第24～25条）等具体生存权利。

联合国人权委员会对发展权是这样界定的：发展权是一项不可剥夺的人权。每个人和各国人民因此而有权参与、促进并享受经济、社会、文化和政治发展，以充分实现所有人权和基本自由。② "发展"一词在这里也应作广义的理解，"发展"不仅指儿童身体的健康发育，也包括儿童在文化、精神、情感、认知和社会化方面获提升。③ 儿童权利委员会认为"儿童发展"作为一个整体的概念，类似于1986年《联合国发展权利宣言》（UN Declaration on the Right to Development）④ 第1条中规定的"人类发展"（human development）。《公约》在第6条明确规定了儿童发展权，也确认了思想、信仰和宗教自由权（第14条）；结社与和平集会自由权（第15条）；受教育权，包括免费义务小学教育（第28条）；以及休息、闲暇和娱乐权（第31条）等具体发展权利。

缔约国应"最大限度地"确保儿童的生存和发展，意味着国家应当创造一种环境，使在其管辖区内的所有儿童以健康的和受保护的方式成长，免于恐惧和贫穷，发展其个性、才能和身心能力，最大限度地符合其发展能力。⑤ 应当说，生命权是权利的基础，生存权和发展权是生命权的进一步延伸。倘若生命权是人得以存在的基础，那么生存权和发展权则赋予人活在这个世界的意义。也就是说，生命权是其他一切权利的框架基础，而

---

① 〔日〕大须贺明：《生存权论》，林浩译，法律出版社，2001，第95～137页，转引自王勇民《儿童权利保护的国际法研究》，法律出版社，2010，第135～136页。

② See Article 1 (1) of the Declaration on the Rights to Development 1986.

③ 杨国平：《论儿童发展权及其法律保护》，贵州大学硕士学位论文，2008，第17页。

④ 由联合国大会第41/128号决议通过。

⑤ Manfred Nowak, *A Commentary on the United Nations Convention on the Rights of the Child-Article 6: The Right to Life, Survival and Development*, Martinus Nijhoff Publishers, 2005, p. 3.

生存权和发展权是这个框架里的血肉。

2. 生命、生存和发展权条款的制定过程

早期的儿童权利宣言和 1978 年波兰起草的儿童权利公约初始版本都没有规定儿童的生命权。但是对儿童发展权给予较多关注。国际联盟 1924 年的《日内瓦儿童权利宣言》规定："应当给予儿童正常发展所需的必要手段，无论是物质上还是精神上的。"① 这一条款进一步在 1959 年联合国《儿童权利宣言》原则二中详细规定："儿童应受到特别保护，并应通过法律和其他方法而获得各种机会与便利，使其能以健康而正常的方式和在自由与尊严的条件下，得到身体、心智、道德、精神和社会等方面的发展。为此目的而制定法律时，应以儿童的最佳利益为首要考虑。"②

波兰于 1978 年 2 月 7 日提交的儿童权利公约草案③第 2 条完全复制了 1959 年《儿童权利宣言》原则二。许多政府和组织认为一份具有法律约束力的公约的措辞应当比 20 年前的宣言更加具体和明确④，而且公约应当对儿童所面临的现实问题给予必要关注。⑤ 因此，波兰于 1979 年 10 月 5 日提交了一份修改后的公约草案，但该草案也没有涉及儿童发展的明确条款。但是，该草案成为工作小组接下来 10 年工作的基础。1988 年印度代表提交了一份关于该条文的草案："本公约之缔约国在其能力和制宪程序范围内，尽其最大限度地创建一个环境以确保儿童的生存和健康发展。"⑥ 印度代表提出，要牢记许多儿童死于可预防的原因，所以有必要制定单独的儿童生存权条款。⑦ 然而，其他代表批评到，生存权的概念在国际法上并未界定。经主席团提议，一个由阿根廷、保加利亚、印度、意大利、挪威、UNIICEF 和英国组成的小型起草小组，提交了下列妥协条款："1. 缔约国承认每一个儿童均有固有的生命权。2. 缔约国应最大限度地确保儿

---

① See Article 1 of Geneva Declaration of the Rights of the Child 1924.

② See Principle 2 of the Declaration on the Rights of the Child 1959.

③ See U. N. Doc. E/CN. 4/1292 （1978）.

④ See U. N. Doc. E/CN. 4/1324 （1978）.

⑤ See U. N. Doc. E/1979/36 （1979）.

⑥ See U. N. Doc. E/CN. 4/1988/28，para. 14 （U. N. Doc. E/CN. 4/1988/WG. 1/WP. 13）.

⑦ See U. N. Doc. E/CN. 4/1988/28，para. 17.

童的生存和发展。"这一条款于 1988 年被工作小组采纳通过。①

（二）生命、生存和发展权之法律适用

《儿童权利公约》中有许多条文与第 6 条所规定之生命、生存和发展权原则相关，如最高标准的健康（第 24 条）、社会保障（第 26 条）、充分生活水平（第 27 条）、受教育（第 28、29 条）、休息闲暇和娱乐（第 31 条）、禁止死刑和终身监禁（第 37 条）等等。此处主要研究以下三个问题。

1. 禁止死刑或终身监禁

死刑或终身监禁剥夺了自然人的生命和自由，侵犯了自然人的生命权、自由权和发展权，是一项比较严厉的刑罚措施。《公约》第 37 条禁止对 18 岁以下的儿童施以死刑或终身监禁。美国联邦最高法院裁定，对青少年犯判处死刑违反了《宪法》第 8 修正案禁止残酷和不寻常惩罚的规定。2002 年，美国有 22 个州允许对青少年犯判处死刑。到 2005 年最高法院审理 *Roper* v. *Simmons* 案②时，美国是世界上允许对 18 岁以下的青少年犯施以死刑的最后几个国家之一。③ 该案法院引用了《公约》的规定，认为对青少年犯处以死刑是违宪的"酷刑"，违反了《公约》第 37 条之规定，侵犯了儿童的生命权。2010 年，Graham 案④禁止对青少年的非杀人犯罪判处无假释的终身监禁。但到 Graham 案为止，美国只有 6 个州在所有情形下禁止这种判决。

2. 禁止体罚

《公约》并没有对体罚进行直接规定。第 37（1）条的规定被认为是禁止体罚的条款。⑤ 体罚主要体现在家庭、学校、刑罚制度或其他环境中。

---

① See U. N. Doc. E/CN. 4/1988/WG. 1/WP. 10，p. 6.

② *Roper* v. *Simmons*，125 S. Ct. 1183（2005）.

③ Cathy L. Nelson，"U. S. Ratification of the U. N. Convention on the Rights of the Child：Federalism Issues"，in Onathan Todres，et al.，*The U. N. Convention on the Rights of the Child：An Analysis of Treaty and Implications of U. S. Ratification*，Transnational Publishers，2006，p. 89.

④ *Graham* v. *Florida*（No. 08‑7412）982 So. 2d 43，reversed and remanded.

⑤ See Article 37（1）of the United Nations Convention on the Rights of the Child 1989.

波兰于 1783 年最早尝试禁止体罚儿童①，而最早立法施行禁止体罚的国家是瑞典。在瑞典，根据 1979 年 7 月 1 日生效的法律，父母或法定监护人从事任何以惩罚为目的导致儿童身体伤害或疼痛的行为都是非法的，即使这种侵犯是温和与短暂的。截至 2018 年 6 月，共有 53 个国家以立法的形式全面禁止对儿童实施体罚，至少有 56 个国家明确做出承诺会全面禁止对儿童实施体罚。② 英国虽然于 1990 年 4 月 19 日签署了《儿童权利公约》，并于 1991 年 12 月 16 日批准通过，但其国内法中却允许父母对子女进行合理惩戒，并未禁止一切体罚，对儿童合理惩戒的体罚不构成犯罪，如 *A. v. United Kingdom* 案③。英国在其 2002 年向儿童权利委员会提交的报告中，将"合理体罚"儿童作为父母的抗辩事由，遭到了委员会的批评，委员会认为这是"对儿童尊严的严重侵犯"。④

3. 受教育权

每个儿童不因其种族、肤色、性别、国籍等身份而在受教育权上受到歧视，国家应当"在机会均等的基础上逐步实现"，包括免费义务小学教育、发展不同形式的中学教育、"依能力"获得高等教育、获得教育和职业方面的信息与指导以及鼓励按时出勤和降低辍学率。接着要求人道地管理学校惩戒和进行有关教育的国际合作（关注点在于减少文盲率、获得科技知识以及现代教学方法）。⑤ 如前所述之 Brown 案是美国历史上的经典案

---

① Council of Europe, *Abolishing Corporal Punishment of Children* (*Questions and Answers*)：*Building a Europe for and with Children*, Council of Europe Publishing, 2007, pp. 31 – 32.

② See the website of Global Initiative to End All Corporal Punishment of Children, at http://www.endcorporalpunishment.org, visited on June 25th, 2018.

③ *A. v. United Kingdom* (Human Rights：Punishment of Child), [1998] 3 FCR 597. 一名英国男孩起诉继父使用棍子对他进行体罚。继父认为使用体罚是必要和合理的。继父因涉嫌构成故意伤害他人身体罪而被起诉，但法官最后判其无罪释放，理由是该体罚属于"合理惩戒"的范畴。1998 年，该男孩及其亲生父亲起诉至欧洲人权法院。

④ Colin Harvey, *Human Rights in the Community*：*Rights as Agents for Change*, Hart Publishing, 2005, p. 234.

⑤ Daniel L. Skoler, "Anti-Discrimination Guarantees under the U. N. Convention on the Rights of the Child-Issues and Impact for U. S. Ratification", in Jonathan Todres et al. , *The U. N. Convention on the Rights of the Child*：*An Analysis of Treaty and Implications of U. S. Ratification*, Transnational Publishers, 2006, pp. 105 – 106.

例，黑人儿童不因其肤色而在公共教育上受到隔离，与白人儿童一样享有平等的受教育权。

（三）生命、生存和发展权之评析

作为儿童委员会认定的四项一般性原则之一，生命、生存和发展权是一个保护伞条款，《公约》的许多其他条款都对其进一步界定和阐释，如儿童的福利、医疗、社会保障、教育、劳动、少年司法等规定，都将本条款的精神予以具体化，本条款可以说是所有这些条款的基础。儿童权利委员会的一般性意见也对生命、生存和发展权进行了规定，如第 3 号一般性意见和第 7 号一般性意见。[①]

生存权（survival）在其他人权条约中几乎没有明确的对应条款[②]，而作为所谓"第一代"基本人权之一的生命权，出现于一般性的、国际性以及区域性的公民权利与政治权利的文件之中。[③] 同样地，作为所谓"第三代"基本人权典型代表的发展权，则出现于解决所谓团结权（solidarity rights）的现代人权文件之中。[④]

每年有 10 多万的儿童死亡，绝大多数儿童的死亡和痛苦是由可预防的原因所造成的，尤其是贫困、武装冲突、预防性疾病、营养不良、缺乏干净的水、恶劣的卫生条件以及不充分的医疗和教育服务。为了确保儿童的生存与发展，国家必须采取积极的措施以防止这些问题的发生。例如，具有较高婴儿死亡率的国家，有义务建立和维护有效的健康计划，旨在预防危及儿童生命的疾病。[⑤] 此外，儿童生命、生存和发展权要求缔约国承担更重的义务，即保护儿童免受杀害，自杀，可预防的儿童和婴儿死亡率，有

---

① See U. N. Doc. CRC/GC/2003/3，para. 11 and U. N. Doc. CRC/C/GC/7/Rev. 1，para. 10.
② 只有 1990 年《非洲儿童权利与福利宪章》第 5（2）条以《公约》第 6 条为模板，规定了缔约国确保"儿童生存、保护和发展的权利"的义务。
③ 确保生命权的最重要几个条款为《世界人权宣言》第 3 条、《公民权利和政治权利国际公约》第 6 条、《欧洲人权公约》第 2 条以及《非洲人权与人民权利宪章》第 4 条。
④ Manfred Nowak，*A Commentary on the United Nations Convention on the Rights of the Child-Article 6：The Right to Life，Survival and Development*，Martinus Nijhoff Publishers，2005，p. 5.
⑤ Geraldine Van Buren，*The International Law on the Rights of the Child*，Martinus Nijhoff Publishers，1998，p. 303.

害的传统习俗（如为名誉而杀人和切割女性生殖器），对儿童实施暴力，剥削儿童、童工，贩卖儿童，儿童卖淫和儿童色情制品等侵害。[①]

四　尊重儿童意见原则

第 12 条也是公约的另一条最重要的条款，规定了尊重儿童意见原则，是《儿童权利公约》确定的四项一般性原则之一。它规定："1. 缔约国应确保有能力形成自己意见的儿童有权对影响其本人的一切事项自由表达意见，对儿童的意见应依其年龄和成熟程度给予应有重视。2. 为此目的，儿童特别应当有机会在影响到其本人的任何司法和行政诉讼中，以符合国家法律的诉讼规则的方式，直接或者通过代表人或适当机构表达意见。"[②]

（一）尊重儿童意见原则的内涵与发展

1. 尊重儿童意见原则的含义

《儿童权利公约》第 12 条表达的含义有：①儿童有权对影响自己的事项，如父母离婚、医疗、教育、虐待/忽视与终止关系听证等，表达自己的意见，即儿童享有意见表达权；②儿童的意见不是决定性的，但是儿童所表达的这些意见应当根据其年龄和成熟程度给予应有的重视；③儿童也应有权参与影响其本人的司法和行政诉讼；④儿童可以直接参与司法和行政诉讼表达意见，也可以通过代表[③]或适当机构进行表达。第 2 款增加了儿童直接或者通过代理人或适当机构表达其意见的机会。很明显，立法意图并不是要求在每个影响儿童的诉讼中指定代理人，而是在适当的情形下

[①]　Manfred Nowak, *A Commentary on the United Nations Convention on the Rights of the Child-Article 6: The Right to Life, Survival and Development*, Martinus Nijhoff Publishers, 2005, pp. 3 –4.

[②]　See Article 12 of the United Convention on the Rights of the Child 1989.

[③]　如诉讼代理人（attorney ad litem）和诉讼监护人（guardian ad litem）。其中，诉讼监护人是由法院指定的一种特殊监护人，代表未成年人、被监护人或胎儿的利益进行诉讼，其监护人的身份限于诉讼进行期间。薛波主编《元照英美法词典》，北京大学出版社，2017，第 617 页。

要求一些适格人员在诉讼中代表儿童意见。①

相对于成年人，儿童经常能见其不能见，说其不愿说。儿童纯粹的视野提供了宝贵的见解和观点，能够帮助挑战现状和带来变化。② 第12条反映了这一看法，同时也将儿童从被动受关注对象转为积极参与者。但未成年子女所享有的这一权利并非至高无上的，而是在很大程度上受到限制，比如受到该子女的年龄和理解能力的限制。需要指出的是，该条款不要求儿童为了享有这一权利而能够清楚发音（voice）表达其意见，"表达"比"发音"更广泛。③

同时，还应该在《公约》其他条款的背景下分析第12条的效力，尤其是第2、3、5、13和19条，这样才能真正理解第12条的内涵。

2. 尊重儿童意见条款的制定过程

1978年，波兰在人权委员会第34届大会上提交的最初草案中并没有包含与第12条相同的条款。④ 1980年，波兰经修改后在第36届大会上提交的草案包含了这样一条："本公约之缔约国应当使（shall enable）有能力形成自己意见的儿童表达意见，尤其在婚姻、职业选择、医疗、教育和娱乐方面。"⑤ 这一权利所包括的事项成为辩论的主题。代表提出，"应当使"的表述使得缔约国在法律上对儿童不具有义务，经过讨论，最终使用"应确保"（shall assure）的表述。⑥ 澳大利亚在1981年的会议中提出，《公约》不仅要保障表达权，也要保证对儿童意见给予适当考虑，它提出的以下修改被纳入实质条款："本公约之缔约国应当确保儿童在影响其本人的事项中发表意见，尤其在婚姻、职业选择、医疗、教育和娱乐方面。

---

① Christine M. Szaj, "The Right of the Child to be Heard", in Jonathan Todres et al. , *The U. N. Convention on the Rights of the Child: An Analysis of Treaty and Implications of U. S. Ratification*, Transnational Publishers, 2006, p. 140.

② Daniel Walden & Nick Hall & Kelly Hawrylyshyn, *Children's Rights to Be Heard in Global Climate Change Negotiations*, Plan International, 2009, p. 5.

③ Geraldine Van Buren, *The International Law on the Rights of the Child*, Martinus Nijhoff Publishers, 1998, p. 139.

④ See U. N. Doc. E/CN. 4/L. 1366 (1978).

⑤ See U. N. Doc. E/CN. 4/1349 * (1980), Article 7.

⑥ Sharon Detrick, *A Commentary on the United Nations Convention on the Rights of the Child*, Martinus Nijhoff Publisher, 1999, pp. 220 - 221.

儿童所渴望的所有这些事项应根据其年龄和成熟程度给予应有的重视。"① 各国在 1981 年达成共识：第 12 条不规定儿童可以自由表达其意见的具体领域，而是对儿童意见表达给予全面保护。② 在起草工作的最后阶段，芬兰代表工作小组提议，儿童在直接影响其本人的"司法和行政程序"中表达意见的权利应得到特别保障。③ 芬兰提出的建议版本得到了采纳，也就是目前我们看到的 1989 年《儿童权利公约》第 12 条。④

在起草《儿童权利公约》过程中第 12 条是最有争议的条款之一。它对成人权威的潜在破坏性是美国拒绝批准《公约》的重要原因之一。⑤ 然而，第 12 条被英国明确接纳，并在法律上全面履行其义务。

（二）尊重儿童意见原则之法律适用

1. 大陆法系传统国家的立法例

《法国民法典》经 1976 年 12 月 22 日第 76 - 1179 号法律修改的第 345 条第 3 款规定："如被收养人年满 13 周岁，完全收养应当征得本人同意。"经 2007 年 3 月 5 日第 2007 - 293 号法律第 9 条修改的第 388 - 1 条第 2 款规定："如未成年人提出请求，当然应听取其意见；未成年人拒绝听取其意见时，由法官评判此种拒绝是否有正当理由。在听取未成年人意见时，未成年人可以单独一人或者由律师或其挑选的人陪同。"第 4 款规定："法官应确保告知未成年人有权要求听取其意见以及有权得到律师的协助。"⑥

《德国民法典》经修订后，第 1617a 条、第 1617b 条和第 1617c 条规定了子女出生姓氏的给予和确定，在子女已满 5 岁的情形下，必须得到子

---

① See U. N. Doc. E/CN. 4/L. 1575（1981），para. 74.

② Linda Kirschke，*Kid's Talk：Freedom of Expression and the UN Convention on the Rights of the Child*，ARTICLE 19，1999，p. 9.

③ Sharon Detrick & Jaap Doek & Nigel Cantwell ed.，*The United Nations Convention on the Rights of the Child：A Guide to the "Travaux Réparatoires"*，Martinus Nijhoff Publisher，1992，pp. 226 - 227.

④ See U. N. Doc. E/CN. 4/1989/48，para. 235.

⑤ Susan Kilbourne，"The Wayward Americans：Why the USA Has not Ratified the United Nations Convention on the Rights of the Child"，*Child and Family Law Quarterly*，1998，Vol. 10，pp. 243 - 256.

⑥ 罗结珍译《法国民法典》，北京大学出版社，2010，第 103、129 ~ 130 页。

女的允许。第 1626 条第 2 款规定，父母与子女商讨父母照顾的问题并力求取得一致意见，但这样做以与子女的发展阶段系适宜的为限。[①]

《瑞士民法典》经修订后，第 301 条第 2 款规定："子女应服从父母。父母应允许子女享有与其成熟度相适应的安排自己生活的自由，并应尽可能考虑子女在重要事务中的意见。"[②]

《意大利民法典》第 348 条第 4 款规定："在指定监护人之前，法官还应该听取年满 16 周岁的未成年人的意见。"[③]

1995 年《俄罗斯联邦家庭法典》（Family Code of the Russian Federation 1995）第 57 条规定："在解决家庭中侵犯儿童利益的任何问题时，儿童应当有权表达自己的意见，有权在任何法院或行政听证中被听取意见。对 10 岁以上儿童的意见必须予以考虑，除非这与儿童利益相抵触。在本法典规定的情形下（第 59、72、132、134、136、143 和 154 条），监护和托管机构或者法院应当经 10 岁以上儿童的同意后才能作出决定。"[④]

2. 英美法系传统国家的立法例

根据《公约》第 12（1）条之规定，对儿童的意见"应依其年龄和成熟程度给予应有重视"。在美国一些州法律中几乎可以看到相同的措辞，特别是在儿童监护确定中或者在涉及未成年人寻求或拒绝医疗之权利的判例中，儿童的意见被给予重视。虽然美国并未批准通过《儿童权利公约》，但是儿童参与权在美国并不是一个陌生的概念。联邦和州宪法、法规和判例法都让儿童在许多影响他们的事项上表达意见。例如，依照宪法第 14、15 和 16 修正案，被指控犯罪的青少年在弃权听证和少年违法行为听证的审判阶段享有程序性正当程序权利。依宪法规定，遭遇停学的学生有权知悉停学的理由并参加某种形式的听证，如 *Goss v. Lopez* 案[⑤]；法院也裁决儿

---

① 陈卫佐译注《德国民法典》（第 4 版），法律出版社，2015，第 500、502 页。
② 于海涌、赵希璇译《瑞士民法典》，法律出版社，2016，第 111 页。
③ 费安玲等译《意大利民法典》，中国政法大学出版社，2004，第 91 页。
④ See Article 57（The Child's Right to Express His Opinion）of the Family Code of the Russian Federation 1995（Last Amended on December 10th, 2012）.
⑤ *Goss v. Lopez*, 419 U. S. 565（1975）. 该案确认学生对中学停课享有知悉和参加听证的正当程序权利。法院认为，停学超过 10 天的需要正式的程序，而非简单的口头告知。

童有权在影响其健康的事项中表达意见，如 *Bellotti v. Baird* 案①；以及儿童在学校享有言论自由权，如 Tinker 案②。儿童作为证人出现在民事或刑事案件中时，也有权表达意见。

在英国，从社会经济层次的上层来看，父母和监护人都毫不犹豫地对一切事项行使父母权利（rights）。甚至在 19 世纪中后期，法院也不情愿重视孩子的意见，如 Re Agar-Ellis 案③。在儿童权利的发展中，Gillick 案④之所以成为著名的案例，是因为它承认儿童特别是那些具备足够年龄和理解力的孩子应该在关于他们自身的事项中有很高的发言权。这种承认影响了 1989 年《儿童权利公约》的编写。⑤

由此可见，各国对于未成年子女发表自己意见的自治权是予以充分肯定和重视的。当然，我们也仍然看到在某些情形下法院不情愿允许儿童更多参与，因为儿童的请求被视为对父母利益和权利的侵犯。如 *Michael H. v. Gerald D.* 案⑥以及上文提到的祖鲁男童案，儿童的意见在这些案例中仍然被漠视。

（三）尊重儿童意见原则之评析

1. 尊重儿童意见原则的独特性

《儿童权利公约》第 12 条首次明确规定了儿童在处理涉及自身事务中有自由发表意见的权利，这反映了儿童是权利主体的普遍看法。这是人权条约的一个独特条款，它承认儿童的法律和社会地位。正如弗里曼（Freeman）所言，第 12 条的重要性并不仅仅在于它规定了什么，还在于它承认

---

① *Bellotti v. Baird*，443 U. S. 622（1979）. 该案涉及未成年人试图未经父母同意而经由司法旁路（judicial bypass）堕胎的权利。

② *Tinker v. Des Moines Indep.* Cmty. Sch. Dist.，393 U. S. 503（1969）. 该案认为儿童有权戴袖章反对越南战争。虽然这一权利在后来的判例中受到限制，但是儿童在学校环境中享有的言论自由权仍然是受宪法保护的权利。

③ In Re. Agar-Ellis［1883］25 ChD 317. 在该案中，16 岁女孩的父母分居，法院拒绝了女孩要求假期与母亲共处的主张。

④ *Gillick v. West Norfolk and Wisbech Area Health Authority*［1985］3 All ER 402.

⑤ 〔美〕凯特·斯丹德利：《家庭法》，屈广清译，中国政法大学出版社，2004，第 229 页。

⑥ *Michael H. v. Gerald D.*，491 U. S. 110（1989）. 在该案中法院拒绝考虑女儿提出的有权与其出生时未婚父亲维持亲子关系的请求。

儿童是具有完整性人格的人以及其具有自由参与社会的能力。① 儿童虽与成人在理解力、智力和生理等方面存在差距，但是其能力发展到一定程度后，能够对影响自己的事务提出意见。这一规定的意义在于儿童不仅有权表达意见，同时他们的意见也应当得到应有的重视，特别是那些影响儿童生活的重要事件。比如在父母离婚、有关接触和照护儿童的讼争、儿童被父母实施家庭暴力等情形下，就要更多地听取和考虑儿童意见。② 现实中，受传统儿童观的影响，儿童的意见是被漠视的，或者说是被排除在决策的过程之外的，而第 12 条规定的尊重儿童意见原则为儿童参与决策过程开启了一扇大门。

2. 尊重儿童意见原则的不足之处

首先，儿童表达意见的权利的程度有多大并不清楚。虽然表面上看第 12 条责成缔约国确保儿童表达其意见的权利，但这并不能说明国家有义务直接提供这样的机会。"在影响儿童的所有事项中"是意味着直接影响儿童还是它允许间接影响？其界限有多大？以及谁来认定事项是否影响了儿童？而且，第 12 条第 2 款之规定产生了代替儿童出现在司法或行政诉讼中的代表或适当机构的作用问题。③《公约》并未对这些问题提供答案，留给缔约国理解和解释的空间。不管是有意还是无意，其也为缔约国如何实施这些规定提供了相当的灵活性。④

其次，第 12 条具有家长式的作风，未对儿童表达意见给予更全面的保证。它只适用于"有能力形成自己意见"的儿童，并进一步将事项的范围限制为"影响其本人的"。实践中，成人往往怀疑儿童做出有意义决策的能

---

① Michael D. Freeman, "Children's Education: A Test Case for Best Interests and Autonomy", in Ron Davie & David Galloway, *Listening to Children in Education*, David Fulton Publishers, 1996, p. 37.

② David Wegeling De Bruin, "Child Participation and Presentation in Legal Matters (Doctoral Dissertation)", Pretoria University, 2010, pp. 1 - 2.

③ Christine M. Szaj, "The Right of the Child to be Heard", in Jonathan Todres et al., *The U. N. Convention on the Rights of the Child: An Analysis of Treaty and Implications of U. S. Ratification*, Transnational Publishers, 2006, p. 130.

④ Christine M. Szaj, "The Right of the Child to be Heard", in Jonathan Todres et al., *The U. N. Convention on the Rights of the Child: An Analysis of Treaty and Implications of U. S. Ratification*, Transnational Publishers, 2006, pp. 130 - 131.

力（或者认为他们缺乏能力），担心给予儿童更多的控制权会削弱成人权威。① 而儿童对第 12 条权利的享有又依赖于成人的合作，但成人可能不会以此为己任，也可能为了既得利益不遵守它，这就使得第 12 条的效力大打折扣。

再者，尊重儿童意见原则的适用效力弱于其他一般性原则，尤其是儿童最佳利益原则。虽然二者都是《儿童权利公约》的四项一般性原则之一，但是在两个原则的效力层面上，儿童最大利益原则却是优先于尊重儿童意见原则的。如英国在大多数情况下坚持这一效力等级，法院总是基于儿童最大利益的考虑而否定儿童的观点，在儿童的医疗保健方面更是如此，如 Re M. (Medical Treatment Consent) 案②。

结　语

《儿童权利公约》是一个具有里程碑意义的条约，是为儿童人权进行种种保障的一份国际法律文件，称得上是新时代的"儿童宪章"，它肯定了儿童权利保护的儿童最佳利益原则，非歧视原则，生命、生存和发展权原则和尊重儿童意见原则。这四项原则构成了《公约》的基础框架，在儿童及其权利保护中起着颇为重要的作用。当然，我们从一般性原则的制定过程中也可以看出，这些原则的制定具有一定的妥协性；同时，这些原则也存在一定的不足之处，比如条文中存在模糊性和不确定性，对儿童利益始终都是从成人的角度来看待和思考。但不可否认，儿童及其权利越来越受到各国政府和社会大众的重视，四项一般性原则作为儿童权利保护的基本原则将发挥越来越重要的作用。

（作者简介：郑净方，法学博士，闽江学院法学院讲师）

---

① Laura Lundy, "Voiceis not Enough: Conceptualising Article 12 of the United Nations Convention on the Rights of the Child", *British Educational Research Journal*, December 2007, pp. 929 – 930.

② In Re M (Medical Treatment Consent) [1999] 2 FLR 1097. 在本案中 15 岁的女孩拒绝进行心脏移植。法院并没有采纳该女孩的意见，而是以儿童最大利益原则，判决对其进行心脏移植手术。

国际代孕亲子关系认定中的儿童最大利益原则

汤 霞

目 次

在传统的生殖方式下，母亲集受孕、怀胎和分娩于一体，生母的配偶自然被推定为子女的父亲。子女生物学上的父母既与子女存在基因联系，又承担着养育子女的法律责任。但人工辅助生殖技术（Assisted Reproductive Technology，ART）的发展突破了传统的单一受孕方式，婚姻、性和生育已不再局限于夫妻关系之中，传统的亲子关系认定规则也发生了颠覆性的改变。尤其是在国际代孕情形下，各国对代孕态度的迥异使得对代孕儿童法律地位的认定出现困难，代孕儿童的权利也无法得到及时、有效的保护。因此，如何认定国际代孕情形下出生的儿童的亲子关系成为国际社会迫切需要解决的问题。

一　国际代孕亲子关系的认定标准

国际代孕亲子关系认定中最为主要的问题就是代孕儿童法律意义上的父母身份的认定问题，因各国对代孕的态度有别，在不同的国家会有不同的结果。目前国际上认定亲子关系主要存在以下标准。

1. 分娩说

传统民法采用"分娩者为母"（mater semper certa ist）来认定母亲的身份，即以分娩的事实作为确定母子血缘关系的基础。目前世界上大多数国家都采用这种方式来认定亲子关系。如英国 1990 年的《人类授精与胚胎学法案》（Human Fertilization and Embryology Act）第 27 条规定，不论代孕母与代孕儿童是否存在基因联系，其都被认为是代孕儿童法律意义上的母亲。[①] 当代孕母处于婚姻关系中时，其配偶自动被推定为代孕儿童的法定父亲，除非该配偶提出代孕行为未征得其同意，并在代孕儿童出生后六个月内提出亲权否认之诉。虽然英国在一定限度内承认代孕，但意愿父母即便和代孕儿童存在基因联系也不能仅凭双方合意达成的代孕协议，而自动成为代孕儿童法律意义上的父母，其必须在代孕儿童出生后的六个月内向法院申请亲权令，当意愿父母满足一定的条件[②]，法院批准后方能和代孕儿童建立亲子关系。[③] 美国 2002 年修订的《统一亲子法》（Uniform Parentage Act，UPA）也规定以传统的"分娩者为母"为基础来认定亲子关系。该法对代孕作了规定：法院事前确认代孕协议的效力，若有效则作出意愿母亲为代孕儿童的法定母亲的亲权令。为了保护儿童的利益，意愿父母和代孕母必须走类似于收养的程序，而意愿父母也须满足收养的标准。[④] 我国香港特别行政区 2007 年施行的《人类生殖科技条例》也以传统的"分娩说"为基础来认定母亲，并规定了非法终止妊娠的刑事责任。[⑤]

"分娩者为母"原则在认定母亲时简便易行，但在 ART 合法并得到广泛应用的今天，分娩的母亲可能和代孕儿童并无基因联系，或者其根本就未有成为代孕儿童母亲的意愿，若法律一刀切地作此规定则既损害了代孕母的利益也不利于对代孕儿童利益的保护。由此，单纯地以"分娩说"来

[①] Human Fertilisation and Embryology Act 1990，Art. 27.

[②] 如意愿父母双方或一方须在英国或英属群岛海峡或马恩岛有住所、双方年满十八周岁、代孕儿童已和双方共同生活、代孕母或其丈夫未获得任何金钱给付或利益等。

[③] Human Fertilisation and Embryology Act 1990，Arts. 28 – 30.

[④] Uniform Parentage Act（Last Amended or Revised in 2002），Arts. 201，702，803.

[⑤] 《人类生殖科技条例》第 561 章第 39 条。

认定母亲已无法解决现实中存在的问题。

2. 契约说

契约说是指根据当事方的意愿来确定代孕儿童的父母身份。在允许代孕的国家，意愿父母与代孕母签订代孕协议，约定孩子出生后代孕母放弃对代孕儿童的亲权，意愿父母支付一定的报酬而成为代孕儿童的法定父母。如印度在《人类参与生物医学研究之伦理规范》和《辅助生殖诊所管理准则》中承认代孕协议的有效性，并规定了代孕母、意愿父母、配子捐献者以及医疗机构的限制条件，目的是保护代孕母和代孕儿童的利益。泰国规定禁止营利性的代孕及外国人和同性伴侣使用代孕协议。代孕协议仅适用于结婚至少三年的异性伴侣之间，并且至少有一方配偶拥有泰国国籍。① 我国台湾地区的"人工生殖法草案"在认定人工生殖子女地位时采契约说和基因说，只要代孕儿童与一方有基因联系即可认定意愿父母的法律地位。②

契约说充分尊重了当事方的意思自治，有利于及早确立代孕儿童的父母身份，但将契约引入身份关系领域冲击了传统民法中人身与财产相分离的体系。亲属家庭领域隐含着国家公权力的调整范围，如果任由当事人的契约自治来冲击家庭法的强行法地位，不仅会导致身份关系的不确定和持久性，若契约自由遭到乱用，甚至会挑战基本的家庭人伦观念。另外，当代孕契约出现了新问题，如代孕母违约堕胎，能否追究其刑事责任？抑或代孕儿童出生后意愿父母不愿成为代孕儿童的法定父母，契约可否强制执行，代孕儿童可否强制交付？再或者意愿父母在代孕儿童出生前死亡，代孕儿童是否生下来就是孤儿？鉴于契约说存在诸多问题，我们不应贸然承认该种方式下的亲子关系。

3. 基因说

基因说认为，精子和卵子的提供者为代孕儿童的法定父母，即便代孕

---

① "Background note for the meeting of the experts' group on the parentage/surrogacy project", drawn up by the permanent bureau, February 15th – 18th, 2016, p. 8.

② 该"人工生殖法草案"第 24 条："妻于婚姻关系存续中，同意以夫之精子与他人捐赠之卵子受胎所生子女，视为婚生子女。"

母有分娩的事实也不能成为代孕儿童的母亲。当卵子提供者与分娩者、意愿母亲并非一人时，就会出现代孕母分娩的代孕儿童不是自己的孩子，而原本无意成为母亲的卵子提供者却成了母亲的尴尬境地。由此，在意愿父母因身体原因需要借助捐赠的精卵来促成代孕协议的情况下，基因提供者也会对自己捐献生殖细胞的行为重新评估，这将会对基因捐赠以及人工生殖技术的发展造成影响。

4. 子女最大利益说

子女最大利益说是指认定亲子关系时以代孕子女的最大利益为标准，不考虑血缘联系、分娩的事实或当事方的意思表示等因素。该说以儿童的最大利益为核心，其最初作为一种理念在国际上传播，始于 1924 年《日内瓦儿童权利宣言》中的"所有国家的男女不分种族、国籍，都应承认人类负有提供儿童最好的福利之义务"，发展和完善于联合国大会 1959 年宣布的《儿童权利宣言》原则之二和《消除对妇女一切形式歧视公约》第 5 条（b）项、第 16 条第 1 款（d）项和（f）项，最终确定于联合国《儿童权利公约》（United Nations of Convention on the Rights of Child，CRC）第 3.1 条。该条规定："关于儿童的一切行动，不论是由公私社会福利机构、法院、行政当局或立法机构执行，均应以儿童的最大利益为一种首要考虑。"在该公约下，儿童最大利益有三项功能：首先，最大利益原则是对法定解释的一个辅助和执行 CRC 下权利的一个考虑因素；其次，扩充了第一个功能中该原则与 CRC 下其他原则的冲突，当一国的法案暗含 CRC 下两项或更多的权利时，儿童最大利益必须被考虑；最后，调节 CRC 之外的权利间的冲突。在这三个功能之外，儿童最大利益原则在缓解各国法律间权利的冲突方面也起了重大作用。从在国际代孕亲子关系中认定父母地位的实践来看，儿童最大利益原则也应当是一国的"首要考虑"。①《欧洲人权公约》第 8 条也规定："人人有权享有使自己的私人和家庭生活、家庭和通信得到尊重的权利。公共机构不得干预上述权利的行使，但是，

---

① R. Lee Strasburger, "The Best Interests of the Child?: The Cultural Defense as Justification for Child Abuse", *Jr*, *25 Pace Int'l L Rev. 161*, 2013, pp. 179–181.

依照法律规定的干预以及基于在民主社会中为了国家安全、公共安全或者国家的经济福利的利益考虑，为了防止混乱或者犯罪，为了保护健康或者道德，为了保护他人的权利与自由而有必要进行干预的，不受此限。"国际社会对儿童利益的保护为国际代孕中的父母子女关系认定提供了新的解决思路。子女最大利益说是其他亲子关系认定标准的有效补充，弥补了它们在认定国际代孕亲子关系时存在的缺陷。由上述三种标准的缺陷可知，随着实践的发展，国际上现行的认定亲子关系的标准既存在合理性，但又有一定的不足。单一的认定标准不能解决代孕协议引发的诸多问题。考察英美等国的立法实践，它们虽承认代孕协议的效力，但在认定母亲时仍坚持传统的分娩者为母原则，并结合契约说和基因说，近年来更是采用了儿童最大利益原则来认定代孕儿童的父母地位。

二 儿童最大利益原则在国际代孕亲子关系认定中的实践

目前，各国对国际代孕的态度存在完全禁止型、有限开放型、非统一规制型以及完全开放型四种。各国对代孕态度的迥异导致了代孕儿童父母认定上的差别。国际代孕作为一个具有伦理争议的社会现象日益受到各国的重视。考察各国的代孕实践，那些承认代孕或承认特定代孕的国家或地区并非要放开代孕，而是出于儿童最大利益原则的考虑而采取的更为功利的做法。在否定代孕合法化的国家，国际代孕并非因代孕地承认而在意愿父母本国即可获得承认。在这些国家，代孕协议因违反一国的公共秩序而无效。这就导致了相当一部分人到允许代孕的国家进行代孕，但回国后又面临父母子女关系无法认定的困境。各国日益增多的跨国代孕现象以及由此带来的一些严重侵犯人权的问题，如代孕母对代孕儿童的遗弃、虐待，意愿父母对代孕儿童的非法交易，代孕儿童在将来无法通过适当途径追踪他们的基因来源等，一直在持续并有不断增加的趋势。为了应对代孕产生的亲子关系确认难的问题，海牙国际私法会议倡导建立统一的有关父母子女身份的国际私法规则。欧洲人权法院以儿童最大利益原则对国际代孕亲子关系的确认也推动了代孕问题的统一化，欧洲各国对国际代孕的态度也有所转变。目前国际上的发展趋势是越来越多的国家从儿童最大利益的角度出发，为代孕儿童选择最适合维护其最大利益的父母。

1. 儿童最大利益原则的适用实践

不论一国是否承认代孕协议的效力，它们大多对因代孕出生的儿童的利益进行了考虑。英国法官在 Baby Cotton 案中以儿童最大利益原则认定意愿父母享有对代孕儿童的监护权。[①] 美国的 Baby M 案中，新泽西高等法院判决代孕协议有效，最高法院虽否认了代孕协议的效力，但比较了意愿父母的生活环境、经济状况以及代孕母和配子捐赠者的信息公开情况等因素，以儿童最大利益原则来认定代孕儿童的监护权归属于意愿父母，而代孕母享有探视权。[②] 欧洲人权法院不仅在有关儿童虐待、收养等方面适用儿童最大利益原则，近年来更是将该原则适用于国际代孕亲子关系代孕儿童父母地位的认定中。在 Mennesson 诉法国案中，申请人依据《欧洲人权公约》（以下简称《公约》）第 8 条将法国诉至欧洲人权法院。欧洲人权法院根据《公约》第 8 条规定的权利和例外对本案进行了审查，认为法国法院对该亲子关系不予承认构成对第 8.1 条私人和家庭生活权利的干涉。但是否满足公约三项例外[③]还需具体分析：本案中，申请人没有证据证明法国在承认代孕亲子关系方面存在先例；《法国民法典》第 16 - 7 条和第 16 - 9 条明确规定了代孕协议无效，此前的判例也确认了代孕协议违反"人体与民事地位不可分"原则。因此，申请人完全可以预见到法院不予承认的后果，这符合《公约》第 8.2 条规定的第一项例外。法国不承认国际代孕下的亲子关系是为了阻止本国人民违反国内法，并且出于保护代孕儿童和代孕母的目的而禁止代孕。同时，欧洲人权法院指出，在已经认可代孕的国家进行代孕并不意味着在法国就构成犯罪，所以法国政府"防止混乱或犯罪"的目的不成立，政府对代孕进行干涉符合第二项例外中的

---

① Yehezkel Margalit, "From Baby M to Maby M (Anji): Regulating International Surrogacy Agreements", *24 J. L. & Pol'y 41*, 2015, pp. 71 - 73.

② First Surrogacy Case-In re Baby M, 537 A. 2d 1227, 109 N. J. 396（N. J. 02/03/1988）.

③ 《欧洲人权公约》规定了三项例外，即符合法律规定、出于合法的目的以及民主社会的必要。

"保护健康"和"保护他人的权利和自由"这两个目的。① 在私人生活方面，法国不予承认亲子关系的判决实质性地影响了代孕儿童的个人身份和享受私人生活的权利。因此，欧洲人权法院认为法国的这一行为不符合"民主社会的必要"。② 最终，欧洲人权法院得出结论：法国在申请人的家庭生活方面没有超出《公约》的限制范围，但在私人生活权利方面违反了《公约》。此前的 Wagner 案和 Negrepontis-Giannisis 案都表明不确认代孕亲子关系违反了《公约》第 8 条的法定权利。但欧洲人权法院并不是对所有的代孕案件都从儿童最大利益角度予以承认。迄今为止，欧洲人权法院尚未在以下情况下作出确立或承认亲子关系的判决，即已婚的代孕母、传统的代孕协议、代孕母试图建立或维持其母亲的地位。③ 欧洲议会也强烈谴责商业代孕，认为代孕损害了妇女的人格尊严，将代孕母的身体和生殖功能商品化，这对发展中国家的妇女尤为不利，应当被禁止。④

2. 儿童最大利益原则的适用效果

儿童最大利益原则的适用在一定程度上缓解了国际代孕下代孕儿童身份无法确定的境况，有利于保护代孕儿童的利益。欧洲人权法院以儿童最大利益来认定国际代孕亲子关系的做法为其他国家的立法和司法实践提供了借鉴。

（1）避免代孕儿童身份的不确定性

由于各国对待代孕的立场不同，一部分患有生殖疾病无法生育的夫妇因本国禁止代孕而到允许代孕的国家寻求代孕，代孕儿童出生后，意愿父母将其带回本国，而其本国却以代孕非法为由拒绝承认该亲子关系。这种不确定的法律关系不仅给代孕儿童的生活带来困扰，而且影响了他们的心理健康。鉴于各国通常采"分娩者为母"来认定代孕儿童的母亲，即使采用"契约说"和"基因说"的国家在认定代孕儿童的父母时仍可能存在

---

① Application No 65192/11, paras. 77 – 86.

② Application No 65192/11, paras. 96 – 100.

③ Council of Europe and the EU Agency for Fundamental Rights, "Handbook on European Law Relating to the Rights of the Child", 2015, p. 67.

④ "Background Note for the Meeting of the Experts' Group on the Parentage/Surrogacy Project", drawn up by the permanent bureau, 15 – 18 February, 2016, p. 8.

几个父母的情况。在不承认代孕的国家，代孕儿童的身份更是面临着不确定的状态，由此引发的遗弃、虐待等事件不绝于耳。联合国《儿童权利公约》规定，一国有义务推动儿童最大利益的实现，包括使儿童免遭暴力侵犯、尊重儿童的文化价值观念等。① 儿童最大利益原则在国际公约中的确立提高了代孕儿童较低的社会地位，降低了儿童被伤害的危险，维护了代孕儿童作为人的尊严。思想家约翰·洛克指出："儿童不是父母的财产，他们在社会和道德秩序中有自己的定位，他们本身是一张白板，无所谓好坏，父母有义务为儿童提供对他们来说最符合其利益的教育和生活方式。"② 不管代孕行为被如何界定，由此行为出生的儿童是无辜的，我们不能以成人的行为来作为评判儿童好坏的标准。③ 从国际代孕实践来看，以儿童最大利益原则来认定代孕儿童的父母地位，不仅回避了各国难以达成一致的代孕协议效力问题，有助于尽早确认代孕儿童的身份，而且也可以推动国际代孕亲子关系统一规则的制定。

（2）欧洲各国对代孕态度的转变

欧洲人权法院以儿童最大利益原则认定国际代孕亲子关系后，欧洲各国对代孕的态度也发生了转变。法国是不承认代孕协议下的亲子关系的，但在 Labassee 案和 Mennesson 案之后，法国上诉法院承认了国际代孕协议下外国作出的代孕儿童出生证明的有效性，并能转化适用于国内的登记程序。欧洲人权法院在 Paradiso 和 Campanelli 诉意大利案④以及 D. and Others 诉比利时案⑤中均认为，接受国对亲子关系的不予承认违反了《欧洲人权公约》第 8 条赋予申请人的权利。欧洲人权法院认为，在一国领域内禁止国际代孕是可以理解的，但这种不予承认亲子关系的结果不单单影响了父

---

① R. Lee Strasburger, "The Best Interests of the Child?: The Cultural Defense as Justification for Child Abuse", *Jr, 25 Pace Int'l L. Rev. 161*, 2013, p. 163.

② Lynne Marie Kohm, "Tracing the Foundations of the Best Interests of the Child Standard in American Jurisprudence", *10 J. L. & Fam. Stud. 337*, 2007 – 2008, pp. 344 – 345.

③ Lynne Marie Kohm, "Tracing the Foundations of the Best Interests of the Child Standard in American Jurisprudence", *10 J. L. & Fam. Stud. 337*, 2007 – 2008, pp. 340 – 341, 344.

④ Application No 25358/12.

⑤ Application No 29176/13.

母，也影响了孩子。在这方面，儿童最大利益原则必须指导任何裁决。①德国联邦法院也在其 2014 年的判决中推翻了下级法院的判决，确认了国际代孕下的亲子关系。② 瑞士高等法院也认为，从儿童最大利益的角度考虑，根据美国的出生证明，应当确认两个同性伴侣与代孕儿童的亲子关系，即使该国国内法禁止代孕。③ 西班牙、法国、爱尔兰等国家都对代孕亲子关系的认定做了变通，目的就是与欧洲人权法院的判决一致。④ 从欧洲各国的转变来看，它们不再一概拒绝承认国际代孕亲子关系，而是在儿童最大利益原则的指导下，以维护儿童的最大利益为最终目的。

（3）海牙国际私法会议对儿童最大利益原则认定亲子关系的推动

欧洲人权法院以儿童最大利益原则来认定国际代孕亲子关系的判决作出后，海牙国际私法会议常设事务局 2015 年专门就代孕项目发布了一个更新的说明，这些判决明确了关于将《欧洲人权公约》第 8 条作为法律上关涉的亲子关系要求的重要问题，包括尊重私有生命的权利。每一个人都应当能够建立作为个体生命的身份认同，其中包括法定的父母 - 子女关系。国家间对欧洲人权法院这种判决的认同不仅涉及是否承认代孕，也涵盖是否承认国外出生的儿童和意愿父母之间的亲子关系。此外，对个人身份认同的必要方面是要考虑该亲子关系的危急情况。如果不承认意愿父母对代孕儿童的亲权，代孕儿童可能面临被遗弃或生命存在危险的情况。即使不认同欧洲人权法院做法的国家，在适用公共秩序原则拒绝承认该亲子关系时也要受到欧洲人权法院的严格审查，来决定国家被抵触的利益和这种解决方式直接影响的利益之间是否平衡。在决定这种受影响的平衡时，欧洲人权法院将会考虑关于争议中的儿童处境的基本原则，儿童最大利益

---

① "The Parentage/Surrogacy Project: An Updating Note", drawn up by the Permanent Bureau, February 2015, paras. 5 - 6.
② Bundesgerichtshof, Decision of 10 December 2014 (No XII ZB 463/13), "The Parentage/Surrogacy Project: An Updating Note", drawn up by the Permanent Bureau, February 2015, Annex I, para. 1.
③ "The Parentage/Surrogacy Project: An Updating Note", drawn up by the Permanent Bureau, February 2015, Annex I, para. 2.
④ "The Parentage/Surrogacy Project: An Updating Note", drawn up by the Permanent Bureau, February 2015, Annex I. paras. 3 - 6.

原则是最重要的。① 鉴于目前各国对代孕的态度存在差异，只有儿童最大利益原则能达成一致，对于欧洲人权法院的判决带来的后续问题，海牙国际私法会议专家小组进行了讨论，并着力推动法律亲子关系和代孕在新的判例法、立法和政策路径等方面的重大发展。

三 儿童最大利益原则在我国代孕亲子关系认定中的实践

儿童最大利益原则是国际指导原则，我国也严格践行这一目标。《中华人民共和国宪法》（以下简称《宪法》）和《中华人民共和国未成年人保护法》对儿童权利保护做了原则性规定，国务院也在《中国儿童发展纲要（2001—2010 年）》和《中国儿童发展纲要（2011—2020 年）》中明确提出了儿童利益优先的原则，保障儿童的生存和发展权。儿童是维系家庭的纽带和润滑剂，也是实现家庭传承不可或缺的一部分。随着我国不孕不育率的上升，越来越多的夫妇面临无法生育的问题。受中国传统的"不孝有三，无后为大""养儿防老"等观念的影响以及代孕在我国非法化的限制，越来越多的人将目光投向了代孕黑市，有些甚至到国外寻求代孕，由此引发的亲子关系确认问题亟待解决。在此背景下，虽然我国不承认代孕，但仍对代孕儿童的最大利益给予保护。

1. 儿童最大利益原则在我国代孕亲子关系认定中的适用

在我国首例代孕引发的监护权纠纷案中，一审法院认为陈某与代孕儿童既无自然血亲关系，又无拟制血亲关系，其对代孕儿童无监护权。法院根据《中华人民共和国民法通则》（以下简称《民法通则》）第 16 条的规定，确认了代孕儿童祖父母的监护权。② 一审法院只是机械地运用法律规定认为陈某与代孕儿童间没有办理法定的收养登记手续，因而收养关系不

---

① "The Parentage/Surrogacy Project: An Updating Note", drawn up by the Permanent Bureau, February 2015, para. 6.
② 上海市闵行区人民法院民事判决书（2015）闵少民初字第 2 号。

存在。该法院又以代孕行为不合法为由认定双方之间不存在拟制血亲关系。① 二审法院运用儿童最大利益原则来认定代孕子女的监护关系，认为代孕儿童与陈某共同生活了五年之久，双方之间形成了事实上的继父母子女关系。② 该案也是我国法官首次运用联合国《儿童权利公约》中的儿童最大利益原则来认定代孕子女法律上的母亲。两审法院的判决结果迥异，尽管都认定基因父亲是代孕儿童的法定父亲，但其症结在于界定代孕子女法律上母亲的标准存在差异。虽然我国法律对代孕未作规定，卫生部门的规章也不能作为确立代孕儿童法律地位的依据，但这至少说明了我国对代孕的立场。私法领域的"法无禁止即可为"不能适用于涉及婚姻家庭、伦理道德等领域的代孕问题。由此，契约说在我国并不可行。法院在儿童最大利益原则的指导下对其他标准进行了分析，并最终确立了代孕子女的法律地位。

（1）儿童最大利益原则与基因认定标准

在传统的生育方式下父母子女关系的认定较为简单，往往分娩者也是基因提供者。我国目前的法律实践极为重视生物学上的基因联系，但生物学上的父母并不必然是代孕儿童法律上的父母。当存在法定事由如生物学父母同意送养、利用合法捐赠的精子或卵子出生的儿童等情形时，基因父母与代孕儿童间的法律关系被割断。③ 基因联系片面地强调基因母亲与代孕儿童的血缘联系，忽视了代孕协议中各当事方的真实意愿，更未考虑到人与人之间的情感投入，甚至会使得代孕儿童的身份认定出现混乱。基因父亲的配偶因事实上的抚养教育而取得的继父母子女关系以及基因母亲因基因联系而取得的母亲地位，以及在分娩者为母的认定标准下代孕母的生身母亲地位，可能使得代孕儿童有三位法律上的母亲，这显然不利于父母子女关系的稳定，违反我国的公共秩序，也有违儿童最大利益原则。

---

① 彭诚信：《确定代孕子女监护人的现实法律路径——"全国首例代孕子女监护权案"评析》，《法商研究》2017 年第 1 期。
② 上海市第一中级人民法院民事判决书（2015）沪一中少民终字第 56 号。
③ 朱晓峰：《非法代孕与未成年人最大利益原则的实现——全国首例非法代孕监护权纠纷案评释》，《清华法学》2017 年第 1 期。

（2）儿童最大利益原则与分娩者为母标准

我国传统上即是采用分娩者为母来认定儿童的母亲的，以婚生推定方式确认儿童法律上的父亲，即只要夫之妻所受胎或出生的子女存在于婚姻关系存续期间，该丈夫就被当然地推定为子女的法定父亲，代孕情形下也不例外。代孕母历经受孕、怀胎和分娩的全过程，与代孕儿童的关系更为紧密，一般情形下是代孕儿童最大利益的维护者。而基因提供者只是提供了基因，相较于前者来说，其与代孕儿童的联系并不密切。上述案例中二审法院也承认了代孕母的母亲身份。尽管代孕协议目前在我国是无效的，但这并不妨碍代孕母对代孕儿童具有法律上的母亲身份。意愿父母可经代孕母的同意并符合法定条件，通过收养方式来实现其对代孕儿童的父母子女关系。即使代孕母反悔，其依然可通过自身的经济条件来实现代孕儿童的最大利益。若意愿父母反悔，代孕母自身也因经济困难无力抚养，代孕母作为代孕儿童的法定母亲可在符合儿童最大利益的情况下将代孕儿童送养。鉴于实践中代孕都是在极为隐蔽的情况下进行的，代孕母未必愿意做代孕儿童的母亲，若代孕母下落不明时，应当以《中华人民共和国收养法》第 2 条和第 3 条为依据，从被收养人最大利益原则出发，合理确定代孕儿童法律上的父母身份。本案中，二审法院也指出，虽然代孕行为违法，但代孕儿童是无辜的，法律应当对其合法权益进行保护。法院根据儿童最大利益原则的精神，考虑监护能力、与代孕儿童的情感联系以及生活环境等因素，最终认定陈某为代孕儿童法律上的母亲。法院也是出于家庭的稳定以及对儿童最大利益的保护的考虑确认了该代孕亲子关系中意愿母亲的法律地位。该案判决一出即在全国引起轰动，对其他法院审理此类代孕案件也提供了借鉴。

（3）儿童最大利益原则与继父母子女关系的认定

在我国，法律上父母地位的取得主要通过自然血亲和拟制血亲这两种方式来实现。前者包括享有同等权利的婚生子女和非婚生子女，该种父母子女关系是无条件的；后者包括有收养关系的子女和继父母子女，其实现取决于当事方的自愿。关于代孕子女与意愿母亲是否成立收养关系，法院认为，双方未向民政部门办理登记，不满足收养的法定要件；从抑制代孕的立场来看，若承认事实收养关系会使代孕母的亲权转移给意愿母亲，这将在一定程度上助长代孕行为，故最终认定双方间的事实收养关系不成立。关于代孕子女与意愿父母是否成立继父母子女关系，根据《中华人民共和国婚姻法》的规定，有抚养关系的继父母子女关系的取得须满足两个要件：一是非基因联系的父母一方有将配偶的未成年子女视为自己子女的主观意愿；二是非基因联系的父母一方对该未成年子女有事实上的抚养教育行为。同时满足这两个条件即可成立继父母子女关系，不论该子女是在婚姻关系之前还是婚姻关系存续期间出生。本案中，代孕子女是在意愿父母婚姻关系存续期间，由意愿父亲与代孕母所生，是意愿父亲一方的非婚生子女。代孕子女与意愿母亲共同生活长达五年之久，意愿母亲也履行了对孩子的抚养教育义务，双方成立有抚养关系的继父母子女关系。这种父母子女关系并不因代孕的非法事实而改变。虽然我国禁止代孕，但并不意味着就此否认代孕子女的合法权益。从意愿母亲自身的经济条件以及与代孕儿童的情感联系等因素来看，她都能最大限度地维护代孕儿童的最大利益。由此，法院认定了意愿母亲与代孕子女的亲子关系。

2. 我国认定代孕亲子关系存在的问题及完善建议

虽然代孕改变了传统的父母子女关系的认定标准，但法院可以根据代孕子女是意愿父亲的非婚生子女，意愿母亲作为基因父亲的配偶，其有成为代孕儿童母亲的意愿，且又有抚养教育的事实，来认定亲子关系。但本案中两审法院显然受了代孕协议效力的影响，在认定亲子关系时绕了远路。

（1）存在的问题

我国法院目前在认定代孕亲子关系时不区分情况，一概认定代孕协议无效。这种一刀切的做法无疑不利于对代孕子女最大利益的保护。根据《中华人民共和国立法法》的规定，民事基本制度只能由法律加以规定，而亲子关系属于婚姻家庭的重要内容，理应以法律为依据来确定。从该案来看，两审法院根据《民法通则》第55条的规定，都认定代孕协议无效。但根据该条的规定，当事方是在真实意思表示的基础上订立的代孕协议，且具备认知自己行为后果的能力，有争议的是代孕协议是否违反我国法律或社会公共利益。

首先，代孕协议是否违反我国法律。中国人的多数经济生活发生在法律认可的市场中，也存在明显非法的经济活动，同时还存在不同种类的灰色市场①，代孕在我国即处于灰色地带。我国法律目前并未对代孕作出规定，但在代孕以及买卖精子、卵子方面有卫生部的两部规章，即《人类辅助生殖技术管理办法》和《人类精子库管理办法》。这两部规章禁止的也只是医疗机构和医护人员实施任何代孕技术，并未明确禁止私人间的代孕。截至目前，我国国内的民事代孕案件共有 80 件②，其中大部分是由代孕引发的抚养权、监护权、婚姻关系等纠纷。我国法院目前仅审理过一起国际代孕案件。该案中外籍华人胡某因妻子不孕，与湖南籍未婚女青年柳某签订代孕协议，胡某支付柳某 10 万余元代孕费，柳某放弃孩子的抚养权。但事后柳某反悔，拒绝向胡某夫妇交付孩子，胡某遂向法院提起诉讼。③ 常德市鼎城区法院以代孕合同是当事方真实意思的表现，不违反我国法律的禁止性规定为由，认定代孕合同有效，意愿父母取得代孕儿童的抚养权。该法院以合同未违反我国法律的禁止性规定为由，认定合同有效明显地钻了法律的空子，其他法院处理类似案件时未必会出现一致的判决结果。我国 2016 年 1 月 1 日实施的《人口与计划生育法修正案》删除了之前草案中的禁止代孕条款，但这并不意味着我国已经承认了代孕的合法性。因代孕是一个复杂的社会问题，牵涉多方利益，法院在审理此类案件时不能简单地以代孕是否违反我国的法律规定为由来认定其效力，还要结合公共秩序来界定。

其次，代孕协议是否违反我国公共秩序。我国立法没有规定公共秩序的范围，主流观点认为公共秩序指国家社会的一般利益，但还应包括法律

---

① 〔美〕络德睦：《法律东方主义：中国、美国与现代法》，魏磊杰译，中国政法大学出版社，2016，第 219 页。

② 截至 2018 年 6 月 22 日，在中国裁判文书网输入代孕关键词，共查询到民事代孕案件 80 件。

③ 人民网：《常德女子代孕引发夺子大战 法院判决代孕协议有效》，http://look.people.com.cn/GB/14778/21707/12468135.html，2018 - 06 - 20。

的一般原则和根本理念。学者们根据其研究将公共秩序分为不同的类型①，但这些都是根据当时的社会现实来分类的。传统上，大多数人认为代孕违反了一国法律的基本原则，造成本国伦理秩序的混乱和减损人的尊严，因而应严格禁止。但随着我国医疗技术的发展、不孕不育率的上升以及人们价值观的多元化，代孕不再被认为是违反人伦和道德、危害家庭关系的行为，而是为不孕夫妇带来福音的一项利他行为。我国宪法的一项重要理念就是保障人权，而生育权是公民最基本的人权，对于因身体原因无法生育的夫妇或受国家"计划生育"政策影响只生育一个孩子的父母，面临子女因意外离去而自身又因年龄原因无法再生育时，代孕是他们实现家庭完整性和精神寄托的重要途径，国家有义务为这类家庭提供救济。对此，我国应区分商业代孕和无偿代孕，严禁前者而有限度地承认后者，将允许代孕的人群限制为经医疗机构诊断为不孕的夫妇。至于一部分人所持的代孕是对代孕母身体的剥削，是对其人格的贬损，代孕会造成亲子关系的紊乱等观点，并非无懈可击。随着人工辅助生殖技术的日臻成熟和人们对代孕的日益宽容，代孕也不再一概被认为是违背伦理的行为。

如上所述，虽然我国法律没有明确禁止代孕，代孕行为也并不必然都违反我国的公共秩序，但从我国目前的司法实践来看，法院还是普遍认定代孕非法。针对这一现状，我们需要考虑如何给无辜的代孕儿童以最大保护。

（2）完善建议

欧洲人权法院关于 Mennesson 诉法国案的判决对各国保护代孕儿童的人权具有里程碑意义。我国法院在处理代孕亲子关系认定问题时应和国际接轨，采用儿童最大利益原则来保护代孕子女的合法权益。鉴于我国国内对代孕有着强烈的需求，与其一刀切地禁止反而助推代孕黑市的出现，导致大批代孕儿童成了黑户，还不如因势利导，有条件地承认代孕。为避免诱发女性子宫商品化的伦理危机，我国应严禁任何形式的商业代孕。代孕协议或代孕技术的使用应严格限制在特定范围内，并将代孕母限定为未婚

---

① 如梁慧星教授将公共秩序分为违反国家公序、危害家庭关系、违反性道德等十种类型，赵万一教授将公共秩序分为违反国家、社会安全、公共利益、社会经济秩序等六种类型，善良风俗分为反人伦和有违正义、有伤风化等七种类型。

女性。我国司法机关在审理具体案件时应明确允许代孕的情形，如夫妻一方或双方有生育障碍或遗传性疾病、因响应国家计划生育政策而失独的家庭、因晚婚晚育错失生育年龄或因环境污染而无法生育的夫妻等。鉴于我国国际私法中还未有保护跨境代孕子女合法权益的规定，为了使法院在审理这类案件时有法可依，我国未来在修订《中华人民共和国涉外民事关系法律适用法》时应在总则中加入国际代孕亲子关系认定要遵循的儿童最大利益原则，最高法院可在适用中制定具体的实施细则，审查意愿父母的受教育程度、健康状况以及经济状况等，结合意愿母亲的身体状况、代孕诊所和医生的资质进行综合判断，确保代孕子女最大利益的实现，降低代孕造成的风险。同时，我国确定国际代孕子女的法律适用时要贯彻现代亲子法中的保护儿童利益的理念，在分则中为该亲子关系认定提供多个连接点，避免"跛足代孕"的发生。①

四 结论

国际代孕亲子关系的认定问题因各国对代孕的态度不同而错综复杂。单一的亲子关系认定标准已不能满足实践的需要。儿童最大利益原则在国际代孕亲子关系认定中发挥着重大作用。欧洲人权法院在国际代孕亲子关系中运用儿童最大利益原则来认定代孕儿童的父母地位，不仅影响了欧洲一些国家对代孕的态度，也进一步推动了海牙国际私法会议对代孕问题的关注和研究。我国法律未对代孕作出规定，但从我国首例代孕监护权纠纷案来看，法院从儿童最大利益原则的角度出发，确认了无血缘关系的意愿母亲与代孕儿童的亲子关系。随着代孕的日益增多，我国也要重视这一问题，最大限度地保护代孕儿童的最大利益。

（作者简介：汤霞，厦门大学法学院国际法博士研究生）

---

① 袁泉、罗颖仪：《跨国代孕亲子关系认定所涉及的若干国际私法问题》，《国际法研究》2016 年第 6 期。

专题研究

有限责任公司股东除名：理论、镜鉴与建议

钟三宇

目 次

引　言

有限责任公司脱胎于人合性经济组织，股东之间往往存在一种相对紧密的人身信赖与合作关系，而不像股份有限公司那样，呈现一种纯粹的商业化关系。曾经有法国学者就此指出："有限责任公司股东的地位不同于股份有限公司的股东。因为，在有限责任公司里，股东的个人人格仍然起着某种作用。"① 正是由于有限责任公司具有浓厚的人合性色彩，所以与股份有限公司基本上将股东之间的关系交由资本多数决和证券市场调整的做法不同，当前各国公司法普遍建构起专门用于化解有限责任公司股东之间对立、分歧的特殊机制，据以避免股东之间得不到释放的歧争最终给公

---

① 〔法〕伊夫·居荣：《法国商法》（第1卷），罗结珍、赵海峰译，法律出版社，2004，第556页。

司和股东利益造成的负面影响，其中，近年来最为引人注目者即是有限责任公司股东除名制度。

我国现行《公司法》并未规定股东除名制度，但是最高人民法院《关于适用〈中华人民共和国公司法〉若干问题的规定（三）》（以下简称《公司法解释三》）第 17 条第 1 款①则为我国公司法移植这一制度提供了契机。该条款规定："有限责任公司的股东未履行出资义务或者抽逃全部出资，经公司催告缴纳或者返还，其在合理期间内仍未缴纳或者返还出资，公司以股东会决议解除该股东的股东资格，该股东请求确认该解除行为无效的，人民法院不予支持。"以上规定并未从公司与股东关系的角度使用"公司有权对该股东除名"之类的表述正面规定股东除名制度，只是为股东除名公司决议的正当性提供了裁判准则，这一法律续造显然尚未完成，有待于进一步地补充完善。有鉴于此，笔者不揣浅陋，在广泛撷取域外成功经验的基础上，阐释有限责任公司股东除名制度的理论基础与实践运行情况，以期对我国有限责任公司股东退出法律制度的完善有所裨益。

一 有限责任公司股东除名制度的理论基础

通过总结中外学者既有共识，所谓的有限责任公司股东除名制度是指，由于某些股东个人的原因严重影响了公司利益以及其他股东的共同利益，在违背其本人意愿的情况下，通过一定程序取消其股东身份的法律制度。② 有学者经考证发现，商事组织的成员除名制度，最初是从合伙企业、人合公司等以无限责任为特点的商事主体中发展起来的，目的是解决合伙人、无限责任股东因个人行为能力或债务承担能力减损危及其他股东利益的问题。由此可见，商事组织成员除名制度的初衷在于确保该成员满足合伙人、无限责任股东的法定条件，但在此后的演进过程中，该制度逐渐逾越这一功能预设，扩张为一种对严重损害团体利益、不履行商事组织义务

---

① 《公司法解释三》于 2010 年 12 月 6 日制定，后于 2014 年 2 月 17 日修订，文中所引条文原规定于第 18 条第 1 款，修订后规定于第 17 条第 1 款。

② 戴中璧：《试论有限责任公司股东除名制度的理论基础》，《扬州大学学报》2013 年第 5 期。

的成员的惩罚措施，以及具有替代不经济团体解散、满足团体自治的需要等功能，适用对象亦逐步扩张至有限责任公司的股东。[①] 关于有限责任公司股东除名制度的正当性以及必要性的理论基础，可以从以下几个方面加以论证。

（一）有限责任公司人合性的客观需要

有限责任公司一般规模较小、股东较少，其往往系以股东对于相互之间的经济实力、专业知识技能、个人品行、实践经验、社会资源等因素的信赖为纽带而成立的。这种信赖纽带的存在，使得在有限责任公司成立初期，全体股东能够"同心同德""齐心协力"地经营并发展公司事业，股东直接或间接地对公司事务的"共同参与"机制可以使股东"资源共享""集思广益"，这是有限责任公司的一个重要优势。[②] 但是，有限责任公司这种浓烈的人合色彩并不总是体现为优势，伴随外部市场环境的客观变化以及公司经营规模、组织结构的变更，股东之间的经营思路有可能会发生分歧，并随之带来利益关系的失衡，原来的"同心同德"将不可避免地变成"离心离德"，所谓的"共同参与"机制亦随之由公司发展的优势变成公司发展的桎梏。此时，为了维护有限责任公司股东之间"同心同德""精诚合作"的紧密关系，维系有限责任公司客观需要的人合性，应当赋予公司其他股东基于法律规定或章程约定的重大事由，将损害公司及其他股东利益的特定股东"开除"出公司的权利。

《德国民法典》第 737 条规定了合伙人除名规则，《德国商法典》第 131、133、140、161 条规定了无限公司、两合公司股东除名规则，《德国有限责任公司法》则并未明确规定有限责任公司股东除名规则。德国法上的有限责任公司除名规则系先由学说铺陈理论基础，后经法院实例判决，逐步积累而成的，其中最被频繁援引的学术观点认为，"当股东因其自身所存在的重大事由，导致公司无法承受该股东继续存留于公司时，则公司将

---

① 李建伟：《有限责任公司的股东除名制度研究》，《法学评论》2015 年第 2 期。
② 段威：《有限责任公司股东退出机制：法理·制度·判例》，中央民族大学出版社，2013，第 149 页。

该股东除名，应属于本着诚信原则及对公司忠实义务所为之必要行为……本判决即可形成如下建议，即在公司章程未明确规定之情形下，如某股东存在重大事由，公司应当有权将该股东除名"。[1] 股东之间的信赖关系是有限责任公司赖以成立和正常运作的基础，这种信赖关系一旦由于特定股东的"重大事由"而破裂，势必会致公司陷于困境甚至解体，造成公司及其他股东"无法承受之重"，因此，有限责任公司的人合性因素是股东除名制度得以建立的必要基础。

（二）惩罚股东义务违反者的客观需要

有学者认为，"从本质上来看，信义义务强调受托人为了受益人最大利益而行为，因此是一种利他性的义务，这并不适合股东之间的关系，因此将信义义务原则扩展至调整股东之间的关系是一个美丽的错误"。[2] 诚然，传统的公司法理论中，信义义务只针对董事及高级管理人员而不涉及股东，股东完全可以通过对股权的合理行使以追求自身最大利益，没有义务顾及其他股东的利益。[3] 直到晚近，美国公司法仍然认为股东并不对其他股东负有信义义务，这种态度的变化发生在那些涉及封闭式公司股东压制和公司僵局的判例中，股东信义义务的概念已经在封闭式公司中得到最充分的发展。时至今日，股东信义义务概念不但被美国公司法所认可，而且也已经被移植到许多大陆法系国家公司法之中。[4] 例如，在美国马萨诸塞州最高法院的一则判决中，法官即针对股东信义义务强调："我们认为，在封闭式公司中，股东之间所负的信义义务同合伙企业的合伙人之间的信义义务是相通的。在先前的判决中，我们将合伙人之间的责任定义为'最大诚信和忠实'。封闭式公司中的股东应当有权根据严格的诚信标准起诉在执行公司事务时没有履行诚信义务的股东。这些股东没有履行诚信义务

---

① 凤建军：《公司股东的"除名"与"失权"：从概念到规范》，《法律科学》2013 年第 2 期。
② 范世乾：《控制股东滥用控制权行为的法律规制》，法律出版社，2010，第 12 页。
③ 刘凯：《控制股东的信义义务及违信责任》，《政法论坛》2009 年第 2 期。
④ 张学文：《封闭式公司中的股东信义义务：原理与规则》，《中外法学》2010 年第 2 期。

可能是为了私利而侵害了其他股东和公司的利益。"①

此外，有德国学者指出，"与股份有限公司不同，有限责任公司的股东除了必须履行缴纳出资义务外，也可以通过公司合同的规定让股东承担任何其他义务，对此没有任何限制（《有限责任公司法》第3条第2款）。这种类型的附属义务非常常见，它们反映了有限责任公司的人合特点，即股东与公司之间的法律关系常常并不局限于资本的参与。这种附属义务也反映了有限责任公司的多种多样的目的"。② 据此，有限责任公司股东义务具有多元来源，既可基于有限责任公司本质属性的客观要求，又可基于法律的规定，还可基于当事人之间的自愿约定，无论来源如何、形式如何，有限责任公司的股东需要对公司和其他股东承担基于诚信义务而衍生的信义义务是没有疑义的，特定股东一旦违反这种义务，危及公司以及其他股东利益时，即有必要对该股东施加相应的惩罚措施，据以维护公司良性的经营秩序、匡正遭到扭曲的利益结构，而股东除名制度无疑将在其中扮演着"一劳永逸"地解决问题的重要角色。

（三）实现公司治理自治的客观需要

公司法在本质上为私法，因此，处理公司法案件必须坚持"私法自治"原则。私法自治表明，私人的生活关系原则上应由个人依其自由意识予以调整，国家只需消极加以确认，并赋予其拘束力，不宜妄加干涉。③私法自治在公司法领域主要体现为股东自治和公司自治，所谓的股东自治就是指股东之间的关系以及股东与公司之间的关系，原则上应当交由当事人依据自由意志加以调整，立法及司法机关不应任意干涉。学术界普遍认为，股东自治是公司法上一种较为彻底和全面的私法自治形式，其中最为

---

① Douglas K. Moll, "Shareholder Oppression & Reasonable Expectations: of Change, Gifts, and Inheritances in Close Corporation Disputes", *Minnesota Law Review*, 2002, p. 278. 转引自段威《有限责任公司股东退出机制：法理·制度·判例》，中央民族大学出版社，2013，第152页。
② 〔德〕托马斯·莱赛尔、吕迪格·法伊尔：《德国资合公司法》（第3版），高旭军等译，法律出版社，2005，第468页。
③ 蒋大兴：《公司自治与裁判宽容——新〈公司法〉视野下的裁判思维》，《法学家》2006年第6期。

突出的表现为，尽管股东之间的关系很大程度上来源于法律规定，但是可以用契约关系加以解释。正如有学者指出的，公司是公司股东之间的一种契约，是股东之间通过协商所达成的一种协议，此种契约同一般民法或普通法所规定的契约并没有什么区别，一般民法或普通法所规定的契约理论完全适用于公司这种契约。① 尽管这种将公司等同于契约的观点不无过于绝对之嫌，但是我们不妨将之视作对公司本质的一种解释框架，在这一框架下，公司其实就是一系列契约的组合体，公司章程、股东会决议等都可视作股东意思表示的产物，皆可定性为契约。既如此，有限责任公司的章程中当然可以规定股东除名条款，股东会亦当然可以做出将特定股东除名的决议。质言之，股东除名制度其实就是股东自治的典型例证之一。

拉伦茨教授在论及股东除名制度的性质时指出，除名属于对违反一个有着紧密联系的社会集团的特定秩序和对其成员要求的反应。股东除名的属性应当排斥以往将其视为国家权力授予的公法品格，应当回归到将其认为一种有限的和以私法自治为基础的权力，它的效力是习惯法赋予社团的。② 虽然我国现行《公司法》并未规定股东除名制度，但是《公司法解释三》第 17 条第 1 款的规定，实际上是允许公司其他股东以决议形式将未履行出资义务或抽逃全部出资的股东驱逐出公司并剥夺其股东身份的，其本质上就是将股东除名界定为公司治理自治范畴的事项之一，肯定了司法自治原则在该领域的适用。

二 域外镜鉴之一：有限责任公司股东除名制度的实体规则

股东除名会产生两项法律后果：其一，特定股东丧失股东资格，有限责任公司的股东结构、股权结构亦将随之变化；其二，由于被除名股东将获得相应的股权对价，有限责任公司的资本结构、资产状况将会随之变

---

① 张民安：《公司契约理论研究》，《现代法学》2003 年第 2 期。
② 〔德〕卡尔·拉伦茨：《德国民法通论》（上），谢怀栻、邵建东等译，法律出版社，2003，第 230~231 页。

化。由此可见，股东除名对于被除名股东的个人利益影响甚大，股东自治的实现是以牺牲该被除名股东的主观意志为代价的。因此，凡设立股东除名制度的立法例，均严格规定了股东除名的前提条件以及适用程序，以防范股东权利的滥用。

（一）股东存在除名的重大事由

从德国、日本等国家的立法观察中可知，可以除名股东的情形主要包括两种，即法定事由与约定事由，在既无法定事由又无章程约定的前提下，一般不允许公司随意将股东除名。① 美国公司法长期秉持股东本位理念，一向赋予公司宽泛的自治权限，公司法的强制性和大陆法系公司法相比弱了很多，直到《统一有限责任公司法》出台，才于第 602 条开创了股东除名制度成文化的先例，明确规定封闭式公司可以进行除名。② 日本、德国、美国的立法例或司法实务均要求除名特定股东必须符合一定的条件，亦即符合"重大事由"。《德国有限责任公司法》并未明文规定股东除名制度，德国学术界及实务界认为，"有限责任公司的股东，可因存在于其身上之重大事由而被除名，即便是章程中并未有此规定"。美国《统一有限责任公司法》第 602 条规定，股东除名可以基于不同事由分为不同的情形，包括基于股东约定的规则进行除名；在股东已经不可能成为公司股东时如作为法人的股东被解散，其他股东可以决议将该股东除名；在股东对公司实施不法行为时，如股东违反对公司的义务而侵害公司利益，公司可以请求法院进行股东除名等。③ 可见，所谓的"重大事由"必须存在于被除名之股东身上或其行为上，例外情况是，若该重大事由存在于股东代理人身上，此时因股东权利皆委托代理人代为行使，若代理关系仍非短期可随时终止者，在长期持续的代理关系情况下，可因代理人存在对公司难以承受的重大事由，而将该股东予以除名。④

---

① 郝磊：《公司除名制度适用中的法律问题研究》，《法律适用》2012 年第 8 期。
② 刘德学：《股东除名权法律制度研究》，中国政法大学博士学位论文，2008，第 87 页。
③ 吕惜：《股东除名制度立法研究》，郑州大学博士学位论文，2015，第 37 页。
④ 杨君仁：《论有限公司之退股与除名及其法政策上之建议》，《中原财经法学》（台湾）2010 年第 5 期。

究竟何谓股东除名的重大事由，德国学术界一般认为，应就具体个案予以整体上的判断，原则上言之，当存在于股东或其行为之事由，致使公司目的已经不可能达成，或是造成严重损害，因此显然难以再承受该股东继续留在公司时，应属存在重大事由。[①] 德国司法实务观察，导致股东除名的重大事由一般包括以下诸项：不履行出资义务或者屡次催告拒不缴纳者；违反竞业禁止规定者；有不当行为妨害公司利益者；对公司不尽重要义务者；年老、精神异常、长期卧病在床等，影响其参与公司事务的机会；股东已经丧失章程所定资格者；股东因离婚而丧失家族公司章程中所需的亲属身份；丧失信任感；债务状况不佳或者财务状况异常严重、濒临破产者；股东行为严重违反信义义务；股东突然将借予公司使用的土地出售；破坏股东之间的信赖关系；控告或诋毁其他股东之名誉；等等。[②] 美国公司法则比较笼统地规定了股东除名的条件，从前文引述之美国公司法规定来看，主要是指股东违反义务的行为。

可见，作为股东除名前提条件的重大事由，其涵盖范围相当广泛，既包括股东个人品质、身体状况等纯粹的个人事项，又包括股东违反信义义务的行为，无论该行为为法律所明确禁止，还是股东之间的特别约定抑或章程的约定，只要以上诸因素致使不宜再保留其股东资格，即满足除名的条件。

（二）股东无须对该重大事由存在过失

在前文所述之股东除名的诸项重大事由中，如果说违反信义义务的行为表明股东存在过失，那么诸如年老体弱等纯粹个人因素，则难谓其存在主观上的过失。因此，一般认为，作为股东除名前提条件的重大事由，无须以股东存在过失为必备条件。德国学术界及实务界认为，股东除名缺乏惩罚特征，仅属于社团法人维持秩序之必要处分手段。[③] 但亦有学者认为，

---

① 王仁宏：《有限公司债权人与少数股东之保护的现行法检讨及立法修正建议》，《台大法学论丛》（台湾）2007年第2期。
② 张凡：《有限公司股东除名机制之理论基础与构建》，《金陵法律评论》2012年春季卷。
③ 张凡：《有限公司股东除名机制之理论基础与构建》，《金陵法律评论》2012年春季卷。

有限责任公司股东除名须有正当事由，从有限责任公司的契约性质出发，要求被除名股东存在根本违约的行为。其中一个具体条件是被除名股东须知，而且一个同等资格通情达理的人处于相同情况下也须知会发生根本违约的结果。将被除名股东须知或应当须知作为根本违约的构成条件，将"虽然被除名股东的违约行为，已经实际剥夺了其他股东的合理预期，但这并非其故意或恶意所致"排斥在外，有利于巩固股东之间的信任与合作关系。[1]

笔者认为，如果说依照传统大陆法系契约理论，在违约责任采纳过错归责原则的制度框架内，将股东除名之重大事由视为一种根本违约行为，进而以过错作为股东除名之必备条件尚称合理的话，那么在我国现行《合同法》就违约责任已转采用严格责任归责原则的制度环境中，前述主张即因缺乏实定法基础而丧失合理性。但是，这并不意味着在考察股东除名事由的过程中，过失因素毫无价值，正如德国学者曾经指出的，"过失虽然不是必要的前提条件，但也是人们考虑开除的一个重要因素"。[2] 一个比较典型的例子是，在发生股东并不存在过失的重大事由的背景下，一旦股东之间无法就该股东退出公司达成协议，而公司及其他股东亦已经提出合理对价，那么该不同意退出公司的股东事实上即已经存在过失，则此时将该股东除名即具备了正当性基础。

（三）除名须是不得已的最后手段

尽管部分学者认为股东除名并非一项惩罚措施，但至少从作为股东除名前提条件核心内容的违反信义义务事由来看，其中蕴含的惩罚色彩其实是相当明显的，虽然被除名股东能够获得退出的相应对价，但毕竟其被强制性地剥夺了股东资格，这明显是与其主观意愿背道而驰的。因此，德国学术界普遍认为，"为了保护当事人的利益，必须对开除股东提出比退出

---

[1] 段威：《有限责任公司股东退出机制：法理·制度·判例》，中央民族大学出版社，2013，第159页。
[2] 〔德〕托马斯·莱赛尔、吕迪格·法伊尔：《德国资合公司法》（第3版），高旭军等译，法律出版社，2005，第468页。

更严格的要求。开除只能是消除不良状态最极端和最后的手段……仅仅一个原因本身或者并不足以开除某一股东，但是几个原因结合在一起或许就可能起着决定性的作用"。① 这就是说，股东除名是一种不得已的最后手段，如果事实上尚能够借助其他较为缓和的手段实现目的，启用股东除名手段即缺乏必要性。有学者举例指出，"在公司章程规定股东享有诸如优先盈余分派、较高的剩余财产分派、低价购买公司制品或服务、使用公司设备等特别权利时，若取消该股东之特别权利，即能达成适当的处分者；或是股东将其出资额信托于他人，即能避免造成与公司之紧张关系者；或是股东将其共益权之行使，转由他人代理行使者即可，则除名仍是不被允许的手段"。②

据此，股东除名作为一项饱含"激进"色彩的措施，只能作为维护公司正常运营秩序以及其他股东利益的最后一项"武器"而存在，只要尚存在其他较为缓和的替代措施可实现同等目标，即不应采取除名手段。正是基于防范股东除名手段滥用的考虑，各国公司法在严格限定股东除名的实体条件的同时，无不设置了相应的程序性规定，据以确保这一理念获得实现。

三 域外镜鉴之二：有限责任公司股东除名
制度的程序规则

前已述及，有限责任公司股东除名制度不只影响被除名股东的利益，还会给公司的股东结构、股权结构以及资产状况带来重大影响，因此，股东除名的采用必须慎重，合理设置相应的程序就成为良性发挥股东除名制度功能的重要保障。有学者甚至认为，"如果章程中仅规定了除名的事由，而没有规定股东除名的程序，则该除名事由没有程序作保障，在实践中无

---

① 〔德〕托马斯·莱赛尔、吕迪格·法伊尔：《德国资合公司法》（第 3 版），高旭军等译，法律出版社，2005，第 520 页。
② 杨君仁：《论有限公司之退股与除名及其法政策上之建议》，《中原财经法学》（台湾）2010 年第 5 期。

法实施，应认定为无效的规定"。① 虽然该见解不无偏颇之嫌，但股东除名程序性规则的重要性由此可见一斑。

（一）前置程序

股东除名是一项不得已的最后手段，这就意味着只要相应股东采取补救措施即可实现目的，就应当赋予其此等弥补的机会，而不宜一旦除名事由具备即立即启动除名程序。德国司法实务及学者、美国《统一有限责任公司法》、日本《公司法》等均认为股东除名是一项"迫不得已"的最后选择，因此，必须给予特定股东以纠正不当行为、消除特定事由的适当时限，而不宜一旦除名事由具备即做出除名决议。②

（二）决议程序

鉴于除名是公司及其股东在没有良性替代解决办法的情况下，剥夺只会给公司带来不利影响的特定股东之股东资格的一种"极端措施"，为实现公平、体现"大多数人的意愿"，在除名制度适用时，公司必须采取决议的方式做出除名决定。③ 一般而言，当前大陆法系公司法普遍要求股东除名必须以决议方式为之，而英美法系国家的公司法则普遍要求股东除名应以公司向法院起诉的方式为之，并未对股东决议提出明确要求，但在实践中，公司向法院提出对特定股东予以除名的诉求往往是以内部决议为依据的，以此而言，两大法系对于决议程序的要求实际上是不谋而合的。④

由于除名决议事关股东资格以及公司"人"和"物"两方面的重大变化，为彰显此种决议的严肃性与庄重性，不宜采取简单多数表决通过的规则。德国学者及联邦法院认为，有限责任公司之除名，并不同于无限公司，其会增加其他继续留在公司的股东的责任，所以并不属于全体股东同

① 刘炳荣：《有限责任公司股东除名问题研究》，载王保树主编《实践中的公司法》，社会科学文献出版社，2008，第71页。
② 参见王东光《股东退出法律制度研究》，北京大学出版社，2010，第170～171页。
③ 段威：《有限责任公司股东退出机制：法理·制度·判例》，中央民族大学出版社，2013，第165页。
④ 参见王东光《股东退出法律制度研究》，北京大学出版社，2010，第167页。

意之例，而以出席股东表决权的四分之三同意通过则可。① 《韩国公司法》并未明确规定公司除名制度，多数学者认为，只有在原始章程上规定，如原始章程上没有规定，则以"全体股东的同意"来变更章程，才能允许将特定股东予以除名。② 我国有学者进一步指出，股东除名决议中，各续留股东均享有同等的表决权，而无论其出资多寡，所以，"有限责任公司续留股东四分之三同意"是指"续留股东人数的四分之三同意"，而并非"续留股东出资额的四分之三同意"。③ 笔者认为这一主张可资赞成，因为一旦选择以出资额为决议通过的标准，势必助长少数大股东滥用权利、排挤小股东的不良倾向，而且也会变相剥夺续留小股东选择经营合作伙伴的自主权。表决程序中，涉嫌被除名的股东应就该表决事项加以回避，但同时应给予该股东以申明辩白的必要机会。如果该股东认为除名决议存在瑕疵，可依据《德国有限责任公司法》第 243 条的规定，以决议违反法令或章程为由，提起撤销之诉。④

需要强调两种特殊情况：一是有限责任公司仅有两名股东之际，如果其中一名股东存在除名之重大事由，德国学术界通说认为即可免去决议程序；二是有限责任公司只有两名股东，如果两人都对公司内部的紧张状况负有责任，那么仅仅将一方开除出公司，而让另一方独自继续经营公司，德国司法实务是不允许的，其认为应当采取解散公司的措施。⑤

（三）诉讼程序

由于开除将会产生决定性的影响，德国联邦最高法院不仅要求股东大会做出开除决议，要求向股东宣布决议，而且要求类比适用《德国有限责任公司法》第 61 条，《德国商法典》第 117 条、第 127 条、第 133 条和第

---

① 杨君仁：《论有限公司之退股与除名及其法政策上之建议》，《中原财经法学》（台湾）2010 年第 5 期。
② 王东光：《股东退出法律制度研究》，北京大学出版社，2010，第 163 页。
③ 吴德成：《论有限责任公司股东的除名》，《西南民族大学学报》2005 年第 9 期。
④ 张凡：《有限公司股东除名机制之理论基础与构建》，《金陵法律评论》2012 年春季卷。
⑤ 参见〔德〕托马斯·莱赛尔、吕迪格·法伊尔《德国资合公司法》（第 3 版），高旭军等译，法律出版社，2005，第 520～521 页。

140 条的规定，提起开除之诉。这样就由法庭审查开除的理由，并通过法院判决来确认开除决议。应由公司经理代表公司提出诉讼。[①] 我国有学者对此持相反意见，其认为"股东除名应当立即生效，不能给予起诉后，除名暂停的后果，因为这样容易造成权利滥用，有些股东会利用诉讼时间长的特点，拖垮公司"。[②] 应当指出，这一担忧是不无道理的，但是存在忽视被除名股东个人利益的缺陷，除名生效的直接后果是股东身份的丧失，故除名程序设计的重点应当侧重于维护被除名股东的合法权益。事实上，除名决议的生效时间是一个极具争议和面临法律困难的问题，关于这一问题，可以追溯到 1953 年德国联邦最高法院的一个判决，该判决在判决理由部分顺带阐明，根据《德国有限责任公司法》第 34 条，决议必须以信守资本维持原则为法定条件。多个高等法院不但延续了这一判决要旨，还做了进一步的发展，将联邦最高法院的表述做了解释，即只有股份补偿金的全额支付方使除名决议生效。在公司全额支付补偿金之前，相关股东仍为公司股东，其依法享有的股东权利并不终止。[③] 这就是说，被除名股东所持股份补偿金的全额支付构成除名决议的延迟生效条件。有必要强调的是，在除名之诉中，法院只是针对重大事由是否客观属实、除名决议是否适当、股权购买价格是否合理进行审查，而不是依据相关证据直接做出股东除名判决。[④]

结论　构建我国有限责任公司股东除名制度的诸要点

股东除名制度是有限责任公司人合属性的客观需要，对于维持公司正常运营秩序，维护公司及其他股东的利益具有重要价值，我国应当以《公

---

① 〔德〕托马斯·莱赛尔、吕迪格·法伊尔：《德国资合公司法》（第 3 版），高旭军等译，法律出版社，2005，第 520～522 页。
② 刘炳荣：《有限责任公司股东除名问题研究》，载王保树主编《实践中的公司法》，社会科学文献出版社，2008，第 72 页。
③ 王东光：《股东退出法律制度研究》，北京大学出版社，2010，第 176～177 页。
④ 李建伟：《有限责任公司的股东除名制度研究》，《法学评论》2015 年第 2 期。

司法解释三》第 17 条第 1 款的规定为契机，充分借鉴域外成熟立法和司法经验，从实体和程序两个方面加以充实完善，适时完成这一法律续造工程。具体而言，应当着重从以下几个方面着手立法规划。

1. 关于前置程序

鉴于股东除名具有"最后手段"的性质，因此我国将来的立法应当借鉴域外立法例，进一步完善股东除名的前置程序。《公司法解释三》第 17 条第 1 款正是秉承这一精神针对未履行出资义务或者抽逃全部出资的股东规定了公司催告程序，而非一旦发生未履行出资义务或者抽逃全部出资的事由即立刻启动除名程序，同时，辅之以股东履行义务的合理期限，也就是赋予股东履行义务的合理宽限期，其也是这一精神的体现。有学者认为，公司在催告抑或通知中，还应告知该股东不按期消除除名事由的后果及其享有向公司解释、申辩的权利，如果该股东的解释、申辩被公司接受，除名程序即无须启动①，这一见解可资赞同。

2. 关于重大事由

《公司法解释三》第 17 条第 1 款仅规定了"未履行出资义务"和"抽逃全部出资"两项除名事由，这显然是不够的。鉴于我国以往从未规定过股东除名制度，司法实践亦几乎付之阙如，实务界人士尚感陌生，而股东除名的重大事由又种类繁多，因此，笔者建议将来在修订公司法或制定司法解释时，应当采取一般条款概括规定并结合典型类型列举的方式，其中列举的诸项重大事由应主要指向股东违反信义义务的各种行为，具体可参考德国司法实务经验；一般条款则起到"兜底"的作用，将其余不宜继续维持特定股东资格的情形囊括其中，交由法院根据具体案情加以判断。此外，出于公司治理自治的客观需要，应允许公司章程以及股东之间事先就股东除名的重大事由做出约定。至于章程规定的事由以及股东之间约定的事由是否妥当、是否为实现目的的最后手段，则交由法院进行审查。还有学者主张将严重违反竞业禁止义务、股东对公司

---

① 李建伟：《有限责任公司的股东除名制度研究》，《法学评论》2015 年第 2 期。

具有犯罪行为等作为股东除名的法定事由。① 具体的立法模式，可以参照我国《合伙企业法》第 49 条的规定——出现除名事由时，其他合伙人可以决议除名违反规定的合伙人。②

3. 关于除名决议

《公司法解释三》第 17 条第 1 款已经肯定股东除名应以股东会决议的形式做出，但这一规定并不完善，尚需要从以下几个方面加以充实完善。①参照《公司法》第 16 条第 3 款③，从保障股东除名制度正常运转出发，限制被除名股东表决权的行使④，明确规定被除名股东回避规则，即被除名股东不得参加除名表决。②除名决议的通过应采绝对多数规则。鉴于股东除名所造成的严重后果，除名决议的通过不宜采简单多数规则，但这并不意味着一定拘泥于德国法，采四分之三通过规则，考虑到我国现行《公司法》第 43 条第 2 款、第 103 条第 2 款、第 121 条、第 181 条第 2 款等针对诸如公司合并、分立、解散、变更公司形式以及修改公司章程等重大事项均采三分之二绝对多数通过的规则，而股东除名实际上亦可以解释为此类重大事项之一，因此，从维护法律体系的稳定性与一致性的角度出发，股东除名决议建议沿用三分之二多数决规则。至于究竟是以出席股东会的人数还是以持股份额为依据，笔者认为，出于有限责任公司浓厚人合色彩以及避免大股东滥用股东除名制度的考虑，应当以出席股东会的股东人数的三分之二为决议通过的"门槛"。③如果有限责任公司仅有两名股东，其中一名股东存在除名之重大事由，即免于股东决议程序，公司可直接向

---

① 宋新宇：《有限责任公司股东除名事由的立法构建》，《广东开放大学学报》2016 年第 5 期。

② 《合伙企业法》第 49 条第 1 款规定："合伙人有下列情形之一的，经其他合伙人一致同意，可以决议将其除名：（一）未履行出资义务；（二）因故意或者重大过失给合伙企业造成损失；（三）执行合伙事务时有不正当行为；（四）发生合伙协议约定的事由。"第 2 款规定："对合伙人的除名决议应当书面通知被除名人。被除名人接到除名通知之日起，除名生效，被除名人退伙。"第 3 款规定："被除名人对除名决议有异议的，可以自接到除名通知之日起三十日内，向人民法院起诉。"

③ 《公司法》第 16 条第 1 款规定："公司向其他企业投资或者为他人提供担保，依照公司章程的规定，由董事会或者股东会、股东大会决议。"第 3 款规定："前款规定的股东或者受前款规定的实际控制人支配的股东，不得参加前款规定事项的表决。"

④ 陈克：《再论股东除名制度中的表决权限制——从填补法律漏洞视角下展开》，《法律适用》2015 年第 12 期。

法院提起除名之诉。④鉴于公司系提起除名之诉的原告，根据"谁主张谁举证"的举证责任分配规则，应由公司就特定股东存在法定或约定除名的重大事由承担举证责任，并须提交股东除名决议供法院审查。

4. 关于除名之诉

虽然有学者主张除名决议一经做出即生效①，但出于维护被除名股东合法权益、稳定公司经营秩序、统一各地裁判尺度的考虑，至少在股东除名制度确立之初，还是应当借鉴德国的实践经验，不宜规定除名决议一经做出即生效，而是应规定专门的除名之诉，由法院就股东除名事由的客观真实性、严重性以及除名的妥当性加以统一把握，从而确保股东除名制度的严肃性，避免其成为部分股东滥用权利谋求私利的工具。此外，为避免除名决议做出之后，公司怠于提起除名之诉而造成公司股权结构、股东结构的不稳定状态，以及被除名股东资格的不确定状态，进而滋生谋求短期利益的不理性行为，有必要就除名之诉的提起期限加以严格限制，可以考虑以一个月为限，超过期限未提起除名之诉的，其他股东须再次做出除名决议方能启动股东除名程序。鉴于现行最高人民法院《民事案件案由规定》并未规定关于股东除名的相应案由，建议在第二十一部分"与公司有关的纠纷"类型下之第 250 条"公司决议纠纷"案由下，增设第（3）项"股东除名决议效力确认纠纷"的案由。值得注意的是，2016 年 12 月 5 日最高人民法院通过并于 2017 年 9 月 1 日施行的《关于适用〈中华人民共和国公司法〉若干问题的规定（四）》第 1 条规定："公司股东、董事、监事等请求确认股东会或者股东大会、董事会决议无效或者不成立的，人民法院应当依法予以受理。"从这一规定反向思考，公司股东等向人民法院起诉要求确认股东会决议有效，人民法院是否会不予以受理，这与实践中相当多法院不受理股东会决议效力确认之诉是有相关性的。如果确实如此，就更有必要专门就股东除名决议的生效时间进行针对性的规定。

5. 关于被除名股东的救济与补偿

《公司法》第 22 条第 2 款规定："股东会或者股东大会、董事会的会

---

① 李建伟：《有限责任公司的股东除名制度研究》，《法学评论》2015 年第 2 期。

议召集程序、表决方式违反法律、行政法规或者公司章程，或者决议内容违反公司章程的，股东可以自决议做出之日起六十日内，请求人民法院撤销。"既然股东除名须以股东决议的形式做出，那么一旦被除名股东认为会议召集程序、表决方式、内容存在前述规定事由，该股东当然有权提起决议撤销之诉。此外"对个体股东知情权的侵犯本身就足以使最终形成的决议欠缺合法性基础，而无须考虑其质询及相关信息对于其他股东可能的意义"①，股东也可提起撤销决议之诉。根据《民事案由规定》第 250 条第（2）项的规定，此类案件的案由应界定为"公司决议撤销纠纷"。此外，在公司提起的除名之诉中，被除名股东若对除名决议不服，可以就除名事由的真实性以及除名的适当性享有充分的申辩权利。

股东除名只是剥夺了特定股东的股东资格，而非对其所持股份体现的经济价值的剥夺，因此，股东除名制度必然包含对被除名股东进行经济补偿的条款。关于具体的补偿数额与方式，如果公司章程已经予以明确规定，则依照公司章程处理；公司章程未规定的，由公司与被除名股东进行平等协商，若协商不成，被除名股东对公司提出的补偿方案存在异议，其有权向法院起诉，法院根据公司资产情况、股权价值、经营业绩等因素综合判定补偿金额，如果被除名股东有证据证明其实际损失超过股权价值，则有权向法院申请增加补偿金额。

（作者简介：钟三宇，法学博士，福建中医药大学人文与管理学院副教授）

---

① 丁勇：《公司决议瑕疵诉讼中的股东知情权瑕疵研究》，《东方法学》2014 年第 3 期。

论作品起源国

阮开欣

目　次

引　言

作品也有"国籍",即起源国(country of origin),也被称为来源国或原始国,其并非简单地跟随作者的国籍。但这一概念在实践中并未受到重视,提到"一国"的作品时容易产生歧义,除了作品起源国还可能存在多种理解,如作者的国籍、版权持有人的国籍、根据作品语言确定其国籍(如以法语为作品语言则认为其为法国作品)等。法律上,起源国才应是判断作品"国籍"的唯一标准,在作品起源国是本国的情况下作品才是本国作品,反之则是外国作品。实际上,作品起源国的确定影响到作品的版权保护。对于作品起源国概念的掌握关系到本国立法如何应对版权国际条约的规则以有利于国家利益,以及版权人在国际竞争中如何维护自己的合法利益。而且,随着网络技术的发展,作品的传播方式发生巨大的改变,网络环境中如何确定作品起源国存在问题，缺乏统一的认识，这也关系到国际版权的立法和保护实践。因此，本文试对作品起源国的意义及其相关问题进行探讨，并对我国著作权法的完善提出建议。

一 作品起源国的概念

《保护文学和艺术作品伯尔尼公约》（简称《伯尔尼公约》）确立了作品起源国的概念，根据 1971 年的巴黎文本第 5 条第 4 款的规定，作品起源国的确定可以概括为以下规则：（1）对于首次在同盟的某一成员国发表的作品，其起源国是该国；（2）如果作品在多个同盟的成员国首次发表，且这几个国家的立法提供不同的保护期，那么作品起源国为保护期最短的国家；（3）如果作品既在同盟的成员国也在同盟以外的国家首次发表，那么前者为作品起源国；（4）对于作者国籍国属于同盟的未发表作品，作品起源国则是该作者的国籍国；（5）对于首次发表在同盟之外（且没有同时在成员国首次发表）的作品，如果作者国籍国是同盟的成员国，那么作品起源国是作者国籍国；（6）对于电影作品采取特殊规则，如果电影作品首次发表或同时发表于同盟的成员国，作品起源国的确定适用规则（1）、（2）和（3）；如果电影作品未发表或首次发表于非同盟的国家，那么制片人的总部或经常居所地所处的同盟国家为作品起源国；（7）规则（6）也类似地适用于建筑作品或其他附着于建筑物的艺术作品，如果建筑类作品首次发表或同时发表于同盟的成员国，作品起源国的确定适用规则（1）、（2）和（3）；如果建筑类作品未发表或首次发表于非同盟国家，那么建造或设立该建筑类作品所处的同盟国家为作品起源国。①

---

① 《伯尔尼公约》（巴黎文本）第 5 条第 4 款规定，起源国指的是：（a）对于首次在本同盟某一成员国发表的作品，以该国家为起源国；对于在分别给予不同保护期的几个本同盟成员国同时发表的作品，以立法给予最短保护期的国家为起源国；（b）对于同时在非本同盟成员国和本同盟成员国发表的作品，以后者为起源国；（c）对于未发表的作品或首次在非本同盟成员国发表而未同时在本同盟成员国发表的作品，以作者为其国民的本同盟成员国为起源国，然而（1）对于制片人总部或惯常住所在本同盟一成员国内的电影作品，以该国为起源国。（2）对于建造在本同盟一成员国内的建筑作品或构成本同盟某一成员国建筑物一部分的平面和立体艺术作品，以该国为起源国。

可见，作品起源国的确定偏向于作品的首次发表地，而非主要以作者的国籍或经常居所地作为判断标准。可见，作品起源国作为连结点主要具有属地性，而其属人性较弱。① 因此，作者的国籍完全可能不同于其作品起源地，同一作者的多个作品可能由于其首次发表地不同而具有不同的起源地。作品的首次发表地相比于作者的国籍或经常居所地更容易被公众探知，从而作品起源国的判断更具有可预期性。以国籍或经常居所地来确定作品起源地的弊端主要在于其具有不稳定性，因为国籍和经常居所是可能发生变化的（作者可以改变国籍和经常居所地），而且一件作品可能存在多个作者，一个作者甚至也可能有多重国籍（部分国家承认多重国籍）或多个经常居所地。

不过，现行《伯尔尼公约》对于作品起源国的确定的确具有较大的复杂性。在斯德哥尔摩会议上，一些代表为了便于规则的简化而倾向于从《伯尔尼公约》中取消现行"起源国"的概念。会议的讨论焦点在于瑞士的提案，其提出无论作品是否发表，都以作者的国籍作为作品起源国。这遭到了许多其他国家代表的反对，主要的原因还是在于多个作者的国籍易变的问题。有观点认为，作者有权选择其作品的起源国，有权选择在保护期更长的国家首次发表其作品。还有观点指出，确定首次发表地比作者国籍更加容易，而且前者为非同盟国家的作者保留了作品起源国。经过长时间的讨论，瑞士代表最终收回了该提案。②

二　作品起源国的确定对于版权保护的影响

实质上，《伯尔尼公约》保护的作品，其起源国均是同盟的成员国③，

---

① 根据《伯尔尼公约》第 3 条第 2 款，作者的经常居所地在特定情形下可以视为作者的国籍。

② See Sam Ricketson, Jane C. Ginsburg, *International Copyright and Neighbouring Rights: The Berne Convention and Beyond* (*2nd Edition*), Oxford University Press, 2006, pp. 280 – 281.

③ 《伯尔尼公约》第 3 条和第 4 条规定了公约所保护作品的准入范围，其与成员国作为起源国的作品范围基本吻合。《伯尔尼公约》第 3 条规定，1. 根据本公约，(a) 作者为本同盟任何成员国的国民者，其作品无论是否已经发表，都受到保护；(b) 作者为非本同盟任何成员国的国民者，其作品首次在本同盟一个成员国发表，或在一个非本同盟（转下页注）

起源国非成员国或没有起源国的作品不受《伯尔尼公约》保护。①而作品起源国的不同可能影响到作品的版权保护。这主要由于各国版权法为了符合国民待遇原则及其例外、互惠原则、最低保护标准原则等国际条约的规则而渗入了作品起源国作为适用因素。因此，在涉外作品的版权案件中，有必要确定涉案作品的起源国。

（一）版权保护期

《伯尔尼公约》第 7 条第 8 款规定："无论如何，期限将由被要求给予保护的国家的法律加以规定；但是，除该国家的法律另有规定者外，这种期限不得超过作品起源国规定的期限。"该条规定被称为"更短期限规则"（rule of the shorter term），也被称为"期限比较"（comparison of terms），即成员国根据国民待遇原则给予外国作品版权保护期一个例外，在保护国的版权保护期不超过外国作品起源国的版权保护期。当然，成员国也可以立法规定其不接受"更短期限规则"。

因此，起源国不是本国的作品在保护国的版权保护期可能短于保护国的版权保护期。在个案中，首先需要判断保护国是否接受"更短期限规则"，其次判断涉案外国作品的起源国的版权保护期是否较短，在两者都符合的情况下适用"更短期限规则"。例如，法国版权法接受"更短期限规则"并对于版权保护期一般提供作者终生加 70 年，而中国版权法对于

（接上页注③）成员国和一个同盟成员国同时发表的都受到保护。2. 非本同盟任何成员国的国民但其惯常住所在一个成员国国内的作者，为实施本公约享有该成员国国民的待遇。3. "已发表作品"一词指得到作者同意后发表的作品，而不论其复制件的制作方式如何，只要从这部作品的性质来看，复制件的发行方式能满足公众的合理需要。戏剧、音乐戏剧或电影作品的表演，音乐作品的演奏，文学作品的公开朗诵，文学或艺术作品的有线传播或广播，美术作品的展出和建筑作品的建造不构成发表。4. 一个作品在首次发表后三十天内在两个或两个以上国家内发表，则该作品应视为同时在几个国家内发表。《伯尔尼公约》第 4 条规定，下列作者，即使不具备第三条规定的条件，仍然适用本公约的保护：（a）制片人的总部或惯常住所在本同盟某一成员国国内的电影作品的作者；（b）建造在本同盟某一成员国国内的建筑作品或构成本同盟某一成员国国内建筑物一部分的平面和立体艺术作品的作者。

① 如未发表的匿名作品没有起源国。

自然人的作品一般只提供作者终生加 50 年的版权保护期，那么起源国是中国的自然人作品在法国的版权保护期就只有终生加 50 年，而不享有法国的版权保护期。

"更短期限规则"作为国民待遇原则的例外更有利于作品在全球的传播，尽量避免了作品在不同国家的版权保护期不同的法律冲突。实际上，大多数国家都在立法中作出明确规定从而接受"更短期限规则"，如欧洲的《欧盟著作权保护期指令》要求所有成员都采取该规则，但也有少部分国家并不接受该规则，如美国和瑞士。①

（二）互惠原则

作品起源国可用于互惠原则下适用某些权利的连结点，即保护国对于某种权利的保护取决于作品起源国的对等保护，这也属于国民待遇原则的一种例外。《伯尔尼公约》中对于实用艺术品的保护采取了互惠原则，并明确以作品起源国作为连接点。《伯尔尼公约》第 2 条第 7 款规定："在遵守本公约第七条第四款之规定的前提下，本同盟各成员国得通过国内立法规定其法律在何种程度上适用于实用艺术作品以及工业品平面和立体设计，以及此种作品和平面与立体设计受保护的条件。在起源国仅仅作为平面与立体设计受到保护的作品，在本同盟其他成员国只享受各该国给予平面和立体设计的那种专门保护；但如在该国并不给予这种专门保护，则这些作品将作为艺术作品得到保护。"

《伯尔尼公约》第 14 条之三还对艺术品的追续权（droit de suite）予以了规定，但对其是否要求互惠原则存在争议。《伯尔尼公约》第 14 条之三第 2 款规定："只有在作者所属国法律承认这种保护的情况下，才可在本同盟的成员国内要求上款所规定的保护，而且保护的程度应限于被要求给予保护的国家的法律所允许的程度。"该条规定略显含糊，对于如何适用互惠原则也缺乏清晰的界定。笔者认为，如果对于追续权采取互惠原

---

① 参见 Non-US Copyright Rules，http://www.openflix.com/information/non-US-copyright.php 2017 年 2 月 9 日访问。

则，作品起源国应当作为其适用的连接点。

（三）"超国民待遇"

根据《伯尔尼公约》的国民待遇原则①，本国版权法对于作品起源国是外国的权利人的待遇不应低于本国国民的待遇。那么，在特殊情况下，本国版权法可以基于某种特殊政策对于外国作品给予"超国民待遇"。甚至，基于《伯尔尼公约》第5条第3款中的规定②，本国版权法还可以对于起源国是本国的作品给予低于《伯尔尼公约》最低保护标准的待遇。③

例如，美国《1976年版权法案》第411条规定了美国作品的权利人提起民事诉讼前必须先向美国版权局进行登记。④ 一般而言，对版权保护设定手续要件违反《伯尔尼公约》的自动保护原则⑤，但该规定仅适用于美国作品，对于来源国不是美国的作品无须依据第411条进行登记，这种"超国民待遇"并不违反《伯尔尼公约》。《1976年版权法案》第101条还对于"美国作品"作出了定义，完全模仿了《伯尔尼公约》对于作品起源国的定义。⑥

（四）初始权属的法律适用

《伯尔尼公约》第5条第2款实质上确立了被请求保护国法（lex protectionis）的原则⑦，但对于该被请求保护国法的冲突规范是否也适用于版

---

① 《伯尔尼公约》第5条第1款规定：就享有本公约保护的作品而论，作者在作品起源国以外的本同盟成员国中享有各该国法律现在给予和今后可能给予其国民的权利，以及本公约特别授予的权利。

② 《伯尔尼公约》第5条第3款：起源国的保护由该国法律规定。

③ 参见王迁《论著作权法中的权利限制条款对外国作品的适用——兼论播放作品法定许可条款的修改》，《比较法研究》2015年第4期，第376~379页。

④ See 17 U.S.C. §411.

⑤ 《伯尔尼公约》第5条第2款规定：享有和行使这些权利不需要履行任何手续，也不论作品起源国是否存在保护。

⑥ See 17 U.S.C. §101.

⑦ 虽然对于伯尔尼公约是否涉及法律适用问题存在争议，但知识产权侵权（尤其版权侵权）的法律适用基本采取被请求保护国法已不存争议，特别是在欧洲议会和欧盟理事会通过的《关于非合同义务法律适用的864/2007号条例》（简称《罗马Ⅱ条例》）第8（1）条对知识产权侵权确立了被请求保护国法的适用之后。

权的初始权属存在争议。少部分国家（如法国）对于版权的初始权属采取
的是作品起源国的法律，而非保护国的法律。① 例如，中国作品在法国的
版权关于初始权属产生争议，法国法院应当以中国法（作品起源国法）中
初始权属的规则作为法律依据。

以作品起源国法作为初始权属的准据法相比于被请求保护国法更有利
于作品的传播和利用。不同国家对于版权初始规则的规定不尽相同，特别
是涉及雇主与雇员之间版权权属问题，大陆法系国家倾向于作品的版权归
属于作为自然人的雇员，而英美法系国家倾向于作品的版权归属于雇主，
而以被请求保护国法作为初始权属的冲突规范容易导致同一作品在不同国
家归属于不同的权利人，这不利于版权的管理和许可，权属关系的复杂则
会增加对作品进行传播利用的成本。

三 《伯尔尼公约》对于确定作品起源
国的不足之处

《伯尔尼公约》对于作品起源国的确定并不完善，仍然存在一些情况
没有对作品起源国的选择给出明确的答案，这在一定程度上会影响涉外作
品版权保护的确定性和可预期性。

（一）一个成员国的作者在另一成员国首次发表作品

虽然《伯尔尼公约》规定了国民待遇原则，但其连接点主要是作品起
源地，而作品起源国主要是作品的首次发表地，在首次发表地与作者的国
籍（均是成员国）不重合的情况下，作者是享受依据本国版权法对于本国
作品的待遇还是享受外国作品在本国的待遇则存在争议。以版权保护期的
影响为例，一个法国人在中国首次发表其作品，在中国作为作品起源国的
情况下，该法国人在法国对其作品所享有的保护期只能依据中国法规定的

---

① See Rita Matulionyte, *Law Applicable to Copyright: A Comparison of the ALI and CLIP Proposals*, Edward Elgar Publishing, Inc., 2011, p. 80.

版权保护期，而非法国的作品保护期（因为法国接受"更短期限规则"，且中国的版权保护期短于法国）。

有观点认为，本国国民在国外首次发表的作品被作为外国作品割裂了国民与成员国之间的关系，因此在一个成员国的国民在另一成员国首次发表作品的情况下，该作品应有两个起源国（作者的国籍国和首次发表地国）。① 但是，在他国首次发表的情形下保留本国作为起源国对于作者是不利的，剥夺了作者选择作品起源国的权利。如在本国版权法对于本国作品的待遇低于《伯尔尼公约》最低保护标准的情形下，该国作者的作品即使在他国首次发表也不能同其他外国作品一样享受《伯尔尼公约》的最低保护待遇。

笔者认为，作品起源国应严格按照《伯尔尼公约》第 5 条第 4 款的定义，《伯尔尼公约》的国民待遇原则本质上以作品的"国籍"作为连接点。② 如果本国作者希望享受本国作品的待遇，其完全可以选择在本国首次发表其作品。而且，作者应当有选择作品起源国的权利，这有利于各国版权法与国际条约的保护标准统一。各国版权法的较高保护能够换来作者选择首次发表的利益，这反而能合理地推动成员国提高版权立法的保护标准。实际上，这并不会驱动成员国的版权立法设定过高的保护标准，而是根据市场需求调整至一个合理的标准，因为过高的保护标准并不一定导致最大化地传播利用作品，反而可能不利于作者的经济利益，作者则不会因为过高保护而选择在其他国家首次发表。

（二）在多个版权保护期相同的成员国同时发表作品

《伯尔尼公约》对于在多个版权保护期相同的国家同时发表的作品没有明确起源国的选择。瑞典学者 Bergström 教授曾提议事实上最先一天发

---

① See Sam Ricketson, Jane C. Ginsburg, *International Copyright and Neighbouring Rights: The Berne Convention and Beyond* (*2nd Edition*), Oxford University Press, 2006, p. 284.

② 从某种意义上来说，《伯尔尼公约》中的国民待遇原则（national treament）中的"国民"（national）针对的是作品，并非传统民事主体。

表的国家作为作品起源国。① 不过,《伯尔尼公约》第 3 条第 4 款对"同时发表"作出了规定:"一个作品在首次发表后三十天内在两个或两个以上国家内发表,则该作品应视为同时在几个国家内发表。"而且,该提议也没有解决在同一天发表的情形,甚至在网络环境中可能几乎在几秒内实现作品的同时发表。可见,事实上最先一天发表的国家难以用于判断作品起源国。权威学者 Ricketson 教授和 Ginsburg 教授提议,对于在多个版权保护期相同的国家同时发表的作品,可以最利于作者的首次发表地作为作品起源国,这可以根据以作品起源国为连接点的互惠待遇原则为考虑因素,如《伯尔尼公约》第 14 条之三规定的追续权和第 2 条第 7 款规定的使用艺术品的保护。② 但有利于作者的选择也很难具有可操作性,因为可能存在多个国家存在互惠待遇,且不同起源国可能具有不同的优待方式的情况。

笔者认为,在国际条约没有明确规定的情形下,应当根据作为基本原则的最密切联系原则确定作品起源国。鉴于《伯尔尼公约》对于确定作品起源国的属地性,对于在多个版权保护期相同的国家同时发表的作品,确定其作品起源国时适用最密切联系原则应考虑最初发表作品的主要目标市场所在地、发表时间的先后和发行数量的大小等因素。如中国作者创作的中文作品在中国与其他保护期相同的国家同时首次发表,主要目标市场在中国的情况下,作品起源国应确定为中国。

(三) 合作作者不同国籍的未发表作品和首次发表于非同盟国家的作品

对于合作作者不同国籍的未发表作品和首次发表于非同盟国家的作品,《伯尔尼公约》也没有明确作品起源国的选择。Ricketson 教授和 Ginsburg 教授提议,如果合作作者的不同国籍国规定相同的版权保护期,那么

---

① See S. Bergström, "Schutzprinzipien der Berner Ubereinkunft nach der Stockhom-Pariser Fassung" [1973] GRUR Int 238, 240.

② See Sam Ricketson, Jane C. Ginsburg, *International Copyright and Neighbouring Rights: The Berne Convention and Beyond* (*2nd Edition*), Oxford University Press, 2006, pp. 285.

采取有利于作者的解释来确定作品起源国，如果这些国家的保护期不同，作品起源国为版权保护期最短的国家。①

笔者认为，这种情况很难产生关于确定作品起源国的争议。第一，未发表的作品很难产生利益上的争议，作品的商业利用通常以公开传播为基础，基于不同作品起源国而导致版权待遇差异的问题通常不会涉及未发表的作品。第二，首次发表于非同盟国家的作品的情形也非常少，目前《伯尔尼公约》的缔约方已经达到 169 个国家②，基本覆盖了全球绝大多数的经济体，很难存在首次发表于同盟成员国以外的地域。如果存在这种争议，笔者仍然建议以最密切联系原则选择作品起源国，主要考虑对作品贡献较大的作者的国籍。

四　网络环境下如何确定作品起源国

随着网络技术的发展，传播利用作品的途径大多从传统媒体转至网络，而网络具有无所不在的性质，可以使公众在各国几乎同一时间能够接触到被上传于网络的作品，这对作品起源国的确定带来了挑战。

有观点认为，网络中对作品的传播并不构成《伯尔尼公约》中的"发表"（publish），因此应根据《伯尔尼公约》第 5 条第 4 款以创作时作者的国籍国作为作品起源国。③ 其主要理由在于《伯尔尼公约》第 3 条第 3 款字面上将"发表"限定为"复制件"（copy）的"制造"（manufacture）

---

① See Sam Ricketson, Jane C. Ginsburg, *International Copyright and Neighbouring Rights: The Berne Convention and Beyond（2nd Edition）*, Oxford University Press, 2006, pp. 285 – 286.

② 参见 http://www. wipo. int/treaties/zh/ShowResults. jsp? lang = zh&search_what = B&bo_id = 7, 2017 年 2 月 15 日访问。

③ 国际文字与艺术协会持此观点，其还建议：1. 存在共同作者时由共同指定的作者之一的国籍国为作品起源国；2. 不存在指定的情况下，以创作时被公众知晓的作者中占多数的国籍国为作品起源国；3. 如果没有作者被知晓，收集并提供该作品的人的国籍国作为作品来源国。See "Determination of Country of Origin When a Work is First Publicly Disclosed over The Internet", http://www. academia. edu/10364785/DETERMINATION _ OF _ COUNTRY _ OF _ ORIGIN_WHEN_A_WORK_IS_FIRST_PUBLICLY_DISCLOSED_OVER_THE_INTERNET, 2017 年 2 月 17 日访问。

和 "提供"（availability）。① 而 Ricketson 教授和 Ginsburg 教授认为：如果对 "复制件" 的解读涵盖内存（RAM）中的复制（临时复制），那么网络中的上传行为符合《伯尔尼公约》第 3 条第 3 款中的 "发表"；若 "复制件" 不包括临时复制，那么须区分该网络提供行为是否允许用户保存永久的复制件，若用户可以下载并保存作品，那么其符合 "发表"，若否（如仅仅是流媒体）则不构成 "发表"。②

笔者认为，网络中传播作品通常应构成 "发表"，可以用于确定作品的起源国。首先，起草《伯尔尼公约》的时间远早于网络的诞生，以条约起草者没有考虑过网络环境而排除网络形式的作品发表，这种严格的保守解释方式不符合时代的发展，毕竟网络媒体已经逐步取代当时主流的传统媒体，作品 "发表" 的语境应当结合社会的发展而延伸至网络环境。其次，排除网络环境的 "发表" 会影响版权的稳定性。在作者的国籍和作品的首次发表地不同的情况下，作品在经过 "发表" 后会导致其起源国的改变，进而可能导致其版权内容或归属的变化。一般情况下，因为未发表作品未被传播利用，通常不容易牵涉版权保护的利益纠纷，所以起源国的改变不会对作品版权保护的稳定性带来实质性影响。而网络已经成为当今社会人们传播和获取信息的重要工具，作品的传播越来越依靠网络技术。排除网络环境的 "发表" 可能会导致一种奇怪的结果：对于起初仅通过网络途径利用的作品，而之后通过传统方式出版该作品，会将该作品的起源国从作者的国籍国转变为首次传统出版该作品的国家，从而导致其版权的权属和内容存在一定程度的不确定性。这种不确定性会增加版权许可的成本，从而影响版权的传播和利用。从法理上来讲，基于个人意思的传统出版行为导致绝对权的变化违背版权的 "物权法定原则"。另外，澳大利亚

---

① 《伯尔尼公约》第 3 条第 3 款规定："已发表作品" 一词指得到作者同意后发表的作品，而不论其复制件的制作方式如何，只要从这部作品的性质看看，复制件的提供方式能满足公众的合理需要。戏剧、音乐戏剧或电影作品的表演，音乐作品的演奏，文学作品的公开朗诵，文学或艺术作品的有线传播或广播，美术作品的展出和建筑作品的建造不构成发表。

② See Sam Ricketson, Jane C. Ginsburg, *International Copyright and Neighbouring Rights: The Berne Convention and Beyond* (*2nd Edition*), Oxford University Press, 2006, pp. 286 – 287.

学者 Fitzgerald 教授指出，网络传播足以构成作品的"发表"，这基本达成共识。① 世界知识产权组织的专家委员会曾承认：对公众提供作品，新形式的发表与传统形式在功能上没有区别。②

那么，对于首次发表是通过网络传播的作品，如何确定其起源国是仍须解决的问题。显然，各国不能都以其地域能通过网络接触作品而均被主张为作品起源国，这会导致《伯尔尼公约》的最低保护标准形同虚设（最低保护标准不适用于起源国是本国的作品）。③《伯尔尼公约》第 5 条第 4 款的措辞也并不支持一个作品具有多个起源国。因此，对于网络环境中首次发表的作品，有必要根据最密切联系原则选择一个适合的作品起源国。④

笔者认为，对于网络环境中确定作品起源国适用最密切联系原则，应主要考虑最先通过网络传播涉案作品的目标市场，最主要目标市场的所在国为网络作品的起源国。例如，中国的网站（网站的语言也仅是中文）上提供中文的作品，可见其目标群体主要是中国用户，那么作品首次在该网站发表的情况下，中国作为目标市场所在地构成作品起源国。即使在其他国家可能也存在一定的市场，但由于其市场份额弱于最主要市场，因而不能构成作品起源国。有观点认为，对于网络作品的起源国适用最密切联系原则时应该以作者的国籍国为主要标准⑤，这不符合《伯尔尼公约》对于

---

① See Brian Fitzgerald, Sampsung Xiaoxiang Shi, Cheryl Foong and Kylie Pappalardo, "Country of Origin and Internet Publication: Applying the Berne Convention in the Digital Age", *NIALS Journal of Intellectual Property* [*NJIP*] *Maiden Edition* (2011), p. 45.

② WIPO, "Basic Proposal for the Substantive Provisions of the Treaty on Certain Questions Concerning the Protection of Literary and Artistic Works to be Considered by the Diplomatic Conference", (CRNR/DC/4) at 16 (August 30, 1996).

③ See Sam Ricketson, Jane C. Ginsburg, *International Copyright and Neighbouring Rights: The Berne Convention and Beyond* (*2nd Edition*), Oxford University Press, 2006, p. 287.

④ Ginsburg 教授在 1998 年给世界知识产权组织提交的报告中就指出：实际上，为了确定作品起源国，我们寻找与向公众提供作品的行为具有最密切联系的国家。See Jane Ginsburg, "Private International Law Aspects of the Protection of Works and Objects of Related Rights Transmitted through Digital Networks", (WIPO, GCPIC/2) (30 November, 1998) 8 - 9.

⑤ Fitzgerald 教授建议，根据最密切联系原则，确定网络作品的起源国应是作者的国籍国。See Brian Fitzgerald, Sampsung Xiaoxiang Shi, Cheryl Foong and Kylie Pappalardo, "Country of Origin and Internet Publication: Applying the Berne Convention In the Digital Age", *NIALS Journal of Intellectual Property* [*NJIP*] *Maiden Edition* (2011), p. 68.

确定作品起源国的属地性，作者的国籍国与作品的目标市场完全可能发生分离。

另外，网站的主要经营地、作者的经常居所地和国籍、上传作品的行为地或网站服务器所在地等应只是表面因素，因为这些元素不同程度地与主要目标市场所在地存在一定的联系，用于辅助判断目标市场。但这些元素也可能与主要目标市场不发生联系，此时则不应被考虑。例如，作品上传行为所在地可能不具有任何联系，而且也难以被公众所确定。作者可以在任何与网络连通的地方上传作品，如在旅游的时候。如果作者自己经营网站，那么其通常是在经常居所地上传作品，但如果作者通过第三方网站上传作品，那么就难以被外界所知悉了。又如，网站服务器所在地更加缺乏联系性，上传的作者和下载的用户可能几乎对于服务器所在地是一无所知的。①

美国版权法采纳《伯尔尼公约》第 5 条第 4 款的同时，也没有在立法条文中对于网络环境的作品起源国予以明确的规定。而实际上，美国的司法实践认可网络传播作品可以构成"发表"，并在确定网络作品的起源国时基本采取最密切联系原则。

特拉华州地区法院在 2009 年判决的 Moberg 诉 33T 公司案②是美国法院认定作品起源国的首个判例。在该案中，原告是一位瑞典的摄影师，他的一套名为《都市格里高利》的摄影作品最初在 2004 年发表于一家德国的网站（销售艺术品的网店），被告未经许可将其中五张摄影作品发布在美国的网站上。根据美国版权法，美国作品在经过登记的条件下，权利人才能对侵犯其作品的行为在美国法院提起诉讼，而外国作品没有被施加登记门槛。由于原告的作品没有在美国版权局进行登记，案件的争议焦点则在于涉案的作品是美国作品还是外国作品。法院认为，涉案作品在德国网

---

① See Sam Ricketson, Jane C. Ginsburg, *International Copyright and Neighbouring Rights: The Berne Convention and Beyond* (*2nd Edition*), Oxford University Press, 2006, p. 288.

② *Moberg v. 33T LLC*, 666 F. Supp. 2d 415 (D. Del. 2009).

站发表，并没有同时在美国发表，因此排除其构成美国作品。① 虽然该案判决意见对网络作品起源国的确定缺乏具体的分析或指示，但涉案作品最初在德国网站发表，其目标市场多数是在德国，法院认定其非美国作品符合适用最密切联系原则。

联邦第十一巡回上诉法院在 2012 年判决的 Kernel 公司诉 Mosley 案② 中碰到了相同的问题。法院对于作品是否在国外首次发表的问题给出判断标准：第一，需审查涉案传播行为的方式、程度和目的是否满足发表所需的传播程度；第二，需审查首次发表的时间和地理范围。③ 可见，美国法院对作品起源国的确定考虑了主要目标市场的相关因素，实质上采取了最密切联系原则。

五　我国著作权法应当引入作品起源国的概念

虽然我国早在 1992 年加入了《伯尔尼公约》，但在《著作权法》中一直没有引入作品起源国的概念。当初为了满足《伯尔尼公约》的国际义务，国务院在 1992 年 9 月 25 日颁布的《实施国际著作权条约的规定》在一些方面规定了"超国民待遇"，其中第四条对于"外国作品"作出了定义：（一）作者或者作者之一，其他著作权人或者著作权人之一是国际著作权条约成员国的国民或者在该条约的成员国有经常居所的居民的作品；（二）作者不是国际著作权条约成员国的国民或者在该条约的成员国有经常居所的居民，但是在该条约的成员国首次或者同时发表的作品；（三）中外合资经营企业、中外合作经营企业和外资企业按照合同约定是著作权人或者著作权人之一的，其委托他人创作的作品。④ 可以看出，《实施国际著

---

① 该案被告认为，网络上的发表也导致了涉案作品在美国同时发表，因此涉案作品属于美国作品。对此，法院在该案中强调，被告的这种主张歪曲了美国版权法，也违背了《伯尔尼公约》的目的。

② *Kernel Records Oy v. Mosley*，694 F. 3d 1294（2012）.

③ 在该案中，由于原告没有对此成功举证，因此涉案作品最终被认定为美国作品。可见，美国法院要求权利人对于作品起源国承担举证责任，否则视为本国作品。

④ 国务院令〔1992〕第 105 号。

作权条约的规定》中关于"外国作品"的规定与《伯尔尼公约》对于作品来源国的规定显然并不契合。

我国立法中缺乏作品起源国的概念，导致我国难以利用《伯尔尼公约》中国民待遇例外的相关机制，这对我国的利益将存在实质性影响。《伯尔尼公约》第 5 条第 1 款规定的国民待遇原则主要以作品起源国为连接点。而我国《著作权法》第 2 条（我国"国民待遇"的规定）却没有采用《伯尔尼公约》第 5 条第 1 款的规定，而是借用了《伯尔尼公约》第 3 条（公约所保护作品的准入范围的规定），即只要是公约所保护的作品在中国都适用中国的《著作权法》。[①] 可见，我国的"国民待遇"不对作品起源国进行区分，《伯尔尼公约》保护范围内的外国作品与中国作品一样受到我国《著作权法》的保护，这样一来，我国著作权法就不存在《伯尔尼公约》下国民待遇原则的例外。例如，我国在版权保护期上不采纳"更短期限规则"，不过由于我国的版权保护期基本与《伯尔尼公约》最低标准的保护期基本吻合，版权保护期问题目前在我国不会产生较大的实质性影响。然而，为了激励创作者的积极性和作品在我国的传播，我国著作权法的修改从原来外源性的被动立法转变为内发性的主动立法。[②] 我国著作权的保护标准可能在不同方面逐步提高，如基于某种政策的需要而延长所有或部分作品的版权保护期。

《中华人民共和国著作权法（修订草案送审稿）》（以下简称《送审

---

① 《中华人民共和国著作权法》第 2 条规定：中国公民、法人或者其他组织的作品，不论是否发表，依照本法享有著作权。外国人、无国籍人的作品根据其作者所属国或者经常居住地同中国签订的协议或者共同参加的国际条约享有的著作权，受本法保护。外国人、无国籍人的作品首先在中国境内出版的，依照本法享有著作权。未与中国签订协议或者共同参加国际条约的国家的作者以及无国籍人的作品首次在中国参加的国际条约的成员国出版的，或者在成员国和非成员国同时出版的，受本法保护。

② 国家版权局在《关于公布关于〈中华人民共和国著作权法〉（修订草案送审稿）的说明》中指出："面对新形势、新情况和新变化，现行著作权法虽然分别于 2001 年和 2010 年进行过两次修改，但都囿于其被动性和局部性，没能完全反映和体现我国经济社会发生的深刻变化，现行著作权法'对著作权的保护不够，难以有效遏制侵权行为，不足以激励创作者的积极性；著作权授权机制和交易规则不畅，难以保障使用者合法、便捷、有效地取得授权和传播使用作品'这两大主要矛盾没有得到有效解决。因此，为适应我国经济发展、科技进步、文化繁荣、改革开放深入、国际地位提升的新形势、新情况和新要求，亟须对现行著作权法进行主动、全面的修订。"

稿》）仍然没有引入作品起源国的概念，对于国民待遇的规定仍然保留了公约所保护的作品"受本法保护"的立法方式。① 同时，《送审稿》却试图在一些方面引入互惠原则和"超国民待遇"的相关机制，但作品起源国概念的缺失导致其与《伯尔尼公约》的规则并不协调。

其一，《送审稿》引入了"追续权"和对"实用艺术品"的保护②，并对其规定了"互惠原则"的适用。《送审稿》第 4 条规定："外国人、无国籍人的实用艺术作品以及根据本法第十四条享有的权利，其所属国或者经常居住地国对中国权利人给予保护的，受本法保护。"可见，《送审稿》对于"追续权"和"实用艺术品"的"互惠原则"是以作者的国籍作为连接点的，这与《伯尔尼公约》中互惠原则以作品起源国作为连接点是不同的。

其二，《送审稿》还在"播放作品法定许可"方面予以"超国民待遇"的规定③，其中第 49 条规定："广播电台、电视台依照本法第五十条规定的条件，可以不经著作权人许可，播放其已经发表的作品；但播放视

---

① 《送审稿》第 2 条规定：中国自然人、法人或者其他组织的作品，不论是否发表，受本法保护。外国人、无国籍人的作品，根据其所属国或者经常居住地国同中国签订的协议或者共同参加的国际条约，受本法保护。未与中国签订协议或者共同参加国际条约的国家的作者和无国籍人的作品，首次在中国参加的国际条约的成员国出版的，或者在成员国和非成员国同时出版的，受本法保护。《送审稿》第 3 条规定：中国自然人、法人或者其他组织的版式设计、表演、录音制品和广播电视节目，受本法保护。外国人、无国籍人的版式设计、表演、录音制品和广播电视节目，根据其所属国或者经常居住地国同中国签订的协议或者共同参加的国际条约，受本法保护。未与中国签订协议或者共同参加国际条约的国家的外国人和无国籍人，其在中国境内的表演或者在中国境内制作、发行的录音制品，受本法保护。

② 《送审稿》第 14 条对于"追续权"予以规定：美术、摄影作品的原件或者文字、音乐作品的手稿首次转让后，作者或者其继承人、受遗赠人对原件或者手稿的所有人通过拍卖方式转售该原件或者手稿所获得的增值部分，享有分享收益的权利，该权利专属于作者或者其继承人、受遗赠人。其保护办法由国务院另行规定。《送审稿》第 5 条中增加了"实用艺术作品"这一作品类型：实用艺术作品，是指玩具、家具、饰品等具有实用功能并有审美意义的平面或者立体的造型艺术作品。《送审稿》第 29 条第 3 款规定：实用艺术作品，其发表权的保护期为二十五年，但作品自创作完成后二十五年内未发表的，本法不再保护；其著作权中的财产权的保护期为首次发表后二十五年，但作品自创作完成后二十五年内未发表的，本法不再保护。

③ 参见王迁《论著作权法中的权利限制条款对外国作品的适用——兼论播放作品法定许可条款的修改》，《比较法研究》2015 年第 4 期。

听作品，应当取得著作权人的许可。本条规定适用于中国著作权人以及其作品创作于中国的外国著作权人。"① 该"超国民待遇"的规定也同样不以作品起源国作为连接点。而且该规定似乎以权利持有人的国籍国作为连接点，这更不利于权利的稳定（作品在不同国籍国的权利人之间的转让可能导致该作品的权利发生变化）。

综上所述，我国著作权法应当引入作品起源国的概念，使其在国民待遇例外的相关机制上得到应用，契合《伯尔尼公约》的同时也符合我国的国家利益。并且，鉴于网络在社会中的应用程度不断提高，我国须迎接网络环境所带来的挑战，完善网络环境中确定作品起源国的规则。

（作者简介：阮开欣，华东政法大学博士生）

---

① 笔者认为，一国版权法在权利限制方面赋予"超国民待遇"在某些方面可能有利于本国利益，一味地提高版权保护标准并不一定有利于激励创作者的积极性和作品在我国的传播。一些权利限制的制度在某些方面更符合版权人的利益。国外的版权实践中甚至还出现著佐权（copyleft）的运动。因此，一国在权利限制方面设置一些"超国民待遇"可能更有利于本国作品的传播，弘扬本国文化，也符合本国版权人的利益诉求。

相互保险组织会员及权利探析

杨婉青

目 次

当今世界保险业的三大支撑分别为以政府财政支撑为主导的社会保险、以营利性股份保险公司为主的商业保险和以彰显互助为目的的相互保险。就我国而言，社会保险和商业保险在我国已经完成了基本建构：就社会保险而言，在 1984 年进行了社会保障制度改革后，经过 30 年努力，社会保险制度稳步推进；就商业保险而言，从 1995 年第八届全国人民代表大会常务委员会第十四次会议通过我国第一部保险法开始，以股份制保险公司为主导的商业保险在我国蓬勃发展。对这两大保险体系进行比较可以看出，社会保险有国家财政支持所以收费相对低廉，但保障力度相对较弱，赔付额度较低；而股份制商业保险公司虽然赔付额度相对较高，但因其是典型的商事主体，以营利为根本目的，保费作为公司主要营利来源会相对偏高，且股东和投保人、被保险人还有受益人之间由于目的相悖会产生利益冲突。

根据国际合作与相互保险联合会（International Cooperative and Mutual Insurance Federation）的界定，相互保险指一切由会员或者保单持有人拥有、管理和运营保险实体的组织形式。① 对相互保险组织的设立，我国立法机关一直采取谨慎态度，直到 2005 年由黑龙江垦区 20 万农户发起设立的黑龙江阳光农业相互保险公司在经过国务院同意和保监会批准后成为我国首家试点的从事相互保险经营的机构，相互保险制度在我国才开始打破沉寂。随后在 2006 年 6 月国务院下发的《国务院关于保险业改革发展的若干意见》中明确规定："规范行业自保、互助合作保险等保险组织形式，整顿规范行业或企业自办保险行为，并统一纳入保险监管。"为相互保险行业发展提供了契机。

经过了前期的尝试和铺垫，2009 年保险法第二次修订时，1995 年保险法第 6 条被修改为"保险业务由依照本法设立的保险公司以及法律、行政法规规定的其他保险组织经营，其他单位和个人不得经营保险业务"。国家开始承认传统保险公司以外的其他保险组织形式也可以经营保险业务，以相互保险公司、相互保险社、互助社等相互保险组织形式存在的保险机构开始得到立法机关的正式认可。

2015 年保监会为加强对相互保险组织的监督管理，制定了《相互保险组织监管试行办法》（下文简称为《试行办法》），随后在 2016 年 6 月，保监会宣布批准信美人寿相互保险社、众惠财产相互保险社和汇友建工财产相互保险社筹建，国内首批三张相互保险牌照顺利下发。至此，"共享收益，共摊风险"的相互保险组织正式登上我国保险市场舞台。

一　相互保险组织会员及权利概述

在《试行办法》第 2 条中，相互保险组织被界定为"在平等自愿、民主管理的基础上，由全体会员持有并以互助合作方式为会员提供保险服务的组织，包括一般相互保险组织，专业性、区域性相互保险组织等组织形式"。所以对相互保险组织而言，会员是其成立的基础和经营服务的核心，相互保险组织的非营利性使其推出的保险产品能够最大限度地站在会

---

① 张楠楠：《相互保险：经济学角度的再观察》，《中国保险》2015 年第 12 期。

员利益角度考虑，因其采用的是"自己投保自己承保的方式"①，保险人和保险客户身份合为一体，从而规避了传统公司制中两者之间可能存在的利益冲突，可以大幅度降低经营成本，为会员提供保障较为全面且价格相对低廉的保险产品，可以减少我国社会保险和商业保险之间的尴尬地带。

就制度形式而言，相互保险组织的会员并不简单类同于股份制保险公司里的保险人或是投保人，也不能被认为是两者的简单综合体。当然加入相互保险组织成为会员也完全不同于我们日常生活中的各类超商、美容机构、服务行业等商事机构发展的各种"会员"，相比较而言，其更类似于合作社社员，但也有很多的不同之处。总之，相互保险组织中的会员作为一种新型主体有特定的内涵和意义。

（一）会员界定

根据《试行办法》第 14 条的规定："相互保险组织会员是指承认并遵守相互保险组织章程并向其投保的单位或个人。"解读该条可以看出，相互保险组织的会员是一种权利义务较为复杂的主体。首先，会员是向相互保险组织投保的单位或个人，是该组织的"客户"，相当于股份制保险公司中的投保人；其次，该条又对会员做了限定，会员需要"承认并遵守相互保险组织章程"，类似于公司法上对公司股东的要求。所以可以这样说，相互保险组织的会员对该组织而言既是"股东"又是"客户"。

（二）会员权利内容

基于前文的讨论，相互保险组织中会员身份具有的"双重性"导致会员权利相应地具有了复合性。具体而言，对会员权利进行设定时其中既应该有能够体现会员作为所有者身份的"股东性"权利，又应该有体现会员作为组织客户也就是保险消费者所应该享有的"保险消费者性"权利，二者有机结合，共同构成相互保险组织的会员权。

---

① 荣静：《关于相互保险在中国适用性的分析和思考》，《上海保险》2006 年第 5 期。

《试行办法》确实在第 15 条①中从这两个方面对会员权利做了具体规定，我们可以就该条的六款内容根据其所体现的不同权利保障范畴进行如下区分（见表 1）。

表 1 相互保险组织会员权利区分

"股东性"权利	表决权、选举与被选举权、参与民主管理权、批评建议权、监督权、查阅权、分享盈余权等
"保险消费者性"权利	享受保险及服务权

从表 1 中可以看出，《试行办法》中相互保险组织会员的权利明显倾向于"股东性"权利，而对于会员更关注的"保险消费者性"权利仅用一款规定草草带过。

二 相互保险组织会员及权利设定缺憾

（一）会员主体界定笼统

对相互保险组织而言，由于以互助而不以营利为主要目的，为了保证组织正常运营，在风险的分担上只能靠大量招募会员，扩大经营规模来实现。例如日本 Zenkyoren 相互保险公司，该公司和 The Primary Societies 公司联合为 JA 共济（Japanese Agriculture Cooperatives Group）（JA 共济是日本的一个面向农民的全国性组织。向其成员提供保险、指导、借贷、采购和销售以及福利服务），为组织内 9900 万名会员（截止到 2014 年 7 月）提供相互保险产品。②

---

① 《试行办法》第 15 条："相互保险组织会员享有下列权利：（一）参加会员（代表）大会，并享有表决权、选举权、被选举权和参与该组织民主管理的权利；（二）按照章程规定和会员（代表）大会决议分享盈余的权利；（三）按照合同约定享受该组织提供的保险及相关服务的权利；（四）对该组织工作的批评建议权及监督权；（五）查阅组织章程、会员（代表）大会记录、董（理）事会决议、监事会决议、财务会计报告和会计账簿的权利；（六）章程规定的其他权利。"

② 缴文超、陈雯：《国内首篇"相互保险"专题报告：行在当代的原始互助》，《和讯保险》2016 年 12 月 29 日。

在相互保险组织运营的整个过程中，会员从组织设立到组织正常运转都发挥着重要的作用。但由于入会时的条件不同，不同类型的会员关注的侧重点和立场不一样，进而对权利义务的要求也不一样，故此如果不做区分笼统地将会员一视同仁难免顾此失彼。《试行办法》在规定相互保险组织设立相关条件中，提到了"主要发起会员"和"一般发起会员"，这两者在相互保险组织设立过程中是作为基础条件存在的，履行组织设立过程中的各项职责，其身份类似于公司制中的"发起人"。而后《试行办法》又在第三章给出了对会员的界定，认为会员是指承认并遵守相互保险组织章程并向其投保的单位或个人。可以推测保监会在此处界定的会员与前文所说的主要发起会员还有一般发起会员并不是同质主体，此时提到的会员明显是以组织的"顾客"身份界定的，所以将所有加入相互保险组织的统称为会员容易造成认知混乱，在界定权利义务时也会产生困扰。

（二）会员权利结构失衡

在相互保险组织中，由于互助式保险目的的设计初衷，会员这一主体身上会同时体现出股东和保险消费者两种不同利益追求的人格特征，会员具有仅作为单纯股东或者单纯保险消费者所不具有的复杂又矛盾的权利。《试行办法》对于相互保险组织的会员更明显地倾向于将其看作"股东"，在第15条规定中用绝大多数条款保障其"股东性"权利，而对于"保险消费者性"权利则只笼统地用一句"享受保险及服务权"浅浅带过。而实际情况是，绝大多数会员在选择加入相互保险组织时的目的是纯消费者性的，其更为关注的是与其他保险机构相比相互保险组织能不能为其提供更好的保险保障服务。

所以目前制度设计的会员权利结构是严重失衡的，其更多的是从会员作为"股东"即组织所有者的角度考虑会员权利，难免会影响到会员的切身利益。虽然在《试行办法》第15条中有第6款作为兜底条款，但是把制度设计上的疏漏一味地推给组织章程来解决，本身就是制度设计者不负责任的表现。

学界对于相互保险会员的权利认定也基本集中在"股东性"权利范

畴，例如庹国柱和朱俊生认为相互保险公司保户也就是现在我们所说的相互保险组织会员行使能够行使的权利表决权、对董事和监事的选举权、经营参与权、对公司经营者的监督权、知情权等权利①，对会员的"保险消费者性"权利并未多做关注。

三　相互保险组织制度设计完善规划

（一）细化主体分类

基于加入相互保险组织的目的及时间先后不同，可以将会员分成两大类：发起会员和普通会员。其中一般发起会员和普通会员的权利要求可以认为是同质的，但对于主要发起会员而言，其权利要求和前两者是明显不同的，即便其同时购买保险产品，但出于对前期投资能否收回的考量，其更多的是立足组织所有者和管理者的角度进行考虑。虽然《试行办法》第17条规定"主要发起会员的权利、义务可由相互保险组织章程规定"，但制定规范本身还是应该更为精确和完备，避免疏漏。

所以即便《试行办法》在第14条中对会员做了具体界定，但结合其他条款，这个界定还是未免太过笼统，以该办法中规定的内容和相互保险组织设立的目的为标准，可以将会员具体分为两类。

1. 发起会员

（1）主要发起会员。《试行办法》中提出了主要发起会员和一般发起会员的概念②，主要发起会员负责筹集初始运营资金，对其在组织成立后是否应该参保并未硬性规定，另外，结合《试行办法》第2条在定义相互保险时对会员的规定③，主要发起会员根据其是否同时参保可分为两种情

---

① 庹国柱、朱俊生：《对相互保险公司的制度分析——基于对阳光农业相互保险公司的调研》，《经济与管理研究》2008 年第 5 期。

② 《试行办法》第 7 条第 1 项："设立一般相互保险组织，应当具备以下条件：（一）具有符合本办法规定的主要发起会员和一般发起会员。其中，主要发起会员负责筹集初始运营资金，一般发起会员承诺在组织成立后参保成为会员，一般发起会员数不低于 500 个。"

③ 《试行办法》第 2 条："具有同质风险保障需求的单位或个人，通过订立合同成为会员。"

况考虑。第一种情况下主要发起会员仅负责筹集资金，由于其无风险保障需求（例如非农户无法参加农业相互保险），并未和相互保险组织订立保险合同，所以其权利要求和其他参保会员就有本质上的不同，会员作为保险消费者享有的权利对其而言没有任何意义，此时主要发起会员在相互保险组织中的地位类似于股份公司中的发起人，在组织设立过程中和设立后对组织的经营管理中，其作用至关重要。所以主要发起会员会更为关注的是"股东性"权利的享有和实现。第二种情况下主要发起会员除了筹集资金外，同时和相互保险组织签订了保险合同，此时普通会员享有的权利主要发起会员亦同时享有。但结合第一种情况分析，此情况下主要发起会员虽然同时具有"股东"和"客户"的权利，但其对此两方面权利的要求并不相同，仍是以"股东性"权利为主，所以是可以分出主次的。总的来说，主要发起会员应该根据其是否参保分情况适用《试行办法》相关条款，另外根据《试行办法》第18条①，主要发起会员的权利应该不局限于第15条规定，相互保险组织还可在章程中对主要发起会员的其他特殊权利予以具体规定。

（2）一般发起会员。《试行办法》把资金筹措的任务交给了主要发起会员，对一般发起会员并无出资或者其他方面的要求。保监会只是要求其"承诺在组织成立后参保成为会员"，所以虽然一般发起会员名称中带有"发起"二字，但他们主要是作为相互保险组织设立的基础性条件存在，在组织设立后只需要同组织签订保险合同并缴纳费用，从根本上说其权利义务和下文的普通会员并无差异。

2. 普通会员

普通会员是相互保险组织服务的主要对象，《试行办法》第2条在对相互保险定义的时候，采用了主观主义的立法模式，从会员的角度定义相互保险："具有同质风险保障需求的单位或个人，通过订立合同成为会员，并缴纳保费形成互助基金，由该基金对合同约定的事故发生所造成的损失承担赔偿责任，或者当被保险人死亡、伤残、疾病或者达到合同约定的年

---

① 《试行办法》第18条："主要发起会员的权利、义务可有相互保险组织章程规定。"

龄、期限等条件时承担给付保险金责任的保险活动。"基于主观及客观条件，相互保险组织的经营权及决策权通常掌控在管理层手中，加之普通会员的人数众多又较为分散，其股东意识较为淡薄，对组织实际经营者监督能力较弱，所以他们的相关权利极易受到侵害。因此，针对分类不明的弊端可以将《试行规定》第 15 条完善为"相互保险组织的普通会员及一般发起会员享有如下权利……"这样可以细化权利适用范围，虽然该条将主要发起会员排除在外，但如果主要发起会员同时与该保险组织签订了保险合同，其身份就同普通会员无异，同样可以适用该条规定，反之，如果其仅仅筹措了保险组织所需的初始运营资金，并未参保，第 15 条本身对其就不完全适用，其具体权利可以在公司章程中进行完善。

（二）完备会员权利内容

相互保险组织的会员中绝大多数为普通会员和一般发起会员，针对这部分会员而言，他们购买相互保险产品更多的目的是希望在约定的赔付条件成就时能够获得相互保险组织提供的保险保障，所以其更多的是以"保险消费者"的身份享受保险组织提供的保险和服务。而且从国外实践经验看，相互保险组织虽然不以营利为目的，但是可以营利，不过相互保险组织基于种种考虑，往往营利后并不对会员进行利润分配，而是将利润作为公司的公积金及法定准备金或用于弥补亏损。所以在缺乏利益激励的经营模式下，要求会员积极行使其"股东性"权利缺乏现实意义。

基于此，《试行办法》在此种情况下详细规定"股东性"权利，而对"保险消费者性"权利规定过于笼统，仅用一款匆匆带过对会员的权利保障来说是远远不够的。在相互保险组织中，有权利制定章程者（以主要发起会员为主）其本身基于各种因素考虑只会更侧重"股东性"权利完善，对于"保险消费者性"权利条款的规定缺乏利益驱动，结果造成《试行办法》对会员作为保险消费者的权利规定是不完备的、非常被动的。不能认为其他条款在"股东性"权利这种相对而言比较主动性的权利上有规定就可以抵消这种制度设计上的不平衡。

至于"保险消费者性"权利的规定，可以参考目前研究比较成熟的股份制保险公司中基于保险消费者的保护规定。比如中国保险消费者权益保护课题组在对我国目前保险消费者保护的法律制度进行梳理后，认为保险消费者所拥有的权利主要有：知情权、公平交易权、选择权、求偿权、安全权还有隐私权。也有学者认为保险消费者的基本权利应当包括知情权、自主选择权、公平权、求偿权、受教育权以及获得救济权等七项基本权利。[1] 当然这些权利里有些可以被"股东性"权利吸收。比如知情权，可以认为《试行办法》第 15 条第 4 款和第 5 款对会员赋予的批评建议权和监督权还有查阅权本身就已经包含了知情权的内容，求偿权可以认为被"享受保险及服务"所涵盖。但其他的权利比如公平交易权、安全权还有隐私权等是会员作为保险消费者不可忽视的权利，对会员来说意义重大。特别是安全权，对传统的股份制保险公司来说，保险消费者是有破产保护安全权的，但是股份制保险公司的股东就只能承担破产风险。对相互保险组织而言，在处理这种情况时就比较尴尬，就本文观点，对普通会员和一般发起会员还是应该站在保险消费者的角度进行考虑，确保其保险资金的安全性。

总之，对相互保险组织的一般发起会员和普通会员而言，在规定他们所拥有的权利时，应当以"保险消费者性"权利为主，"股东性"权利为辅，毕竟相互保险形式本身作为较原始的保险形式，目的就是降低额外成本，为会员提供更低廉更全面的保险服务。另外，由于相互保险组织会员众多，很难让每个会员都积极地参与到公司的管理运营过程中，所以公司的主要决策权、经营权等更多的权利会集中在主要发起会员或者管理层手中，如果不能对普通会员的保险权益从制度层面积极维护，缺乏有效制衡机制的管理层很可能会为了个人私利损害会员利益。

相互保险组织在我国处于刚刚起步阶段，公众对这种制度的理解和接受可能还需要一段很长的过程，所以为了确保该制度的良性发展，更应该从制度层面更好地完善和保护他们作为保险消费者的权利，以打消他们对这种新制度的疑虑。

---

[1]　白彦、张怡超：《保险消费者权利保护研究》，中国法制出版社，2016。

四 我国相互保险组织发展态势展望

从英国《1856 年相互保险法》出台开始确认相互保险的法律地位开始，相互保险已经经历了一个多世纪的辉煌，从 20 世纪初至中叶的股份制保险公司的相互化到 20 世纪后期的相互制保险公司的股份化，相互保险已经走过了它的黄金期，当然这其中有很多因素的影响，但不可否认的是相互保险组织的发展已经进入瓶颈期，2014 年按照资产规模排名，全球排名前 50 位的保险公司中只有 9 家是相互保险型公司。

相互保险组织在我国属于新的经济组织形式，作为"普惠金融"的一部分，就政策指向而言，相互保险作为社会保险和商业保险的有益补充，其目标客户是低收入人群和特定人群。相互保险组织的会员兼具双重身份，属于比较新型的主体类型。当然类似于相互制的保险形式在一些领域已有先例，比如针对船东的中国船东互保协会，针对渔民以及其他从事渔业生产经营或为渔业生产经营服务的单位和个人而设立的中国渔业互保协会等，但这些组织都是以民间社会团体的形式得到相关部门认可的，虽然其组成成员的权利义务模式已经具备现在我们所谈的"会员"的雏形，但由于其未经过保监会审批，严格地说不能称为"保险"（所以目前我国除了 2015 年刚刚获批的三家相互保险组织之外，之前得到保监会认可的只有阳光农业相互保险公司一家经营财产险的相互保险公司，以及慈溪市龙山镇伏龙农村保险互助社和慈溪市龙山农村保险互助联社两家相互保险社）。

目前我国的相互保险组织正在积极筹备中，信美人寿相互保险社、众惠财产相互保险社和汇友建工财产相互保险社作为我国正式把相互保险经营提上日程后的首批经营者，其发展态势和前景如何，我们还是应该以乐观的态度视之。毕竟国际经验也要结合具体国情，作为保险深度和保险密度均有待提高的发展中国家，我国社会保险和商业保险之间，还有很大的缺口和空白，相互保险组织能否充分利用这一时机蓬勃发展，我们拭目以待。

（作者简介：杨婉青，北京航空航天大学法学院博士生）

被遗忘权视阈下网络服务提供者
注意义务研究

姬蕾蕾

目　次

引　言

遗忘是人类的天性。千年以来，遗忘始终比记忆更简单，成本也更低。而数字时代和全球网络的发展让社会失去了遗忘的能力，取而代之的是完美的记忆。[①] 大数据时代背景下的永久记忆在给我们带来各种便利的同时，也给我们造成了新的烦恼。[②] 记忆与遗忘的反转，使得人人如同住在一个圆形监狱内，无时无刻不被监控，长此以往，产生寒蝉效应，使得人人不敢畅所欲言，怕因之后的不确定因素招致祸端。

2012 年，欧盟为应对这一问题提出新的信息保护法草案——《一般

[①] 〔英〕维克托·迈尔－舍恩伯格：《删除——大数据取舍之道》，袁杰译，浙江人民出版社，2013，第 9 页。

[②] Aidan Forde, "Implications of the Right to Be Forgotten", *Tul. J. Tech. & Intell. Prop*, Vol. 18, 2015, p. 84.

数据保护条例（草案）》（GDPR），该草案提出了"被遗忘权"这一新兴权利，规定权利主体可以要求信息控制者删除某些个人信息以防止信息的进一步传播，还可以要求第三方（如搜索引擎）删除与此类信息相关的链接。2014 年 5 月，世界首例被遗忘权案件——"冈萨雷斯诉谷歌西班牙"案（简称"谷歌西班牙案"）于欧盟法院尘埃落定，法院判决谷歌败诉，这一判决的出现对于被遗忘权的确立具有标杆性的意义。判决一经作出立刻成为网络争论的热点，这意味着当搜索结果涉及个人信息时，应信息主体的请求，网络服务提供者负有删除的义务，这种义务被称为被遗忘的数字权利的一个方面。[1] 谷歌数据显示，自 2014 年 5 月欧洲法院的谷歌西班牙案判决以来，其一共收到 19.5808 万条要求删除网络链接的申请，预计将删除 71.0414 万条链接。[2] 对于这一判决，我们不禁要追问，被遗忘权是否属于一种新兴的权利？如果属于，其法律属性如何？网络服务提供者是否应该负有这种删除的责任？如果答案是肯定的，在实践中又该如何操作？

一　被遗忘权属性证立：个人信息

对一项新兴权利法律属性的定位应追根溯源至其产生的历史阶段，进而界定该权利的辐射范围，以确定义务主体的义务边界。因此，倘若要确定网络服务提供者的义务范围，就应寻觅被遗忘权的发展轨道，确定被遗忘权的权利属性，进而确定其权利边界以确定网络服务提供者的义务范围。

（一）被遗忘权的缘起

欧洲被遗忘权的雏形是法国的遗忘权。[3] 法国遗忘权的初衷主要在于犯罪人可以在服刑期满后要求新闻媒体不再对其有关的犯罪事实进行报

---

[1] Patricia Sdnchez & Abril Jacqueline D. Lipton, "The Right To Be Forgotten: Who Decides What the World Forgets?" *Kentunky Law Journal*, Vol. 103, 2014, p. 376.

[2] 周丽娜：《大数据背景下的网络隐私法律保护：搜索引擎、社交媒体与被遗忘权》，《国际新闻界》2015 年第 8 期。

[3] Jeffrey Rosen, "The Right To Be Forgotten", *Stanford Law Review Online*, Vol. 64: 88, 2012, p. 89.

道，其基本原理是保护个人的自主性、个性、身份和声誉。这种个性权利涉及价值观，如私人生活的权利、尊严和荣誉。之后，随着数字化时代的到来，各国意识到个人信息保护的重要性，陆续出台了有关信息保护的立法。

欧盟在保护个人信息层面更为积极，1995 年出台了《个人数据保护指令》。2007 年生效的《欧盟基本权利宪章》第 8 条第 2 款规定：“人人有权利获取关于收集他或她的数据，并有权予以纠正。”而《个人数据保护指令》第 12 条进一步规定：“除法律有特别规定外，个人有权访问、纠正、删除或阻止关于他们的信息。”然而，个人行使这些权利在这种网络环境中变得特别具有挑战性，因为网络经常保留信息而没有通知数据主体或者未取得其同意，这成为个人有效控制其信息的羁绊因素。委员会收到来自信息主体的各种请求，因为信息主体一般不能从网络服务提供者处检索个人信息，例如检索他们的照片，这导致他们行使访问权、纠正权和删除权受到阻碍。[1] 为保证信息主体使这些权利更加明确，欧盟于 2012 年发布了《一般数据保护条例（草案）》（GDPR），正式提出被遗忘权的概念，2016 年 4 月欧洲议会通过 GDPR，第 17 条规定了“被遗忘权”，被遗忘权的行使不要求以信息不完整或者信息导致不合理的损害等后果为前提条件。

（二）被遗忘权成立的概念界定

一种利益之所以要由利益主体通过表达意思或其他行为来主张，是因为它受到侵犯或者随时处在被侵犯的威胁中。正如夏勇教授认为：“一种利益若无人对它进行主张或要求就不可能成为权利。”[2] 实践中，越来越多的信息主体主张删除其不适宜或者不想要的信息的事实已经成为反驳否定论者的有力武器。被遗忘权与某些概念存在混淆，以至于它的产生遭到很多质疑。在此有必要对各个易混的概念正本清源，以证立被遗忘权这一

---

[1] Herman Nys, "Towards a Human 'Right to Be Forgotten Online'?" *European Journal of Health Law*, Vol. 18, 2011, p. 469.

[2] 夏勇主编《法理讲义：关于法律的道理与学问》，北京大学出版社，2010，第 331 页，此部分为夏勇撰写。

概念存在的必要性。

首先，"被遗忘权"区别于"删除权"。删除权是个人有权要求删除第三方持有的个人信息的权利。该权利旨在在信息主体和信息处理者之间创造一种平衡，将更多的控制权移交给信息持有者。被遗忘权更多集中在基本的隐私保护层面，即网络服务提供者所需删除的信息不一定错误或者给信息主体造成实质损害，其初衷是删除主体不想储存的数据。网络服务提供者实际上并没有主动侵权，只是应信息主体行使被遗忘权的请求而承担了删除义务，可见，删除只是被遗忘权的一种手段而非目的。而删除权使网络服务提供者对个人信息的处理违反信息保护条款，主动侵权造成信息主体损害，当信息的性质不完全或不准确时，信息主体可以在任何时候要求侵权人承担删除责任，情节严重时，还可要求金钱赔偿。① 可以看出，删除权的核心主要在于侵权人对数据主体个人信息的侵犯，造成的是对信息主体的负面影响；而被遗忘权的核心是自主性，是给予信息主体对自身信息更多的控制权，搜索引擎中显示的信息并不必然会对信息主体造成伤害。

其次，"被遗忘权"区别于"忘记权"。"被遗忘权"最近才出现，但是"忘记权"在十年前就已经出现。"忘记权"是指一个历史事件不应该再被提起，因为它已经时过境迁，个人和国家有忘记他们过去的权利；而被遗忘的权利反映了一个人要求删除某些信息，使第三人不能再追踪它们，是对个人信息的保护和控制。②

最后，"被遗忘权"区别于"不知情权"。不知情权是指人们不知道自己健康状况的权利。在这种情况下，权利人不想知道他的信息，不知情权的主体是权利人本人；而被遗忘权的目的是第三方必须忘记有关的人的信息，被遗忘权的主体是信息主体以外的第三人。③

---

① Aidan Forde, "Implications of the Right to Be Forgotten", *Tul. J. Tech. & Intell. Prop*, Vol. 18, 2015, pp. 87 – 88.

② Herman Nys, "Towards a Human 'Right to Be Forgotten Online'?" *European Journal of Health Law*, Vol. 18, 2011, pp. 469 – 475.

③ Herman Nys, "Towards a Human 'Right to Be Forgotten Online'?" *European Journal of Health Law*, Vol. 18, 2011, pp. 469 – 475.

形与式是事物的一表两面，被遗忘权实质之下可概念化为三种表现形式：（1）在一段时间之后删除信息的权利；（2）拥有一个干净信息板块的权利；（3）显示当前信息和脱离过期信息的权利。[①] "被遗忘权"的第一种形式是信息主体要求其他个人或组织删除关于他们的信息的权利，第二种和第三种概念是相似的，因为它们都提供了一个新的开始的可能性，即塑造自己的新生活以及保持最新信息的权利。由此可见，"被遗忘权"可以准确反应这一权利所涵盖的内容。一项权利的概念并不是我们关注的重点，关键是对这一新兴权利的诠释和行使，以符合这一权利产生的初衷——更好地保护信息主体对自身信息的自主控制权。

（三）被遗忘权在权利谱系中的定位

被遗忘权从出现就一直备受争议，有的学者将其纳入隐私权的范围加以保护，认为其属于广义的隐私权范畴[②]，有的学者将其纳入个人信息权的射程内。[③] 笔者认为被遗忘权应被定位在信息自主权之中。隐私权主要在英美法系文化中建立起来，美国法上的隐私权相当于大陆法系的一般人格权，而大陆法系的隐私权仅限于不愿他人知道或者他人不便知道的个人信息。大陆法系中的隐私权制度只能保护个人信息上的部分利益。[④] 首先，在权利内容层面，隐私权和被遗忘权之间有共同的范围，都包含个人不愿为人所知的信息。但是，隐私权的重要特征在于"私密性"，而被遗忘权的信息则具有公开性，是信息被公开后，信息主体对这一信息的"除垢"行为，此时，信息主体的信息已经丧失了私密性这一特征；而信息自主权包含对错误信息的删除和更正的权利，这一内容和被遗忘权的内容不谋而

[①] Aidan Forde, "Implications of the Right To Be Forgotten", *Tul. J. Tech. & Intell. Prop*, Vol. 18, 2015, p. 87.

[②] 张建文：《被遗忘权的场域思考及与隐私权、个人信息权的关系》，《重庆邮电大学学报》（社会科学版）2017 年第 1 期；杨立新、韩煦：《被遗忘权的中国本土化及法律适用》，《法律适用》2015 年第 2 期。

[③] 梁辰曦、董天策：《试论大数据背景下"被遗忘权"的属性及其边界》，《学术研究》2015 年第 9 期。

[④] 齐爱民：《拯救信息社会中的人格——个人信息保护法总论》，北京大学出版社，2009，第 96 页。

合。其次，在权利的功能和价值层面，隐私权以人格尊严和自由为价值理论，是给予权利人充分独处的空间和保留不愿为人所知的秘密从而享有安宁生活的权利，是一种消极的防御权；被遗忘权主要是对个人信息自主维护和控制的权利，恰恰是个人信息权权能的一个侧面。因此，被遗忘权是一种人格利益，应纳入个人信息的保护范畴。

二　网络服务提供者①注意义务的基础：
信息控制者

义务是权利的逆向表述，权利是法律确立的行为选择资格，义务是法律确认的行为强制资格。② 对被遗忘权的承认，其逆向表述是对某义务主体的确定。被遗忘权作为一项新兴权利，其义务主体和义务辐射范围都存在模糊性，这种模糊性成为数据主体行使权利的羁绊因素。被遗忘权产生的主要目的是加强信息主体对个人信息的自主控制权，而这种自主控制权的行使不能仅仅由信息主体本人操作，需要信息控制者加以配合才能将这种期待利益转化为实体利益。此时，网络服务提供者是否属于信息控制者成为司法实践中被遗忘权案件争论的焦点。1995 年的《个人数据保护指令》第 2 条明确规定："信息控制者，是指能够独自或与他人共同决定处理个人数据的目的和方法，并对保管和使用这些数据能够负责的自然人、法人或公共机构。"从条文内容中可以看出，信息控制者的定位关键在于其是否处理了数据主体的信息。欧盟法院通过对概念的广泛定义，不仅对数据控制者处理技术作宽泛解释，而且一定条件下这种宽泛解释使《个人数据保护指令》还具有域外管辖的效力，以确保给予信息主体有效的保护。③ 欧盟法院认为，"控制者"这一概念的定义是明确的，将搜索引擎

---

① 广义的网络服务提供者包括网络技术服务提供者和网络内容服务提供者，本文中网络服务提供者仅指网络技术服务提供者，即搜索引擎。
② 李锡鹤：《民法原理论稿》，法律出版社，2012，第 179 页。
③ 漆彤、施小燕：《大数据时代的个人信息"被遗忘权"——评冈萨雷斯诉谷歌》，《财经法学》2015 年第 3 期。

排除在范围之外将违背《个人数据保护指令》第 2 条的目的。[①] 网络服务提供者是不是信息控制者？答案是肯定的。文章从下列几点肯定网络服务提供者信息控制者的地位。

（一）网络服务提供者处理信息的径路

网络服务提供者通过自动、不间断、系统地搜索网上公布的信息，不仅可以在《个人数据保护指令》规定的方法内"收集"信息，还可以"记录"和"组织"信息，并在其服务器上"储存"这些信息，最终在"披露"的同时通过呈现搜索结果的方式，使它的用户可以查看、利用这些信息。[②] 简言之，网络服务提供者可以借助某些"智能的"电脑程序将众多信息加以整合、分析，从而得出合乎自己需要的结论以方便用户查看。[③] 英国的《数据保护条例》规定中指出，"处理个人信息"既包括计算机自动归档也包含手工操作，无论自动还是手动，都被认为是处理主体的信息。[④] 谷歌西班牙案中，谷歌抗辩称其没有"处理"信息，因为其分析信息时并不区分个人信息和网页上的其他信息。而法院根据《个人数据保护指令》第 2（b）条判定谷歌信息控制者的地位，即搜索引擎对个人信息的收集、记录、组织、存储、改编或变更、检索以及通过传输、传播或以其他方式进行披露时，无论是否运用自动化的方式，对个人信息执行的任何组合、阻挡、删除或破坏都是对信息的处理。可见，搜索引擎对个人信息的控制不以是否主动处理信息为前提。判定其信息控制者地位的关键在于搜索的结果，即任何人通过搜索一个具体的名字或与信息主体相关的信息会出现各类相似信息的聚合，搜索引擎收集这些信息，并对它进行了排名，自动制作出一个比较完整的数据配置文档储存信息主体的信息。

---

① Herke Kranenborg, "Google and the Right to Be Forgotten", *European Data Protection Law Review*, Vol. 1, 2015, p. 70.

② 廖磊：《搜索引擎服务商的个人信息保护义务研究——以被遗忘权为中心》，《河南财经政法大学学报》2017 年第 1 期，第 120 页。

③ 杨芳：《隐私权保护与个人信息保护法——对个人信息保护立法潮流的反思》，法律出版社，2016，第 85 页。

④ Laurel J. Harbour, Ian D. MacDonald and Eleni Gill, "Protection of Personal Data: The United Kingdom Perspective", *Defense Counsel Journal*, Vol. 1, 2003, p. 100.

这种自动索引的结果和信息被动处理的结果并无实质不同，同时也符合
《个人数据保护指令》第 2 条规定的处理信息的"手段和目的"。[1]

（二）网络服务提供者是信息排序的"守门人"

把关人又称守门人，在大众传播的过程中，负责搜集、过滤、处理、
传播信息的传播者被称为"把关人"，他们的行为就是"把关"。[2] 用户在
搜索所需信息时，网络服务提供者虽然为用户和目标信息提供对接渠道，
但其实际上已经对信息进行了筛选和优先推荐，尽管搜索引擎会将所有的
相关信息罗列出来，但是，很少有用户会将搜索结果全部浏览。可见，尽
管搜索引擎在排序前后的信息并没有改变，但在这个过程中搜索引擎已经
对信息主体的信息进行了处理，从而影响了用户得出的最终结果。正如马
修·辛德曼指出："搜索引擎引导着一个巨大体积的网络流量。"[3]

（三）网络服务提供者的受益者地位

权利人行使被遗忘权的主要目的是删除权利人不想要被人记起的信
息，这一信息在当时被公布于互联网上可能是真实的，原始网站在当时处
理信息主体的信息时如果侵犯信息主体的权利，那么网络服务提供者承担
删除义务是应当的。但是，原始网站发布的信息如果是真实的，只是时过
境迁，信息主体仅是自己想删除这些信息，这种情况下，原始信息提供者
当然不承担这一数据删除的义务。此时，这些信息存在的最终作用更多的
是服务于网络服务提供者，网络服务提供者才是最终的受益者。而当公民
的信息自主权与网络服务提供者的商业利益发生冲突时，前者的利益当然
优先于后者。正如在谷歌西班牙案中，欧盟法院认为，在个人的基本权利
遭到侵犯的情况下，搜索引擎的经济利益和一般公众对访问信息的利益都

---

[1] Lisa Owings, "The Right to Be Forgotten", *Akron Intellectual Property Journal*, Vol. 9: 45, 2015, p. 51.

[2] David Manning White, "The 'Gatekeeper': A Case Study in the Selection of News", *Journalism Quarterly*, Vol. 4, 1950, p. 383.

[3] 〔美〕马修·辛德曼：《数字民主的迷思》，唐杰译，中国政法大学出版社，2016，第104 页。

不应凌驾于对信息主体的信息保护之上。[①]

综合上述分析，与信息主体相比，网络服务提供者无论在技术上还是在操作过程中都处于绝对的强势地位。在信息处理、信息排序以及最终受益层面，网络服务提供者是信息处理的关键发挥者和既得利益者，故应肯定其信息控制者的地位。

三　网络服务提供者注意义务的具体内容

一项新生权利的法定化，最关键的是如何对其进行充分的保护和救济，以更好地保障权利主体的利益。因此，在保护权利人被遗忘权的过程中，确定具体的义务主体，并且义务主体在面对数据主体要求删除信息的请求时，应该采取什么样的评估标准是我们亟须关注的问题。

（一）审查及删除义务

1. 审查及删除的义务主体

谷歌西班牙案中，欧盟法院课以网络服务提供者承担删除的责任，后者能否担此重任引起法学界的争论。有学者认为，对被遗忘权申请的审查涉及各种基本权利的平衡，包括言论自由和隐私等重要权利，这个任务对法院、信息保护机构以及研究机构来说都是极其艰难的，更何况是搜索引擎，其显然把网络服务提供者变成了法官，这个任务过于沉重了。[②] 欧盟法院则一直坚持，网络服务提供者作为以营利为目的的信息控制者，在处理因个人信息产生的纠纷时，理应承担更多的社会责任。[③] 2014 年 11 月，欧盟第 29 条数据保护工作组发布了关于被遗忘权实施的意见。工作组称，删除信息的任务仅适用于作为数据控制者的网络服务提供者，而它不适用

①　Patricia Sdnchez & Abril Jacqueline D. Lipton，"The Right to Be Forgotten：Who Decides What the World Forgets?" *Kentunky Law Journal*，Vol. 103，2014 – 2015，p. 377.

②　郑志峰：《网络社会的被遗忘权研究》，《法商研究》2015 年第 6 期。

③　Rolf H. Weber，"On the Search for an Adequate Scope of the Right to Be Forgotten"，*JIPITEC*，Vol. 6，2015，pp. 2 – 3，转自廖磊《搜索引擎服务商的个人信息保护义务研究——以被遗忘权为中心》，《河南财经政法大学学报》2017 年第 1 期。

于原始网站公布的与个人有关的信息，网络服务提供者的经济利益不能成为干涉个人权利的理由。但是，课以其过重的责任过于不公。因此，为了平衡网络运营提供者和信息主体之间的利益，后者应在提出请求时提供足够的删除理由，包括解释请求移除的原因、识别特定网址以及是否满足在"公共生活"中的作用。[①] 笔者认为，网络服务提供者为商业利益处理信息，处于信息控制者的地位，在技术以及利益层面，承担审查义务无可厚非。但是正如上述反对学者的观点，将权衡各种利益的重担落在网络服务提供者身上，使其处于仲裁者的地位，可能会起到弄巧成拙的效果。因此，结合两种对立观点，取其精华，审查的义务仍由网络服务提供者承担，如果信息删除请求者对网络服务提供者拒绝删除的决定不服，可以采用诉讼的方式请求法院作出最终裁决。

2. 审查及删除的标准

网络服务提供者在审查信息主体的删除请求时应该采用什么样的标准是特别需要关注的问题。笔者认为，判断信息主体的删除请求应该从以下几方面考虑。

（1）信息主体的角度。考虑到互联网这种特殊的场域，网络服务提供者在辨别是否删除有关信息时，应该对主体进行分类，即一般主体和特殊主体。对一般主体的删除请求给予保护是必须的，但是删除与否，不能仅仅依据主体是不是一般主体而判断，只能说一般主体具备了删除信息请求的主体条件，最终的决定还涉及其他问题。特殊主体主要涉及犯罪分子、未成年人以及公共人物。犯罪分子的犯罪信息储存于数据库，是其犯罪后理应承担的结果，不删除其信息似乎也是理所应当，但是如果其刑满释放后想改过自新，证明自己不是"过去的那个他"，显然，永久储存的信息对其过于不利。为平衡这两种利益，笔者认为，犯下的错误虽然不能永久抹去，但真正的改过自新是其对自身信息的更新，以诠释"现在全新的自己"。未成年人作为特殊主体需要被特别保护，这类信息的删除请求理应

[①] Aidan Forde, "Implications of the Right to Be Forgotten", *Tul. J. Tech. & Intell. Prop*, Vol. 18, 2015, p. 112.

得到支持。至于公众人物的删除请求，其涉及公众的知情权和公众人物的信息自主权之间的利益冲突。一般认为，公众人物之所以为人知晓，要么是因为公共利益，要么是其自愿放弃部分信息自主权而获取更多的商业利益，前者例如公职人员，后者例如明星、网红等，为公众知晓是成为公众人物的必然结果，因此其被遗忘权的行使应该让位于公众的知情权。特别是后者，成为既得利益者之后又想删除与其有关的信息，实难让人认同，网络服务提供者的这种否定信息主体删除请求的抗辩理由类似于刑法上的"禁止反言"。

（2）信息来源的角度。评估删除请求时，信息来源是应予考虑的因素，因为并非所有信息的来源都符合新闻标准或具有相同的可信度。例如，"新闻权利"或"联合出版物"将有利于公共利益，"具有良好信誉的个人作者"也会产生同样有益的效果。以谷歌公司为例，如果出版物的出版经过数据主体同意，谷歌公司则能以此为由进行"删除请求的抗辩"。但是，仅仅按来源的可信度来决定是否删除信息在操作过程中也具有一定的难度，也难以让公众信服，毕竟网络服务提供者的信息透明度还不够彻底。例如，谷歌公司的"透明度报告"显示，拒绝删除请求的前十大网站占删除请求的8%，而这十大网站都不具有新闻性质，虽然这些统计信息可能有助于显示删除的内容类型和来源，然而，统计数据不足以区分以下内容，例如，信息主体自己发布的信息、第三方同意发布的信息、第三方同意后发布的信息但未经其同意而由其他方共享的信息等。网络服务提供者没有更多的透明度，就不可能分辨出这种删除的判定标准是否过于保守，以及这是否导致点击率下降。[①] 这些都是网络服务提供者亟须应对的问题。

（3）信息内容的角度。在信息主体和信息来源符合数据可删除的条件时，信息的内容是最不能被忽视的考察因素之一。网络服务提供者应对信息主体删除请求的内容进行分类辨别。具体操作时，当信息主体和信息来

[①] Amanda Cheng, "Forget about the Right to be Forgotten: How about a Right to be Different?" *Auckland University Law Review*, Vol. 22, 2016, p. 122.

源符合可删除的条件，其应当考虑以下问题。首先，区分真假信息。信息来源的考量是确认信息是否真实的前提之一，但并非信息内容真实性的必要条件。在信息是虚假的情形下，信息主体要求网络服务提供者删除错误信息无可厚非。被遗忘权备受争议的关键在于权利主体要求删除的信息在当时是真实的，所以对信息内容的审查应先确定其信息内容的真实性。其次，在确定信息内容真实的情形下，确定如何将信息分类为"旧"和"新"以及信息的"陈旧性"，即何时需要根据信息主体的要求将其删除。维克托·迈尔－舍恩伯格教授指出，为数据设定一个九个月的存储期限[①]，超过九个月的存储期限，信息就具有陈旧性，信息主体即可要求网络服务提供者予以删除。最后，考虑出版物的原始来源与删除要求的相关性。[②]这主要考虑到原始信息的提供者和删除请求者的利益平衡，斟酌原始信息提供者的著作权等利益和删除请求者的信息自决权等利益孰轻孰重。

（二）披露及通知义务

被遗忘权的权利主体向网络服务提供者主张被遗忘权时，后者是否应该承担披露及通知义务值得我们探讨。虽然在谷歌西班牙案中，欧盟法院不要求谷歌向发布商或网站管理员发布删除信息的通知，但是，就这一问题，学界有不同的观点。有的学者认为，网络服务提供者应该承担披露、通知的义务，因为搜索引擎从结果页中删除信息，其操作缺乏透明度，很难使公众信服。即便为了减少此问题，谷歌等网络服务提供者已经制定了自己的通知章程，但这一章程并不具有法律效力，也不会受到法律层面的监管，因此应该从法律层面规定其披露和通知的义务。[③]而民主与技术中心认为，在开放的互联网场域，要信息控制者去确定并通知所有的第三方几乎是不可能完成的。另外，通知原始网站还可能会引起二次曝光

---

① 〔英〕维克托·迈尔－舍恩伯格：《删除——大数据取舍之道》，袁杰译，浙江人民出版社，2013，第 210 页。

② Patricia Sdnchez & Abril Jacqueline D. Lipton，"The Right to Be Forgotten：Who Decides What the World Forgets?" *Kentunky Law Journal*，Vol. 103，2014－2015，p. 382.

③ Amanda Cheng，"Forget about the Right to be Forgotten，How about a Right to be Different?" *Auckland University Law Review*，Vol. 22，2016，pp. 125－127.

的问题，即在某些案件中通知会让主体申请移除的内容重新公开，产生的不利影响甚至会超过原始信息本身。[①] 两种观点各有利弊，此种情况下，网络服务提供者应该就具体的请求具体分析，根据请求的主体和内容予以类型化，具体采用什么样的标准归类，值得进一步探讨。

（三）错误删除责任

值得一提的是，被遗忘权的出现是为了更好地保护信息主体的信息自主权。被遗忘权属于个人信息权的消极层面，即在互联网这种开放性场域中，信息一直存在于搜索引擎中，被遗忘权处于静止状态，网络服务提供者当然不构成侵权。只有当信息主体请求网络服务提供者删除具体信息时，该权利才产生能动效用。此时，网络服务提供者才开始承担删除的义务。可以看出，在信息主体行使被遗忘权的过程中，网络服务提供者只是担任一个信息处理者的角色，即便是在谷歌西班牙案件中，其争论的焦点主要也是网络服务提供者是否承担信息删除的义务，其并未直接侵害信息主体的利益，且此时涉及的当事人仅仅是请求人和网络服务提供者。但是值得注意的是，当网络服务提供者在审查了信息主体的请求后已经删除了具体的信息，之后如果原始信息的发布者认为删除的信息有误，此时，网络服务提供者应该承担什么样的责任？

信息的准确性是删除信息的基本依据，信息的流动性增加了确保信息准确性的难度，如果网络服务提供者仅根据删除请求人的请求删除了原始信息主体的相关信息，此时，网络服务提供者缺乏直接删除该信息的正当性基础，应对信息准确性承担证明责任，如果不能证明，就认定其违反了审查义务。当网络服务提供者违反审查义务，错误删除原始信息，实质侵犯了原始信息主体的著作权等权利时，其应该和请求删除人承担连带责任。但是这种责任应为不真正连带责任，即受害人既可以要求请求人承担侵权责任，也可以要求网络服务提供者承担损害责任，当网络服务提供者承担侵权责任，特别是承担损害赔偿责任后，有权向删除请求人追偿。之

---

① 郑志峰：《网络社会的被遗忘权研究》，《法商研究》2015 年第 6 期。

所以课以网络服务提供者承担不真正连带责任，是为了平衡受害人和网络服务提供者的利益。从受害人角度而言，可以保证其得到充分的救济，因为网络服务提供者处于经济优势地位，有足够的赔付能力，且可以通过保险来转移其部分风险；从网络服务提供者角度而言，不能课以其承担过重的责任，网络服务提供者只是违反了注意义务，其承担的责任应与义务相匹配，始作俑者是信息删除请求权人，如果网络服务提供者承担过重的责任，其在评估信息删除请求时会畏首畏尾，这与被遗忘权确立的初衷背道而驰。

结　论

"互联网＋"时代，信息即生产力，信息安全及信息的合理利用成为全球关注的焦点。在平衡信息主体的信息安全和信息合理利用之间，网络服务提供者的义务配置备受关注。被遗忘权中，网络服务提供者在信息处理、信息排序以及最终受益三个层面具有足够的话语权和控制力，应肯定其信息控制者的地位。在此基础上，网络服务提供者承担审查义务、删除义务、披露以及通知删除义务；当其错误删除原始信息主体的信息时，应与信息删除请求者承担不真正连带责任。课以网络服务提供者合理的义务和责任，以确保个人信息的合理利用及深层次价值追求的实现。

（作者简介：姬蕾蕾，西南政法大学 2016 级博士研究生）

自甘冒险与侵权责任的承担

李　超

目　次

问题的提出

自甘冒险（assumption of risk）为英美法的古老规则，系指如若当事人自愿置身于已知悉的风险之中，则不得就为此所遭受的损害获得赔偿。自甘冒险也被译作"自冒风险""自愿承受风险""风险自担"等。于英美法上，随着后工业化社会的到来，侵权法出现了扩张加害人责任、强化受害人保护的趋势，随着助成过失（contributory negligence）理论的变化以及比较过失（comparative negligence）、比较过错（comparative fault）理论的发展，受害人过失由全部抗辩事由向部分抗辩事由转变，自甘冒险渐趋衰落，逐步丧失了独立抗辩事由的地位。美国《侵权法重述（第三次）：责任的分担》对自甘冒险作为抗辩理由做了大幅度限缩，仅规定了可以依合同约定承担风险，"原告与他人之间豁免该他人对未来伤害之责任的合同将禁止原告从该他人处获得对该伤害的赔偿"①，其他形态的自甘冒险作为抗辩事由被否定。在美国法的实践上，有的法院把自甘冒险的行为作为拒绝原告赔偿请求的一个考量因素，有的法院则径行适用比较过失制度，而不再考虑自甘冒险因素，还有一些法院的解决路径介于两者之间。②

《侵权责任法》在立法过程中，没有接受梁慧星、杨立新等学者建议稿的意见，未将"受害人同意"和"自甘冒险"纳入"不承担责任和减轻责任的情形"。有学者认为，自甘冒险可以由其他现有法律制度替代处理，未把受害人自甘冒险规定为一项独立的抗辩理由是妥当的选择，值得肯定。③ 然而，自甘冒险未出现在《侵权责任法》第三章是立法者刻意为之吗？有关资料显示，之所以不作规定主要是考虑到国外对自甘冒险规定的成文法不多，只有《葡萄牙民法典》有规定，《欧洲民法典》和《欧洲侵权法基本原则》目前还都是草案，美国侵权法重述也属于示范法，自甘冒险留待司法实践中发现问题后再予以考虑。此外，第三章的章名由审议稿中的"抗辩事由"改为"不承担责任和减轻责任的情形"，是由于抗辩情形难以一一列举，换言之，立法者自己也承认第三章"不承担责任和减轻责任的情形"并非涵盖所有的抗辩事由。④ 立法者在立法过程中固然可以采取保守立场回避争议，但在司法实践中，被告人以受害人自愿承担风险或自愿承担损害而要求减免己方责任的情形并不鲜见。在已有法律制度下，自甘冒险与周边制度如何协调，如何处理自甘冒险的抗辩，如何适用法律，均是亟须解决的议题。⑤

---

① 具体条文翻译可参见美国法律研究院通过并颁布的《侵权法重述：纲要》，许传玺等译，法律出版社，2006，第 339 页。

② David K. DeWolf and Deborah G. Hander, "Assumption of Risk and Abnormally Dangerous Activities: A Proposal", *Montana Law Review*, Winter, 1990.

③ 这一观点可参见廖焕国、黄芬《质疑自甘冒险的独立性》，《华中科技大学学报》（社会科学版）2010 年第 5 期；周晓晨、王文胜《论"受害人自甘冒险"在中国大陆地区侵权法上的地位》，《法令月刊》2011 年第 2 期。

④ 参见全国人民代表大会常务委员会法制工作委员会编《中华人民共和国侵权责任法释义》（第 2 版），法律出版社，2013，第 137 ~ 145 页。

⑤ 本文讨论的重点并非关于自甘冒险规则的比较法，也非立法论，而是自甘冒险情形如何适用我国已有法律制度的解释论。

一　自甘冒险的构成与形态

在立法没有确认自甘冒险作为抗辩事由或减免责任情形的前提下，自甘冒险变成了对受害人特定行为形态的一种描述，而司法实践的处理也须依托其他制度来解释与适用法律，故其构成要件与自甘冒险作为抗辩制度下的含义有所不同。

（一）自甘冒险的构成

关于自甘冒险构成或曰必备要件，学说纷纭。王利明教授认为，自甘冒险构成要件应包括：被侵害人明知或者应当知道危险的存在；被侵害人参与了危险活动；侵害人造成了受害人的损害；被侵害人遭受了损害。[①]杨立新教授认为自甘冒险须具备的要件是：受害人知悉或者鉴识危险；受害人有自愿承担之必要；不违反成文法的规定。[②]另有学者认为，其构成要件是：风险或危险的存在；冒险人的认知（包括冒险人知悉和了解风险以及自愿处于风险之中）；风险的现实化。[③]

笔者以为，我国没有形成如英美法的自甘冒险规则体系，自甘冒险只是作为被告的一项事实存在的抗辩形态，时常出现在现实的侵权案件中，这种抗辩的效果由于没有法律的明确规定，而无法获得确定性的预期。可以说，自甘冒险只是正当的抗辩事由而非法定抗辩事由。如果对自甘冒险做这种理解，其反映的仅仅是原告（受害人）的主观态度和认知，而不应包含抗辩的前提和实际效果。受害人遭受的损害，是其拥有损害赔偿请求权的起点和事实基础，有了请求权才有了抗辩权和抗辩，现实的风险损害本身并非抗辩的要件。假设风险并未形成现实损害，抗辩完全可以针对没有损害的事实来进行，无须提及自甘冒险。而公序良俗或成文法的另行规

---

① 参见王利明《侵权责任法研究》（上卷），中国人民大学出版社，2010，第424~425页。
② 参见杨立新《侵权法论》，人民法院出版社，2013，第364页。
③ 参见汪传才《自冒风险规则研究》，《法律科学》2009年第4期；郭佳宁《侵权责任免责事由研究》，中国社会科学出版社，2014，第160~161页。

定则是自甘冒险抗辩的阻却事由，而非抗辩本身，其隶属于抗辩的实际效果范畴。至于受害人有无自愿承担之必要，则是外界对受害人主观立场的一种评价，这种必要性蕴含着其行为的合理性，但在有些情形下受害人寻求的仅仅是心理上的新奇和刺激，这种判断不应体现在自甘冒险的构成问题上。作为一种抗辩，自甘冒险表达的只是受害人的主观认知，其具体构成要件应当包括：对危险的性质或程度有鉴识；对构成危险情形的事实有了解；对处于危险之中有认知；甘愿处于危险之中。

如有学者指出的，"明知"和"主动同意"，是构成有效自甘冒险的两个必备前提条件，"原告对他所愿意自行承担的也就是免除被告谨慎义务的危险必须有清楚明确的认知"，这个认知的内容包括潜在危险的存在，"更包括潜在危险的性质、程度、范围以及可能后果"，原告主动同意去自行承担危险。[①] "明知"和"主动同意"所反映的是原告的心理状态，当然，这种心理状态如果被认定为属于自甘冒险，还需要外在表象加以识别。

（二） 自甘冒险的形态及其法律效果

在美国法，自甘冒险至少有三种不同形态：明示自甘冒险（express assumption of risk）、基本型默示自甘冒险[②]（primary implied assumption of risk）、派生型默示自甘冒险[③]（secondary implied assumption of risk）。明示自甘冒险系指，在受到伤害之前，原告以契约等明示的方式，明确表示免除被告遵守通常应尽的注意义务。基本型默示自甘冒险系指，被告没有保护原告免受某种特殊活动本身具有的危险伤害之义务，并且原告已经通过自愿参加这种活动的行为表明愿意承担危险。派生型默示自甘冒险系指，被告违反法律上的义务致使原告遭受损害，但原告有意识地且故意选择面对这种危险。[④]

明示自甘冒险得以排除被告责任的基础，并非来自侵权法，而是来自

---

① 李响：《美国侵权法原理及案例研究》，中国政法大学出版社，2004，第 427 页。
② 基本型默示自甘冒险，也被译作"主要的默示自甘冒险"或"初级默示自甘冒险"。
③ 派生型默示自甘冒险，也被译作"次要的默示自甘冒险"或"次级默示自甘冒险"。
④ 〔美〕文森特·R. 约翰逊：《美国侵权法》，赵秀文等译，中国人民大学出版社，2004，第 221~225 页。

契约法。① 明示自甘冒险往往与"受害人同意"联结在一起，就其本质而言，它们都是受害人意思自治范围内的内容，只要不违反法律的强制性规定而且不悖于善良风俗，法律就应该认可这种同意或自甘冒险的意思表示。② 然二者还是有区别的，受害人同意的内容是特定的损害后果，并且是针对他人故意侵权行为才可能同意，明示自甘冒险的内容则是某项活动的危险性和不确定发生的损害后果。例如，某人出于探险的目的，自愿进入切尔诺贝利核电站附近区域，试图亲密接触被"石棺"封存的致命辐射源 4 号反应堆，进入之前需要签署免责同意书。这一行为即为明示自甘冒险，而非受害人同意，因为某人进入这一区域时做了必要防护，辐射损害并不必然发生。由于《侵权责任法》同样没有将受害人同意纳入免除或减轻责任的事由，没有法律适用上的便利，明示自甘冒险也就没有必要归并到受害人同意的概念上。有学者认为，可以以"行为人没有过错"来确认侵权责任的构成。③ 而据域外经验，明示自甘冒险的约定一般都列于合同条款之内，可以直接适用《合同法》的相关规定，对于意思表示是否真实、责任排除条款是否有效的问题，适用一般民事法律即可。④

默示自甘冒险的基本型和派生型两种形态是否还拥有抗辩理由的地位，抑或以何种规则来替代，英美法上尚有分歧。

对于派生型默示自甘冒险，美国法的实践已经表明，其不再作为一项独立的完全抗辩事由使用渐成一种趋势，取而代之的是通过引入比较过失制度来处理这一问题。在美国的部分州，虽然并未明确抛弃自甘冒险规则，但在相当多的案件处理中，"自甘冒险"只是原告过失或助成过失等

---

① 陈聪富：《自甘冒险与运动伤害》，《台北大学法学论丛》2010 年第 1 期。
② 在梁慧星教授主持的《中国民法典草案建议稿》中，将受害人同意与自甘冒险置于同一条文规定，草案建议稿的第 1625 条规定："受害人同意加害人对其实施加害行为或者自愿承担危险及相应后果的，加害人不承担民事责任。加害行为超过受害人同意范围的，加害人应当承担相应的民事责任。受害人同意的内容违反法律的禁止性规定或者公共秩序和善良风俗的，不发生免除或者减轻加害人民事责任的效力。"参见梁慧星主编《中国民法典草案建议稿附理由：侵权行为编》，法律出版社，2014，第 45 页。
③ 张新宝：《侵权责任法》，中国人民大学出版社，2013，第 65 页。
④ 明示自甘冒险因为有原告的明示同意，故司法实践处理难度不大，不作为重点讨论内容，本文将研究重心放在基本型默示自甘冒险和派生型默示自甘冒险的法律适用问题上。

概念的另一种表达方式。例如，在 *Gozalez v. Garcia* 酒醉驾车肇事案中，原告与被告相约去饮酒，被告在醉酒后坚持驾驶车辆，原告明知这一情况仍搭乘，后发生车祸，原告受伤。法院认为原告明知有此危险，且自愿承担这样的危险，原告理智地评估过这样的风险，而仍然不合理地选择危险的方式，其行为符合助成过失与自甘冒险的理论。裁决结果是，原告可依过失比例分配理论获得过失相抵后之赔偿。[①] 派生型默示自甘冒险又被区分为自愿承受合理风险与自愿承受不合理风险两种类型。前者通常意味着，原告冒险所可能得到的利益超过其可能因此遭受的损失，例如，原告冲进火海去救自己的孩子；后者则与此相反，例如，原告冲进火海仅仅是要取回一顶普通的旧帽子。[②] 据通常的认识，如果原告将自己置于危险的行为是合理的，他的行为就根本不是过失，赔偿额不会减少。

对于基本型默示自甘冒险能否独立存在的问题，支持者认为，基本型默示自甘冒险只是削弱了抗辩的效果，但仍应作为一项实用的抗辩而存在，因为如果被告无义务或无过失，逻辑上说，也就没有什么可以与原告过失进行比较的了，从而否定了比较过失的基础，比较过失并没有吸收基本型默示自甘冒险。[③] 同样的，这个理由似乎也可以适用于派生型默示自甘冒险中的自愿承受合理风险情况下适用比较过失的情形。反对者则认为，对其适用"义务分析"更为恰当，因为被告主张不负有任何义务即可免除责任，不需要再主张原告自甘冒险。[④]

在英美法的历史上，自甘冒险曾作为一种完全的抗辩，即绝对地排除被告的责任；同样的，受害人的助成过失如果是构成损害发生的真实、有效的原因，无论被告的行为如何具有过错，被告的责任均可被全部免除。但从晚近的发展趋势看，这种"全有"或"全无"的完全抗辩模式，由于过于严苛已为过失抗辩所取代，"过失责任模式成为侵权行为案件中决

---

① 潘维大：《英美侵权行为法案例解析》（中册），瑞兴图书股份有限公司，2003，第 181～184 页。
② 周晓晨、王文胜：《论"受害人自甘冒险"在中国大陆地区侵权法上的地位》，《法令月刊》2011 年第 2 期。
③ 汪传才：《自冒风险规则：死亡抑或再生？》，《比较法研究》2009 年第 5 期。
④ 梁亚、李延生：《自愿承受风险原则研究》，《河北法学》2007 年第 3 期。

定责任的主导性机制"①。过失责任的核心是无过失即无责任，是否承担责任取决于当事人是否存在过失以及过失的程度。正是在这一背景下，自甘冒险与助成过失都不再担负完全抗辩的职能。自甘冒险之所以被划分为明示自甘冒险和默示自甘冒险两种形态，进一步的，默示的自甘冒险又裂分为基本型和派生型两种情形，是因为其目的在于希冀通过类型的划分，寻找完全抗辩和部分抗辩所适用的不同场合。

二　自甘冒险与过失相抵的适用

与英美侵权法的传统不同，我国侵权法"关注的是受害人与行为人双方利益的平衡，对双方进行公平的保护，而不是要偏袒某一方，更不是要为了促进工业的发展而偏向于被告责任的限制"②。换言之，我国民法从来就不喜欢这种在责任承担上"全有"或"全无"的完全抗辩模式，显著的例证即是《民法通则》第 131 条和《侵权责任法》第 26 条关于过失相抵（或称"与有过失"）的规定，受害人对损害的发生也有过错的，可以减轻侵权人的责任，即受害人过错只是被告的部分抗辩。更为显著的例证是《民法通则》第 132 条和《侵权责任法》第 24 条的规定，无过错也可能分担损失。正是因为这一价值取向，作为受害人过错制度的核心——过失相抵在我国侵权法上的内涵也有所不同，其适用的范围也进一步扩张。特别是在过错推定或无过错责任场合，过失相抵也会被适用。③ 从过失相抵规定被列于《侵权责任法》第三章"不承担责任和减轻责任的情形"这一特征来看，过失相抵体现的是责任的分担，而非传统概念上的"抗辩事由"，它是在当事人之间通过认定过错的程度，来分配责任承担的多寡。责任分担与抗辩事由相比，更为注重损害赔偿争议的最终处理结果，而将对当事人的过错的认定作为过程要素来对待，其与最终责任承担

---

① 董春华：《论美国侵权法限制运动及其发展趋势》，《比较法研究》2014 年第 2 期。

② 周晓晨、王文胜：《论"受害人自甘冒险"在中国大陆地区侵权法上的地位》，《法令月刊》2011 年第 2 期。

③ 高圣平主编《中华人民共和国侵权责任法立法争点、立法例及经典案例》，北京大学出版社，2010，第 331 页。

结果有着决定性的关联，却不是唯一的关联，因为还有双方均无过错情况下的责任分担问题。

（一）基本型默示自甘冒险与过失相抵

在美国法的实践中，对于基本型默示自甘冒险，法院大多认可其作为被告拒绝赔偿的抗辩，"可以说原告无论存在'过错'与否，原告都是自甘冒险，因为以另一种术语表达出的真实意思是被告没有过失"①。在我国未将自甘冒险确立为法定抗辩事由的情况下，受害人处于自甘冒险形态之下，侵权责任承担的解决方案一般指向过失相抵的适用。基本型默示自甘冒险中，被告因没有注意义务，也就没有过失，无过失也就无过失比较，但从另一个角度来说，判断有无过失须以判断有无注意义务为前提，对注意义务的判断似乎也可以作为比较过失的内容。这也是对此种形态的自甘冒险适用过失相抵制度相对合理的解释。但是，基本型默示自甘冒险一旦在类型上得以确认，被告无注意义务也就得到了确认，它不需要被害人的过失来"相抵"，不需要再考虑受害人自身是否有过错。因而，在法律适用上，基本型默示自甘冒险援引过错责任原则条款即可，而不必适用过失相抵制度，行为人因过错侵害他人民事权益应当承担侵权责任，反之，行为人对他人民事权益的损害无过错，自不必承担侵权责任。

体育运动或体育比赛中的伤害问题，是基本型默示自甘冒险主要存在的场合。例如，某人到棒球场观看比赛，因棒球飞出场外，被砸到受伤。首先应判断被告注意义务的内容，如果确认球场的建设和防护措施符合相关规范和标准，则该体育场馆对原告损害无注意义务，此时，观众观看比赛不论是否知悉危险或是明知危险而执意参加，均无法获得被告的赔偿。

（二）派生型默示自甘冒险与过失相抵

对于派生型默示自甘冒险，美国法的实践认为，可以为比较过失吸

---

① 〔美〕小詹姆斯·A. 亨德森等：《美国侵权法：实体与程序》（第七版），王竹等译，北京大学出版社，2014，第 357～358 页。

收，因为其全部的问题可以归结为被告的过失和原告的助成过失，"如果是被告的过失，那么所谓的自甘冒险不过是否定了违背义务以及原告承担举证责任而已，如果是原告的助成过失，那么即使证明被告违背义务，自甘冒险也足以使原告不能获得赔偿，自甘冒险构成了助成过失的积极性抗辩，而被告负有举证责任"①，这时的自甘冒险并不构成独立的抗辩理由。原告的助成过失违反的是法律所设定的保护自身免受伤害的义务，其自身的作为或不作为所构成的一般注意的缺乏，也是原告损害的原因。助成过失侧重于对损害发生的原因力与因果关系的描述。但是，我国并没有助成过失的概念，适用过失相抵的核心问题是对原告过错或过失的判断。

过失相抵中的过失，系受害人的过错。一般认为，受害人过失，不同于作为侵权责任构成要件的固有意义的"真正过失"，其是"不真正过失"。② 它不是对他人权益注意义务的违反，而是对自己利益照顾义务的违反，是"对自己的过失"，相对人不可以请求履行，自己承担相应的损害，也不具有违法性。自甘冒险体现的正是对自己利益的疏忽或为博取更大的利益而对自己利益的漠视，这与过失相抵中受害人的"不真正过失"有契合之处。无论是受害人自甘冒险还是过失相抵中的受害人过错，实质上都是放大了过错的概念。有学者指出，某人未尽到自己的注意义务，不构成法律意义上的过错，而只是在技术意义上使用的过错，此种过错是以减轻赔偿额为要件的过失，"除须对当事人之主观心理状态外，更应对客观事实之法的价值来加以判断"③。正因如此，加害人的过错标准很难适用于受害人。有学者认为，受害人的过错有时是通过自甘冒险的方式表现出来的，自甘冒险与自我疏忽是对受害人过错表现方式的分类，而受害人自损、受害人过失以及法定双方过错，是从法律效果方面进行的分类④，因此才有了派生型默示自甘冒险被归并到受害人过失的理论框架。

---

① 〔美〕小詹姆斯·A. 亨德森等：《美国侵权法：实体与程序》（第7版），王竹等译，北京大学出版社，2014，第358页。
② 王泽鉴：《债法原理》，北京大学出版社，2009，第37页。
③ 刘得宽：《民法诸问题与新展望》，中国政法大学出版社，2002，第231页。
④ 王竹：《侵权责任分担论——侵权损害赔偿责任数人分担的一般理论》，中国人民大学出版社，2009，第308页。

　　派生型默示自甘冒险通过适用过失相抵来对加害人的责任进行相应的减轻甚至免除，争议不大。从受害人主观心理状态方面观察，"自甘冒险中受害人对于加害人没有尽到注意义务的情形是预见到的，而在过失相抵中受害人的过失内容并不包含对加害人此种未尽注意义务的预见"[①]。适用过失相抵，受害人之"过失"须进一步作扩张解释。例如，甲骑行一辆没有刹车闸的自行车，被有驾驶过失的乙的汽车撞伤，此种属于过失相抵。再如，丙明知丁醉酒，执意搭乘丁驾驶的汽车，丁因自己的过失发生车祸，致丙受伤，此种是派生型默示自甘冒险。如果派生型默示自甘冒险适用过失相抵，过失相抵之"过失"须包含对加害人没有尽到注意义务的情形的预见，或者说，加害人所引发的危险为受害人所知悉，受害人才要承担"过错责任"。前述案例中，丙对丁可能会因醉酒发生车祸而致自己受伤的预见，可以视为"过错"。假设在这个案例中，丁没有饮酒且驾驶技术纯熟，好意搭载丙，而丁仍因过失发生车祸致丙受伤。丙应当预见无论驾龄多长、技术多熟练都可能会发生车祸，难道这种预见也是"过错"吗？如此一来，对自甘冒险的受害人过错的判断就引向了对受害人"认知"的判断。

　　知悉并了解风险是一个主观标准，如果被告获准减轻责任，则须证明原告是自由、自愿的，且完全知悉他所遭遇的风险的性质和范围，并愿意承受它。原告的这一认知，在过失相抵制度下，虽不具有违法性，却具有相当的可归责性，效果是对对方赔偿责任的减免。自甘冒险的真正含义是，人们放弃了要求他人对任何由过错引起的损害予以补偿的请求权，并且，这种权利的放弃是可能的，因为人们可能希望借此从事某种活动。[②]这样的主观心理状态恐很难和过错扯上干系，可以说，自甘冒险之下的过失相抵正在向可归责性相抵转变。心理状态反映到行为上，判断其是否有过错和可归责性就容易得多。派生型默示自甘冒险分化出自愿承受合理风险与自愿承受不合理风险两种形态，"合理的自甘冒险并不会影响原告获

---

①　程啸：《论侵权行为法上的过失相抵制度》，载许章润主编《清华法学》（第六辑），清华大学出版社，2005，第 22～23 页。

②　汪传才：《自冒风险规则研究》，《法律科学》2009 年第 4 期。

得赔偿，而不合理的自甘冒险则出于比较的目的会被视为任何其他形式的原告过失"。① 合理风险与不合理风险的过错程度还是很容易区分的，自愿承受合理的风险显然比自愿承受不合理风险的可归责程度小。再以前面的案例来说明，丙明知丁醉酒驾驶仍搭乘，丁醉驾致害固然要承担主要的损害赔偿责任，丙因其对自身的安全不负责任的行为，构成自愿承受不合理风险，也要承担相应的责任。在另外一个好意同乘案例中，丙的搭乘行为所承受的是合理风险，并无不当，没有可归责性，丁应承担赔偿责任，而实践中发生的丁减轻责任情形，一般是考虑其"好意"而兼顾公平的结果。

应该看到，自甘冒险抗辩适用过失相抵制度本质上是类推适用，如有学者指出的，本应减轻加害人责任的事由不止某一个，可是对于其他事由又缺乏规定，这种情况下，只好以类推的方式来承认其他事由可以导致加害人责任的减轻。②

三 自甘冒险与注意义务的确认

注意义务（duty of care）源于对过错（主要是过失）的判定，作为对过失判断的一项基准，过失包括注意义务的存在以及违反注意义务两个层面。基本型默示自甘冒险，被告对受害人不负担注意义务或没有违反注意义务，即被告无过失；派生型默示自甘冒险，不论受害人合理的抑或不合理自愿趋近于被告违反注意义务导致的风险，被告均负担且违反了注意义务，即被告有过失。基本型默示自甘冒险与派生型默示自甘冒险的区别即在于被告对被害人是否负有使其免受损害的注意义务，判断是否负有注意义务也是区分自甘冒险类型的依凭，而对于是否负有注意义务的判断却始终是个难题。

---

① 〔美〕小詹姆斯·A. 亨德森等：《美国侵权法：实体与程序》（第 7 版），王竹等译，北京大学出版社，2014，第 364 页。
② 葛云松：《过失相抵以及减轻侵权损害赔偿责任的其他事由》，载王洪亮等主编《中德私法研究》（第 4 卷），北京大学出版社，2008，第 64 页。

（一）运动伤害案件中被告的注意义务

1. 美国法的学说

在体育活动中，由于运动本身隐含着多重风险，难免造成运动伤害，参与者仍趋之若鹜，多为自甘冒险之行为状态。在运动参与者于运动中对他人造成伤害的案件中，判断加害人是否负有或违反注意义务，于注意义务判断基准具有指标意义。关于运动伤害的损害被告是否负有注意义务，在美国法学说发展上，有故意或鲁莽行为理论（intentional-reckless doctrine）、固有风险理论（inherent risk doctrine）及一般过失责任理论。

所谓的故意或鲁莽行为理论，又被称作"运动比赛理论"，系指在运动伤害案件中，在运动员之间，原告必须证明被告的行为是出于故意或鲁莽伤害行为，始得请求损害赔偿。此处的"鲁莽"行为，是指蓄意或恶意的行为，在被告知悉其行为对他人具有严重危险，或以理性人的判断标准，被告了解危险事实的存在，而有意为之。[①] 在著名的 *Knight v. Jewett* 案中，在触身式橄榄球比赛中，原告认为，自己在接到了传球之后，被告从后面跑来将其撞到，并踩到其手指，导致受伤。原告主张被告玩球方式过于粗鲁，具有过失，而请求赔偿；被告则以默示的自甘冒险予以抗辩。法院判决认为，只有在参与体育活动者故意伤害另一名球员，或者实施了完全超出该体育活动一般行为类型的不计后果的行为，才违反了对其他参与者应尽的法定注意义务，被告的行为并没有违反这一义务，符合基本型默示自甘冒险特点，不适用比较过错原理。[②]

固有风险理论同样源于基本型默示自甘冒险。运动均有固有风险，此等风险系明显、必然而不能与运动切割的，既然被害人均系自甘冒险依其意愿参与该运动或进入运动场所观看，那么就应得解释为同意承担因该运动之固有风险所致人身伤害。[③] 只有超出固有风险的额外风险，加害人才

---

① 陈聪富：《自甘冒险与运动伤害》，《台北大学法学论丛》2010 年第 1 期。
② 〔美〕小詹姆斯·A. 亨德森等：《美国侵权法：实体与程序》（第 7 版），王竹等译，北京大学出版社，2014，第 368～371 页。
③ 吴志正：《运动参与者于运动中对他人人身侵害之民事责任》，《台湾大学法学论丛》2013 年第 1 期。

不得主张免除赔偿责任，而是适用过失相抵来确定责任分配。例如在 *Maisonave v. Newark Bears* 案件中，法院认为棒球场观众席中的观众遭界外球击中脸部受伤，乃属于棒球比赛不可切割的"通常""可预期"的固有风险，甚至界外球飞到观众席是观赏球赛者所期盼的美妙经验，因此，遭界外球击中的观众不得请求赔偿。[①] 关于固有风险的范围，又发展为客观说、主观说、折中说[②]三种认定标准。在实务操作上，美国法院的处理脉络是：首先判定损害是否属于固有风险，如果固有风险得到确认，加害人因无注意义务而无须担责，此时，被害人只有举证证明加害行为属于故意或鲁莽行为，才能请求赔偿。固有风险与故意或鲁莽行为的区别在于，加害人因固有风险而免责实质上是因其无注意义务；而加害人因没有故意或鲁莽行为而免责则属于未违反注意义务。

另有法院认为，无论是运动伤害案件还是观众观看比赛受伤案件，关于注意义务存在与否的判断，一般过失责任理论即可实现，故意或鲁莽行为理论和固有风险理论无适用必要。例如，威斯康星州法院在一则关于成人足球比赛所引发的运动伤害案件中，认为单纯的过失判断标准即足以提供富有弹性、合理的判断准则，就运动伤害而言，被告的行为是否具有普通过失，应考量以下因素：运动规则、保护装备的使用、运动的习惯、运动的固有风险、参与者的年龄、身体特征及其技术程度。[③] 据此，如果认定被告无注意义务，按一般过失理论，被告无须承担赔偿责任；而如果认定被告负有注意义务，则还要进一步确认注意义务违反之程度，依过失相抵确定被告所需承担的赔偿责任。据有学者统计，截至 2007 年，美国有 6 个州拒绝适用故意或鲁莽行为理论、固有风险理论或主要的默示自甘冒险理论，而直接依照一般过失责任理论来处理此类案件。[④]

① 案例参见吴志正《运动参与者于运动中对他人人身侵害之民事责任》，《台湾大学法学论丛》2013 年第 1 期。
② 客观说认为，被告是否负有注意义务取决于活动的性质以及当事人在特定活动中的角色；主观说则认为，被告是否负有注意义务，与被害人是否理解危险存在并自愿面对该危险密切相关；折中说则是前述两种标准的综合运用。
③ 陈聪富：《自甘冒险与运动伤害》，《台北大学法学论丛》2010 年第 1 期。
④ 吴志正：《运动参与者于运动中对他人人身侵害之民事责任》，《台湾大学法学论丛》2013 年第 1 期。

2. 我国的立场

回到我国的实践中来，对于运动伤害案件中自甘冒险抗辩，无法从自甘冒险理论切入理解，通常需要适用一般过失责任理论加以解决。对于其中被告的注意义务的判断，可以参酌美国法中固有风险理论、故意或鲁莽行为理论的判断标准加以识别，即便美国法中持适用一般过失责任理论的观点也认为，在被告的行为是否具有普通过失所要考虑的因素中，大部分与运动本身的规则和特点有关，这与固有风险理论、故意或鲁莽行为理论的出发点是一致的，只不过是在此基础上扩张需要考量的因素。此外，对于运动行为危险性的判断，主要基于社会通常观念和认识与当代社会生活的不可或缺性，"于综合考量该运动项目进行之方式与目的、运动者与被害人间之关系、危险实现之盖然性、受侵害法益之性质与程度，以及防止改为限制可能性等情形，且运动者已遵守运动规则并于运动时尽其应有注意而仍造成他人伤害时，倘认定该运动伤害行为仍得为社会通念所容许而具备'社会相当性'，即属'可容许之危险'而无不法"①。被告注意义务的判断问题，本质上说是在对被告有无过失的认定上应考虑哪些因素的问题，于法律适用上依据《侵权责任法》第 6 条关于过错责任原则的规定即可。

在已有的司法实践中，有的运动伤害案件即是按照一般过失责任理论加以处理的，即认为被告没有过错，不存在可归责事由，而无须承担责任。例如，在朱某某与曹某某人身损害赔偿一案中，二审法院判决指出："溜冰作为一种体育活动，与一般的消费活动有不同之处。因为溜冰本身就是一种具有危险性的运动，从溜冰者进入溜冰场，穿上溜冰鞋实施溜冰行为以后，就已经存在着一定程度的危险性。它与溜冰者的溜冰技术等因素有很大关系，在这一过程中，提供溜冰场所的经营者的注意义务不是确保每个溜冰者不发生摔跤跌倒等意外。本案中，被上诉人曹某某在事发时

---

① 吴志正：《运动参与者于运动中对他人人身侵害之民事责任》，《台湾大学法学论丛》2013 年第 1 期。

已是未满 16 岁的中学生，应当具有对溜冰行为危险性的识别能力。其能够意识到溜冰可能导致摔伤的后果，也完全可以通过不去溜冰而避免危险的发生，但其为了通过溜冰而获得某种身体或心理上的满足，不顾潜在的危险而去溜冰的行为属'自甘冒险行为'。这种行为的法律后果主要由自甘冒险者自己承担。……溜冰场墙上张贴有安全告示，说明经营者已经对溜冰者履行了安全告知义务，并且溜冰场设施齐全，场内配备了业余溜冰指导。因而上诉人在被上诉人摔伤这一损害事故中是不存在过错的。"①判决书这一表述依次明确了如下问题，即溜冰运动的固有风险、加害人注意义务的范围、原告行为属自甘冒险、加害人没有违反注意义务、加害人无过错。这则判例虽然明确了受害人自甘冒险行为的性质，却并未给予其完全抗辩理由的地位，而是判断被告有无注意义务、是否违反注意义务来认定是否具有过错，是对一般过失责任理论的直接适用。

由于没有确定的法律适用指引，我国司法实践对运动伤害案件的处理也显得不太稳定。例如，在南京某花园酒店有限公司与刘某人身损害赔偿案中，二审法院认为，"足球比赛是一种激烈的竞技性运动，该项运动的性质，决定了参赛者难以避免地存在潜在的人身危险。参赛者自愿参加比赛，属甘冒风险行为。所以在比赛中造成人身损害时，被请求承担侵权责任者可以以受害人的同意为抗辩理由，从而免除民事责任"②。判决虽然认为足球运动存在难以避免的危险，却没有以此来认定加害人注意义务的范围，而是通过将自甘冒险直接适用"受害人同意"的方式免除了加害人的责任。出现这种法律适用的差异，究其原因，固然有裁判者认识上的差异，但法律规范的不清晰、不明确恐为更直接的因素。从案件处理的现实需求来看，即使立法上不认可自甘冒险的独立抗辩事由地位，对于体育活动或某些特殊活动伤害的情形，仍应给予格外关注。目前的立法成例，仅有埃塞俄比亚民法典对参加体育活动中的自甘冒险做出了规定，但这并不

---

① 江西省赣州市中级人民法院（2004）赣中民一终字第 279 号民事判决书。
② 江苏省南京市中级人民法院（2000）宁民终字第 445 号民事判决书。

妨碍对我国立法的借鉴价值，可以针对某些特殊活动进一步明确受害人在自甘冒险状态下加害人的侵权责任承担问题。

（二）其他场合下被告的注意义务

在一般的默示自甘冒险状态下，加害人的注意义务没有像体育运动伤害案件中一样的对风险的严格限定，其判断基准与民法上一般注意义务无异。民法上的注意义务是义务主体谨慎地为自己一切行为（包括作为和不作为）的法律义务，其核心内容包括行为致害后果预见义务和行为致害后果避免义务，注意义务的产生依据包括制定法、技术规范、习惯和常理、合同或委托、在先行为。① 例如，在风雨交加的天气下，两个人央求船夫将其摆渡到对岸，船夫多次明确力陈危险，但二人仍然坚持摆渡，最终因暴发洪水导致渡船倾翻，二人溺水被淹死。② 此种情况下应为自愿承担不合理风险的派生型默示自甘冒险，对于船夫注意义务的判断，宜结合摆渡的操作规程、技术规范与一般习惯。船夫向受害人力陈危险的行为已经表明，其明知风雨交加的天气下摆渡的高度危险性，而执拗不过受害人的坚持，作为是否摆渡的最终决策者，船夫负有被害人人身安全的注意义务。再如，甲雇用乙作为货车司机为自己的工厂运输货物，乙明知甲的货车刹车有问题，有默示承担车祸风险的意思存在，后乙因刹车失灵撞向桥墩发生车祸。对于甲的注意义务判断，宜结合用工者的地位加以辨别，甲作为用工者，负有检查、维护、保养其生产经营用设备之固有义务，货车作为甲的生产经营用设备，甲有为雇员提供合格车辆的义务，即使乙自愿承担不合理的风险，甲也不能免除赔偿责任。

---

① 屈茂辉：《论民法上的注意义务》，《北方法学》2007年第1期。民法上的注意义务问题相当复杂，本部分主要讨论自甘冒险行为下被告注意义务判断的特殊性问题，对于注意义务判断的一般性问题，限于篇幅，不再赘述。

② 朱岩：《侵权责任法通论：总论》（上册 责任成立法），法律出版社，2011，第504页。朱岩教授认为此种情况属于受害人同意，笔者持不同意见，受害人主观上并非愿意接受这种损害后果，而只是甘冒不合理的风险，船夫作为渡船驾驶者明知在不适航条件下依然摆渡过河，具有主观过错，此种情形应为自愿承担不合理风险的派生型默示自甘冒险。

四　自甘冒险与公平分担损失

公平分担损失也被称为"公平责任"①，滥觞于《民法通则》第 132 条的规定中，《侵权责任法》第 24 条继承了这一规定，"受害人和行为人对损害的发生都没有过错的，可以根据实际情况，由双方分担损失"。对于何种情况下适用损失分担规则，《侵权责任法》规定了四种情形：（1）完全民事行为能力人对自己的行为暂时没有意识或者失去控制没有过错，但造成他人损害（第 33 条）；（2）具体加害人不明，有可能的人分担损失，主要指高空抛物或坠落物造成损害（第 87 条）；（3）见义勇为中，受益人对被侵权人的补偿（第 23 条）；（4）自然原因引起危险时，紧急避险人对受害人的补偿（第 31 条）。此外，公平分担损失的情况还可以包括：无民事行为能力人造成他人损害；因意外情况造成损害；为对方利益或者共同利益进行活动时受到损害。②《侵权责任法》第 24 条是公平分担损失的一般性条款，即只要受害人和行为人对损害的发生都没有过错，就可以根据实际情况分担损失。

从自甘冒险的类型分析，明示自甘冒险、基本型默示自甘冒险可能出现受害人和行为人对损害的发生均无过错的情形。如前所述，明示自甘冒险一般以合同形式约定免除被告遵守通常应尽的注意义务，可以直接适用《合同法》的有关规定，从而排除受害人和行为人的过错，自不能适用公平分担损失条款。讨论主要集中在基本型默示自甘冒险适用公平分担损失条款的问题上。

实务上，有关自甘冒险的损害赔偿案件中存在过多适用公平分担损失规则的现象，有些裁判结果并不令人满意。例如，"驴友"自助探险致害其他驴友的无过错赔偿案。13 名网友在网上约好一起去野外自助探险，

---

① 《侵权责任法》第 6 条、第 7 条确立了我国侵权责任制度实行过错责任和无过错责任相结合的原则，第 24 条的规定并未上升到原则的高度，只是双方无过错场合下的损失分担机制，责任分担方承担的也并非侵权责任。"公平责任"只是学理上的通常说法。

② 全国人大常委会法制工作委员会民法室编《〈中华人民共和国侵权责任法〉条文说明、立法理由及相关规定》，北京大学出版社，2010，第 91 页。

当晚露宿野外时，发生山洪，13 人均被洪水冲走，其中 1 人死亡，其余
12 人获救。死者家属起诉，要求其他参与人承担赔偿责任。一审法院判
决"驴头"承担 60% 的责任，其他"驴友"共同分担 10% 的责任，受害
人自己承担 30% 的责任。上诉后，二审法院依据公平分担责任改判，"驴
头"承担 3000 元，其他"驴友"各自承担 2000 元，以示公平。① "驴友"
因自助探险而承担风险是合理的，只不过遇到山洪这一自然原因遭受损
害，其自甘冒险的主观心理状态无过错可言；获救的驴友一同被洪水冲
走，对死亡的驴友无注意义务。再如，羽毛球运动致伤赔偿案。甲和乙共
同参加羽毛球双打晨练活动，甲、乙同组，乙在击打对方来球时，恰遇甲
回头观察，击出的羽毛球恰好击中原告左眼，致原告左眼失明，原告请求
赔偿其损失。法院认为，原、被告参加体育活动，应对该活动可能造成的
伤害有所认识。双方均非专业羽毛球运动员，对球的落点及运动保护均未
受过系统训练，应当自负其可能产生的风险。本案事故的发生，并非被告
故意造成，也不存在重大过失，被告不应承担侵权赔偿责任。但考虑该事
故致原告残疾，原告为此支付了较多的医疗费用，被告应予适当补偿，判
令被告补偿原告 2 万元。② 双方当事人自愿参加体育锻炼活动，不论是专
业的体育竞技还是群众性体育活动，都没有改变体育本身的竞争性，有竞
争就会有风险，尤其是高风险刺激性的比赛项目，其中的风险更自不必
说。原告自愿参加体育锻炼属承担合理风险的默示自甘冒险行为，主观上
无过错；被告对原告的伤害也未超出羽毛球运动本身存在的固有风险，被
告对损害的发生也没有过错。

这两则案例的受害人均系基本型默示自甘冒险行为，且所冒风险为合
理、正当风险，双方均不具过错，依据《民法通则》第 132 条、《侵权责
任法》第 24 条的规定，同样作为不利益一方的被告需要分担被害人的损
失。在某些情形下，基本型默示自甘冒险受害人也可能有过错，只不过由
于被告无注意义务或没有违反注意义务直接免除了其责任，受害人的过错

---

① 杨立新：《侵权法论》，人民法院出版社，2013，第 364 页。
② 李超、李佳：《体育运动损害赔偿中自甘冒险规则的适用——天津二中院判决李红诉杨
　东升健康权纠纷案》，《人民法院报》2011 年 4 月 28 日。

对被告的免责结果不产生影响。这里须特别注意，遇此种自甘冒险情形，不能适用公平分担损失规则。

公平分担损失规则是建立在集体主义观念基础之上的，其主要目的并非如过错责任和危险责任那样来协调权益保护与行为自由的关系，而是通过模糊处理消除当事人之间的权利边界，来分配责任承担，起到维护社会和谐的作用①，其本质上并非实现矫正正义。有学者还批评，此种责任系道德规范法律化，乃在实践分配正义的理念，使经济能力较佳的行为人及其法定代理人负赔偿责任，与损害赔偿的原本意旨相去甚远。② 因此，有必要对公平责任分担条款的适用作出必要限制，否则会造成资力优势一方当事人承担社会保障制度的任务，不仅会产生新的不公平，也会破坏侵权法赖以存在的全部赔偿原则的施行和归责原则体系的完整。公平分担损失，一般应结合受害人的损害程度、行为的手段和情节、双方的财产状况、双方的损失大小等相关因素，对受害人予以适当补偿。从损失公平分担的份额来看，也不能毫无节制。如"驴友"自助探险致害其他驴友无过错赔偿案的一审判决，被告要承担受害人损失的 70% 显然不适当。此外，在竞技比赛即便是业余的体育比赛中，运动员比赛时因对方原因所受非恶意加害的人身损害，如由对方分担损失，则与承担侵权责任一样，都必将导致参赛双方因顾虑承担责任而不敢充分发挥勇敢拼搏的体育竞赛精神，从而使竞赛的对抗性减弱，这就会失去体育本身的价值和意义。故不宜将公平分担损失引入竞技比赛参赛者发生的人身损害中，有必要坚持完全抗辩原则，直接免除加害人责任。前述羽毛球运动致伤赔偿案中，原、被告所进行的晨练活动与竞技体育比赛有所不同，其最终目的在于健身而非胜负，因而由被告适当分担原告损失尚可接受。

结　语

应该看到，自甘冒险抗辩通过适用周边相关制度来处理，其效果与承

---

① 程啸：《侵权责任法》，法律出版社，2011，第155页。
② 王泽鉴：《侵权行为》，北京大学出版社，2009，第401~402页。

认自甘冒险的独立抗辩事由地位大体相当，但需要对其他制度作新的解释，才能获得相对确定的法律适用指引。以派生型默示自甘冒险为例，即使被过失相抵制度吸收，在立法上也应将其作为过失相抵的一种形态，在受害人过错的概念上吸收对自身利益的疏忽，以及对已经预见到加害人可能有未尽注意义务情形的漠视等，于法律适用才更为便捷。非如此，一遇到减轻赔偿责任的问题就适用过失相抵，可能会带来对法律确定性、安定性的伤害。因此，立法上以类型化为手段多找出些确定的抗辩事由才更为妥当，期待着未来的民法典能够有所作为！

（作者简介：李超，天津市高级人民法院法官）

强制执行程序被执行人夫妻共同债务的推定及其救济

刘文勇

目　次

一　问题的提出

关于债权人能否在执行程序中追加被执行人配偶为被执行人的问题，最高人民法院在最新两则案例的裁判上存在分歧。在最高人民法院（2015）执复字第 3 号吴思琳、王光与林荣达合同纠纷、申请承认与执行法院判决、仲裁裁决案件执行案中，法院裁定驳回了申请复议人吴思琳的复议请求。法院依照《最高人民法院关于适用〈中华人民共和国婚姻法〉解释二》（简称《婚姻法解释二》）第 24 条的规定，认定吴思琳应当对婚姻关系存续期间林荣达个人债务承担清偿责任的结论具有事实和法律根据，在执行程序中能够追加被执行人配偶吴思琳为本案被执行人。①

---

① 参见吴思琳、王光与林荣达合同纠纷、申请承认与执行法院判决、仲裁裁决案件裁定书，中国裁判文书网，http://www.court.gov.cn/wenshu.html，2016 年 11 月 2 日访问。

而在最高人民法院（2015）执申字第 111 号上海瑞新恒捷投资有限公司申请执行监督案中，法院裁定驳回了上海瑞新恒捷投资有限公司（简称上海瑞新）的申诉请求。法院认为在执行程序中追加被执行人，意味着直接通过执行程序确定由生效法律文书列明的被执行人以外的人承担实体责任，对各方当事人的实体和程序权利将产生极大影响。因此，追加被执行人必须遵循法定主义原则，即应当限于法律和司法解释明确规定的追加范围，既不能超出法定情形进行追加，也不能直接引用有关实体裁判规则进行追加。从现行法律和司法解释的规定看，并无关于在执行程序中可以追加被执行人配偶或原配偶为共同被执行人的规定，申请执行人上海瑞新根据婚姻法及婚姻法司法解释等实体裁判规则，以王宝军前妻吴金霞应当承担其二人婚姻关系存续期间之共同债务为由，申请追加吴金霞为被执行人的请求应予驳回。法院同时表明，驳回上海瑞新的追加请求，并非对王宝军所负债务是否属于夫妻共同债务或者吴金霞是否应承担该项债务进行认定，上海瑞新仍可以通过其他法定程序进行救济。①

类似的案情，最高人民法院却依据不同的理由做出了截然不同的裁判，并且对作为裁判基础的《婚姻法解释二》第 24 条②的理解也不尽相同，同案不同判不仅造成了法律适用的不统一，损害了司法的公信力，而且也未能充分保障和平衡各方当事人的合法权益。因此，笔者认为，在夫妻债务性质的认定与强制执行程序的关联上，有以下问题值得探讨。在进入强制执行程序后，债权人主张该债务为夫妻共同债务进而要求追加被执行人配偶，执行机关能否进行审查并作出相应的追加或者不予追加的裁定？执行机关对夫妻共同债务进行推定的正当性基础何在？当事人对执行机关的裁定不服有何后续的救济方式？解决这些问题是本文的出发点和着力点。笔者认为，执行机关可以对债务的性质作出初步的认定并裁定是否

---

① 参见上海瑞新恒捷投资有限公司申请执行监督案裁定书，中国裁判文书网，http://www.court.gov.cn/wenshu.html，2016 年 11 月 2 日访问。

② 根据《婚姻法解释二》的补充规定，其在第 24 条新增两款，分别规定：夫妻一方与第三人串通，虚构债务，第三人主张权利的，人民法院不予支持；夫妻一方在从事赌博、吸毒等违法犯罪活动中所负债务，第三人主张权利的，人民法院不予支持。笔者认为，补充规定重在强调虚假和非法的债务不受保护，没有改变夫妻共同债务的推定规则。

追加非举债一方配偶为被执行人，其具备实体法上和程序法上的正当性基础。同时，在后续的救济途径中，赋予当事人不服执行机关裁定的异议之诉的权利，既能够提升执行效率，又能彰显程序公正。此外，笔者也认可债权人通过提起共同诉讼的方式取得夫妻共同债务的执行依据或者通过另行提起确认夫妻共同债务之诉的方式获得对被执行人配偶的执行依据。

二 执行程序中夫妻共同债务推定的正当性基础

所谓夫妻共同债务，是指在婚姻关系存续期间，夫妻双方或一方为维持共同生活的需要或出于为共同生活的目的从事经营活动所引起的债务。[①]《婚姻法解释二》第 24 条规定："债权人就婚姻关系存续期间夫妻一方以个人名义所负债务主张权利的，应当按夫妻共同债务处理。但夫妻一方能够证明债权人与债务人明确约定为个人债务，或者能够证明属于婚姻法第十九条第三款规定情形的除外。"[②] 根据此条规定，对于在婚姻关系存续期间夫妻一方以个人名义所负的债务，司法解释采取了推定其为夫妻共同债务的做法，推定的基础事实为以夫妻一方名义所负的债务发生在婚姻关系存续期间，推定事实为该债务属于夫妻共同债务。对于夫妻共同债务，法律规定其由夫妻承担连带清偿责任即以夫妻共同财产和个人财产作为该债务的责任财产。[③]

通过审判程序还是执行程序认定被执行人所负债务的性质以及能否在执行程序中追加债务人的配偶为被执行人进而执行夫妻共同财产和个人财

---

① 马原：《新婚姻法条文释义》，人民法院出版社，2002，第 309 页。

② 《婚姻法》第 19 条第 3 款规定："夫妻对婚姻关系存续期间所得的财产约定归各自所有的，夫或妻一方对外所负的债务，第三人知道该约定的，以夫或妻一方所有的财产清偿。"

③ 《婚姻法》第 41 条规定："离婚时，原为夫妻共同生活所负的债务，应当共同偿还。"《婚姻法解释二》第 25 条规定："当事人的离婚协议或者人民法院的判决书、裁定书、调解书已经对夫妻财产分割问题作出处理的，债权人仍有权就夫妻共同债务向男女双方主张权利。一方就共同债务承担连带清偿责任后，基于离婚协议或者人民法院的法律文书向另一方主张追偿的，人民法院应当支持。"第 26 条规定："夫或妻一方死亡的，生存一方应当对婚姻关系存续期间的共同债务承担连带清偿责任。"根据前述规定，无论夫妻是否离婚、死亡，债权人均有权利要求夫妻双方就其共同债务承担连带清偿责任。

产，无论是在理论界还是在司法实务界都是颇具争议的问题。笔者认为，可以通过强制执行程序及之后相应的救济程序认定被执行人所负债务的性质并进而追加其配偶为被执行人。认可执行程序中执行机关对以夫妻一方名义所负债务的性质进行初步的认定并决定是否追加被执行人配偶，其基础在于我国《婚姻法解释二》第 24 条所确立的夫妻共同债务推定规则。而在强制执行程序中推定夫妻共同债务的正当性基础，可以从实体法和程序法两方面展开。

（一）实体法上的正当性基础

"与既判力扩张较重视程序因素者不同，执行力之扩张必须重视与实体法秩序调和。"[①] 将执行力扩张至执行依据之外的被执行人配偶首先必须具备实体法上的基础。在被执行人执行力主观范围的扩张方面，须具备被扩张之人与被执行人具有实体权利义务关系的依存性、实体权利义务归属的一致性或者是权利人对该被扩张之人享有权利的高度盖然性等。[②] 就执行程序中追加被执行人配偶而言，其实体法上的正当性基础在于被执行人配偶与被执行人实体权利义务归属的一致性和申请执行人对被执行人配偶享有权利的高度盖然性这两方面。

1. 被执行人配偶与被执行人实体权利义务归属的一致性

笔者认为，在夫妻权利和义务领域，所谓的实体权利义务归属的一致性是指夫妻权利义务的归属在绝大部分情形下是一致的，包括财产上和债务上归属的一致性。我国现行所采用的夫妻法定财产制为婚后所得共同制，在这种制度下，夫妻一方收入均纳入夫妻共同财产之中，因此以夫妻一方名义所负债务推定为夫妻共同债务具有正当性，符合权利义务相统一的原则，符合我国当前夫妻既是生活共同体，又是财产共同体的基本现实。将夫妻单方举债推定为"为夫妻共同生活所负"的基础在于，夫妻双方在生活上和财产上的密切联系。具体而言，包括以下两个方面。第一，

---

① 许士宦：《执行力扩张与不动产执行》，学林文化事业有限公司，2003，第 43 页。
② 参见肖建国、刘文勇《论执行力主观范围的扩张及其正当性基础》，《法学论坛》2016年第 4 期。

夫妻形成了生活共同体，在正常情况下，夫妻一方的对外交易行为大多数出于维持、巩固或增进共同体的目的。因此，将夫妻单方举债推定为夫妻共同债务的观点符合夫妻共同体这一社会最小单元的基本功能定位，有利于双方以平等互助之资格，合作而维持"夫妻共同体制"。[1] 第二，夫妻关系也形成了财产共同体，我国绝大多数夫妻采用的是法定的婚后所得共同制，这个财产共同体的吸附力极强，无论是一方还是双方的婚后所得，只要不属于法定个人所有的财产，都被吸附进了共同财产范围。而对外负债通常系特定所得之对价，这就意味着，作为婚后债务对价的所得往往被加进了夫妻共同财产中。[2] 这从另一方面来说，将夫妻单方举债推定为夫妻共同债务，与社会的一般公平理念相符合。

此外，由于我国对婚后所得共同制中的夫妻共同财产采取的是"物权方案"，采取的是直接手段或者物权手段，即将夫妻一方的部分财产直接移转给夫妻另一方，让后者成为财产的共同共有人。[3] 如此一来，在婚姻关系存续期间，即使是登记在夫妻一方名义下的不动产或者由夫妻一方所占有的动产，其绝大部分也是夫妻共同财产，与此相适应的是以夫妻一方名义所负的债务，也应归入夫妻共同债务之中。

2. 申请执行人对被执行人配偶享有权利的高度盖然性

"无执行名义所为之执行，系属无效。"[4] 在执行程序中，法院通过裁定追加第三人为被执行人实际上成了对该第三人执行的执行依据。在执行程序中直接将第三人变更为执行当事人而不是由第三人另行提起诉讼确定被执行人或者由申请执行人另行提起诉讼对第三人取得执行依据，其后再根据执行依据申请执行，其实质上就是借用或者转用了申请执行人对被执行人所取得的执行依据，直接在已有的执行程序中为第三人或者对第三人

---

① 参见史尚宽《亲属法论》，中国政法大学出版社，2000 年版，第 289 页。

② 参见李红玲《论夫妻单方举债的定性规则——析〈婚姻法解释（二）〉第 24 条》，《政治与法律》2010 年第 2 期。

③ 参见贺剑《论婚姻法回归民法的基本思路：以法定夫妻财产制为重点》，《中外法学》2014 年第 6 期。

④ 张登科：《强制执行法》，三民书局有限公司，2004，第 33 页。

进行强制执行。① 而执行依据是以高度盖然性证明应以强制执行实现的权利存在的公文书。② 因此，在执行程序中追加被执行人配偶为被执行人需要满足申请执行人对被执行人配偶享有权利的高度盖然性这一条件，否则不具备追加的正当性基础。根据《最高人民法院关于适用〈中华人民共和国民事诉讼法〉的解释》（以下简称《民诉法解释》）第 93 条第 3 项的规定，法律上推定的事实属于免证事项，而《婚姻法解释二》第 24 条的夫妻共同债务推定规则即属于法律上的事实推定。③

所谓法律上的事实推定是指法律规定以某一事实的存在为基础，据以认定待证事实存在的推定。④ 推定的基础是经验法则。所谓经验法则，系只由一般生活经验归纳得出的关于事物的因果关系或性质状态的知识或法则。⑤ 休谟认为，事物之间的因果关系并非归之于某种先验的知识，而是归于经验，即因果关系之被发现不是凭借抽象的理性，乃是凭借具体的经验。⑥ 在人们生活经验上，通常有依据某一个已经存在或者可以确信的事实，基于直接经验而判断另一事实存否的心理过程，不断累积如此判断的经验，人们自然会归纳出判断这种事实的具体法则，即该法则如以甲事实作为前提事实，通常可推认作为推定事实的乙事实的命题出现，即所谓推定。⑦ 也就是说，之所以能够由一事实推定出另一事实，是因为其之间具有高度的盖然性。而上升到法律上的推定，其盖然性程度则往往更高。⑧

与在审判程序中处理被执行人所涉债务性质的法律依据——《婚姻法解释二》第 24 条相同，执行机关追加被执行人配偶也以该条为法律依据。该条关于夫妻共同债务的推定属于法律上的事实推定。笔者认为，《婚姻法解释二》第 24 条的规定固然属于裁判规则，但是该条规定并非只属于

---

① 参见许士宦《执行力扩张与不动产执行》，学林文化事业有限公司，2003，第 29 页。

② 〔日〕竹下守夫：《日本民事执行制度概况》，白绿铉译，《人民司法》2001 年第 6 期。

③ 对于《婚姻法解释二》第 24 条推定规则的合理性问题，将在下文具体展开论述。

④ 毕玉谦：《民事证明责任研究》，法律出版社，2007，第 430 页。

⑤ 江伟：《证据法学》，法律出版社，1999，第 139 页。

⑥ 〔英〕休谟：《人类理解研究》，周晓亮等译，山东人民出版社，1992，第 26 页。

⑦ 吕太郎：《民事诉讼之基本理论》（一），中国政法大学出版社，2003，第 346 页。

⑧ 当然，笔者也不否认制定该条推定规则所具有的减轻债权人举证困难等考虑，但是高度盖然性是该条推定规则的基础。

裁判规则,其同时也可以具有执行规则的性质。因为该条规定所确立的规则属于法律上的推定。而作为法律上的推定,该规则具有很高的盖然性,执行机关可以依据该条规则对被执行人所涉债务的性质作出初步的和暂时的认定。综上所述,《婚姻法解释二》第 24 条的规定兼具裁判规则和执行规则的性质。在执行程序中,执行机关可以依据《婚姻法解释二》第 24 条先行审查被执行人所涉债务的性质,从而作出追加或者不予追加被执行人配偶的裁定。

(二) 程序法上的正当性基础

通过执行程序追加被执行人配偶,不仅在实体法上具有充分的正当性基础,其在程序法上也具有相应的正当性,包括执行效益和执行公正两方面。程序法上的正当性基础首先体现在执行效益方面,至于其所存在的执行公正问题则可通过后续的救济程序进行补足。所谓执行效益是指及时、经济地实现申请执行人的债权。执行债权人获得具有执行力的生效法律文书后,就产生了通过强制执行程序实现执行名义中确定的实体权利的期待利益,对这种依照法定程序获得的执行名义,法院也有义务确保其中载明的实体权利得以实现,并且其权利的实现必须是迅速和经济的。①

在执行效益方面,通过执行程序追加被执行人配偶有利于及时、经济地实现债权,保障执行债权人的利益。正如许仕宦教授所说:"在执行程序中通过执行当事人的变更,尤其是被执行人的变更能够最大限度地实现申请执行人的债权,有利于保护申请执行人的程序利益和维持诉讼经济。"②

笔者认为,通过执行程序追加被执行人配偶的执行效益体现在以下几个方面。

第一,相对于债权人提起夫妻共同债务给付之诉或者另提夫妻共同债务确认之诉的方式,对执行机关作出是否追加被执行人的裁定,当事人对

---

① 肖建国、刘文勇:《论执行力主观范围的扩张及其正当性基础》,《法学论坛》2016 年第 4 期。

② 参见许士宦《执行力客观范围扩张之法律构造:兼论其与既判力客观范围之异同》,《台湾大学法学论丛》2009 年第 1 期。

执行机关的裁定有异议时才会寻求后续的救济。如此一来，在当事人对执行机关的裁定无异议时，只通过执行裁定程序即解决了是否追加被执行人配偶的问题，避免了先行夫妻共同债务给付之诉或者后行夫妻共同债务确认之诉等复杂的诉讼程序。

第二，相对于债权人另提夫妻共同债务确认之诉的方式，由于申请执行人另行提起确认之诉，与正在进行的执行程序产生交叉，此时债权人若要申请执行机关对被执行人配偶的财产进行保全，其没有充分的法律依据，除非其提供相应的担保。如果申请执行人不提供相应的担保，那么在确认之诉期间，就会存在被执行人及其配偶转移、隐匿财产等逃避执行的风险。而在通过执行程序由执行机关裁定是否追加被执行人配偶期间或者之前，申请执行人可以依照民事诉讼法的规定向执行机关申请财产保全，降低对方当事人在诉讼期间转移、隐匿等逃避财产执行的风险，有效保障自身的合法权益。

第三，先行诉讼还是后发诉讼会变换债权人和被执行人配偶的攻防形势，而在执行程序追加被执行人配偶对申请债权人是有利的。一般情形下，在执行程序中首先将符合条件的被执行人配偶裁定追加为被执行人能够使申请执行人处于有利地位，此时如果被执行人不服则只能通过后续的程序进行争议，而寻求后续的救济就需要考虑成本等各方面情形。在执行程序中依符合民事实体法规定的第三人变更将本应由执行依据所确定的债权人对第三人提起的诉讼转变为由第三人对执行依据所确定的债权人提起的诉讼，对于确需承担民事实体义务的第三人而言，在先有变更裁定的情况下其所处的地位远较申请执行人不利，有利于其审慎地决定是否提起诉讼。[1]

三　执行程序中夫妻共同债务推定的适用条件和程序

执行程序中夫妻共同债务推定的适用需满足一定的条件和遵循相应的

---

[1]　金殿军：《民事执行机制研究》，复旦大学博士学位论文，2010，第 146 页。

程序。在适用条件方面，首先应有生效裁判文书确认以夫妻一方名义所负的债务，并且该债务是否属于夫妻共同债务性质不明，其次主要涉及对《婚姻法解释二》第24条的理解，这是适用夫妻共同债务推定规则的关键。在适用程序方面，笔者认为，追加被执行人配偶的程序大体上应当遵循《最高人民法院关于民事执行中变更、追加当事人若干问题的规定》（以下简称《变更、追加规定》）的相关规定。

（一）适用条件——《婚姻法解释二》第24条的理解

1. 目的与体系解释

针对《婚姻法解释二》第24条的规定，不少观点认为该夫妻共同债务的推定规则存在过度保护债权人权益而忽视被执行人配偶一方权益的问题。笔者认为，该条的规定看似简单，实际上蕴含着丰富的内涵，也较好地平衡了债权人与被执行人配偶一方的权益。这可以从我国婚姻法及其司法解释的相应规定方面展开分析。

根据我国《婚姻法》第41条的规定："离婚时，原为夫妻共同生活所负的债务，应当共同偿还。共同财产不足清偿的，或财产归各自所有的，由双方协议清偿；协议不成时，由人民法院判决。"该条对夫妻共同债务的内涵作出了界定，即夫妻共同债务为"夫妻共同生活所负债务"，反之非夫妻共同生活所负债务均为夫妻一方个人债务，无论是明确约定为夫妻的个人债务抑或是以一方名义所负的债务。所谓的夫妻共同债务，是指在婚姻关系存续期间，夫妻双方或一方为维持共同生活的需要或出于为共同生活的目的从事经营活动所引起的债务。[①] 一般认为确认婚姻关系存续期间的债务属于夫妻个人债务还是夫妻共同债务，应考虑两个标准：一是夫妻有无共同举债的合意，如果夫妻有共同举债的合意，则不论该债务所带来的利益是否为夫妻共享，该债务均为夫妻共同债务；二是夫妻是否分享了债务所带来的利益，尽管夫妻事先或者事后均没有共同举债的合意，但该债务发生后，夫妻双方共同分享了该债务所带来的利益，该债务

---

① 马原：《新婚姻法条文释义》，人民法院出版社，2002，第309页。

为夫妻共同债务。① 笔者认为，前一种情形属于约定夫妻共同债务，后一种情形属于法定夫妻共同债务，在我国的实际生活中，绝大多数夫妻共同债务为法定夫妻共同债务。概言之，就是夫妻共同债务的本质是夫妻共同生活所负的债务，非因共同生活举债的债务，除了夫妻有共同举债的合意和行为外，均属于夫妻个人债务。正如《上海市高级人民法院关于审理民间借贷合同纠纷案件若干意见》第 3 条的规定："如果一方有证据，证据足以证明夫妻双方没有共同举债的合意和该债务没有用于夫妻共同生活，则该债务可以认定为夫妻一方的个人债务。"

笔者认为，与夫妻共同债务分为法定夫妻共同债务和约定夫妻共同债务相同，夫妻个人债务也可以分为法定个人债务和约定个人债务。我国《婚姻法解释二》第 23 条规定："债权人就一方婚前所负个人债务向债务人的配偶主张权利的，人民法院不予支持。但债权人能够证明所负债务用于婚后家庭共同生活的除外。" 对该条规定分析可知，对婚前个人所负债务，债权人能够举证证明该债务用于婚后生活的，该债务应认定为夫妻共同债务。按照体系解释，婚后以夫妻个人名义所负债务，被执行人配偶能够证明该债务未用于夫妻共同生活的则应当认定为夫妻一方债务。② 因此，结合《婚姻法》第 41 条关于以用途界定夫妻共同债务与夫妻个人债务的规定，笔者认为，夫妻个人债务应当包括法定个人债务和约定个人债务。所谓夫妻法定个人债务是非夫妻共同生活所负债务，而夫妻约定个人债务则为债权人与一方约定的个人债务。《婚姻法解释二》第 24 条所规定的两项例外均属于夫妻约定个人债务，"债权人与债务人明确约定为个人债务"

---

① 参见蒋月《夫妻的权利于义务》，法律出版社，2001，第 206 页。

② 当然，哪些债务属于夫妻共同债务，哪些债务属于夫妻个人债务，仍需要进一步加以分析。具体可以参见《最高人民法院关于人民法院审理离婚案件处理财产分割问题的若干具体意见》第 17 条的规定。对此进行探讨的可以参见杜江涌《审判实务视角下夫妻共同债务制度研究》，载夏吟兰等主编《婚姻家庭法前沿——聚焦司法解释》，社会科学文献出版社，2010，第 108 页；贺剑《论婚姻法回归民法的基本思路：以法定夫妻财产制为重点》，《中外法学》2014 年第 6 期；姜大伟《我国夫妻共同债务认定规则的反思与重构》，《西南政法大学学报》2013 年第 4 期；张驰、翟冠慧《我国夫妻共同债务的界定与清偿论》，《政治与法律》2012 年第 6 期；夏吟兰《我国夫妻共同债务推定规则之检讨》，《西南政法大学学报》2011 年第 1 期等。

的为明示约定个人债务；"夫妻对婚姻关系存续期间所得的财产约定归各自所有的，夫或妻一方对外所负的债务，第三人知道该约定的"为默示约定个人债务。也就是说《婚姻法解释二》第 24 条所规定的例外情形只是约定个人债务，如果被执行人配偶能够证明以夫妻一方名义所负的债务为法定个人债务——非因夫妻共同生活所负债务，自然能够推翻夫妻共同债务推定规则，此时法院在执行程序或者诉讼程序中应认定该债务为夫妻个人债务。因此，该条规定对债权人与债务人配偶的保护并没有失衡，也不存在法律上的漏洞。认为"《婚姻法解释二》第 24 条存在最大的问题是过于保护债权人利益，明显不利于保护配偶一方的利益，因为它无法防范配偶一方伪造债务，特别是与第三人恶意串通债务。夫妻另一方若要推翻共同债务的规定，必须举证证明第 24 条所规定的两种情形中的一种"的观点①，不能不说是机械适用《婚姻法解释二》第 24 条的结果。

夫妻共同债务推定规则的例外并不仅限于约定个人债务，更多的是该债务没有用于夫妻共同生活这种法定个人债务的情形。《婚姻法解释二》第 24 条的例外只规定了约定个人债务，除了约定个人债务外，更多的是法定个人债务，在被执行人能够证明该债务为法定个人债务的情形下，也能推翻夫妻共同债务的推定，此时应认为属于个人债务。例如最高人民法院民一庭《关于婚姻关系存续期间夫妻一方以个人名义所负债务性质如何认定的答复》中认为："在不涉及他人的离婚案件中，由以个人名义举债的配偶一方负责举证证明所借债务用于夫妻共同生活，如证据不足，则其配偶一方不承担偿还责任。在债权人以夫妻一方为被告起诉的债务纠纷中，对于案涉债务是否属于夫妻共同债务，应当按照《最高人民法院关于适用〈中华人民共和国婚姻法〉若干问题的解释（二）》第二十四条规定认定。如果举债人的配偶举证证明所借债务并非用于夫妻共同生活，则其不承担偿还责任。"《最高人民法院第八次全国法院民事商事审判工作会议纪要（征求意见稿）》第 9 条第 2 款也规定了："债权人以夫妻一方为被告

---

① 裴桦、刘接昌：《论夫妻一方所负债务对债权人的效力》，载夏吟兰等主编《婚姻家庭法前沿——聚焦司法解释》，社会科学文献出版社，2010，第 117 页。

起诉的债务纠纷案件中，对于案涉债务是否属于夫妻共同债务，应当按照婚姻法司法解释（二）第二十四条规定认定。如果举债人的配偶举证证明所借债务并非用于夫妻共同生活，则其不承担偿还责任。"在审判程序或者执行程序中，如果被执行人配偶能够证明该债务没有用于共同生活，则该债务不属于夫妻共同债务，而应属于夫妻个人债务。

另外，针对约定个人债务，有观点认为，"债权人与债务人明确约定为个人债务"的情形很少，而"夫妻财产约定归各自所有，第三人知道该约定"的情形也非常少见，作为被执行人的配偶很难证明从而推翻夫妻共同债务推定，认为该条规定存在过度保护债权人利益而不利于保护债务人利益的问题。① 这其实是有意识到法律上的推定本来就是建立在极高的盖然性之上，如果例外情形很多，那么该推定就不具有正当性基础。② 在司法实践中，有的法官总结道："凡适用第 24 条处理夫妻债务的，鲜有债务人配偶免除责任的判例，以至于'不少法官甚至尽可能避开第 24 条的规定判决，以求实质正义。'"③ 一般而言，要证明存在明确约定为个人的债务，应有关于个人债务的书面约定。而要证明债权人知道夫妻双方实行约定分别财产制，可以考虑以下因素：一是夫妻双方是否有约定财产制的事实，如婚姻登记机关的记载、书面约定以及经过公证的协议等；二是与债权人及夫妻双方无利害关系人的证言；三是债权人与夫妻一方债权文书中的相关记载等。④

综上所述，对我国婚姻法及其司法解释相关规定进行目的解释、体系解释，可以得出《婚姻法解释二》第 24 条的规定具有合理性的结论。

2.《婚姻法解释二》第 24 条的主张责任与证明责任的分担

《婚姻法解释二》第 24 条的规定还可以从当事人的主张责任和证明责

---

① 参见裴桦、刘接昌《论夫妻一方所负债务对债权人的效力》，载夏吟兰等主编《婚姻家庭法前沿——聚焦司法解释》，社会科学文献出版社，2010，第 118 页。

② 例如在以分别财产制为夫妻法定财产制的国家或地区中，以夫妻一方名义所负债务被认为是个人债务。

③ 唐雨虹：《夫妻共同债务推定规则的缺陷及其重构》，《行政与法》2008 年第 7 期。

④ 参见最高人民法院民事审判第一庭编著《最高人民法院婚姻法司法解释（二）的理解与适用》，人民法院出版社，2015，第 266 页。

任两方面进行阐释。首先，债权人一方需承担主张该债务为夫妻共同债务的主张责任。主张责任是指如果当事人不提出有利于己的主要事实，就会因法院不适用与该事实相对应的法律而导致自己承受不利的裁判的不利益或危险。[①] 因此，债权人应当对如下事实进行主张：第一，生效裁判文书确定夫妻一方承担债务；第二，债务发生在婚姻关系存续期间；第三，该债务是夫妻共同合意所负或者是为夫妻共同生活所负。

其次，在证明责任方面，如果不存在夫妻共同推定的规则，那么按照《民诉法解释》第 91 条规定的"主张法律关系存在的当事人，应当对产生该法律关系的基本事实承担举证证明责任"，债权人均应对自己主张的事实承担证明责任。因为存在夫妻共同推定规则，而该推定属于法律上的事实推定，此时，债权人主张事实的一部分就发生了证明责任上的转移。申请执行人承担的证明责任主要是"该债务产生于夫妻婚姻关系存续期间"这个事实。[②] 而对于该债务不是夫妻共同合意所负或者不是夫妻共同生活所负的事实则由被执行人配偶一方承担证明责任。当然，对要件事实承担证明责任的当事人有权选择证明对象，其可以选择适用推定规则证明能够推出要件事实的基础事实，也可以选择对难以证明的要件事实进行直接证明。[③] "是否利用推定的决定权在于当事人。"[④] 也就是说，债权人也可以选择直接证明该债务是夫妻共同合意所负或者是为夫妻共同生活所负这个推定事实。如果基础事实或者推定事实得到了证明，那么作为被执行人配偶的应对方式可以是对基础事实进行反驳或者是推翻推定事实。对基础事实的反驳只需要动摇法官的心证，使该事实陷入真伪不明即可，属于反证，例如证明该债务并非产生于夫妻婚姻关系存续期间或者该债务是否

---

① 〔日〕高桥宏志：《民事诉讼法——制度与理论的深层分析》，林剑锋译，法律出版社，2003，第 431 页。

② 因为该债务的真实合法性已为生效法律文书所确认，所以申请执行人主要证明的是该债务产生于夫妻婚姻关系存续期间这个事实，而该债务是虚假或者非法的证明责任则由被执行人配偶一方承担。

③ 张海燕：《民事推定法律效果之再思考——以当事人诉讼权利的变动为视角》，《法学家》2014 年第 5 期。

④ 〔日〕高桥宏志：《民事诉讼法——制度与理论的深层分析》，林剑锋译，法律出版社，2003，第 458 页。

产生于夫妻关系存续期间真伪不明。推翻推定事实的程度需达到高度盖然性，该证明属于本证，被执行人配偶需要举证证明该债务属于法定个人债务或者是约定个人债务。

此外，鉴于我国以夫妻一方名义所借债务绝大部分都为夫妻共同债务的情形，《婚姻法解释二》第 24 条的推定规则具有合理性，同时证成了申请执行人对被执行人配偶享有权利的高度盖然性。

（二）适用程序

在追加被执行人配偶的适用程序方面，应遵循以下步骤。首先，应当由申请人向执行机关申请追加被执行人配偶为被执行人。申请执行人应向执行机关提交书面申请及相关证据材料，包括被执行人承担债务的生效裁判文书、被执行人与申请被追加的第三人为夫妻关系、债务发生于夫妻关系存续期间等。其次，执行机关的审查程序，根据《变更、追加规定》第 28 条第 2 款的规定："除事实清楚、权利义务关系明确、争议不大的案件外，执行法院应当组成合议庭审查并公开听证。经审查，理由成立的，裁定变更、追加；理由不成立的，裁定驳回。"也就是说，执行机关根据申请执行人的材料和被申请追加人是否存在较大争议，决定是否组成合议庭进行审查并采用听证程序。对于不公开听证的案件，执行机关进行形式审查作出相应裁定即可。而对于公开听证的案件，执行机关则应进行实质审查方可作出相应的裁定。最后，执行机关应在一定期限内作出裁定，有特殊情况需要延长的应当经过院长批准。

此外，在执行机关对申请执行人申请追加被执行人配偶的审查期间或者之前，申请执行人向执行机关申请财产保全的，执行机关应当参照民事诉讼法关于诉讼中财产保全和诉前财产保全的相关规定，以保障申请执行人在后续程序中的权益。

四　不服执行机关裁定的救济

在执行机关作出追加或者不予追加被执行人配偶的裁定后，必须赋予当事人不服该裁定的救济途径，才能补足上文所提及的程序法方面的正当性。就我国当前的制度而言，当事人后续的救济途径或者方式主要有三种。

第一种方式是执行复议程序。此种方式是指在执行过程中，申请执行人以被执行人所负债务为夫妻共同债务为由申请追加被执行人的，执行机关通过审查作出是否追加的裁定后，不服该裁定的当事人可以向上一级执行机关申请复议。

第二种方式是执行案外人申请再审之诉的方式。例如杜万华法官认为："执行过程中，被追加为被执行人的夫妻一方认为不能执行自己的财产，有权依法提出追加的异议；如果该执行追加被驳回，被追加为被执行人的夫妻一方认为执行依据有错误，有权依法提起案外人申请再审之诉；对此再审申请，人民法院应当立案审查，鉴于夫妻一方没有参加原审诉讼，法院可以提审或者指令再审；进入再审后，鉴于原审诉讼遗漏当事人，人民法院可以依法撤销原审判决，发回重审。"①

第三种方式是异议之诉的方式，包括申请执行人许可执行之诉和被执行人不适格异议之诉。在申请执行人不服执行机关的裁定时，申请执行人提起的异议之诉为申请执行人（债权人）许可执行之诉；在被执行人配偶不服执行机关的裁定时，被执行人提起的异议之诉为被执行人（债务人）不适格异议之诉。② 所谓的申请执行人许可执行之诉，是指在执行过程中，执行申请人向法院申请对执行依据效力所及之人施以执行时，或执行依据效力所及之人（如申请执行人的继受人）向法院申请对被执行人亦可施以执行时，法院裁定驳回后，执行申请人对被执行人所提起之请求许可强制执行之诉。③ 许可执行之诉在性质上属于确认之诉，其在于确认原告对于被告就执行依据所载之请求权存在，原告可以依据该执行依据对被告强制

---

① 参见《人民法院报》2016 年 3 月 3 日，第 01 版。

② 参见谭秋桂《论民事执行当事人变化的程序构建》，《法学家》2011 年第 2 期。同时我国台湾地区"强制执行法"第 14 条之 1 也规定："债务人对于债权人依第四条之二规定申请强制执行，如主张非执行名义效力所及者，得于强制执行程序终结前，向执行法院对债权人提起异议之诉。债权人依第四条之二规定申请强制执行经执行法院裁定驳回者，得于裁定送达十日之不变期间内，向执行法院对债务人提起许可执行之诉。"

③ 参见陈娴灵《许可执行之诉：强制执行程序中当事人适格之救济》，《法学评论》2012 年第 6 期。

执行。本诉的原告为申请执行人，被告为被申请强制执行人的配偶，由执行法院专属管辖。债权人于本诉讼的胜诉确定判决后，得以提出本诉讼之确定判决与原执行名义，对债务人申请强制执行，此时债务人不得再争执其非执行名义效力所及之人，也不得再提起当事人不适格异议之诉。① 此时，债权人许可执行之诉的原告为申请执行人，被告为被申请强制执行人的配偶。所谓的债务人不适格异议之诉是指债权人的申请得到法院认可，而债务人对此有异议，债务人可以提起反对许可执行的异议之诉。② 因为债务人不适格异议之诉系债务人主张其非适格当事人，以排除执行依据对债务人的执行力，因此，本诉讼在性质上应属于形成之诉。③ 此时，债务人不适格异议之诉的原告为被申请强制执行人的配偶，被告为申请执行人。

就第一种救济方式而言，执行异议复议程序虽然有利于执行工作及时、经济地进行，更快地实现债权人的债权，但是该种方式所存在的明显问题是不利于保障被执行人配偶的权利，在程序上对当事人是不公正的，无法补足在此之前的程序的正当性。在涉及债务是不是夫妻共同债务，能否执行被执行人的财产存在争议时，该争议属于民事实体权利义务争议，应当通过审判程序进行最终的处理，不宜将执行复议程序作为最终解决方式，否则违反了审执分立和司法最终解决原则。

就第二种救济方式而言，其存在解释上的困难，也存在矛盾之处。理由如下：一是原裁判仅就债权人与债务人之间的纠纷作出裁判，与该债务是否属于夫妻共同债务是两个问题、两个诉讼标的，在原审并没有对夫妻共同债务作出认定的情形下，并不存在执行依据错误的问题，被执行人配偶不能仅因为自己被追加为被执行人而提起案外人申请再审之诉；二是即使案外人可以提起案外人申请再审之诉，其又认为原审诉讼遗漏当事人，遗漏当事人就是认为该诉讼属于必要共同诉讼，债权人应当在原审中以夫妻双方为必要共同诉讼人起诉，此时就不是案外人申请再审之诉，而是当

---

① 陈计男：《强制执行法释论》，元照出版有限公司，2002，第 250 页。
② 参见陈娴灵《许可执行之诉——强制执行程序中当事人适格之救济》，《法学评论》2012 年第 6 期。
③ 参见肖建国《执行当事人变更与追加的救济制度研究——基于德、日、韩执行文制度的比较研究》，《法律适用》2013 年第 7 期。

事人申请再审之诉。若认为该诉讼属于必要共同诉讼，那么债权人必须起诉夫妻双方，在只起诉一方时，人民法院也必须追加另一方参加诉讼。因此，无论做何种解释，该种方式在逻辑上均存在问题。

就第三种救济方式而言，赋予不服裁定的当事人以异议之诉的方式寻求救济是合适的，具备充足的理由：其一，通过异议之诉的方式符合审执分立和司法最终解决原则，因为夫妻债务性质的争议属于实体问题的争议，应当通过诉讼程序进行最终确定；其二，异议之诉补足了执行追加程序无法关照的公平问题，尤其是程序上的公正，较好地平衡和保障了各方当事人的利益。

程序公正为当事人提供了充分的程序保障，其实体权利义务争议能够通过审判程序得到最终的解决。民事诉讼中的程序保障，是指在民事诉讼程序中，应当保障当事人双方作为对等的诉讼主体平等地参与诉讼程序，并能够充分地提出主张和证据。在诉讼过程中，当事人和法官均应当充分发挥能动性，共同主导程序的进行，确保各种权利主张能够充分提出，围绕权利主张所需要的各种证据能够充分展现。① 在程序公正方面，通过执行追加和异议之诉的方式能够对双方当事人提供充分的程序保障，程序不可谓不公正，尤其是对被执行人配偶的程序保障是充分的。由于追加和异议之诉的方式并不仅仅只是通过执行程序对被执行人所负债务的性质进行认定，当事人对执行机关的裁定有异议的仍然可以通过异议之诉的途径进行最终的认定，这样就没有违反审执分立和司法最终解决原则。

此外，笔者认为，通过执行追加和异议之诉的方式对被执行人配偶的程序保障并不比通过夫妻共同债务给付之诉方式和确认夫妻共同债务之诉的方式弱，甚至可以说其所提供的程序保障强于前述两种方式。这是因为执行追加和异议之诉的方式包括两次审查程序。一是执行机关的审查，并且以实质审查为原则。所谓实质审查，即由执行机关根据申请人的口头或书面申请，以及提供的相关证据材料，在通知被变更或追加的执行当事人程序参与的情况下，经由一定的言词辩论和质证，并且结合相关的职权调

---

① 参见陈桂明《程序公正与诉讼保障》，中国法制出版社，1996，第84页。

查，作出相应的裁定。① 二是异议之诉的审判机关对当事人之间实体权利义务的审理。因此，被执行人配偶可以参与两次程序，陈述自己的主张并提出相应的证据，这充分体现了其程序主体性的地位，对其程序保障是充分的。正如谷口安平先生所说："在民事诉讼中，一般是在给予参加程序的当事人以进行充分的攻击、防御机会这一意义上来研究程序保障问题的。"② 相对于其他两种方式对债务人配偶的保障属于事前的程序保障而言，异议之诉的方式大体可以认为是事后的程序保障，对当事人的程序保障，尤其是被执行人配偶的程序保障并没有减弱，只是时间先后有别而已。

正如波斯纳教授所言，程序公正主要表现在："其一，正义的第二种含义——也许是最普通的含义——是效率，通过实现程序效率即在一定程度上实现了程序公正。其二，正义并不仅仅具有效率的含义。"③ 通过执行追加和执行异议程序，既保障了程序上的公正，又在程序公正之下实现了执行的高效。

五 结论

在进入强制执行程序后，债权人主张该债务为夫妻共同债务进而要求追加被执行人配偶，因我国现行法上存在夫妻共同债务推定规则，执行机关有权对债务的性质作出初步的认定并裁定是否进行追加非举债一方配偶为被执行人，同时赋予当事人不服执行机关裁定时寻求异议之诉救济的方式，无论是在实体法上还是在程序法上均具备充分的正当性。具体来说，实体法上的正当性包括两个方面：第一，实体法上的被执行人配偶和被执行人实体利益归属的一致性；第二，债权人对被执行人享有权利的高度盖然性。程序法上的正当性也包括两个方面：第一，执行效益方面，通过执

---

① 肖建国：《执行当事人变更与追加的程序研究——基于德、日、韩执行文制度的比较研究》，《法律适用》2011 年第 9 期。

② 〔日〕谷口安平：《程序的正义与诉讼》，王亚新、刘荣军译，中国政法大学出版社，1996，第 61 页。

③ 参见〔美〕理查德·A. 波斯纳《法律的经济分析》，蒋兆康译，中国大百科全书出版社，1997，第 31～32 页。

行程序追加被执行人配偶有利于迅速、经济地实现债权人的债权；第二，程序公正方面，通过当事人不服执行裁定时后续的许可执行之诉和不适格异议之诉为当事人提供充分的程序保障。

通过强制执行程序中被执行人夫妻共同债务的推定规则解决被执行人所涉债务的性质以及追加被执行人配偶的问题，同时赋予当事人不服执行机关裁定时提起许可执行之诉和不适格异议之诉的权利，在制度体系上是符合逻辑的，并没有违反审执分立的原则，也有利于统一我国当前追加被执行人配偶的实践。此外，对于关涉本文主题的夫妻个人债务与夫妻共同债务区分的标准和认定，夫妻共同债务责任的承担方式以及在执行过程中如何认定夫妻共同财产以及个人财产等，也属于重要的问题，仍有进一步深入研究的必要。

（作者简介：刘文勇，中国人民大学 2016 级博士研究生）

论《破产法》第 132 条的权利保护策略

李磊明

目　次

引　言

劳动债权保护，是国际劳工法律保护的重大课题。难点之一是法律上如何安排权利冲突中利益对立的双方——劳动者和享有抵押担保的债权人。2007 年 6 月 1 日，破产法颁布施行，透过破产法第 132 条"新老划断"之法[①]，立法上对劳动债权采取放弃破产法保护的策略。这种将问题引向破产法保护以外途径的策略"大转向"，让人产生很大的疑虑。如今，破产法施行近 10 年，替代破产法提供保护的立法预设仍未建立，有关保护策略"大转向"的隐患亦未受重视，就此笔者阐述如下。

---

① 所谓"新老划断"，即破产法公布前形成的劳动债权优先于担保债权，公布之后新形成的劳动债权则不具有优先性。参见王欣新、杨涛《破产企业职工债权保障制度研究》，《法治研究》2013 年第 1 期，第 25 页。

一 保护策略"大转向"严重误解误读了
国内外法制

(一) 对国内外法制的认识

银行界主导的一份调查报告指出,"国际上的普遍经验是通过建立职工支付保障基金的形式来保护劳动者的权益,而不是采用劳动债权优先原则"。① 但事实果真如此吗?

1. 关于内部原因之政治经济形势

20 世纪 70 年代以来,西方国家面临结构性经济危机和低速发展的困扰。1970 ~ 1982 年,发生两次世界性经济危机。其间还发生 1973 ~ 1974 年以及 1978 ~ 1979 年两次石油危机。严峻的经济形势导致大量企业破产、严重的欠薪、失业率升高等社会问题。各国不得不采取措施加以应对,设立工资支付保障基金就是其中一招 (见表1)。

在亚洲,20 世纪 80 年代和 90 年代,"四小龙"中的中国台湾和韩国先后设立欠薪保障基金。1984 年 7 月 19 日,台湾当局颁布"劳基法",建立起"积欠工资保证基金"。颁布该文件之前的几年中,岛内局势不定,反对派人士蠢蠢欲动。1978 年底,在"中央民意代表"选举中,反对派人士成立了"台湾党外人士助选团",并以"十二大政治建设"作为参选的共同纲领。在"十二大政治建设"中,要求制定"劳动基准法"位列第八。1979 年,高雄爆发肇始于维护劳工权益的"美丽岛"事件。这些都对国民党带来重大挑战,当局需要借制定"劳基法"来转移社会矛盾。

在韩国,进入 20 世纪 90 年代,也出现了与西方诸国和中国台湾地区相类似的情况。当时受亚洲金融风暴影响,该国经济从 1997 年下半年起

---

① 中国人民银行研究局课题组:《中国信贷人权利的法律保护》,载中国人民银行研究局、世界银行集团外国投资咨询服务局、国际金融公司中国项目开发中心编《中国动产担保物权与信贷市场发展》,中信出版社,2006,第 187 页。

表 1   20 世纪 70 年代各国建立工资支付保障基金概况

国别	瑞典	丹麦①	芬兰	挪威	法国②	德国③	瑞士	英国④	意大利⑤	西班牙⑥	日本⑦	奥地利⑧
年份	1970	1972	1973	1973	1973	1974	1975	1975	1975	1976	1976	1977

急剧恶化，失业率由长期低于 3% 的超低水平陡升至 1998 年的 6.8%，失业人口在金融风暴前后增加了 100 万人。为此，政府于 1998 年制定工资债权保障法，设立雇主保障基金，由基金承担因企业破产而被解雇劳工在工资或资遣费有所损失时的支付。⑨

2. 关于外部原因之国内外经贸斗争

（1）欧盟的情况。对欧盟成员国而言，法制的趋同化是它们加入同盟，享受相互开放的共同市场时需要履行的国家责任。为此，各成员国在劳工保护问题上由 1970 年代基于国家主权各自立法转变为采取共同立场，这才有了 1980 年 10 月 20 日欧盟理事会在雇主破产情况下雇员保护的第

---

① 1972 年 1 月 22 日，丹麦与英国、爱尔兰、挪威成为欧共体会员国后仅三个月，执政的社民党政府即推动颁布法律（1972 年 4 月 13 日第 116 号法律），建立大多数欧共体国家都有的工资支付保障基金（The Employees' Guarantee Fund）。

② 1973 年 12 月 27 日法律规定了强制保险制度，也就是说，雇主必须就其因为破产而无法清偿工资所承担的风险向保险公司投保，以保险的方式为其雇工的工资支付提供可靠的担保。参见于海涌《法国工资优先权制度研究——兼论我国工资保护制度的完善》，《中山大学学报》（社会科学版）2006 年第 1 期，第 90 页。

③ 〔德〕汉欧力：《德国就业促进法概况》，《德国研究》1996 年第 4 期，第 11 页。

④ 1975 年，以威尔逊为首相的短暂的工党政府（1974 年 3 月至 1976 年）上台后，面对蔓延的罢工风潮，为了缓和异常尖锐的社会矛盾，出台 Employment Rights Act 1975 这部保护劳工的法律。

⑤ Legge 20 maggio 1975，n. 164 Provvedimenti per la garanzia del salario. 工资保证措施及建立收入保证金库法（1975 年 5 月 20 日法律第 164 号）。

⑥ 西班牙根据 1976 年《劳工关系法》建立工资保障基金。参见邱宝华《建立欠薪保障法律制度，促进劳动就业》，《政治与法律》2006 年第 1 期，第 26 页。

⑦ 1973 年的石油危机在日本引发大量企业破产，不支付工资的案例急剧增加，因而日本在 1976 年制定了"确保未支付工资的相关法律"［《赁金の支払の确保等に关する法律》（昭和五十一年五月二十七日法律第三十四号）］。参见第一届东北亚劳动论坛会议论文（2002 年 10 月 16 ~ 17 日），作者本多则惠，日本劳动研究机构统计信息课长。

⑧ 奥地利 1977 年颁布《无支付能力时的报酬保证法》，该法规定以保险方式建立一个公法基金，用于保证雇员在企业破产时的工资等报酬的支付。参见郑冲《奥地利破产法关注职工利益》，《法制日报》2005 年 6 月 30 日。

⑨ 辛炳隆：《英荷韩政府因应失业问题之作法评析》，《主要国家产经政策动态季刊》2001 年第 2 期。参见李炳安主编《劳动和社会保障法》，厦门大学出版社，2007，第 213 页。

80/987/EEC 号指令。2002 年这一指令再次作出修订①，成员国的法律趋同化更为明显。

（2）台湾地区的情况。提高劳工保护水平，同时意味着提高生产成本。因此，国内外经贸斗争中，也常见迫使贸易顺差国或经济体提高劳工保护水平的情况。这方面，台湾的情况有一定代表性。自 1978 年底美国与台湾当局"断交"后，在双方继续维持的经贸往来中，台湾保持较高顺差。对此，美方深为不满。美方要求台湾当局制定"劳动基准法"。其意在借口保障劳工福利与劳动条件，迫使台湾当局提高出口产品成本，削弱其产品竞争力，最终达到减少对美贸易顺差的目的。此种背景下，台湾当局经济部门在审查"劳动基准法"草案时，考虑的重点主要在对劳工的保护是否超过其他国家水平，是否影响出口竞争力。"劳基法"完成立法程序一波三折，异常困难，其反对者主要是广大的雇主阶层以及他们在"行政院"和"立法院"的代表。这一点与大陆形成鲜明对比。在大陆新破产法立法过程中，反对劳动债权优先的声音主要出自银行等金融机构，反对的理由是维护金融安全，防范金融风险。

根据以上两方面的讨论，可以很清楚地了解国内外建立欠薪保障基金的初衷并非解决银行和劳工之间的利益冲突。这也解释了为什么建立欠薪保障基金很长一段时间后，法国仍然存在工资债权超级优先权制度。②

（二）对经济秩序负面影响的认识

银行等金融机构的人士极力反对赋予劳动债权超级优先权，理由是其将牺牲交易安全，造成银行巨额损失，诱发金融风险，导致银行"惜贷"，进而危及市场经济的健康发展。这些理由，有充足的事实依据吗？

---

① 参见〔英〕尼格尔·G. 福斯特《欧盟立法（2005—2006）》（第 16 版）（下卷），何志鹏译，北京大学出版社，2007，第 231 页及第 236 页以下。

② 工资债权超级优先权制度，源自 1935 年 8 月 8 日的政府法令。而工资保障基金则是晚了半个世纪才建立的新制度。设立工资保障基金的根据是 1973 年 12 月 27 日法律。显然工资保障基金的出现，并未就此改变工资债权作为超级优先权的地位，工资保障基金制度没有取代从前的制度。参见海涌《法国工资优先权制度研究——兼论我国工资保护制度的完善》，《中山大学学报》（社会科学版）2006 年第 1 期。

1. 此一时，彼一时

1986 年颁布的《破产法（试行）》，没有规定当破产企业剩余财产不足以清偿劳动债权时如何处理与有担保债权的关系。更为重要的是，彼时尚未颁布担保法，哪些财产可以作为抵押物不够清楚，担保的程序也不够健全。所以，银行接受抵押放贷的情况并没有大量涌现，也就不会出现除了设定担保的财产外没有破产财产的情况。而且即使设定了抵押，也常常因为手续不够完善，被债务人以无效抗辩。法院也出现迎合地方利益和需求裁决抵押无效的情况。下面一组数据可以说明这一问题。

1986 年《破产法（试行）》颁布当年，全国贷款余额仅为 7590 亿元，1988 年末为 10551 亿元，即使 1994 年末也只有 31603 亿元。

1995 年担保法颁布后，1996 年的贷款余额陡然上升至 61157 亿元，1997 年达到 82390 亿元，这一数字是破产法颁布时全国贷款余额的十几倍。这个时候，由于有担保法的强力支撑，无效抗辩越来越得不到法院支持，最终使企业在破产时的分配格局彻底改变了，这就是当企业破产清算时，企业的全部财产中，有担保负担的财产越来越多，可供清偿破产债权的剩余财产越来越少，不少企业实际上已经山穷水尽。与此同时，企业对劳工之社会保障欠账甚多，几方面的因素结合在一起，终于出现普通债权零清偿率的极端情况。[①] 在一些地方，这种情况甚至成为常态。此实为立法者所料不及。以上讨论的是历史上的欠薪问题。

近些年，国家下大力气治理欠薪，其中拖欠农民工工资问题总体上得到遏制。[②] 今后，建立欠薪预警，全面推行农民工工资保障金制度，改革工资支付办法（实行周薪、日薪制），将欠薪者纳入失信者名单，直至欠薪入刑等措施单独或共同发挥作用，以往那种欠薪的规模，相信不会重现。

从上述分析可知，解决欠薪问题引起银行界不安，只是特定历史阶段的产物。随着情况的变化，此推论的前提已不复存在。

---

① 例如著名的三鹿集团破产事件。

② 2016 年 1 月 20 日，人社部副部长邱小平答记者问时表示，近年来，拖欠农民工工资问题"总体得到遏制"。参见王瑞芳《人力资源社会保障部副部长邱小平就全面治理拖欠农民工工资问题答记者问》，《人民日报》2016 年 1 月 20 日。

2. 银行的损失究竟有多大

企业破产后为清偿劳动债权造成银行债权的损失究竟有多大，对造成金融风险究竟起到多大作用，这方面的研究少之又少。可是，很多人却非常强调这种损失，强调劳动债权优先受偿对经济秩序的负面影响。而所举事例主要是政策性破产。那么，政策性破产中的实际情况又怎样？

按照全国总工会对全国 121 家列入政策性破产企业的调查，该 121 家企业资产总额为 136.31 亿元，欠银行贷款本息 149.45 亿元，欠职工各种债务总额 14.82 亿元。① 两相比较，劳动债权仅区区十几亿元，约占 10%。可是，企业政策性破产（当然包括清偿劳动债权），国家付出了足够的代价。一是银行呆坏账可予以核销，二是"债转股"，即贷款资金本息余额转作资本金。按 1997 年的数据，"债转股"达到 322 亿元。② 当几大国有商业银行准备上市时，又是国家斥巨资为其输血，补充资本金，包括动用外汇直接注资。③ 可以说银行方面所称的损失，实际上是全体纳税人承担了。所谓"政府请客，银行埋单"，造成银行巨额损失之说根本不成立。

3. 关于银行"惜贷"

银行人士和部分学者认为，如果赋予劳动债权超级优先权，银行最终可能做出抵御性调整（有人称之为"惜贷"）。而"惜贷"又使企业的交易机会、再生能力更加降低，企业破产、工人失业的可能性进一步加大，损害的是工人的整体利益，从而更不利于企业。④

笔者认为，所谓的银行因此"惜贷"，缺乏事实依据。我们看一下下列几组数据。

截止到 1997 年末，全国职工工资被拖欠 217.4 亿元，减发 69.3 亿

---

① 这项调查覆盖东北三省、湖南、广东、新疆、甘肃、四川、贵州等地。参见刘明俊《新〈破产法〉最后争议：职工能否破产？》，《商务周刊》2005 年第 7 期。

② 参见《中国经济年鉴 1998》，中国经济年鉴出版社，1998，第 73 页。

③ 2003 年，国家动用 450 亿美元外汇储备通过中央汇金公司对中国建设银行和中国银行注资，推动四大国有商业银行股份制改造。参见罗平、吴军梅主编《银行监管学》，中国财政经济出版社，2015，第 128 页。

④ 陈苏：《解读〈物权法〉》，《辽宁法治研究》2007 年第 4 期；周小川：《周小川改革论集》，中国发展出版社，2008，第 196 页。

元，合计 286.7 亿元。[①] 2000 年全国拖欠工资总额 319.0399 亿元。[②] 而同期全部金融机构各项贷款余额是 9.94 万亿元。以广东省为例，截止到 2000 年，全省欠薪总额为 5.4773 亿元，而同期（2000 年末）各项贷款余额达 13093.72 亿元。[③] 需要指出的是，这些欠薪总额，还没有剔除不需要进入破产程序的那部分。如果剔除这一部分，两者的比例会更加悬殊。显然，无论是全国情况，还是广东省的情况，劳动债权与贷款债权之比，都可以说是九牛一毛。所以，才有这样的事实，即虽然见诸媒体的欠薪之风愈演愈烈，但银行的各类贷款余额却在年年攀升。银行并没有因为少量劳动债权的清偿问题而减少贷款。我国商业银行历史上形成的大量呆账坏账，绝不是因为优先清偿职工工资造成的，而是众所周知的，由经营不善（例如，屡禁不止的违规放贷）等复杂原因造成的。而且，所谓"惜贷"，只是银行嫌贫爱富，"惜贷"只针对中小企业，对大企业银行则是"争贷"。

二 保护策略"大转向"有着对欠薪保障基金的盲目倚重

（一）"干塘"之虑[④]

欠薪保障基金并非灵丹妙药，因为基金的运作自有其规律。其中一个问题就是弄不好可能出现"干塘"的情况。这方面各地都是有教训的。

香港自 1985 年 4 月开始，根据《破产欠薪保障条例》设立了破产欠薪保障基金。但该基金受经济景气度影响其盈余状况波动很大。经济不景气的年份，时常出现赤字，特别糟糕时还有连年赤字的记录。例如，自 1997 年亚洲金融危机以来，其连续七年亏损。基金累积盈余相应地由 1998 年度结

---

① 参见胡鞍钢主编《影响决策的国情报告》，清华大学出版社，2002，第 191 页。
② 参见中华全国总工会研究室编《中国工会统计年鉴 2001》，中国统计出版社，2002，第 67 页。
③ 参见《广东省统计局关于 2001 年国民经济和社会发展的统计公报》，收录广东省统计局编《广东统计年鉴（2002）》，中国统计出版社，2002，第 200 页。
④ 香港将收支不平衡，欠薪保障基金告罄比喻成"干塘"。

束时的 8.53 亿元，不断下跌至 2003~2004 年度完结时的 1840 万元，达到历史上最低水平。2003 年"SARS"疫情泛滥，经济下滑，基金盈余亦应声下落，当年即亏损 5350 万元。而经济景气的年份，例如，2007~2008 年度末，累积盈余为 122860 万元。2008 年 11 月底，这一数字提高到 146080 万元。到 2010 年财政年度结束时，累计盈余达到创纪录的 183570 万元。①

为了应对"干塘"危机，香港特区政府一方面提高缴费，另一方面则向基金提供贷款。例如，自 1997 年底亚洲金融危机发生以来，因基金每年均出现赤字，为使基金的财政恢复健全，香港特区政府决定自 2002 年 5 月起，把基金主要收入来源即商业登记证的征费由每年 250 元增至每年 600 元②，但此举所起的作用有限，严重的现金周转问题仍然持续存在。截至 2002 年 8 月底，基金储备已跌至 1.1440 亿元，这个数字甚至比十几年前即 1990 年的盈余 2.193 亿元还低。③ 香港特区政府破天荒地向基金提供 6.95 亿元过渡贷款，希望解决困局。④ 但是，事与愿违，到 2002~2003 年财政年度结束时，基金仍然有 1.5980 万元的赤字，较上一财政年度增加 16%，而基金的储备则跌至历史新低，为 0.3510 亿元。⑤ 2003 年"SARS"疫情泛滥，基金盈余再一次降至 3.62 亿元。⑥ 破欠基金的财政状况成为香港地区常年忧虑的难题。⑦

在广东省，深圳市于 1997 年根据《深圳经济特区企业欠薪保障条例》的规定建立欠薪保障基金。在基金设立的最初六年，工商部门归集欠薪保

---

① 参见香港《破产欠薪保障基金委员会周年报告》（二零零六至零七年度报告、二零零七至零八年度报告、二零零九至一零年度报告）。关于香港破产欠薪保障基金运作的最新状况请参见立法会 2011 年 1 月 20 日会议文件，《立法会人力事务委员会裁员结业与破产欠薪保障基金的最新概况》。

② 在此之前，该项费用曾经由 100 元增至 250 元。参见 1998 年 4 月，香港法律改革委员会无力偿债问题小组委员会关于《公司条例》的清盘条文咨询文件。

③ 香港《破产欠薪保障基金委员会周年报告》（一九八九年四月一日至一九九〇年三月三十一日）。

④ 参见《港府向破欠基金注资七亿元》，《星岛日报》2002 年 10 月 23 日。

⑤ 参见《破产欠薪保障基金委员会周年报告》（二零零二至零三年度）。

⑥ 《破产欠薪保障基金委员会周年报告》（二零零六至零七年度）。

⑦ 参见《倒闭潮持续，破欠基金临干塘》，《文汇报》2008 年 11 月 20 日。《港企频倒闭破欠基金支出增 2 倍，高薪资深族遭殃》，中国新闻网，2009 年 5 月 26 日。

障费的情况并不理想，已归集的费用仅占该归集费用的 60%。① 经过十余年的发展，深圳的欠薪保障基金虽说积累至上亿元，但欠薪垫付额也在不断上升。截止到 2009 年初，深圳欠薪垫付金额比上年增长 3 倍②，这说明区区亿元的积累之脆弱。其实，基金安全不光欠薪保障基金独有，只要实行基金制度，都有这个问题。以广东省征集社保基金的情况为例。广东一些企业曾严重拖欠社会保险费，导致全省积欠高达 54.4 亿元。③ 严峻的形势迫使政府加大征缴力度。但是社会上也一直有相反的声音，那就是强烈要求降低社保制度的强制性，减轻企业负担④，这种状况使政府投鼠忌器。欠薪保障基金面临归集和垫付的双重压力。"干塘"之虑，绝非杞人忧天。

（二）　追偿机制失灵

欠薪保障基金的运作，采取基金先行垫付，再由受惠的雇员将其债权转让给基金管理机构，由后者借代位权向雇主讨还的方式。但是，该机制常常失灵。港澳台都有这方面的教训。

在香港，基金管理机构有权以代位方式行使雇员优先权，从无力偿债的公司产业收回已拨付的款项。根据立法局 1998 年的一份有关公司条例修订的咨询文件，在基金最初设立的 6 年，从基金拨付给雇员的款额几达 5.56 亿元，但以代位方式取得的款项则仅约为 4900 万元，平均占基金拨付雇员款额的比率尚不足 9%，而且呈现不断降低的趋势。根据年报，借代位权追讨的已付款项，从 1991/1992 年度的 19.4% 降至 15%。⑤ 2000 年以后，从 2002 年起至 2008 年，每年追回的款项经常性地低至个位数，其中最低的年份仅为 2%，平均值为 5.1%。⑥

---

① 参见《深圳欠薪保障基金会运作六年》，《羊城晚报》2003 年 1 月 22 日。
② 参见《深圳 2008 年欠薪垫付金额比 2007 年增长 3 倍》，《工人日报》2009 年 2 月 11 日。
③ 参见《全省欠缴社保超过 54 亿，两会发言引出强烈呼声》，《羊城晚报》2004 年 2 月 13 日。
④ 例如全国工商联 2010 年"两会"提案：《关于制定社会保险法减轻企业负担》。
⑤ 香港法律改革委员会无力偿债问题小组委员会关于《公司条例》的清盘条文咨询文件（1998 年 4 月）。
⑥ 参见《破产欠薪保障基金委员会周年报告》（二零零二至零三年度—二千零七年度至二千零八年度）。

在台湾地区，当局于 1986 年颁布"积欠工资垫偿基金提缴及垫偿管理办法"。按该办法，雇主积欠之工资，经劳工请求未获清偿者，由积欠工资垫偿基金垫偿之；雇主应于规定期限内，将垫款偿还至积欠工资垫偿基金。劳保部门垫偿劳工工资后，得以自己名义，代位行使最优先受清偿权，向欠薪企业讨回欠款。只是，欠薪雇主中不少已歇业或关厂，劳工保险部门要百分百讨回，并非容易的事。截至 2008 年底，垫偿基金追回的金额亦仅占垫偿金额的 2.21%。另外一个问题是，单笔最高垫偿纪录不断创新。最新的个案是远航公司积欠千名员工工资案。该案创下工资垫偿基金开办 23 年来，单笔最高垫偿纪录，达到 2.8 亿元。[①] 这笔开支相当于过去一整年的总和，有关人士惊呼，若情况持续恶化，仅约 70 亿元的基金岌岌可危。[②] 台湾地区不能很好地解决雇主足额偿还垫偿基金的问题，一般认为这也是台湾地区实施积欠工资垫偿基金制度所面临的主要问题。[③]

在澳门，基金也出现类似情况。虽然澳门一直未设立独立运作的欠薪垫支基金。但 1990 年 3 月 23 日成立的社会保障基金，兼顾这方面功能。由于劳工被拖欠薪金情况普遍，涉及金额不断增大，特区政府早在 2002 年就承认长期由社会保障基金负责欠薪垫支，非有效方法。其中一个问题就是垫支机制有不少漏洞。截至 2006 年底，社保基金约已垫支 6955 万元，但历年代收回的仅有 92 万元，为垫支金额的 1% 左右。垫支金额"有出有入"，社保基金承受的财政压力不断增大。[④]

以上情况，展示了基金管理中一个失败的追偿权，其教训提示我们要思考追偿机制新的内容。

（三）高估财政补贴的功能

通过财政补贴来维持基金运行安全，是许多国家和地区通常的做法。也是经济界，尤其是企业界的期盼。但是，常识告诉我们，补贴是要有实

---

① 参见《劳委会代垫远航 2.8 亿工资》，《工商时报》（电子版）2009 年 2 月 14 日。

② 参见台湾当局"立法院"2009 年 2 月 9 日新闻稿。

③ 参见林嘉主编《社会法评论》（第 2 卷），中国人民大学出版社，2007，第 423~424 页。

④ 参见《澳门日报》2002 年 8 月 27 日；《澳门日报》2007 年 11 月 18 日。

力支持的，必须有足够的税收。

香港的财政状况远比内地大多数地区要好，但它们通常只采取"羊毛出在羊身上"的办法，不断调整缴费率，最多也只是向基金提供贷款，而非财政补贴。

德国是世界上最早建立社会保障的国家。该国的社会保障搞了一百年，而德国同时又是世界上市场经济高度发达的国家，各类社保基金积累也是非常充足的。然而，德国有自己的问题。那就是它是一个高工资、高税收、高福利的国家。社会保障支出高于大多数工业化国家，福利开支年年超出预算，需要财政不断进行补贴。这种做法让政府财政背上沉重的负担。①

而中国人多底子薄，要办的民生大事多不胜数。政府财政处于紧张状态将是一个长期的态势，因此靠财政补贴绝非长久之计。

三　保护策略的调整

劳动债权保护策略之争，反映出一种狭隘的思想方法，"铁路警察，各管一段"，缺乏整体性谋划。劳动债权保护是一个系统工程，单纯以欠薪保障基金完全取代破产法上的保护并不现实，未经深入研究就轻言放弃劳动债权的破产法保护也是不明智的。完整的劳动债权保障制度，应该是一个多种保护手段相互配合、共同发挥作用的整体。

（一）跳出问题看问题

由于太过关注问题的解决方法，以致忽视了考察问题本身。过去一说到处理担保物权和劳动债权之间的冲突，就离不开判断公平不公平的问题。面对这样一个看起来特别纠结的两难命题，《破产法》第 132 条采用了回避之法。当我们再次审视破产法的保护功能时，应该跳出问题看问题，去除这一认识上的障碍。

---

① 参见周弘主编《国外社会福利制度》，中国社会出版社，2002，第 165～166 页。

关于公平与否问题，常有论者指出，实行劳动债权优先有助于保护社会上为数众多的弱者，有利于实现社会公平。但是，这个命题似是而非。现代法治国家既通过各种办法保护工资等劳动债权，对其他债权人（包括有抵押担保的债权人）利益的保护，也尽可能周到考虑。对各种利益主体，采用什么方法保护，纯属一种制度上兼顾保护的制度安排，不存在受保护对象孰优孰劣的问题。

还有论者提出，当企业破产时，让债权人尤其是让有担保的债权人去承担由于他人过错（包括政府过错）而产生的劳动债权无法足额清偿的后果，是非常不公平的。[①] 这种观点亦值商榷。在明确的法律制度下，银行等金融机构如果打算接受别人的财产担保而贷出款项，它要为避免盲目放贷而审慎对待贷款者的申请，要对财政状况有恶化趋势的贷款者敬而远之。如果不谨慎，承受的是本可避免的市场风险和法律风险。一些论者夸大了当劳动债权优先受偿时银行等金融机构面临的困难，这种思考方法本身就存在问题。公平的清偿顺序从根本上说只取决于权利是否公示。而立法确定下来的清偿顺序，显然是最高形式的公示，足以使全体债权人知晓并明确其法律关系，从而采取相应措施，免受不测之害。[②]

（二）新的制度框架

1. 赋予基金管理组织之代位追偿以优先权

这是一种可简称为"基金＋优先权"的保护方案。当雇主欠薪时，由欠薪保障基金先行垫付，快速处理，嗣后再由基金管理组织向雇主追讨。当雇主财产不足以清偿全部债务而陷入破产时，保障基金享有"超级优先权"，可以优先于有物的担保债权得到清偿。作为一种制度安排，基金享有的"超级优先权"来自法律的授权，而非雇员权利的转让，这一点与法国法不同。只允许基金管理组织行使优先权，也是为了避免被欠薪的人士

---

① 参见沈四宝、石静霞《我国新破产法制定中的几个关键问题》，载沈四宝、丁丁主编《公司法与证券法论丛》（第 1 卷），对外经济贸易大学出版社，2005，第 198 页。

② 参见崔建远主编、申卫星副主编《我国物权立法难点问题研究》，清华大学出版社，2005，第 254 页以下。

挟众向政府和法院施压，避免政府慷他人之慨、牺牲担保债权人利益的现象再次出现。①

2. 明定基金管理组织可代位追偿之限额

按照现行破产法，列入优先顺序清偿的劳动债权无任何限制，这是一个很突出的问题。劳动债权确有成为无底洞的可能。这种状况极大地降低和削弱了破产法及劳动监察制度的功能价值。地方官员要对一地经济的发展、人民生活的改善乃至社会稳定负总责，而上述制度安排不利于他们平时抓欠薪。以往一说抓欠薪，便投鼠忌器，担心影响投资环境，吓跑投资者。可以预见，当法律明定基金管理组织代位追偿的限额时，对基金安全最终负总责的地方政府才会认真执行欠薪预警等劳动监察制度，才会严查欠薪事件。这里面有一本再清楚不过的账：如果垫支的多，追偿回来的少，基金安全就会出问题，就会迫使政府财政来兜底，导致财政背上沉重包袱。

本文基本结论为：欠薪保障基金独木难支，劳动债权的保护需要破产法的配合。破产法新一轮修改时，各种权利保护的安排，宜按兼顾保护，系统解决的思路再妥为调整。

（作者简介：李磊明，法学博士，北京理工大学珠海学院民商法律学院教授，荣退高级法官）

---

① 以往有些地方为创造所谓宽松投资环境，平时不注意监督甚至不愿意监督雇主，对雇主欠薪事件不及时查处，当积欠成灾时，又借维护社会稳定对破产程序的启动横加干涉，千方百计转嫁矛盾。情况严重时，工资等劳动债权成为无底洞，担保物的变价款只能悉数用于解决劳动债权。

二胎化立法与离婚后生活水平保持义务

杨　云　杨遂全

目　次

2013 年第十二届全国人民代表大会常务委员第六次会议颁布《关于调整完善生育政策的决议》准许一方是独生子女的夫妇生育两个孩子。2015 年《中华人民共和国人口与计划生育法》第 18 条修订为："国家提倡一对夫妻生育两个子女。符合法律、法规规定条件的，可以要求安排再生育子女。"然而，几年来提高生育率的立法效果并未达到预期①，国家立法机关开始清理与此相矛盾的立法，并督导各地删除"因超生而开除公职"的地方法规。②

与此同时，根据党的十八届四中全会决定，编纂民法典的工作正在如

---

① 走进科学：《国家统计局令人震惊的最新数据：中国的孩子哪去啦?》，今日中国网：ht-tp://www.chinatodayclub.com/news/shishi/16155.html，2017 年 11 月 20 日访问。

② 本文与法律法规直接相关的信息均来自中国人大网：www.npc.gov.cn，2018 年 9 月 20 日访问。

火如荼地展开。"婚姻家庭编"的全国人民代表大会法律工作委员会民法室"室内稿"（以下简称《室内稿》）已经出台。笔者参加了中国婚姻法研究会根据全国人大常委会法制工作委员指示组织的《室内稿》专题研讨会。然而，各界并没有对婚姻家庭法中与二胎政策相矛盾的条款引起重视，甚至去掉了所有关于生育私权的规定，这违背了婚姻家庭法调控生育关系的基本职能要求。

基于此，笔者只想结合《室内稿》和我国当前二胎化的政策和法律的实施，深谈一个编纂民法典不该忽视的离婚后生活水平保持义务和离婚后生活困难帮助义务或两者并举的制度抉择问题。笔者认为，这不仅涉及二胎政策，而且涉及婚姻本质和婚姻责任，乃至未来我国婚姻制度功能的立法定位问题，不可不深究。事实上，编纂民法典"婚姻家庭编"的工作已开展多年①，许多重要问题已研究得比较深入。编纂法典必须考虑世界性的立法趋势和社会根本性变化，而二胎化直接事关生育子女的女方的人生前途和生育意愿等根本性私权，必须用法经济学进行分析。目前，社会各界（包括法学界）还没有人将两者——二胎化和离婚后生活保持义务联系在一起进行分析。

一 问题的提出

现行《中华人民共和国婚姻法》第 42 条规定："离婚时，如一方生活困难，另一方应从其住房等个人财产中给予适当帮助。具体办法由双方协议；协议不成时，由人民法院判决。"这条规定产生于新中国成立后所有家庭都不富裕的年代，延续于严格实行计划生育的年代。如今，尽管我国已经出现未富先老的现象，但是富裕家庭已比较普遍，仅仅是当其困难时才给予帮助，已经不能满足妇女人生幸福的基本需求。同时，党中央已经看到进入 21 世纪之后人口的"断崖式下降"不仅威胁到劳动力结构的

---

① 笔者就曾于 2002 年在北京人民大会堂参加过全国人民代表大会法律工作委员会民法室组织的民法典（室内稿）"婚姻家庭编"的研讨。

正常延续，而且从长远看可能威胁到民族复兴大业。

为"促进人口均衡发展"，党的十八届五中全会决定"全面实施一对夫妇可生育两个孩子政策"。① 但是，目前我国妇女生育率仍不到 1.5，与人类社会正常更替妇女生育率 2.21 的客观需求还有相当大的距离。② 如果再考虑"不愿要多子女的社会心理惯性"的长期影响③，是为与妇女生育意愿相关的立法敲响警钟的时候了。

本文把二胎化政策与民法典"婚姻家庭编"中增加离婚后生活水平保持义务制度联系在一起，主要出于以下几点考虑。

（一）抚养子女的劳力和投入增加需倾向性保护妇女

如今，人类生育子女的生理和心理基础条件面临的工业污染、生活和工作压力越来越大，需求环境越来越难以自控。随着人类素质不断提高的需求和知识传递系统的日益复杂，可以预见，在一定的历史时期内，抚养子女的劳力和投入成本会不断增高，从而导致客观上需要立法对夫妻生育子女付出多的一方予以倾斜性保护。④ 毫无疑问，生育二胎，对妇女而言，她们必须在青春貌美的年龄段至少多耗在孩子身上 3 年到 5 年。这对她们的职业发展、业余生活、容貌身材、身心愉悦，乃至夫妻生活的影响，是不可避免的。而生育第二胎，对她们的丈夫而言，这些影响基本上可以忽略不计。

很显然，在制定这项二胎化的政策时我们必须考虑如下因素，换句话说从法经济学上我们至少应当看到以下内容。

首先，生活在现时代而又有生养后代任务的年轻一代，都能够普遍感受到生育和抚养子女的成本无论是经济的还是体力的，都在一天天增加。这导致在国家放开生育二胎的限制之后，不少生活并不困难的妇女不愿意

---

① 新华网，http://news.xinhuanet.com/politics/2015 – 10/29/c_1116983078.htm，2017 年 10 月 6 日访问。
② 王晓易：《机构调查六成女性不愿意生二胎》，《第一财经日报》（上海）2016 年 5 月 8 日。
③ 杨遂全：《现代家庭的源与流——家庭的未来及其对策研究》，河南人民出版社，1987，第 131 页。
④ 王歌雅：《经济帮助制度的社会性别分析》，《法学杂志》2010 年第 7 期。

生育二胎。①

　　对某学院的非常态家庭问题的调研，也从不同角度向我国的二胎化政策提出了警示。该院共有 81 名教职员工，其中 2 个失独家庭（一家因车祸，一家因急病），2 对"丁克"夫妇均已年过 55 岁，3 位离婚或丧偶后带孩子未再婚，4 位超过或接近 40 岁未婚（男女各半）。这些事例都会让人们想到我国今后的二胎政策如何才能更好地切实长期稳定贯彻落实，把我国均衡的人口结构，适度的人口规模，与我们中华民族复兴大业，用制度建设联系起来。

　　其次，社会性的生育和抚养后代的经济成本和全社会的劳动力价格也在不断提高。尽管社会加大了妇幼保健和幼儿园的投入，但是，主要的生育过程和抚育劳动还必须主要由妇女承担，以至于很多用人单位不太愿意招收女职员。以前生育一个就已经够用人单位照顾了，现在连续生育二胎，甚至三胎②，不但不能让这一部分女职工为单位创造价值，而且还要工资照发，产假增加。

　　最后，现代社会对生育抚育后代的质量要求普遍提高，抚养投入增加。这最后导致子女抚养期加长，妇女就业时间推后，家庭收支难以平衡。

（二）　立法对离婚时生育多子女的妇女照顾不够

　　在实行计划生育只能生一胎的时代，人们不可能奢望给生育多胎的妇女一方更多的特殊照顾。所以，我国现行婚姻法只是规定了只有离婚后出现一方生活困难的情况才能够向另一方提起经济帮助的诉求。这种生活困难才给予帮助的规定导致离婚后能得到法律帮助的条件过于苛刻，以离婚后帮助为由起诉和胜诉的妇女微乎其微。而大数据显示，离婚后经济帮助的实际判例与生活困难的关联度不到 20%。③ 笔者认为，现实中之所以提

---

① 张雅雅：《从社会性别意识缺失看我国离婚救济制度虚化》，《山东社会科学》2016 年第 12 期。

② 据测算，2030 年前我国妇女平均生育率必须达到 2.2 左右才能在本世纪保持人口不至于降至 8 亿人以下。也就是说必须有部分妇女要生育三胎才能长期维持我国人口正常延续。

③ 张晓远主编《法律大数据案由法条关联丛书·婚姻家庭继承纠纷》，北京大学出版社，2017，第 100 页。

起离婚后帮助的诉讼不多，即在于能够离婚后帮助的胜诉条件太苛刻！这也与几十年来形成的脱离客观现实的男女平等观作怪有关。

近期，更有极端的事例发生。广州市有一个硕士毕业、结婚多年的年轻妈妈，因惧怕离婚后生活困难和人生前途莫测，其宁肯带两个小孩一起自杀，也不愿意离婚，以至于当事人"有死的勇气，却没有离婚的勇气"。①这一极端案例直接从离婚后的经济帮助问题角度向我国的二胎化政策提出了警示。

我们觉得目前关乎二胎政策最突出的家庭立法问题，应该是如何让年轻妇女一代愿意做两个孩子的妈妈。其中必须解决的一个突出问题是，立法上如何保证妇女因比原来多生一个孩子而并不会减少，甚至增加她们对家庭共有财产可享有的份额，或让她们比只生一个生活得更富裕、更幸福！

（三）全社会市场化的价值取向的消极影响

强调婚姻家庭财产市场化分割，忽视家庭责任和无良缺德之人增加，靠道德制约和良心发现的生育子女责任承担、利益平衡机制失灵，妇女因生育多胎而得到额外关照，只能通过法制。②

假如在未来国家需要普遍生育二胎甚至三胎的情况下，我们仍然坚持目前的婚姻家庭各相关立法条款不变：首先，男方婚前首付房款后房子登记男方的名字，夫妻共同还贷无论多少年（新的《婚姻法》及司法解释已经明确取消了婚后8年个人动产和住房等财产转化为夫妻共有财产），无论生育多少个孩子，法院最终仍可以（事实上依据《物权法》则只能）判房子归男方个人所有；其次，男女双方因生育二胎拉开的职业能力和劳动收入的差距，在离婚时（根据有关司法解释）原则上仍是对半分割；再次，只有在实行夫妻分别财产制的情况下，才对抚养子女和照顾老人多的一方予以补偿，况且我国初婚实行分别财产制的不到百分之五，大多数大

---

① 彭晓芸：《为什么她有死的勇气，却没有离婚的勇气？》，载于微信公众号"博雅小学堂"，http://mp.weixin.qq.com/s/l6eOCjvgmTwUToaY4kq2dw，2017 年 11 月 5 日访问。

② 徐静莉：《离婚妇女贫困化的制度探讨》，《妇女研究论丛》2009 年第 3 期。

陆法系国家单纯采用夫妻分别财产制的也很少①；最后，离婚后，妇女即使带了一辈子孩子，把两个孩子抚养成人，也只能在离婚时确实生活困难，才可以请求另一方给予经济帮助。如此苛刻的条件，使稍有糊口收入的妇女，都无法在婚姻中对多生育一胎的人生投入得到伦理和法律上的支持和补偿，她们还愿意多生吗？

这个大大的问号，从我国宣布实行一对夫妻可以生育二胎之日起，一直萦绕在我们心头，迫使我们在制定我国民法典时不得不考虑，为什么那么多发达国家都在逐步用立法将离婚困难帮助改为离婚后保持生活水平相对不变的制度，特别是在夫妻双方已经生育了多个子女以后离婚的时候。

基于篇幅，本文不可能深入研究上述全部与生育二胎政策调整相关的婚姻家庭立法问题。笔者在此只能选择最需尽快调整的离婚困难帮助法律条款，作为深究的原理性理论变革和司法实务公正问题。

二　国外的离婚后扶养和经济帮助制度的启示

在世界各国，登记离婚或判决离婚生效后夫妻之间基于配偶身份而产生的人身关系和财产关系即行终止。这似乎意味着夫妻恩断义绝，从此"一刀两断"各奔前程，互对对方再没有任何权利义务可言。然而，随着社会文明进步和人性化的发展，人们越来越意识到离婚后夫妻的人生是如何受婚姻和孩子影响的。

1. 德、日等国民法典确立的离婚后继续扶养前配偶的制度

最初，德国的离婚后经济帮助制度和我国现行的法律规定大同小异。②随着男女平权意识的增强和抚育子女成本的增加，德国立法上就有了《德国民法典》第 4 编亲属编第 7 节离婚第 2 目"离婚配偶的扶养"制度（1977年增订第 1569 条至第 1580 条），确立了一整套完整的离婚后继续扶养前配

---

① 陆静：《大陆法系夫妻财产制研究》，法律出版社，2011，第 137 页。
② 〔德〕妮娜·德特洛夫著：《离婚的财产法后果——批评性评析和欧洲前景展望》，樊丽君译，《法律科学》（西北政法大学学报）2012 年第 5 期。

偶的法律体系。① 根据这一制度的安排，离婚后只要是因抚育子女、年老无业、残疾疾病、不能获得适当职业或学业及其他重大事由，需要有负担能力的一方给予扶养的，均可提起离婚后扶养的诉求。尽管"婚姻持续期短促"可以致离婚扶养请求权不能成立，但是"婚姻持续期与权利人因照料及教育共同的子女，按照第 1570 条的规定可以要求扶养的时期相等"。② 德国民法照顾生育子女的妇女的利益比较周到。③

然而，我们认为毕竟离婚以后夫妻不应当再有扶养义务，这已经是各国立法的共识，所以最好不要用"扶养"的概念，可能用"离婚后的经济帮助"更好、更贴切。再者，"扶养"在概念上还必须包含有体力照顾的权能，离婚后不应当再有体力照顾前配偶的可能和法定义务，在法律上称之为"扶养"也不准确。

在这方面，日本法基本上照搬德国法。日本法规定的也是离婚后抚养费，对于扶养费请求权的要件的规定是一方当事人通过财产分割和损害赔偿等获取的财产相加仍然不能使自身脱离经济困难。其把财产分割和损害赔偿的因素考虑在内了，似乎更具体一些，实质上和德国民法的规定大同小异。

2. 《法国民法典》的离婚后生活水准差异性补偿给付制度

法国在 1970 年代开始男女平权的立法改革，但是当时对妇女，特别是对生育子女的妇女的倾斜力度并不是很大。直到 2000 年前后才增加了《法国民法典》第 270 条后面的第 2 款，即"一方配偶得向另一方配偶支付旨在补偿因婚姻中断而造成的各自生活条件差异的补偿金"等离婚后生活水准保持不变的法定义务。根据该国民法典第 270 条及第 271 条的规定："补偿性扶养费的基本目的在于，对离婚关系中的当事人双方，因为原婚姻关系的终结而导致的生活水准上的显著性差异，进行必要和及时的弥补。"根据该法第 272 条的规定，确定生活条件差异的补偿的标准列举

---

① 上海社会科学院法学所译《德意志联邦共和国民法典》，法律出版社，1989，第 386 ~ 289 页。

② 上海社会科学院法学所译《德意志联邦共和国民法典》，法律出版社，1989，第 390 页第 1579 条第 1 款。

③ 张学军：《论离婚后的扶养立法》，法律出版社，2004，第 39 页。

加概括限定为主要考虑年龄及身体状况、婚姻持续的时间、已负担或将要负担抚育子女的时间、职业状况、现有和可预计的权利、养老金和利息等收入。给付方式可以是一次总算一次性给付，也可以是一次总算确定限期定期金或终身定期金。根据第 276 - 3 条规定："在双方当事人的收入或者需要发生重大改变的情况下，以终身定期金的形式确定的补偿性给付可以调整、中止或者取消。"① 法国这种采用补偿的办法和我国现行《婚姻法》关于实行夫妻分别财产制时一方应当给予对教育子女付出多的一方经济补偿的做法相似，只不过法国没有要求必须是分别财产制时才给予补偿。

根据《法国民法典》有关离婚后的生活费和"救助义务"的规定，即使不具备"差异补偿"条件的配偶，仍可依照该法第 281～285 条的规定获得生活费。这种生活费帮助义务有点类似于我国现行《婚姻法》规定的离婚后困难帮助制度。它与前述离婚后补偿性给付制度的不管双方婚姻中有无过错而只考虑生育和就业能力不同。救助义务产生于离婚时配偶处于危难之际，且离婚后被救助者无过错，"如作为生活费债权人的一方再婚，生活费当然停止支付。如生活费债权人公开与他人姘居，给付亦告停止"。②

模仿法国民法的比利时、加拿大魁北克省民法典等有类似于《法国民法典》的规定。我们在借鉴这些国家的规定时似乎不能只借鉴生活水平保持制度，还应当考虑双方离婚时的重大过错，而对有重大过错一方则只有其生活困难时另一方才有救助义务。

3. 美、英等国的离婚后生活条件维持制度

美国《统一结婚与离婚法》采用"合理的生活水平主义"。根据该法规定，若夫妻一方在离婚后依靠自己的收入和财产，不能满足自身合理的生活需要，则法官可以判定其符合生活水平显著下降的标准。美国《统一结婚与离婚法》第 308 条第 1 款规定，请求权人如果具备下列条件之一，可以向原配偶请求离婚扶养费：（1）该请求权人依靠离婚时分得的财产以及自己的收入，仍然不能满足自身合理的生活需要；（2）权利人不能通过

---

① 罗结珍译《法国民法典》（上卷），法律出版社，2004，第 248～262 页。
② 罗结珍译《法国民法典》（上卷），法律出版社，2004，第 261 页第 283 条第 1 和第 2 款。

从事适当的工作以满足自身的生活需要，或者因子女的原因不能离家工作。[①] 波兰、秘鲁和北欧几国的婚姻家庭立法，基本上都是将请求方的实际生活需要作为是否判决离婚扶养费的基本依据。英国《婚姻事件诉讼法》则规定，离婚后扶养费请求权人依靠离婚时分得的财产以及自己的原有财产仍不能独立解决生活合理需求时方可获得诉权，并且被请求权人应具备相应的扶养能力。但是，对需要扶助的一方的就业能力等未置于关键要件位置进行考量。[②]

4. 瑞士等国的离婚后绝对困难帮助制度

《瑞士民法典》采用的是离婚后绝对的生活困难模式，其第152条规定："没有过错的离婚配偶一方，如果因为离婚关系的产生而导致贫困或者存在陷入贫困境地的可能，则其可以提出离婚后扶养费的请求权。"[③] 除瑞士民法外，目前采用绝对困难帮助模式的，还有希腊、西班牙、荷兰等国。而且这些国家也在逐步修正绝对困难的法定条件，增加获得帮助的可能性。

世界各国现代的离婚后的夫妻经济帮助条件有三类：一是参考原有生活水平原则；二是概括确定合理生活水平原则；三是瑞士等国（包括我国）的生活困难帮助原则。在我国目前法律模式下，显然绝对的生活困难帮助标准过低，适用的法定条件过于苛刻，弱势一方尽管对婚姻贡献大但难以得到实质性的帮助。这在现代婚姻家庭法立法例中已不多见。至于参考原有生活水准和合理生活水准的法定条件则属于相对困难的标准。许多学者认为其抽象程度较高、可操作性较差，在司法实践中难以把握，容易导致法官的自由裁量权的滥用，不利于案件得到公平处理。而与之相对应的是，"原有的生活水平主义"将婚姻关系存续期间的生活水平作为基本的依据，这使得法官判决时有了较为明确和可控的参考标准。[④]

---

① 〔美〕哈里·格劳斯、大卫·D. 梅耶：《美国家庭法精要》（第5版），陈苇等译，群众出版社，2010，第213页。

② 冉启玉：《离婚扶养制度研究》，群众出版社，2013，第111页。

③ 于海涌、赵希璇译《瑞士民法典》，法律出版社，2016，第59页。

④ 张薇：《论我国离婚经济帮助制度的立法缺陷及完善》，吉林大学，硕士学位论文，2012，第20页。

基于上述分析，笔者希望能够通过本文的呼吁，力争与其他新近修改了婚姻家庭法的国家看齐，对人类的生育扶养保障制度在婚姻制度中能够落实，切实实现男女实质上的平等和社会的公平正义。最终，能够在民法典"婚姻家庭编"中确立："夫妻双方共同生育有多个子女的，离婚后应保持双方生活水平相对大致不变。处于生活水平高的一方有帮助因离婚而使其生活水平明显下降的另一方的义务，直至另一方不需要帮助。"以下我们从多个角度来阐明我们这种主张的主要法理和制度经济学的考量。

三　离婚后维持生活水准义务与婚姻本质和责任

据笔者所知，参与制定我国现行《婚姻法》的这种离婚后"经济困难帮助"制度救济的设计者（包括当时最高人民法院的参与者）大多数是女性，她们当时也没有意识到上文中我们所说的对女性的制度不公！乃至延续到社会现实，形成了离婚后许多遭受婚姻不幸或家庭暴力的女性，因担心离婚后的生活水平急剧下降或人生前途莫测而不敢提出离婚！

在中国婚姻法研究会近期召开的拟订民法典"婚姻家庭编"的研讨会上，尽管有一些学者和笔者上述观念基本相同[1]，例如，黑龙江大学的王歌雅教授当场明确表示："对于离婚后经济帮助的条款，我们曾想改变现行的立法，会上有学者反对！可以把您刚才说的立法建议发给我，我们好提交立法案。"但是，也有不少人认为"我们国家民众对离婚后仍负有维持生活水准义务的接受度不高"。王洪教授在讨论此问题时即明确表示："如果按您的建议，婚姻岂不成了终身免费饭票？人们还敢结婚吗？现代民法奉行的自己责任原则在婚姻关系中荡然无存？"[2]

笔者强调，发达国家基本如此，目的是鼓励同甘共苦，共同养育子女，所以，或许可以限定条件为"已有多个子女的"。另外，即使这些生育了多胎的妇女好像是获得了所谓的"终身免费粮票"，也是应该的！对

---

① 杨遂全：《民法婚姻家庭亲属编立法研究》，法律出版社，2018，前言第 3 页。
② 见于"婚姻法学会常务理事"微信群 2017 年 9 月 7 日截图。

此，不少专家表示赞同，认为笔者所言有理。

笔者认为，婚姻责任本质是伦理的，对整个人类，无论男女，都不是等价交换，也不是真正完全自由的交易或行为！在婚姻恋爱领域，若倡导完全的契约自由和实行"民法上的自己责任"理论，那就不需要结婚。婚姻必然是额外强制加于夫妻双方共同养育子女的责任！所以，基于此，社会才用法律强制力设立社会延续所需要的婚姻秩序、婚姻责任和婚姻制度。

在婚姻法并入民法时，必须厘清婚姻责任是否仍遵循绝对的意思自治和绝对的自己责任原则。马克思在讨论普鲁士民法修改离婚法的草案时即认为婚姻本质是伦理的、不完全自由的契约行为。与恋爱不同，它是额外加于夫妻共同养育子女的一种责任。① 就婚姻责任而言，生养孩子必使女性经济能力受影响，离婚后原夫妻强者一方给予弱者以帮助是必要的。强者不能只养子女而不帮助因多生育子女而就业能力和生活水平明显下降的一方，也不能只在其"生活困难"时才帮助！

四 维持生活水准义务和强化婚姻责任与惧怕结婚

在我们讨论该问题时，全国人大常委会法制工作委员调研员扈纪华女士认为："不能在制度安排上使人惧怕结婚。"她们认为，在现行《婚姻法》规定的离婚后困难帮助标准下仍有不少年轻人不敢结婚，或者不愿意结婚。再将结婚者身上绑上对方的"终身免费粮票"，恐怕更没有人愿意结婚了！②

笔者认为，首先，在中国社会，目前绝大多数男子能结婚就不错了，不可能在制度安排上使人惧怕结婚！当然，如果制度安排不好，有可能使比较穷的好人和妇女惧怕离婚，从而导致一些人干脆就不结婚。

其次，我们在此提及的"离婚后生活水平保持相对不变的法定义务"，并不是没有条件的，而且它是和"离婚后经济困难帮助制度"并行不悖、

① 《马克思恩格斯全集》（第 1 卷），人民出版社，2002，第 346～349 页。
② 见于"婚姻法学会常务理事"微信群 2017 年 9 月 7 日截图。

同时存在的制度，只有在夫妻双方生育多个子女以后才实际实行。

如果在我们这个以传宗接代为人生最高目标之一的社会里，有人因为妇女给这个家庭生育了二胎，让他承担力所能及的扶养无力就业的妻子，而不愿意结婚了，那我们还能寄希望于这个自私到如此地步的男子给我们这个社会做什么贡献呢！我们相信，不会因为立法随着世界公正延续我们的子孙后代的制度进步确立了"离婚后生活水平保持相对不变的法定义务"，有很多人就不再敢结婚了。

反对用立法确立"离婚后生活水平保持相对不变的法定义务"的学者还认为：供养子女和养对方是两个不同的账，硬性捆绑在一起肯定影响人们结婚的积极性和导致经济竞争能力的提高。[①] 笔者认为，供养子女和养对方确实是两个不同的账，但是，生养孩子或多或少会使女性经济能力受影响，这是普遍的规律！所以，在离婚后需要经济能力强的一方给予经济能力弱的一方以经济帮助，特别是在夫妻双方共同生育了子女以后。换句话说，不能在离婚后只供养子女而不帮助经济水平急剧下降的一方，也不能只在经济能力弱的一方在离婚后陷入生活困境时才给予帮助！这是最起码的法经济学的激励机制原理提示我们的社会基本规律。如果盲视这种规律，最后必然导致越来越多的妇女不愿意生育二胎，甚至不结婚。

五　分别财产制下离婚后补偿多贡献方现行规定的局限性

有人认为，按照现行《婚姻法》第 40 条的规定："夫妻书面约定婚姻关系存续期间所得的财产归各自所有，一方因抚育子女、照料老人、协助另一方工作等付出较多义务的，离婚时有权向另一方请求补偿，另一方应当予以补偿。"离婚时一方就有责任对照顾子女多的一方给予补偿。但是，这些学者忽视了这种补偿只针对实行夫妻分别财产制的婚姻，而不是针对所有的婚姻。我们希望的是针对所有婚姻。

---

① 同上注。

从普遍性而言，如果立法仍然只以因困难无法生活作为获得家庭保障和帮助的法定前提条件，而不是以保持每个家庭每个成员的生活水平大致相当为保障或家庭互助的前提条件，那么就必然会造成对所有生育养育多个子女的女性的不公，因为女性生育养育更多子女并非再是遗传自己基因的基本需求。几乎绝大部分妇女不会再从生育更多子女的行为中获得自己个人的额外利益和快乐。所以，目前必须对这种明显对女性不公的社会制度的设计进行普遍化的反思。

退一步讲，在特别是对离婚后原夫妻之间的经济帮助，很多国家已经将帮助的条件由"生活困难"提高到"维持双方生活水平相对不变"的立法趋势下，我国民法典仍然坚持只是在夫妻分别财产制中才给予补偿或保持离婚后生活水平不降，可以肯定地说已经落后于世界了。

六　离婚经济帮助和生活水准保持制度并举立法

（一）对民法典婚姻家庭编《室内稿》的法经济分析

限于我国很多人对婚姻的本质和婚姻责任的认识模糊和对"我国已经实现了男女平等"的浪漫理想的错误认识，不少人还坚持基于现代婚姻观念结婚后各人人格的独立和民事关系实行自己责任原则，希望在离婚后仍然保持现行《婚姻法》的"困难帮助"思维模式。短期内，肯定还会有不少人认为苛责维持夫妻双方水平不变的义务是不合理的。还会有许多人认识不到目前我国《婚姻法》关于离婚后经济帮助的法定条件的规定是不公平的。通过本文上述分析，我们认为我们基本上廓清了相关疑问。

在我们讨论这一问题时华东政法大学的许莉教授认为：目前很多人已意识到了生活水平标准保持的重要性。但很多学者认为生活水准下降标准不明确，模糊规定下来可能适得其反，甚至产生更大的不公平，助长"不劳而获"，阻碍社会经济发展。笔者认为，其实找到合理的生活水平下降标准并不难。国外经过相当长的一个历史时期的司法实践，已经找到类似离婚后双方职业能力和经济能力评估条款、离婚后双方可实际分割到的财产、离婚后双方各人其他可得财产等的综合评估制度，老年离婚年金制也是来于此原则的细则。这些法经济学上的衡量，国内外都在细化，甚至对离婚成本和人的结离婚行为博弈模型进行了专门分析。[①]《法国民法典》的离婚后夫妻双方生活水平的差异认定的十几条标准基本可行。本文不重复这些已有的结论。

据笔者多年细读梁慧星教授、徐国栋教授和王利明教授的民法典专家建议稿，它们和目前的《室内稿》基本相同，原则上都是建议维持我国现行《婚姻法》第 42 条基本不变。所以，对这些范本，本文除了上述几点的剖析以外不另做特殊的法经济学分析。

（二）对民法典婚姻家庭编《婚姻法专家稿》的法经济分析

在此，本文主要对《室内稿》产生以后，中国婚姻法研究会相应的专门建议稿（简称《婚姻法专家稿》）的有关意见进行详细探究。

首先，《婚姻法专家稿》主张在《室内稿》的第 45 条中增加规定几项离婚时的财产分割规则，即增加 1 款："分割夫妻共同财产一般应当均等。当事人对均等分割有异议的，由人民法院根据双方婚姻关系存续期间的长短、离婚的原因及财产的具体情况，依照顾子女和女方权益的原则判决。"[②] 我们关注到特别增加的均等是基本原则，照顾子女和女方是次要条款。同时，我们还必须强调分割夫妻共有财产的原则和离婚后一方给予另一方经济帮助是性质不同的法律规则。对此，我们觉得如果实行《婚姻法专家稿》的这种分割夫妻共有财产的办法，那就更应该在离婚后甚至终身在经济上倾斜于生育了多个子女的妇女了。对《婚姻法专家稿》的这种制度选择，由于其不直接涉及本文主题，本文在此不作深入评析。下文将深入回答这一问题。

其次，《婚姻法专家稿》建议修改离婚家事补偿救济制度，以弥补对妇女家庭贡献照顾不到之处。专家们认为，《室内稿》第 47 条规定了离婚

---

① 冯玉军主编《中国法经济学应用研究》，法律出版社，2006，第 297 页。
② 涉及知识产权问题，本文在此不便于引用具体的文档名称。

家事补偿救济，但是在"分别财产制"下，适用范围过于狭窄。这是对一方发展机会丧失利益的补偿，不应限于分别财产制下才予以适用。所以，《婚姻法专家稿》建议修订如下："婚姻关系存续期间一方因抚育子女、照料老人、协助另一方工作等付出较多义务的，离婚时有权向另一方请求补偿，另一方应当予以补偿。具体办法由双方协议；协议不成时，由人民法院判决"。增加这一规定，似乎可以解决本文主题提到的妇女不愿意生育二胎的制度激励问题。然而，我们在目前的各稿，以及现行《婚姻法》第 40 条——"夫妻书面约定婚姻关系存续期间所得的财产归各自所有，一方因抚育子女、照料老人、协助另一方工作等付出较多义务的，离婚时有权向另一方请求补偿，另一方应当予以补偿"——的规定中，都只能看到仅限"离婚时"，在离婚后是不能提起的。

最后，《婚姻法专家稿》对离婚后经济帮助问题的建议是，《室内稿》第 48 条规定了离婚经济帮助，但是规定得过于抽象，专家们建议规定得更为详细，并加入一方生活困难的具体标准，便于司法中的适用。专家们对该条具体条款的建议分为如下 3 款。（1）离婚时，如一方确有生活困难的，有负担能力的另一方应当以财物、住房、提供劳务等方式给予适当帮助。帮助的具体办法由双方协议；协议不成时，当事人可以请求人民法院裁决。（2）婚姻关系存续期间存在重大过错的一方请求经济帮助的，不予支持。（3）有下列情形之一的，视为生活困难：①离婚后没有住房的；②丧失劳动能力且无生活来源的；③患有重大疾病的；④生活水平显著下降的；⑤其他导致生活困难的情形。《婚姻法专家稿》建议中的第 4 款"生活水平显著下降的"条件似乎包含了本文倡导的离婚后生活水平保持义务立法模式。不过，在法律逻辑思维上，我们不能否认《婚姻法专家稿》仍然是以"生活困难的情形"作为帮助的基本原则，而困难帮助和生活水平保持在法律制度功能上肯定是有所不同的。

（三）本文主张的离婚后生活困难帮助和生活水平保持制度并举

在分析其他国家和地区的离婚后夫妻帮助制度的过程中，我们可以看到，世界各国大多数是单采某一种立法模式。笔者认为，随着人类法律制度文明的进步，立法模式应当差别性对待，"提供制度供给多样化的立法路径"。在制度经济学的博弈分析体系中，我们主张我国民法典选择以"离婚后生活困难帮助和生活水平保持两种制度并举"的立法模式。

本文主张的合理性和制度激励可行性，在于在制度经济学上所有在一个生活共同体内部的财产行为、事实行为客观上必须是一体化的（即事实上鼓励同甘共苦）。甚至在婚姻共同体解体之后的"负外部效应"的处置上也必须是正相关的激励，才能保证前期行为的有效性。① 这也就是说，前述撰写《婚姻法专家稿》的专家们在分割夫妻共有财产时首要考虑的夫妻财产制适应市场机制保护个人财产权优先，不一定最终能够实现真正的保护双方个人财产的更大利益，很难激励夫妻双方，特别是妇女共同生育抚养多个孩子。

表面上看，哪怕是夫妻，也不能把夫妻在增进夫妻人身关系方面多做的牺牲"凌驾于财产制之上"，把无法衡量的人身关系用财产来弥补，除非协商不成。这样，才可以将私法上的意思自治和自己责任原则结合起来。但是，我们忽略了人的决策行为是系统化的人生（人身和财产终身利益）衡量的结果。如果夫妻在决定生育几个孩子时利益不是基本一致的，各打各的算盘，最终制度又不做平衡，那么夫妻双方的利益冲突和博弈不但可能导致妇女最终不愿意生育二胎，而且可能影响妇女对其他开拓家庭前途所做牺牲和财产多贡献的行动的积极性。

生育子女本身在行为抉择中地位特殊，对妇女各方面的消极影响大于对男子的消极影响，多数现代女性生育考虑的是血缘延续。所以，一个子女加上冷冻胚胎的生育技术保险，是很多成功女士的生育选择模式。未来，特别是生育二胎以上可能严重影响个人幸福或人生前途，特别增大了离婚后的人生前途困境风险，必然在制度上严重降低妇女生育行为的幸福感，影响行为抉择。据我们的调研，目前家庭幸福和事业有成的女士之所以只愿意生育一胎，"更多地是考虑自己的事业发展"。一些妇女愿意生育

---

① 参见杨遂全《中国之路与中国民法典——不能忽视的 100 个问题》，法律出版社，2006，第 320～325 页的引文和具体分析论证。

二胎是基于中国传统的儿女双全的幸福观，在第一胎是女儿的情况下想再生一个男孩。[①] 立法给予生育二胎以上的妇女生活水平在离婚后保持不变的制度选择可能，就可以部分免除绝大多数妇女对因生育影响人生幸福和事业前途的担忧，至少使她们不再惧怕离婚后和男方前途形成太大的反差。当然，如果再有夫妻共同生育多胎的共有财产转化制度保障则将更为周全。

至于具体制度的设计和立法模式，我们认为，人性化的婚姻法律制度不仅要考虑夫妻同甘共苦，共同养育子女，而且还要考虑离婚后夫妻一方可能发生的生活困难，所以，我们建议保留现行《婚姻法》第 42 条的离婚后经济帮助制度。同时，和离婚后原夫妻生活水平保持制度并举。在现行《婚姻法》第 42 条中增加 1 款："夫妻共同生育多个子女的，离婚后生活水平明显下降的女方可以请求保持其生活水准。"依照前述法理和此项建议，困难帮助制度适用于结婚时间比较短，未共同生育多胎子女的夫妻；生活水平保持制度仅适用于夫妻共同生育了多胎子女的婚姻，并且不区分是夫妻共同还是分别财产制。当离婚后生活水平显著下降的一方再婚时，才能免除有负担能力的夫妻一方的这种生活水准保持义务。根据这种生活保持义务的法律性质和制度经济功能，在程序上我们主张原则上只能在离婚时提起，特殊情况除外。至于离婚以后再提起此类诉讼也只能以离婚时已经形成的条件为依据，由裁判人员据此原则自由裁量。

结　语

二胎化，甚至必要的部分夫妻三胎生育模式，仍将使妇女面临生活、职业发展、精神追求的人生两难。目前，越来越多的国家改离婚后困难帮助为保持生活水准，或采取两者分结婚时间长短相衔接的立法模式。我国

[①] 杨遂全：《现代家庭的源与流——家庭的未来及其对策研究》，河南人民出版社，1987，第 133 页。

民法典不能再无视未来二胎政策和法律制度对妇女的终身影响。民族和劳动力结构正常延续需要制度激励妇女愿意生二胎。考虑到婚姻责任和长期利益平衡，在法经济学上我们主张在目前的社会转型时期，实行离婚后生活困难帮助和生活水平保持两种制度并举。

（杨云，四川大学经济学院法经济学方向 2012 级博士研究生；杨遂全，四川大学法学院教授）

法条释评

论返还财产请求权的诉讼时效

——《民法总则》第 196 条第 2 项之解释论

李元元

目　次

历时两年多，于 2017 年 3 月 15 日审议通过的《民法总则》标志着中国 "民法典编纂工作的第一步已顺利完成"[①]，也意味着中国民法典编纂 "迈出了最关键、最重要的一步"[②]。《民法总则》在广泛承继我国现有的民事法律制度的同时，也作出了若干的制度创新，进一步充实和完善了中国民事法律制度体系。《民法总则》对《民法通则》和《最高人民法院关于审理民事案件适用诉讼时效制度若干问题的规定》（法释〔2008〕11 号）规定的诉讼时效制度进行了较大幅度的修改，不仅将诉讼时效期间延长至三年，扩大了诉讼时效的适用范围，调整了诉讼时效期间的起算点，更在第 196 条中反面规定了不适用诉讼时效的 "请求权"。其中，尤其引起笔者关注的是《民法总则》第 196 条第 2 项规定的不适用诉讼时效的 "返还财产" 请求权的范围问题。笔者认为，规定返还财产的请求权适用

---

①　梁慧星：《民法总则的时代意义》，《人民日报》2017 年 4 月 13 日。

②　谢鸿飞：《〈民法总则〉是中国立法的里程碑》，《法制与社会发展》2017 年第 2 期。

诉讼时效，是《民法总则》立法的一大突破，但考虑到我国既有的物权变动模式及取得时效制度缺失，对于本规定的解释与适用，应有进一步澄清之必要。

一 物权请求权与诉讼时效

（一）《民法总则》制定前的立法和司法实践

根据《民法通则》第135条的规定，权利人向人民法院请求保护其"民事权利"的期间为两年。但对于此处"民事权利"的范围却未作任何限定，似乎一切民事权利都可适用诉讼时效。因此，在法释〔2008〕11号之前，对于诉讼时效的适用范围问题，存在一定的争议。

1. 否定说

学界通说认为，诉讼时效应仅限于债权请求权，物权请求权不适用于诉讼时效。[①] 最高人民法院的相关司法解释也将诉讼时效的适用范围限定为"债权请求权"。根据法释〔2008〕11号第1条的规定，"当事人可以对债权请求权"提出诉讼时效抗辩。最高人民法院及部分地方法院的判例也认为，"诉讼时效制度只适用于债权请求权，并不适用于物权请求权"。[②] 这是各级人民法院在司法实践中占多数的裁判观点。

关于物权请求权不适用于诉讼时效的理由，主要有以下几个方面。（1）认为物权请求权与物权同命运，物权不适用于诉讼时效，物权请求权当然不适用于诉讼时效。[③]（2）认为物权请求权是以恢复物权的圆满支配状态为目的的请求权，如果物权请求权适用诉讼时效，将导致物权人丧失

---

① 参见王利明《民法总则研究》，中国人民大学出版社，2012，第733~734页；陈华彬《物权法研究》，中国法制出版社，2010，第278页；崔建远《物权：规范与学说》，清华大学出版社，2011，第317页。

② 参见最高人民法院关于刘伦喜与葛秀芹房屋权属纠纷再审民事判决书，案号：（2011）民提字第123号。地方法院的判例如辽宁省高级人民法院关于再审申请人营口沿海银行股份有限公司与被申请人刘某某、王某某房屋买卖合同纠纷一案民事裁定书，案号：（2016）辽民申第4596号。

③ 参见陈华彬《物权法研究》，中国法制出版社，2010，第278页。

对物的支配力，物权趋向于"空洞化"，出现变态物权或者权利真空。① 有法院判例也采纳同样的观点② （3）认为部分物权请求权，如排除妨碍请求权、消除危险请求权等，其诉讼时效难以起算，这些权利的性质本身决定其无法适用诉讼时效。③

2. 折中说

在肯定物权请求权诉讼时效的观点中，多数学者采折中说，即有限度地承认物权请求权尤其是返还原物请求权适用诉讼时效的范围。

有学者认为，物权请求权是否适用诉讼时效不能一概而论，而应区分不同的物权请求权类型。梁慧星教授认为，排除妨碍请求权、消除危险请求权、物权确认请求权及已登记的不动产物权返还原物请求权不适用诉讼时效。④ 王轶教授也提出，对于物权请求权是否适用诉讼时效，应结合诉讼时效的制度功能及价值判断来区别对待，认为"排除妨害请求权、消除危险请求权以及登记的不动产物权人主张返还原物的请求权不应适用诉讼时效制度"。⑤ 根据我国《物权法》第34~35条的规定，物权请求权包括返还原物请求权、排除妨碍请求权、消除危险请求权三种。其中第33条规定的物权确认请求权是物权请求权的适用前提，属于程序性权利，有学者不将其列为物权请求权⑥，但亦有将其列为物权请求权的观点⑦。从以上分析可看出，梁慧星教授及王轶教授均认为：未登记的不动产物权及动产物权的返还原物请求权适用诉讼时效。在司法实践中，虽然多数裁判观

① 参见王利明《民法总则研究》，中国人民大学出版社，2012，第734页。
② 参见湛江市中级人民法院关于陈某某与湛江市房产管理局返还原物纠纷二审民事判决书。案号：（2014）湛中法民一终字第70号。该院认为："关于市房管局的起诉是否超过诉讼时效期间的问题。返还原物请求权关系到物权人的根本利益，在标的物被他人侵占的情况下，如果物权人不享有返还原物请求权，则尽管其享有所有权，但由于其无法对该标的物进行支配、享有其利益，该物权实为空洞权利，不能保障物权的合法行使。"
③ 王利明：《民法总则研究》，中国人民大学出版社，2012，第735页。
④ 参见中国民法典立法研究课题组（负责人梁慧星）《中国民法典草案建议稿》，法律出版社，2011，第38页；梁慧星《民法总论》，法律出版社，2015，第252~253页。
⑤ 参见王轶《物权请求权与诉讼时效制度的适用》，《当代法学》2006年第1期。
⑥ 参见王利明《物权法研究》（上卷），中国人民大学出版社，2016，第170页；崔建远《物权：规范与学说》（上），清华大学出版社，2011，第272页。
⑦ 参见中国民法典立法研究课题组（负责人梁慧星）《中国民法典草案建议稿附理由·物权编》，法律出版社，2013，第92~93页（本部分由孙宪忠教授起草）。

点认为返还原物请求权不适用诉讼时效，但亦有裁判观点认为，动产所有权人请求返还原物的请求权适用诉讼时效。如朝阳市中级人民法院在关于唐某某与某电力公司供用电合同纠纷案件二审民事判决书中认为："上诉人要求被上诉人归还 2002 年电网改造时被上诉人收回的器材，系行使返还原物请求权，应适用诉讼时效的相关规定。"①

但朱虎博士则通过正面的论证，认为基于保护交易安全及降低交易成本的考虑，返还原物请求权应适用诉讼时效。② 未将返还原物请求权适用诉讼时效的范围限缩为动产物权和未登记的不动产物权。

关于部分物权请求权适用诉讼时效的理由，有学者认为系为了保护交易安全，降低交易成本。③ 有学者则结合民法价值判断及诉讼时效的制度功能，认为诉讼时效制度具有维护现有社会秩序稳定，维护社会公共利益的功能，并以此为基础逐个分析了各物权请求权的性质和功能：（1）妨碍的存在和危险的存在，排除了他人误认为妨碍人和危险制造人为权利人的可能性，故无适用诉讼时效的必要；（2）已登记的不动产因权利登记在他人名下，故不会产生使他人误认为登记权利人没有返还请求权的合理信赖。因此，该学者得出"排除妨害请求权、消除危险请求权以及登记的不动产物权人主张返还原物的请求权不应适用诉讼时效制度"的结论。④

（二）《民法总则》关于诉讼时效适用范围的规定

《民法总则》第 188 条对于诉讼时效期间的一般性规定，相较于《民法通则》而言，大同小异。该条除将期间长短由两年调整为三年外，几乎一字不差地继受了《民法通则》第 135 条，同样采用了含混的立法用语，将诉讼时效的适用范围限定为"请求保护民事权利"。但与《民法通则》不同的是，《民法总则》关于诉讼时效的规定更为体系化，在对诉讼时效适用范围作出一般正面性规定的同时，于第 196 条反面规定了不适用于诉

---

① 案号：（2015）朝民三终字第 00273 号。
② 参见朱虎《返还原物请求权适用诉讼时效问题研究》，《法商研究》2012 年第 6 期。
③ 参见朱虎《返还原物请求权适用诉讼时效问题研究》，《法商研究》2012 年第 6 期。
④ 参见王轶《物权请求权与诉讼时效制度的适用》，《当代法学》2006 年第 1 期。

讼时效的具体情形。根据《民法总则》第 196 条的规定：排除妨碍、消除危险的物权请求权不适用于诉讼时效；不动产物权和登记的动产物权的权利人请求返还财产的请求权不适用于诉讼时效。

因此，《民法总则》没有采纳学界及司法实务界关于物权请求权尤其是返还原物请求权不适用诉讼时效的观点，而是有限度地承认部分物权人请求返还原物请求权适用诉讼时效。这一立法例与折中说的观点相近，但又有所不同。其不同之处在于：折中说认为，仅登记的不动产物权人请求返还原物的请求权不适用诉讼时效，而《民法总则》规定所有的不动产物权人及已登记的动产物权人请求返还财产的请求权都不适用诉讼时效。这一规定进一步限缩了诉讼时效在物权请求权领域的适用范围，较之折中说更为保守，在某种意义上，可说是折中说与否定说的再折中。

二 《民法总则》第 196 条第 2 项立法过程

《民法总则》第 196 条第 2 项规定："不动产物权和登记的动产物权的权利人请求返还财产"的请求权不适用诉讼时效。以上规定在立法过程中也有一定的变化，《民法总则（草案）》的第一至第三次审议稿均规定"登记的物权人请求返还财产的请求权"不适用诉讼时效，简洁明了。在此之前，也有学者提出过类似的立法建议。[1] 其参考立法例为我国台湾地区关于已登记的不动产物权的"恢复请求权"不适用消灭时效的"大法官解释"。[2] 但与之不同的是，《民法总则》并未将其限定于已登记的不动产物权上，而是在草案起草时直接将其扩大为所有的已登记物权，不论是动产还是不动产。

但在最后的全国人大会上审议阶段对此作了若干的修改，将其进一步

---

[1] 参见崔建远《物权：规范与学说》（上），清华大学出版社，2011，第 317 页。

[2] 根据我国台湾地区"民法"第 125 条之规定，对于消灭时效的适用本无限制，一切请求权均可适用之，其既往的判例也采同一解释（台湾地区"最高法院"1953 年台上字第786 号判例）。但我国台湾地区 1965 年的"司法院"释字第 107 号："已登记的不动产所有人之回复请求权，无'民法'第一百二十条消灭时效规定之适用。"

扩大为"不动产物权和已登记的动产物权的权利人请求返还财产"的请求权不适用诉讼时效。根据《第十二届全国人民代表大会法律委员会关于〈中华人民共和国民法总则（草案）〉审议结果的报告》，修改理由在于"目前，不少农村地区的房屋尚未办理不动产登记，为更好地保护农民的房屋产权，建议将不适用诉讼时效的范围扩大至所有不动产物权的返还请求权"。①

对于这一修改理由，笔者认为这一修改使得该条带有浓厚的"临时性"色彩，似有进一步商榷之必要。理由如下。2014 年 11 月，我国已经制定颁布了《不动产登记暂行条例》，根据该条例的规定，农村宅基地上的房屋已经被列入不动产登记的范围，且农村不动产登记工作已经全面铺开。因此，可以预见未来农村土地上的房屋应当以有登记为原则，无登记为例外。且不排除在未来制定民法典物权编的过程中将农村土地上的房屋与城市土地上的房屋采用同一物权变动模式。届时，绝大多数的不动产物权变动，除法律规定的特别情形外（非基于法律行为的物权变动），都以登记为生效要件，并以登记作为物权公示的手段。故农村土地上的房屋没有办理不动产登记在未来不应该是一个长期性问题，而是一个阶段性问题。以此阶段性问题，限定"返还财产"请求权适用于诉讼时效的范围，进而限缩诉讼时效制度未来在农村地区发挥制度功能的空间，似有变相鼓励农村土地上的房屋不办理不动产登记之嫌。这显然与我国目前着力推进的建立统一的不动产登记制度的初衷相违背。民法典尤其是《民法总则》，不应当重点着眼于改革发展过程中的一些"阶段性"问题，而应当关注未来社会发展需要的长期性问题，以此才能最大限度地确保民法典的生命力。

因此，笔者认为，在未来农村与城市建立统一的不动产登记制度以后，对农村和城市不动产再采不同的物权变动模式已经失去了现实的社会

---

① 《第十二届全国人民代表大会法律委员会关于〈中华人民共和国民法总则（草案）〉审议结果的报告》（2017 年 3 月 12 日第十二届全国人民代表大会第五次会议主席团第二次会议通过），载《民法总则立法背景与观点全集》编写组《民法总则立法背景与观点全集》，法律出版社，2017，第 33 页。

基础和制度基础，采纳更为单一的物权变动模式应属大势所趋。《民法总则》规定的未登记的不动产物权人请求"返还财产"的请求权不适用于诉讼时效的"立法担忧"在不远的将来将不复存在，相关的法律规定也有可能沦为"具文"。

其实，在此之前，梁慧星教授主持起草的《中国民法典草案建议稿附理由·物权编》中的宅基地使用权（未区分农村和城市）、农地使用权及邻地利用权均采用的是登记生效主义的物权变动模式。[1] 崔建远教授也撰文建议未来民法典的物权编应当统一不动产物权的物权变动模式，一律采登记生效主义。[2] 因此，统一不动产物权的物权变动模式，是未来民法典物权编立法的一大趋势，且采用登记生效主义的可能性最大。

综上，笔者认为，《民法总则》第196条在立法最后的表决阶段作出了修改，其为了保护农村地区农民对房屋的"产权"的立法用意值得肯定，但这一"立法用意"带有明显的"临时性"色彩，与民法典应当着眼于长远未来的立法视野不相匹配。但鉴于立法已经完成，苛求立法的完美性已无必要，如何解释并正确适用该规定才是学界和司法实务界须共同面对的问题。

三 《民法总则》第196条第2项解释论

（一）主要内容

根据《民法总则》第196条第2项的规定，以下两种情形的物权返还请求权不适用于诉讼时效。

第一，不动产物权权利人请求"返还财产"的请求权。这里的不动产物权既包括通常情况下只有通过登记方能取得物权的不动产物权，还包括根据《物权法》第28～31条规定的非基于法律行为的物权变动而取得的

---

[1]　参见中国民法典立法研究课题组（负责人梁慧星）《中国民法典草案建议稿附理由·物权编》，法律出版社，2013，第350、410、451页。

[2]　参见崔建远《民法分则物权编立法研究》，《中国法学》2017年第2期。

不动产物权①，也包括不动产登记仅为权利对抗要件的不动产物权。② 也即，所有的不动产物权权利人请求"返还财产"的请求权都不适用于诉讼时效。第二，已登记的动产物权权利人请求"返还财产"的请求权。此处已登记的动产物权，首先应当是指《物权法》第 24 条规定的船舶、航空器、机动车等特殊动产的物权。但是否包括《物权法》第 181 条规定的经登记的财团抵押权的"返还财产"请求权，似乎还有进一步需要澄清的空间。同时，该规定是否适用于包括根据《物权法》第 180 条第 1 款规定的已登记的特殊动产抵押权的"返还财产"请求权，也需要作进一步的解释。

如果对《民法总则》第 196 条第 2 项作反面解释，在物权人的"返还财产"请求权问题上，则可以得出：未登记的动产物权人请求返还原物的请求权适用于诉讼时效。

同时，笔者认为，对于他人已善意取得的物，原所有权人不得依据该条主张其请求"返还财产"的权利并未罹于诉讼时效而要求善意取得人返还。理由在于此时原所有权人已经并非本项规定的物权人，无主张该项规定之抗辩的主体资格。同时，善意取得人已经基于法律的规定终局性取得了物的所有权，其对物的占有是有权占有、自主占有，并不负有向原所有权人"返还财产"的义务。

对于该条的理解，除上述第二点已经提出的若干问题以外，尚包括：条文中所言的"返还财产"应当作何解释？未登记的动产所有权人请求"返还财产"的请求权适用于诉讼时效是否包括请求返还占有脱离物③的情形？规定部分物权人"返还财产"请求权适用于诉讼时效，是否代表未来民法典必须规定取得时效与之相配套？未来民法典如规定取得时效制度，应如何与本条衔接？

---

① 具体包括《物权法》第 28 条规定的政府征收、直接以变动物权为内容的裁判文书，第 29 条规定的继承或受遗赠，第 30 条规定的建造拆除等事实行为等情形。
② 具体为《物权法》第 129 条规定的通过流转取得的农村土地承包经营权、第 158 条的地役权。
③ 所谓的占有脱离物，是相较于占有委托物而言的。占有脱离物是指非基于权利人的意思而失去对某物的控制；而占有委托物是指基于权利人的意思而授予他人占有某物的情形。

（二）我国民事立法中的"返还财产"

与德国、我国台湾地区的民事规定不同，1986 年制定的《民法通则》单设了"民事责任"一章，于第 134 条第 1 款集中规定了十种不同的民事责任的承担方式，其中第 1 款第四项规定了"返还财产"。《民法通则》还于第 79 条第 2 款规定了遗失物、漂流物或饲养动物的返还责任，于第 117 条规定了侵占他人财产的返还责任。此后 1995 年的《担保法》第 71 条规定了质权人返还质物的责任。1999 年的《合同法》在总则部分第 58 条规定了合同确认为无效、被撤销后返还财产的责任，于第 59 条规定了因恶意串通损害国家、集体或第三人利益的合同取得财产的返还责任；在《合同法》分则部分，于第 235 条规定了租赁期届满后承租人对租赁物的返还责任，于第 249 条规定了租赁物解除后出租人取回租赁物的责任，于第 377 条规定了保管人对保管物的返还责任等。2007 年颁布实施的《物权法》于第 34 条规定了物权人可以请求无权占有人返还原物。2009 年的《侵权责任法》于第 15 条第 1 款原封不动地继受了《民法通则》第 134 条第 1 款的规定，于第四项规定了"返还财产"的民事责任。《民法总则》也在第 179 条第 1 款第四项规定了"返还财产"的民事责任。

从以上的简单梳理来看，我国民事立法上的"返还财产"的问题，并非一个单质性的问题，而是一个复合性的问题，在不同的语境中"返还财产"内涵不尽相同，既在如《物权法》《担保法》等带有物权性质的法律中规定了"返还财产"的责任，又在如《合同法》《侵权责任法》等带有债权法律性质的法律中规定了"返还财产"的责任。因此，"返还财产"这个看似确定化的概念，其实是一个不确定概念。所谓的不确定概念是指内涵和外延都具有广泛不确定性的概念。[①] 但笔者认为，关于"返还财产"的形式，在类型上无非做两种划分：一为债权性质的"返还财产"，二为物权性质的"返还财产"。这一类型划分虽然学理上似乎泾渭分明，但在中国法上如何鉴别如此众多不同语境不同法律规定中的"返还财产"的性

---

① 参见王利明《法学方法论》，中国人民大学出版社，2012，第 467 页。

质，却并非易事。

1. 类型化分析

类型化分析是解决法学上不确定概念法律适用问题的重要方法之一，拉伦茨认为，"当抽象———一般概念及其逻辑体系不足以掌握某生活现象或意义脉络的多样形态时，大家首先能想到的补助思考形式是'类型'"。① 类型较之于抽象的法学概念更为具体，能够将看似纷乱无章的现象、概念等归入更具逻辑性、更具解释力且更易掌握的体系之下，使得法律适用更为简洁且有章可循。质言之，类型化的目的是"规整有意义的脉络关联"②。因此，类型化对于现代法学方法论而言具有重要意义。

结合本文所讨论的问题，根据《民法总则》第 196 条第 2 项的规定，"不动产物权和登记的动产物权的权利人请求返还财产"的请求权不适用诉讼时效。虽然此处的立法用语为"权利人"，似乎既可以包括债权人也可以包括物权人，但结合整项的文义及立法目的来看，此处的权利人应仅解释为"物权人"，即对某物享有《物权法》规定的某一物权类型权利的人。故《民法总则》第 196 条第 2 项规定的"请求权"，应为物权性质的"返还财产"的请求权。有鉴于此，必须对我国现行立法中涉及的"返还财产"的性质进行必要的甄别，这是正确适用第 196 条第 2 项的前提性问题。

2. 物权性质的"返还财产"的权利人

虽然通过文义、目的等解释学方法，可以基本确定《民法总则》第 196 条第 2 项规定的"返还财产"应属物权性质，即仅物权人可以本规定向义务人主张"不动产物权和登记的动产物权的权利人请求返还财产"的请求权不适用诉讼时效。但问题是，是否所有的物权人都可享有"返还财产"的请求权。

根据《物权法》第 34 条的规定："无权占有不动产或者动产的，权利人可以请求返还原物。"本条处于《物权法》的"物权的保护"一章，

---

① 〔德〕卡尔·拉伦茨：《法学方法论》，陈爱娥译，商务印书馆，2003，第 337 页。
② 〔德〕卡尔·拉伦茨：《法学方法论》，陈爱娥译，商务印书馆，2003，第 341 页。

因此学界一般认为，此处的"权利人"应指物权人。① 但不容忽视的是"返还原物"的结果是使物权人取得对物的占有。同时，《物权法》第34条的法律关系发生在物权人与无权占有人之间，因此一旦义务人履行了"返还原物"的责任，则物权人应可以取得对物的直接占有。有鉴于此，笔者认为，对于此处"权利人"的范围，仅将其限定为物权人是远远不够的，应做进一步的限缩，将其限定为物权以占有为内容之一的物权人，也即占有是物权的权能之一的物权人。在我国《物权法》上，其具体包括：所有权人、土地承包经营权人、建设用地使用权人、部分地役权人、部分准物权人、质权人。眺望地役权人、抵押权人等不享有《物权法》第34条规定的"返还原物"请求权。

但问题是，如果不允许抵押权人行使《物权法》第34条规定的"返还原物"请求权，在抵押人丧失对抵押物的占有从而害及抵押权人的抵押权，而抵押人又怠于根据《物权法》第34条的规定行使"返还原物"请求权时，抵押权人应如何寻求救济呢？笔者认为，此时抵押人可类推适用《合同法》第73条关于债权人代位权的规定，代位行使抵押人对无权占有人"返还原物"的请求权，以此保障自身权益。同理，其他的不直接占有某物的物权人，也可据此代位行使"返还原物"请求权。需特别注意的是，抵押权人等代位行使"返还原物"请求权并不代表抵押权人等本身可享有该项权利，而是抵押人等直接占有某物的权利人（主要是指所有权人）享有"返还原物"请求权，抵押权人等仅为代他人之位行使他人享有的"返还原物"请求权。

3. 物权性质的"返还财产"请求权的范围

《物权法》第34条规定的"返还原物"为物权性质的"返还财产"请求权，已如前述。因此，《物权法》上返还财产的规定，属于《民法总则》第196条第2项所规制范围应无疑问，这也非本节讨论的重点。故下文重点讨论《合同法》上规定的"返还财产"是否属于物权性质。

---

① 参见王利明《物权法研究》（上卷），中国人民大学出版社，2016，第195页；崔建远《物权：规范与学说》（上），清华大学出版社，2011，第314页。

（1）不以转移所有权为目的的合同中的"返还财产"

根据合同目的的不同，可以将《合同法》分则中的合同类型分为以转移所有权为目的的合同、不以转移所有权为目的的合同、以履行特定行为为目的的合同。不以转移所有权为目的的合同包括租赁合同、保管合同、使用借贷合同等。其共同的特征是所有人在将物交付义务人（承租人、保管人、使用借贷人）之后，所有权并不发生转移。所以，对于不以转移所有权为目的的合同，问题相对单一。因为对于此类合同，不论是被确认为无效、被撤销、到期、解除等，因合同内容并未涉及所有权等物权的变动问题，所以所有权人（出租人、委托保管人、出借人等）恒有《物权法》第 34 条规定的请求义务人（承租人、保管人、使用借贷人）"返还原物"的权利，且此项权利为物权性质的请求权，应无异议。故《合同法》第249 条、第 337 条规定的"返还财产"属于《民法总则》第 196 条第二项规制的对象。

（2）以转移所有权为目的的合同中的"返还财产"

以转移所有权为目的的合同，除《合同法》分则中的买卖合同、赠与合同、借款合同外，还包括互易合同。此类合同的共同特征在于：合同的目的之一在于一方当事人要将物的所有权转移至另一方。鉴于买卖合同是以转移所有权为目的合同典型，故下文中将以买卖合同为例讨论此问题。

根据买卖合同中返还财产的原因的不同，可以将此类请求权进一步划分为以下两种情形：一为合同被确认为无效、被撤销后的返还财产问题，规定在《合同法》第 58 条，其一般性规定为《民法总则》第 157 条；二为合同被解除后的返还财产问题，规定在《合同法》第 97 条。需特别说明的是，虽然《合同法》第 97 条中采用的立法用语为"恢复原状"，而未采用"返还财产"或者"返还原物"，但不容忽视的是，恢复原状的内容较为丰富。最为直接的意思是指恢复到当事人未发生法律关系之前的状态，即"原来的法律状态"。① 在买卖合同中，如果合同被解除，转移所有权的一方要求恢复原状，实际上类似于要求买受人"返还财产"。故本

---

① 参见崔建远《物权：规范与学说》（上），清华大学出版社，2011，第 249 页。

文将文义上未采用"返还财产"这一用语的合同解除的情形也纳入本文探讨的范围。

A. 买卖合同被确认为无效、被撤销场的"返还财产"的性质

《合同法》第 130 条规定："买卖合同是出卖人转移标的物的所有权于买受人，买受人支付价款的合同。"转移所有权是买卖合同的主要目的之一。而根据《物权法》第 9 条、第 23 条，除另有规定外，不动产所有权的转移以登记为生效要件，动产所有权的转移以交付为生效要件。同时，根据《物权法》第 15 条、《最高人民法院关于审理买卖合同纠纷案件适用法律若干问题的解释》（法释〔2012〕8 号）第 3 条的规定，买卖合同的成立和生效并不以出卖人对物有处分权为必要，也不以实际转移登记或交付为必要。但问题是，动产已交付、不动产已转移登记的买卖合同被撤销、被确认为无效后，标的物所有权的归属，却与不同的物权变动模式直接相关。

《民法总则》第 155 条规定，无效或被撤销的民事法律行为（包括合同）自始没有约束力，均为自始、当然、确定无效。① 鉴于合同被撤销后的法律状态与合同确认为无效后的法律状态基本一致，故下文的讨论对二者不做区分。

通说认为，我国民事立法采用的是债权形式主义的物权变动模式。② 所谓的债权形式主义，是指物权因法律行为发生变动时，除当事人间须有债权合意（债权行为）外，仅须另外践行登记或交付的法定方式，即生物权变动的效力，不承认物权行为的独立性与无因性。此种模式为瑞士法所采。即存在效力瑕疵的法律行为被确认为无效后，具有溯及力。据此，如果据以申请不动产登记的原因行为被确认为无效，物权变动的效力也将因此受到影响，物权视为自始未变动。

---

① 参见韩世远《合同法总论》，法律出版社，2011，第 168～169 页。
② 参见梁慧星《如何理解合同法第 51 条》，《人民法院报》2000 年 1 月 8 日；王利明《物权法研究》（上），中国人民大学出版社，2012，第 257～260 页；崔建远《无权处分辨——合同法第 51 条的理解与适用》，《法学研究》2003 年第 1 期；王轶《论一物数卖——以物权变动模式的立法选择为背景》，《清华大学学报》2002 年第 4 期；陈华彬《民法物权论》，中国法制出版社，2010，第 111～112 页。

例如，甲将 A 房屋出卖于乙并完成所有权转移登记，后该买卖合同因违反法律的效力性强制性规定而被确认为无效（《合同法》第 52 条第 5 项）。因我国民法通说认为我国的物权变动模式采纳的债权形式主义的物权变动模式，不承认物权行为的独立性和无因性，则该买卖合同被确认为无效后，视为 A 房屋的所有权自始未变动，甲仍为所有权人。此时，甲根据《合同法》第 58 条或《民法总则》第 157 条的规定，要求乙"返还财产"的请求权为物权请求权，属于《民法总则》第 196 条第 2 项所规制的对象。

但如果未来民法典抛弃了债权形式主义的物权变动模式，改采德国法上的物权形式主义的物权变动模式，则又将是另一番景象。

物权形式主义主张，物权变动，除须有买卖等债权合同及登记或交付外，尚须当事人于债权合同之外就标的物物权变动成立一个独立的合意，此合意即所谓以物权的变动为内容的物权行为。[①] 此种物权变动模式为德国、我国台湾地区所采。我国学者一般认为，物权形式主义的物权变动模式的核心包含两个方面的内容，即物权行为的独立性（区分原则）和物权行为的无因性（抽象原则）。所谓的物权行为的独立性，是指物权行为独立于买卖、赠与等债权行为，是以发生物权变动为目的的法律行为；而物权行为的无因性则指债权行为的效力与物权行为的效力判断彼此独立，债权行为的效力瑕疵不影响物权行为的效力，反之亦然。[②③]

在此理论框架下，当原因行为归于消灭时，因物权变动并不因此受影响，故已完成的物权变动仍然有效，只是引发物权变动的原因归于消灭导致取得物权的一方负有向原物权人返还不当得利的义务。例如，甲将 A 房屋出卖于乙并完成转移登记，后该买卖合同最终被确认为无效、撤销时，

---

① 参见孙宪忠《物权变动的原因与结果的区分原则》，《法学研究》1999 年第 5 期；孙宪忠《再谈物权行为理论》，《中国社会科学》2001 年第 5 期。

② 参见谢怀栻、程啸《物权行为理论辨析》，《法学研究》2002 年第 4 期；葛云松《物权行为理论研究》，《中外法学》2004 年第 6 期。

③ 为克服严格的物权行为的无因性原则可能带来的弊端，德国法上通过民法总则中关于法律行为的规范来对物权行为进行制约，发展出了共同瑕疵说、条件关联说及法律行为一体说等理论，以资平衡。参见王泽鉴《民法学说与判例研究》（重排合订版），北京大学出版社，2015，第 1391～1392 页。

基于独立的物权行为引起的物权变动的效力并不当然因此受影响，也即乙仍旧为物权人。此时，甲请求乙"返还财产"的性质应属于《民法总则》第 122 条规定的不当得利返还请求权，为债权请求权，不属于《民法总则》第 196 条第 2 项所规制的对象。

B. 合同被解除后"返还财产"的性质

当买卖被法定解除时，其法律效果为何在理论上存在争议，存在直接效果说、间接效果说与折中说的争论。[①]

直接效果说主张合同被解除以后，因合同而产生的权利义务关系溯及既往地消灭，尚未履行的免于履行，已经履行的发生返还请求权。因此，在不采物权行为独立性与无因性的背景下，合同被解除后，关于有体特定物的返还请求权为物权请求权。例如，甲将 A 房屋出卖于乙并完成转移登记，后因乙方违约导致合同解除，则甲于合同解除时重新取得 A 房屋的所有权。此时甲请求乙返还财产的性质为物权请求权，属于《民法总则》第 196 条第 2 项所规制的对象。

间接效果说主张合同权利义务并不因合同解除而归于消灭，解除仅发生阻却合同效力的功能。详而言之即：合同已履行的部分发生新的返还义务，未履行的部分发生拒绝履行的抗辩权。准此言之，合同解除后，合同双方当事人的权利义务关系并非当然地恢复到合同未签订时的状态，双方仍旧基于合同发生债法上的新的债务履行、抗辩关系。具体而言是指：当合同被解除时，间接效果说认为买受人取得的不动产物权并不当然地复归出卖人，但买受人负有向出卖人完成所有权恢复登记的义务。同样以上例甲乙的 A 房屋买卖为例，如采间接效果说，当合同解除时，A 房屋所有权仍归买受人所有，并不因合同解除而自动复归出卖人。此时，甲请求乙返还财产的请求权为不当得利返还请求权，为债权性质的请求权，不属于《民法总则》第 196 条第 2 项所规制的对象。

折中说认为，合同解除后的合同权利义务关系不能一概而论，而应区

---

① 以下三种学说的论述及争论，可参见韩世远《合同法总论》，法律出版社，2011，第 524 页以下；崔建远《合同法总论》（中），中国人民大学出版社，2012，第 682~684 页。

别对待。具体而言，已经履行的部分发生新的返还义务（此点与间接效果说同），未履行的部分不再履行（此点与直接效果说同）。具体而言，因已经履行的部分的法律效果与间接效果说相同，则买受人取得的不动产物权并不当然地复归出卖人。再以上例中甲乙买卖 A 房屋为例，如采折中说，在登记完成后买卖合同解除的，所有权仍归乙所有。故甲请求乙返还财产的请求权为不当得利返还请求权，为债权性质的请求权，不属于《民法总则》第 196 条第 2 项所规制的对象。

在我国，关于合同解除究竟采纳何种学说，存在较大争议。因间接效果说存在不能解决的残留问题（主要是诉讼时效与永久性抗辩），且构造过于繁复，我国学者几乎不采纳。① 因此，争议主要集中在折中说与直接效果说之间。②

从以上的分析可以看出，不论是采折中说还是间接效果说，只要不动产交易已经完成，即完成物权变动登记，则合同解除时，出卖人请求买受人"返还财产"的请求权均为债权性质的请求权，不属于《民法总则》第 196 条第 2 项的规制对象。但如果采直接效果说，则会因合同解除使交易双方的权利义务关系自动恢复至交易之前的状态，导致出卖人因合同解除重新成为所有权人。此时，出卖人请求"返还财产"的请求权为物权性质的请求权，为《民法总则》第 196 条第 2 项规制的对象。

笔者认为，从维护交易安全的角度而言，折中说较为可取。理由是，折中说对于已经形成权利外观的状态（已经履行）的部分，合同解除后权利人请求"恢复原状"的请求权列为债权请求权，有利于维护后续参与交易的第三人的交易安全；对于未形成权利外观状态的部分采取实事求是的原则，规定双方均免除继续履行的义务，简化了法律关系。

同时，合同被解除后，已经发生变动的物权不可能自动恢复，直接效果说所主张的所谓的"物权立即变动说"③ 没有法律根据。

---

① 谢鸿飞：《合同法学的新发展》，中国社会科学出版社，2014，第 397 页。
② 关于此方面的争论，可参见崔建远《解除效果折衷说之评论》，《法学研究》2012 年第 2 期；韩世远《合同法总论》，法律出版社，2011，第 523 页以下。
③ 参见崔建远《合同法总论》（中卷），中国人民大学出版社，2016，第 768 页。

一方面，根据《物权法》的规定，物权变动分为基于法律行为的物权变动和非基于法律行为的物权变动。当合同解除时，双方并无关于物权变动的单独意思表示，即没有变动物权的法律行为，故"物权立即变动说"不可能是基于法律行为的物权变动。同时，在债权形式主义的背景下，学界通说并不承认物权行为的独立性，即使我们承认合同解除时拟制有物权变动的意思存在，也因为该拟制实际上构造出了物权行为而与债权形式主义物权变动模式的基本立场相冲突。另一方面，如果"物权立即变动说"不能是基于法律行为的物权变动，那么就只能是非基于法律行为的物权变动，而根据《物权法》的规定，非基于法律行为的物权变动仅包括人民法院、仲裁委员会的法律文书及人民政府的征收决定（第 28 条），继承或受遗赠（第 29 条），合法的建造、拆除房屋等事实行为（第 30 条）等情形，并没有所谓的"因合同解除导致物权自动恢复"的"法定物权变动"模式。因此，有学者曾一针见血地指出，"'物权立即变动说'是一种脱离现行法的'解释论'"。[1]

另外，将买卖合同解除时出卖人要求返还财产的性质列为债权请求权，而不适用《民法总则》第 196 条第 2 项，也符合《民法总则》的文义。因为《民法总则》第 196 条第 2 项采用的用语为"返还财产"而非《合同法》第 97 条规定的"恢复原状"。当然，这一解释仅仅是从字面上回避了其背后真正存在的法律问题，合同被解除后"恢复原状"中涉及返还财产的内容的性质问题还是未最终解决。

（三）特殊动产中的"难题"

1. 特殊动产物权变动的特殊问题

《物权法》第 24 条对于船舶、航空器及机动车的物权变动采用登记对抗主义的物权变动模式。但对于此处登记对抗的内涵，学界却存在不同的理解。最高人民法院的观点认为，该条是一种建立在意思主义之上的登记对抗主义，即只要当事人缔结了相应合同，物权就可以在当事人之间发生

---

[1] 参见韩世远《合同法总论》，法律出版社，2011，第 532 页。

变动，但在登记之前，该项变动不能对抗善意第三人，因此可以称之为
"合同生效加登记对抗说"。① 亦有学者持相同观点，认为只要当事人产生
物权变动的意思表示一致，物权变动即可完成，无须强制登记，但是不经
过登记的物权变动不能对抗第三人。② 全国人大法工委编写的书中则认为，
《物权法》第 23 条的规定亦可适用于准不动产物权变动，因此，准不动产
物权变动应适用交付生效主义，未经登记不得对抗善意第三人。此观点可
以称为"交付生效加登记对抗说"。③ 学者多支持"交付生效加登记对抗
说"，认为特殊动产的变动以交付为生效要件，以登记为对抗要件。④ 笔
者赞成后一种观点，原因在于《物权法》第 23 条规定的动产所有权的物
权变动以交付为生效要件的规定与第 24 条规定的特殊动产的物权变动采
登记对抗主义的规定，是原则与例外的关系。动产物权变动以交付为生效
要件的原则并没有因为《物权法》第 24 条而出现根本性的变化，故不论
是一般动产还是特殊动产，均以交付为物权变动的生效要件。

2. "登记的动产物权的权利人"的含义

根据《民法总则》第 196 条第 2 项的规定，已登记的动产的权利人请
求"返还财产"的请求权不适用诉讼时效。但对于"登记的动产物权的
权利人"应如何理解，却可能存在一定的疑问。具体而言，此处的"权利
人"是指在特殊动产权利登记簿上记载的人还是指真正意义上的特殊动产
的物权人？因为鉴于特殊动产采用登记对抗主义的物权变动模式，登记在
簿的名义权利人有可能并非真正的物权人，此时没有登记在簿的人能否以
《民法总则》第 196 条第 2 项之规定向返还义务人主张不适用诉讼时效的
抗辩，不无疑问。

《民法总则》第 196 条第 2 项规定的"权利人"为物权人，已如前

---

① 参见最高人民法院物权法研究小组编《中华人民共和国物权法条文理解与适用》，人民
法院出版社，2007，第 114 页。
② 孙宪忠：《中国物权法——原理释义和立法解读》，经济管理出版社，2008，第 158 页。
③ 参见胡康生《中华人民共和国物权法释义》，法律出版社，2007，第 30 页。
④ 崔建远：《再论动产物权变动的生效要件》，《法学家》2010 年第 5 期；王利明：《物权
法研究》（上卷），中国人民大学出版社，2016，第 363 页；汪志刚：《准不动产物权变
动与对抗》，《中外法学》2011 年第 5 期。

述。因此只有"登记的动产"的物权人才有可能主张第 196 条第 2 项的抗辩，不是"已登记动产物权"的权利人不能主张该抗辩。但问题是，之所以规定已登记的动产返还原物的请求权不适用诉讼时效，是因为一方面为了维护我国特殊动产的登记管理制度，另一方面已登记动产不会产生让他人信赖不存在权利人的可能。①

笔者认为，从《民法总则》第 196 条第 2 项的参考立法例来看，本规定是参考了我国台湾地区关于已登记的不动产返还原物的请求权不适用消灭时效的判例学说。但《民法总则》在继受借鉴的过程中，先是将其扩大至所有的已登记的不动产物权，后又扩大至所有的不动产物权和登记的动产物权。在立法草案不断扩大其适用范围的过程中，其原有的制度目的似乎已经被遗忘，甚至似有被曲解的态势。

之所以已登记不动产的返还请求权不适用诉讼时效，是因为不动产是以登记而非占有为物权的公示手段，不动产登记簿是不动产物权权利享有及其内容的根据。因此，已登记不动产不存在向第三人表彰其权利不存在的可能性。"我们很难设想不特定的第三人会由于某人长期占有登记在他人名下的不动产，而产生登记权利人没有返还原物请求权的信赖。"② 全国人大法工委民法室在对此项所作的说明中也认为："不动产一经登记，便具有强大的公示公信力，也意味着不动产物权的权利人请求返还财产使用诉讼时效已不可能。"③

我国台湾地区"大法官解释"对于已登记的不动产不适用诉讼时效，列了三点原因：（1）鉴于台湾地区"民法"第 769 条、第 770 条未规定取得时效可适用于已登记的不动产，为与之相配套，故已登记之不动产之"恢复请求权"应无消灭时效适用之余地；（2）不动产登记为不动产物权变动的生效要件，登记具有绝对效力，为免使登记制度失去效用，故已登记之不动产之"恢复请求权"应无消灭时效适用之余地；（3）登记于不

---

① 梁慧星教授在 2017 年 5 月 19 日中国社会科学院研究生院的关于"民法总则若干问题"的讲座中介绍了这一观点。如转述有误，文责自负。

② 参见王轶《物权请求权与诉讼时效制度的适用》，《现代法学》2006 年第 1 期。

③ 石宏：《中华人民共和国民法总则条文说明、立法理由及相关规定》，北京大学出版社，2017，第 472 页。

动产登记簿上的权利人必须负担一定税费，如所有权人得因消灭时效丧失对物之恢复请求权，有失公允。①

从这一解释中可以看出，规定已登记的不动产物权的返还请求权不适用消灭时效是从民法本身的视角来展开的，而非从行政法的角度来展开的。排除已登记的不动产物权的返还请求权适用消灭时效，一则是为了与取得时效制度相衔接，二则是为了维护不动产登记的公信力。其中维护不动产登记的公信力，应作如下理解：已登记的不动产不足以使不特定的第三人产生该不动产的物权人不再行使权利的外观信赖。质言之，在不动产领域，登记本身即是不动产权利人行使权利的一种表现形式，这从而从根本上排除了他人主张权利人未行使权利的可能性，进而也使诉讼时效（消灭时效）的适用失去了必要的前提。② 正是基于以上考虑，立法过程中有学者向立法机关提出的已登记的物权的返还请求权不适用诉讼时效的理由之一即为："登记的物权人请求返还财产的请求权，不涉及不特定的第三人，即使权利长期不行使，也不影响不特定第三人的信赖，所以不应当适用于诉讼时效。"③ 全国人大法工委民法室后来对本项的说明也认为，在不动产登记生效主义的条件下，将已登记的不动产物权的返还请求权适用于诉讼时效，必将会导致诉讼时效制度与不动产登记制度自相矛盾。④

但笔者认为，这一理论在不动产领域固然正确，因为不动产以登记为权利公示手段。然此理论若套用至特殊动产领域，似有南橘北枳之可能。因为对于特殊动产而言，占有仍是特殊动产物权对外公示的手段，且为最重要最根本的手段，登记仅仅为对抗要件。全国人大法工委民法室已经认识到特殊动产采用的登记对抗主义的物权变动模式，却认为，对于特殊

---

① 参见我国台湾地区 1955 年"大法官解释"释字第 107 号。
② 参见谢在全《民法物权论》（上），中国政法大学出版社，2011，第 31 页。谢在全先生认为，对于不动产而言，"登记已足以证明其物权，殊无以消灭时效之法定证据功能取代之必要"。此处所言之"法定证据"，在笔者看来，应理解为以长期占有证明权利之存在的证据。
③ 《民法总则立法背景与观点全集》编写组：《民法总则立法背景与观点全集》，法律出版社，2017，第 233 页。
④ 石宏：《中华人民共和国民法总则条文说明、立法理由及相关规定》，北京大学出版社，2017，第 473 页。

动产"如果进行了登记，与不动产一样，会产生强有力的公示公信力"。①
笔者认为，这一观点似有误会特殊动产登记效力之嫌。因为特殊动产物权
采纳登记对抗主义的权利变动模式，即表示特殊动产的物权登记不具有公
信力，至少不具有与不动产登记一样的"强有力"的公信力。立法机关以
此为基础为已登记的动产物权返还财产的请求权不适用诉讼时效正名，似
有牵强。

登记对抗主义的物权变动模式，决定了关于特殊动产的登记并不能作
为最终确认特殊动产权利享有与否的依据。准此以言，对于已登记的动产
物权，不特定的第三人并不能基于登记形成对某人是否对某物享有权利的
外观。相反，如果动产物权虽然已经登记，但登记名义人已经与实际权利
人相分离，而登记名义人长期不占有该动产，则可能形成使不特定的第三
人信赖该动产不存在其他权利人的外观。如此，否认已登记的动产物权的
返还请求权不适用诉讼时效，与诉讼时效制度的目的相违，其仍旧是在保
护躺在权利上睡觉的人。

3. 本项可能的解释路径

不仅如此，《民法总则》第196条第2项在解释上还存在如下难题：
如果认为只有物权人能够主张该项抗辩，则在特殊动产的场合该物权人可
能是未登记的物权人，此时义务人以权利人的权利未经登记为由主张权利
人不得援引此抗辩，应如何处理，不无疑问；如果认为只有已登记在簿的
"权利人"才能主张该项抗辩，则登记在簿的"权利人"可能已非物权
人，与该项要求"物权的权利人"的文义不符。

笔者认为，鉴于规定已登记的动产物权不适用诉讼时效已经不符合诉
讼时效的法理，也不符合本条制定时参考判例学说的制度初衷。因此，笔
者建议，对《民法总则》第196条第2项的"登记的动产物权的权利人"
作限缩解释，将其限缩为：已登记在簿的真正的特殊动产物权人。如此解
释，不仅能够督促特殊动产的物权人积极办理物权登记，维护国家关于动

---

① 石宏：《中华人民共和国民法总则条文说明、立法理由及相关规定》，北京大学出版社，
2017，第473页。

产物权登记管理制度的严肃性，同时，也能在最大程度上维护第三人的信赖利益，实现诉讼时效制度督促当事人及时行使权利，遵从现存秩序，维护法律和平，简化法律关系，减轻当事人举证负担的制度目的。①

（四） 占有脱离物的返还请求权与诉讼时效

依《民法总则》第 196 条第 2 项的反面解释，未登记的动产物权人请求返还财产的请求权适用诉讼时效。这一反面解释，并无例外，即根据本项之规定，所有的未登记的动产所有权的返还请求权都可能罹于诉讼时效。但问题是，对于如盗窃物、抢夺物、拾得遗失物等，其物权人请求义务人返还财产的请求权是否也适用诉讼时效，不无疑问。

盗窃物、抢夺物、拾得遗失物等非基于所有人的意思而丧失对某物的占有的物，被称为占有脱离物。② 与占有脱离物相对的概念为占有委托物，即某人基于所有人的意思取得占有的物。对于占有脱离物，我国《物权法》并未作出体系性的规定，仅于《物权法》第 107 条规定，对于遗失物，所有权人有权追回。该遗失物通过转让被他人占有的，所有权人得两年内向受让人请求返还原物，但受让人通过拍卖或者向具有经营资格的经营者购得该遗失物的，权利人请求返还原物时应当支付所付的费用。从以上规定来看，对于遗失物，原则上所有权人均享有返还财产的请求权，但对于通过公共交易取得遗失物的善意的交易相对人，所有权人请求返还原物时，应支付必要的对价，此被称为遗失物的有偿回复制度。③ 该制度可类推适用于如遗忘物、误取物之上。

但如盗窃物、抢夺物等盗赃物，不适用该制度。④ 而《最高人民法院、最高人民检察院关于办理诈骗刑事案件具体应用法律若干问题的解释》第 10 条第 2 款规定，在追赃程序中，对他人已经"善意取得"的诈骗财产，不予追缴。《最高人民法院关于刑事裁判涉财产部分执行的若干

---

① 参见王泽鉴《民法总则》，北京大学出版社，2009，第 492 页。
② 参见梁慧星、陈华彬《物权法》，法律出版社，2007，第 213 页。
③ 参见梁慧星、陈华彬《物权法》，法律出版社，2007，第 215 页。
④ 参见谢在全《民法物权论》（下），中国政法大学出版社，2011，第 1185 页。

规定》第11条第2款也规定："第三人善意取得涉案财产的，执行程序中不予追缴。作为原所有人的被害人对该涉案财产主张权利的，人民法院应当告知其通过诉讼程序处理。"从以上两个司法解释的规定来看，最高人民法院似乎有限地承认了对于盗赃物的善意取得制度。换言之，对于盗赃物，原所有权人有丧失请求返还原物的可能性。但这一丧失，并非基于《民法总则》第196条第2项之规定，而是基于善意取得制度。最高人民法院的司法解释的科学性，不属于本文讨论的重点，但其所反映的问题还有待学界做进一步的研究。

虽然《民法总则》第196条第2项在立法文义上似乎并未排除遗失物、盗赃物的所有权人"返还财产"的请求权适用诉讼时效的可能性。但笔者认为，如果严格按照《民法总则》第196条第2项的规定进行解释，可能会造成鼓励犯罪人隐匿、转移财产的可能性。故笔者认为，对于该条中"返还财产"的"财产"范围，应以占有委托物为限。即仅基于物权人自身的意思而使他人取得占有物，负有返还义务的人方可援用本项规定之时效抗辩。对于遗失物、遗忘物、误取物等不具有违法性而取得的占有脱离物，应适用或准用《物权法》第107条。对于盗赃物一律否定赃物（主要是未登记的动产）的占有人依据本项之规定向物权人主张时效抗辩。

（五）返还财产请求权的诉讼时效与取得时效的衔接

我国《民法通则》《物权法》均未规定取得时效制度。对于民法典中是否应当规定取得时效制度，学界存在一定的争议，立法机关也持较为保守的态度。但学界多数观点认为，我国民法应规定取得时效制度。[①] 而对于取得是应规定在民法总则中，还是应规定在物权法（物权编）中则存在

---

① 参见王利明《建立取得实效制度的必要性探讨》，《甘肃政法学院学报》2002年第1期；梁慧星《对物权法草案（第五次审议稿）的修改意见》，《山西大学学报》（哲学社会科学版）2007年第3期；尹田《论物权法规定取得时效的必要性》，《法学》2005年第8期；刘保玉、王仕印《论取得时效的制度构建》，《法学杂志》2007年第2期；温世扬、廖焕国《取得时效立法研究》，《法学研究》2002年第2期；季秀平《物权立法中七个疑难问题之我见》，中国民商法律网，http://www.civillaw.com.cn/wqf/weizhang.asp? id = 28946#m2，2017年5月26日访问。

不同的意见。学界通说认为，应规定在物权法或民法典物权编之中。梁慧星教授主持起草的民法典物权编的建议稿将取得时效置于"所有权"的"一般规定"里，此节的 26 个条文中有 22 个条文规定取得时效①；王利明教授主持起草的民法典物权编将取得时效置于"所有权"章的第一节"所有权通则"中的第二部分"所有权的取得"中。②

《民法总则》第 196 条第 2 项规定未登记的动产物权人请求返还财产的请求权适用诉讼时效。在诉讼时效期间届满后，如物权人请求义务人返还财产的，义务人可根据该项之规定以诉讼时效期间经过为由而抗辩。本来，物权请求权之目的即在于维护物权人对物之支配的圆满状态，如果物权请求权中的返还原物请求权罹于时效，则无异于物权人请求返还原物已无可能，其享有的物权已经成为一个有名无实的空壳③，出现"变态的物权"④。王轶教授认为，债权请求权在诉讼时效经过以后，债权也沦为"变态的债权"，为何不能容忍"变态的物权"。⑤ 笔者认为，债权仅为双方当事人的法律关系，对于第三人的影响甚微，故允许"变态债权"的存在不至于影响交易安全。但物权是必须对外公示的权利，而"变态的物权"实际上是物权的对外公示与物权的实际享有相分离。如果允许"变态物权"的存在，不论是"变态物权"物的实际占有人，还是"变态物权"的物权人，都没有再行对该物进行法律上的处分的可能性。因为罕有交易对象会愿意接受一个有名无实或者有实无名的物权，影响财货流通。同时，因为物权的公示与物权的实际享有已经不可逆地相互分离，对于第三人而言无从判断何人为物权人，影响交易安全。因此，笔者认为，没有返还请求权的变态物权非为法所允许。

有鉴于此，在《民法总则》有限度地承认了物权返还请求权适用诉讼时效的背景下，未来民法典的物权编应对应规定取得时效制度，且取得时

---

① 中国民法典立法研究课题组（负责人梁慧星）：《中国民法典草案建议稿附理由·物权编》，法律出版社，2013，第 111～151 页。

② 王利明主编《中国物权法草案建议稿及说明》，中国法制出版社，2001，第 18 页。

③ 参见史尚宽《民法总论》，中国政法大学出版社，2000，第 631 页。

④ 参见王利明《民法总则研究》，中国人民大学出版社，2012，第 734 页。

⑤ 参见王轶《物权请求权与诉讼时效制度的适用》，《当代法学》2006 年第 1 期。

效的期间应与诉讼时效期间相匹配，防止出现"权利真空"。引入取得时效制度目的是使公然、和平占有某物的人终局性地取得对某物的所有权，彻底消解上述"变态物权"的存在空间。之所以要求取得时效制度与诉讼时效制度相衔接，是为了最大可能地杜绝因为诉讼时效经过而取得时效未完成或者取得时效已完成但诉讼时效尚未经过的中间状态。这种中间状态本质上仍为物权的归属不明，属于"变态物权"，故谓之为"权利真空"。① 其实在《民法总则》制定过程中，已经有学者向立法机关就此问题提出过建议，认为《民法总则（室内稿）》"没有将所有类型的返还原物请求权排除在诉讼时效适用范围之外，因此取得时效在逻辑上和现实上就有存在的必要性。对于适用诉讼时效的返还原物请求权，如果没有取得时效与之相匹配，可能会出现权利人无法请求返还原物、义务人又不能取得物权的情况"。②

四 结语

——转向解释论的民法学研究

本文所探讨的问题，并非一个逻辑上的游戏，而是在未来《民法总则》第 196 条第 2 项适用过程中必须面对的"真问题"。不论是确定权利人，还是确定"返还财产"概念的内涵，都是该条准确适用的前提之一。本文认为，《民法总则》第 196 条第 2 项在整体上应作如下解释：（1）权利人为物权以占有为权能之一物权人，义务人为无权占有人，但不包括占有脱离物的占有人；（2）"登记的动产物权"应当作限缩解释，将其限缩为登记在真实权利人名下的特殊动产；（3）《合同法》上关于"返还财产"的规定是否属于本项所规制的对象，应当具体问题具体分析，不能一概而论，

---

① 关于取得时效与诉讼时效（消灭时效）规定不一致，导致"权利真空"的论述，可参见王利明《民法总则研究》，中国政法大学出版社，2012，第734页；史尚宽《民法总论》，中国政法大学出版社，2000，第629~631页；黄立《民法总则》，中国政法学出版社，2002，第463页；朱庆育《民法总论》，北京大学出版社，2013，第525页。
② 《民法总则立法背景与观点全集》编写组：《民法总则立法背景与观点全集》，法律出版社，2017，第234页。

且相关结论与物权变动模式密不可分。

本次《民法总则》的制定，采纳了一种现实主义的立法思路，最大限度地继受了包括《民法通则》在内的相关法律制度，但也有不少的亮点和创新。这些亮点和创新，必将是未来理论研究和司法实践面对的难点、疑点之一。理由在于在《民法总则》制定之前，中国民法学已经经历了三十多年的充分发展，民事立法工作也成绩斐然，基本建成了完整的民事法律体系。因此，任何的制度创新，都将对现有制度造成冲击，如何将创新的法律制度"镶嵌"进错综复杂的现行民事法律体系中，尽可能制定一部科学的民法典，是学界不得不认真思考的问题。

按照梁慧星教授的观点，中国的民事立法包括本次的《民法总则》的制定及正在进行的民法分则的制定，在立法思想上都带有一定的现实主义倾向，具体而言，即民事立法更多的是"就事论事，大而化之，对逻辑不太强调"①。在此指导下的民事立法工作，与"科学"的民法典可能有一定差距，但并不代表未来以民法典为基础进行的民法学也不能够"科学"。在民事立法工作完成以后，对于民事立法的批评应当适可而止，学界实务界应当更多地转向对民事立法的解释工作，即以解释学方法为基础，构建科学完整的中国民法学体系。在此过程中，民法学的研究有可能会走向自我封闭的"内卷化"，但这一学术研究及司法实践的"内卷化"对于最大限度地发挥民法组织社会的功能有着不可替代的意义。

（作者简介：李元元，中国社会科学院研究生院硕士生）

---

① 梁慧星教授于 2017 年 5 月 19 日在中国社会科学院研究生院的关于"民法总则若干问题"的讲座中阐述了这一观点。如转述有误，文责自负。

《民法总则》第 144 条评注

孙瑞玺

目 次

一 德国的法律评注及我国的引入

法律评注是一种来自大陆法学尤其是德国法学的文献。德国的法律评注以逐条释义为基本特征，通常卷帙浩繁、作者众多、影响巨大，其不仅是法律文献中的集大成者，而且是德国法学方法论的载体和法律文化的缩影。德国法律评注的"灵魂"在于其实务导向。这是法教义学作为一门解释之学和应用之学的应有之义。由此，法律评注被誉为德国法教义学的巅峰。①

近年来法律评注在我国也颇受关注，法学界主动引入德国的法律评注，体现了法学界的先知先觉。在民法学领域，徐涤宇教授主持了 2014 年度社科基金重大课题"中国民法重述、民法典编纂与社会主义市场经济法律制度的完善"，致力于编写与法律评注相似的法律重述；由婚姻法学会推动，夏

---

① 贺剑：《法教义学的巅峰》，《中外法学》2017 年第 2 期。

吟兰和龙翼飞两位教授任总主编的《家事法评注丛书》① 已经部分出版。在民事诉讼法、刑法等部门法领域，亦不乏类似项目或动向。② 此外，在 2013 年 8 月于德国柏林自由大学举办的第三届中德私法论坛上，与会者曾就中国如何继受德国的法律评注做过开拓性探讨，并且还自 2015 年起举办一年一度的中德民法评注会议，为法律评注的编写做了诸多有益准备。③《法学家》杂志自 2016 年以来亦特辟"评注"专栏，专门刊发学者撰写的针对某一法律条文的单条评注。④

《民法总则》通过后，中国社会科学院民法典工作项目组组织编著，由梁慧星学部委员和孙宪忠研究员为总顾问，由陈甦研究员为主编，谢鸿飞、朱广新研究员为副主编的《民法总则评注》借鉴德国法律评注的体系

---

① 如夏吟兰主编《中华人民共和国婚姻法评注·总则》，厦门大学出版社，2016；雷明光主编《中华人民共和国收养法评注》，厦门大学出版社，2016。

② 在民诉法领域，其代表为中国民事诉讼法学会推动的《民事诉讼法评注大全》；在刑法领域，参见陈兴良《法律图书的历史演变》，《北大法律评论》2015 年第 16 卷第 1 辑，北京大学出版社，2015，第 251～252 页。另请参见陈兴良《刑法疏议》，中国人民公安大学出版社，1997。

③ 如在 2015 年 12 月 4 日至 5 日，中国民法评注工作小组在华东政法大学召开的第一次"中德民法评注会议"上，朱庆育教授曾提出了撰写评注过程中的 8 个疑问：（1）比较法资料、学说是否可用或可用至何种程度？（2）中国从初级法院到最高法院共有四级，案例之多且获取之困难几乎非人力所能尽检，司法案例资料应用到何种程度，是以案例的典型性（因而可能省略审级）还是以审级（因而可能遗漏具有典型性的案例）为取舍标准？（3）文献之列举以及学术观点之整理，是尽可能全面还是选取具有代表性的作品？（4）在难以概括出通说或不同意通说的情况下，应如何处理个人见解，如何协调评注的适用导向（因而应尽量避免长篇大段的理论发挥）与个人见解的阐述？（5）当作者难以认同司法案例或司法解释时，应如何处置？（6）学术文献、法律法规、司法解释、司法案例等资料如何使用缩略语？尤其是，司法解释是用文号还是用名称，司法案例是用案例编号还是用名称？（7）当某一案件经过数次审理时，如何使用案例，尤其是作者觉得被上级法院改变的下级法院的判决更为可取时？（8）评注篇幅多大比较合适？参见朱庆育《〈合同法〉第 52 条第 5 项评注》，《法学家》2016 年第 3 期。有学者在借鉴德国法律评注的基础上对上述问题进行了回答：原则上不用比较法资料；原则上只引用权威案例；把握互联网时代的机遇；穷尽问题而非穷尽材料；以反映法律现状为重点；以现行法的解释为中心；简洁；正确对待社会科学研究。贺剑：《法教义学的巅峰》，《中外法学》2017 年第 2 期。还有学者对法律评注撰写中案例运用的要求以及运用的方式与要点提出了己见。姚明斌：《法律评注撰写中的案例运用》，《法律适用·司法案例》2017 年第 8 期。

④ 其刊发的第一篇评注为朱庆育《〈合同法〉第 52 条第 5 项评注》，《法学家》2016 年第 3 期。

结构，以规范的法律解释方法，对民法总则作出了系统的阐释①，是国内第一部由学者撰写的真正意义上的法律评注类文献。该书以《民法总则》条文阐释评注的方式，对《民法总则》206 个条文进行逐一解读。该书的体例内容由历史由来、规范目的、规范含义、举证责任分配和其他问题五个部分构成。② 这种评注形式不仅丰富了学术研究的类型，也改变了过往对法律条文进行简单释义的注释方式，是我国法律评注类书籍的开山之作。

二 《民法总则》第 144 条的由来及立法过程中的争议

笔者认同法律评注这种法教义学文献，且其以司法实践为导向的目标追求，是连接理论与司法实践的桥梁和纽带。这正契合了笔者的学术志趣：理论与实践相结合，以实务问题为中心。因此，笔者尝试以评注方式对《民法总则》第 144 条进行简洁释义。

《民法总则》第 144 条规定："无民事行为能力人实施的民事法律行为无效。"该条承袭了《民法通则》第 58 条第 1 款第 1 项"无民事行为能力人实施的"民事行为无效之规定，并非新设规定。

关于本条以及《民法通则》第 58 条第 1 款第 1 项规定，从文义上解释并无异议。存在的问题是无民事行为能力人纯获利益行为是无效还是有效。《最高人民法院关于贯彻执行〈中华人民共和国民法通则〉若干问题的意见（试行）》（简称《民法通则意见》）第 6 条规定："无民事行为能力人、限制民事行为能力人接受奖励、赠与、报酬，他人不得以行为人无民事行为能力、限制民事行为能力为由，主张以上行为无效。"显而易见，最高人民法院对无民事行为能力人实施的纯获利益的行为认定为有效。如此认定是类推适用限制民事行为能力人实施的纯获利益的行为有效的结果。③

---

① 梁慧星教授对该书的评价，载《法律与生活》2017 年 6 月 16 日。
② 陈甦主编，谢鸿飞、朱广新副主编《民法总则评注》（上册），法律出版社，2017，第 4 页（序言）。
③ 对此的质疑参见朱庆育《民法总论》（第 2 版），北京大学出版社，2016，第 248~251 页。

在民法总则起草过程中，关于这个问题有两种对立的意见：肯定者主张，无民事行为能力人实施的民事法律行为无效，但应增加"但纯获利益的民事法律行为除外"之"但书"规定；否定者则反驳道，8 周岁以下的无民事行为能力人辨认识别能力仍然非常欠缺，即使是纯获利益的民事法律行为，也需要对这些行为的后果有充分的了解。因此，即使是纯获利益的行为亦应由其法定代理人代理方为有效。①

三　立法机关的抉择

立法机关经反复研究讨论，从有利于保护儿童合法权益的角度出发，《民法总则》第 144 条没有规定无民事行为能力人可以独立实施纯获利益的行为。② 因此，立法人对《民法总则》第 144 条的释义是：无民事行为能力人由于不具备自己实施民事行为的能力，因此，在法律上规定由其法定代理人代理其实施民事法律行为，而将其自身实施的民事法律行为一律规定为无效，或者说一概否定其效力。③

四　民法学界的观点对立

民法学界也有肯定说与否定说两种对立的观点。肯定说除了持同前述肯定说相同主张之外④，还有学者主张《民法总则》第 144 条类推适用第 145 条的规定，但有两个结论：其一是有效说，即如同限制民事行为能力人实施的纯获利益的民事法律行为有效一样，无民事行为能力人实施的纯获利益的民事法律行为也有效⑤；其二是效力待定说，理由是按利益衡量

---

① 参见石宏主编《〈中华人民共和国民法总则〉条文说明、立法理由及相关规定》，北京大学出版社，2017，第 46 ~ 47 页。
② 参见石宏主编《〈中华人民共和国民法总则〉条文说明、立法理由及相关规定》，北京大学出版社，2017，第 46 ~ 47 页。
③ 参见石宏主编《〈中华人民共和国民法总则〉条文说明、立法理由及相关规定》，北京大学出版社，2017，第 343、346 页。
④ 孙宪忠：《关于〈民法总则〉（草案）的修改建议》，2017 年 3 月 8 日。
⑤ 梁慧星：《民法总论》，法律出版社，2011，第 105 页注释①。

方法，无民事行为能力人订立的合同得到其法定代理人的追认时，仍然无效并无实益，莫不如使其生效。无民事行为能力人与限制民事行为能力人在订立某些日常生活和学习所必需的合同方面，并无实质的不同，二者发生相同的效力更为允当。①

否定说从本条的目的出发，认为无民事行为能力人所实施的民事法律行为概为无效，实际上是将其进入法律交往领域的大门关闭了。如此设计的目的在于，防止无民事行为能力人贸然闯入充满风险的交往世界而自我伤害。这同时也意味着，对于行为能力欠缺者的保护，优先于交易安全。② 这颠倒了民法对静态（行为能力或权利归属）与动态（交易）的保护顺序。

五 争议问题与法律漏洞

在法律解释学上，任何法律皆有漏洞（缺漏）是公认的原理。所谓法律漏洞主要是指法律在应予规范的对象上缺少相应的法律规定，从而导致法律的功能短缺。它可能是立法者有意识留待法律实施者补充的漏洞，也可能是立法者思虑不周留下的漏洞，还可能是因为情势变更而造成的漏洞。③ 法律漏洞分为明显漏洞与隐含漏洞。前者又细分为授权型漏洞、消极型漏洞、预想外型明显漏洞三种；后者又细分为白地规定型漏洞、预想外型隐含漏洞、冲突型漏洞、立法趣旨不适合型漏洞四种。④

按照否定说的主张，《民法总则》第144条不存在漏洞。无民事行为能力人实施的纯获利益的行为一概无效，但可由其法定代理人代为实施。立法目的是特别保护无民事行为能力人的权益免受侵害。⑤ 因此，本条对这种情形已有规范，法律功能不存在短缺问题，所以不存在法律漏洞。

---

① 崔建远主编《合同法》（第3版），法律出版社，2003，第82页；王利明、崔建远：《合同法新论·总则》（修订版），中国政法大学出版社，2000，第296页；余延满：《合同法原论》，武汉大学出版社，1999，第236页以下。
② 朱庆育：《民法总论》（第2版），北京大学出版社，2016，第248页。
③ 梁慧星：《民法解释学》（第4版），法律出版社，2015，第253页；张志铭：《法律解释学》，中国人民大学出版社，2015，第87页。
④ 梁慧星：《民法解释学》（第4版），法律出版社，2015，第262页及以下。
⑤ 李时适主编《中华人民共和国民法总则释义》，法律出版社，2017，第450页。

相反，肯定说的主张则认为本条存在漏洞。本条对于无民事行为能力人实施的纯获利益的行为这种情形未作规定，属于明显漏洞中的预想外型明显漏洞，即立法者或准立法者由于对某种事态不知，因而未设任何规定的情形。[①] 既然存在法律漏洞，应当进行补充，参照相同问题相同处理的法理，对于此种情形应当类推或准用《民法总则》第 145 条限制民事行为能力人实施的纯获利益的行为有效之规定。

六　笔者的立场及论据

总结上述两种对立观点，从主体上看，否定说的代表是立法人，肯定说的代表是学者和司法者。两种观点从表面上看各有道理，都有值得肯定之处。但比较而言，肯定说的主张更有说服力，值得肯定。相反，否定者的观点值得商榷。笔者先对否定者的观点进行反驳，后对肯定者的观点进行矫正，在此基础上，尝试提出自己的意见和主张。

（一）对否定说的批判

立法人撰写的释义书对《民法总则》第 144 条采否定说立场的理由是：其一，如此规定符合民法通则以来的立法传统，即《民法总则》第 144 条承袭了《民法通则》第 58 条第 1 款第 1 项之规定；其二，如此设计，与自然人民事行为能力三分法的逻辑契合，概念与体系上更加清晰；其三，纯获利益的行为在实践中类型多样，并非一望便知、简单识别。这样规定并不妨碍其代理人代理实施这种行为，实际上是给予无民事行为能力人的一种保护。[②]

理由一属实。但是仅从历史承袭的视角非但不支持否定说，反而支持肯定说。有力的论据之一便是最高人民法院针对《民法通则》第 1 款第 1 项所作的解释，即《最高人民法院关于贯彻执行〈中华人民共和

---

① 梁慧星：《民法解释学》（第 4 版），法律出版社，2015，第 263 页。

② 李适时主编《中华人民共和国民法总则释义》，法律出版社，2017，第 450 页。

国民法通则〉若干问题的意见（试行）》第 6 条之规定："无民事行为能力人、限制民事行为能力人接受奖励、赠与、报酬，他人不得以行为人无民事行为能力、限制民事行为能力为由，主张以上行为无效。"如果《民法通则》第 58 条第 1 款第 1 项关于民事行为能力人所为纯获利益行为一律无效为立法原意，何来授权最高人民法院将纯获利益行为从无效的整体板块中取出并确定为有效？这实际上就是立法者认可的观点。

理由二也值得商榷。在法律条款设计上，一般与特别是基本的立法内容，后者常以"但书"等立法表述（技术）体现。如此常规设计不会破坏自然人民事行为能力的三分法，也不会将无民事行为能力人与限制民事行为能力人混同。相反，在秉持无民事行为能力人实施的民事法律行为无效的原则上，赋予其实施的纯获利益民事行为类推限制民事行为能力人实施相同行为有效的规定，是相同问题相同处理形式公正的必然结果，这非但没有破坏无民事行为能力人与限制民事行为能力人的界分，反而使两者的区别更加清晰。因为《民法总则》第 144 条所谓的有效是"但书"的内容，属于特别部分；第 145 条相同部分的内容属于一般内容。两者在各自的条款中的地位不同，前者是特别法，后者是一般法。

理由三中关于对纯获利益行为的认定并非易事的观点，笔者赞同。但是，这不能成为否定无民事行为能力人实施此种行为的理由。难道其法定代理人实施此种行为就能一望便知、简单识别出来？为给无民事行为能力人一种特殊保护就要否定纯获利益行为的效力？此种立场是保护了无民事行为能力人的利益还是损害了其利益？可见，否定者的理由实难成立。

（二）对肯定说的质疑

肯定说的理由有一定道理，否定说所持理由不成立也佐证了其在一定程度上的正当性，但是，从本条无例外的规定中推导出例外的根据何在？如此主张与《民法总则》第 20 条、第 143 条如何协调一致？第 20 条明定无民事行为能力人由其法定代理人代理实施民事法律行为。第 143 条第 1 项明定"行为人具有相应的民事行为能力"是民事法律行为生效的必备要件之一。由此，持这种理由客观上会导致现有法条之间的抵牾，破坏法律体系内部的和谐。

需要特别说明的是，肯定说的理由中有一论据，《民法总则》第 16 条胎儿都可以接受赠与，反而无民事行为能力人纯获利益行为被法律所禁止，这根本讲不通。[①] 表面看这种观点很有力，实则不然。《民法总则》第 16 条是关于胎儿利益保护的特别规则，本条是推定胎儿具有民事权利能力。但其尚未出生，不具备民事行为能力，不属于无民事行为能力人。这样就谈不上纯获利益行为的问题了。这两个法条之间本没有关系，强行将两者混搭，实属"关公战秦琼"。

（三） 笔者的立场及论据

以上分析也说明肯定说的论证理由存在问题。在此情形下，应当另行寻找新的论据。

从实证的角度看。经笔者的全面查询，适用《民法通则》第 58 条第 1 款第 1 项以及《民法通则意见》第 6 条的判决（案例）寥若晨星，仅查到一则案例，还是涉及离婚协议中约定将房屋赠与无民事行为能力的子女的情形。该案一审判决认定，离婚协议约定将房屋赠与未成年子女是有效的。本案中，受赠人现年仅 5 周岁，根据民法关于民事行为能力的规定，属于无民事行为能力人。《民法通则》第 12 条第 2 款规定："不满十周岁的未成年人是无民事行为能力人，由他的法定代理人代理民事活动。"《中华人民共和国合同法》第 47 条第 1 款规定，"限制民事行为能力人订立的合同，经法定代理人追认后，该合同有效，但纯获利益的合同或者与其年龄、智力、精神健康状况相适应而订立的合同，不必经法定代理人追认"。《民法通则意见》第 6 条规定："无民事行为能力人、限制民事行为能力人接受奖励、赠与、报酬，他人不得以行为人无民事行为能力、限制民事行为能力为由，主张以上行为无效。"从这些法律条款可以看出，本案受赠人的法定代理人就是她的父母，她的父母完全有资格代替她作出接受赠与的意思表示。故离婚协议中被告承诺将财产赠与属于无民事行为能力人

---

① 孙宪忠：《关于〈民法总则〉（草案）的修改建议》，2017 年 3 月 8 日。

的子女是有效的，这种赠与可以视为作为父母的监护人已经代理子女作出了接受赠与的意思表示。且根据《中华人民共和国合同法》的规定，赠与合同属于纯获益的合同，无须经过法定监护人的意思表示即可生效。因此，无论从哪个方面说，离婚协议中将财产赠与未成年子女的约定都是有效的。①

实践中的冷清与立法界、理论界甚至司法界的热闹话语形成了强烈的对比。这种"冷"与"热"的悖反，实质上反映了立法界、理论界甚至司法界对实践的漠视，以及对立法中心主义的偏好。从这个视角上说，对《民法总则》第 144 条问题的讨论仅具有理论意义，实践价值不大。如此，《民法总则》第 144 条将成为束之高阁的具文。②

从体系化思考的方法看。正如前文述及，《民法总则》第 20 条明定不满 8 周岁的未成年人为无民事行为能力人，由其法定代理人代理实施民事法律行为。第 143 条第 1 项将"行为人具有相应的民事行为能力"作为民事法律行为有效的必备要件。在此背景下，将无民事行为能力人实施的纯获利益的行为直接解读为有效或者类推为有效，将与这两个法条产生龃龉，产生体系内无法化解的矛盾，导致理解与适用上的混乱。因此，将无民事行为能力人实施的纯获利益的行为解读为法律行为实难成立。既然无民事行为能力人没有意思能力，何来民事法律行为？因此，倒不如将无民事行为能力人实施的纯获利益的行为解释为事实行为③，如此所有争议便迎刃而解。其实这个理由是类型化思考的结果，所要表达是这种情形是可能存在的，因此，在逻辑上要对此种类型作出规范，否则，法律就会存在漏洞。但如前文实证方法的结论，这种类型在实践中出现的概率过低，几乎可以忽略不计。此时是"逻辑的力量"还是"实践的力量"更强大？

---

① 王某某诉王某某赠与合同纠纷案，一审判决书：福建省厦门市翔安区人民法院（2012）翔民初字第 905 号民事判决书。二审判决书：福建省厦门市中级人民法院（2012）厦民终字第 3211 号民事判决书。http://www.pkulaw.cn/case_es/payz_1970324838407454.html? match＝Exact，2018 年 6 月 27 日访问。

② 这一部分的分析方法和内容参见左卫民《"热"与"冷"：非法证据排除规则适用的实证研究》，《法商研究》2015 年第 3 期。

③ 参见石宏主编《〈中华人民共和国民法总则〉条文说明、立法理由及相关规定》，北京大学出版社，2017，第 46 页。

美国大法官霍姆斯的名言可以为这个问题提供答案：法律的生命不在于逻辑而在于经验。

　　从习惯法上看，对于 8 周岁之前的无民事行为能力人接受的生日礼物、压岁钱、赠送的玩具、学习用品、提供的零食等行为，在习惯上，作为这些物品的给付者或者提供者可能谁也不会想到何时还要返还这些物品；作为 8 周岁之前的无民事行为能力人更不可能设想自己在有能力的时候返还这些物品给给付者或者提供者。无民事行为能力人的法定代理人倒是可能想到，给付者或者提供者的孩子在生日、春节或者其他场合要给付生日礼物、压岁钱、赠送的玩具、学习用品、提供的零食等，以回报其对自己无民事行为能力人的关心，或者早在给付者给付（回报）自己无民事行为能力人生日礼物、压岁钱、赠送的玩具、学习用品、提供的零食等之前，自己早已向其无民事行为能力人给付了生日礼物、压岁钱、赠送的玩具、学习用品、提供的零食等。由此可见，《民法总则》第 144 条所谓的"交易"其实是无民事行为能力人的法定代理人之间的交易而非与无民事行为能力人之间的交易。由此观之，所谓"无民事行为能力人实施纯获利益行为"的命题可能是一个伪命题。

　　（作者简介：孙瑞玺，山东大学法学院民商法博士生）

法学方法论

机关理论[*]

〔比利时〕瓦莱丽·西蒙娜　刘　骏　赵婉雪 译

一　导论

在法人法上，"机关"（organe）有着双重含义。一方面，它是指组织每种类型法人（personne morale）的法律所规定的职能，该职能由符合此法律规定的一个或多个人行使，目的在于允许法人在其内部（管理）或外部（代理）表达自己的意志。另一方面，由于借代的修辞，机关也指行使该功能的个人。

除上述专业的解释之外，"机关"还有更宽泛的意义："职能行使的工具，组织的机构；所有与制度结构有关的因素，通过它们的联合行动，保持该结构的运转。"

考佩尔（Coipel）教授曾主张彻底地重新检视机关理论，主要有三个原因：机关理论在不少情况下被排除适用；对于法人人格理论来说，机关理论并非不可或缺；机关理论之构造矫揉造作且过于简单化。他意图将"机关"的概念限制于"公司组织机构"的功能之中，并以一个待构建的具备法人人格组织的代理理论来取代机关理论。

然而，笔者认为机关理论是法人人格理论，甚至也是法人代理理论的核心组成部分。

---

* 本文 "La Théorie de L'organe" 原载 *Liber Amicorum Michel Coipel*, Bruxelles, Kluwer, 2004, pp. 713 – 733。

首先，我们回顾机关理论的产生（A）。随后，分析"机关"的概念（B）和"吸收原则"（C）。法人内部权力的爆炸毫无疑问带来法律不安全，但是机关理论启发了一些对其他代理理论有用的药方（D），这使得它成为代理理论的"指明灯"（E）。

笔者着重探讨股份有限公司之机关，但得出的结论也适用于其他法人。

二　历史

1. 初步的观察

公司的组织模式首先是实践的产物，它根据商事生活的必要性而发展起来，仅仅是在此之后，一些理论才发展起来以解释董事的职能。

"机关"的概念出现得非常晚。因此，最早关于公司的法律没有提及这一概念。

而且，"法人人格"概念的产生过程也是如此。

2. 最初的资合公司

依据不同的组织章程，早期资合公司的组织模式也各不相同。

17~18 世纪，出现了董事，随后是负责日常管理的经理，其中有一个或多个带有普通经理或特殊经理头衔的经理，他们汇集在"总经理"之下；代表股东的理事监督董事，以及账目审计员审查账目。股东大会并不是一直存在的，如果有的话，它也并不一定包括所有的股东，有时仅是创立者参与，或者至少拥有一定数目股份的人或仅是董事参与。

历史地来看，董事这一概念的出现早于股东大会。

在那个时代，人们并未提及"机关"，或者仅在宽泛和概括的意义上使用"机关"这一概念。

在这方面，情况自 19 世纪初仍未有多大改变：公司由董事、经理或常务董事管理，也有理事（syndic）和审计员（commissaire）。

这一情况也继续表现自己各种各样的特征，特别是因地区习惯的不同而不同。

3. 1807 年的《商法典》

1807 年法国《商法典》设置了两个与董事有关的规定：第 31 条规定，"股份公司由必要时可被撤回的委托人管理之，可以是股东或非股东，有偿或无偿"；以及第 32 条规定，"董事只对其接受的委托之履行负责。他们不因为自己的管理而缔结任何个人债务，也并不对公司缔结的债务拘束连带地负责"。

《商法典》第 32 条之所以明确地免除董事他们个人对于公司债务拘束的责任，是因为，传统上看，董事也同时是股东；而在共同法上，股东个人对公司债务有拘束负责，主张股东兼董事对公司债务拘束负责似乎是很诱人的。

但责任的免除只针对第三人有效：在与公司的关系中，董事对他们所接受之委托的不当履行负责。

4. 委托合同的适用

当要定义董事的职能时，人们自然想到了委托合同（mandat），更确切地说，是由股东们授予的委托。因为，在那个时期，法人人格的概念和股东大会的概念还没有清晰地确立。

最初，董事们承担股东们依据民法所授予的委托。

因此，《商法典》第 31 条和第 32 条所谈及的委托是民法典所规范的委托，而《民法典》于 3 年前被订立。

"作为受托人的董事"这一概念在此双重影响下不断地演进：一方面，法人人格概念化；另一方面，公务员法律资格精细化。

5. 法人人格概念化的形成

19 世纪，在《拿破仑民法典》中处于萌芽状态的法人人格概念，得以概念化。

同时，这一观点缓慢形成：在股份有限公司，董事是公司的委托代理人，而非股东的委托代理人。

19 世纪下半叶，判例表明董事并非股东的委托代理人（或受托人，mandataire），而是公司的委托代理人。

然而，实践中出现这样的困难：股份有限公司的董事在以公司名义设定抵押时，负责抵押登记的登记员在出具公证抵押文书之前，要求董事出示由公证文书作成的授权委托书和他们任职的公证证明，就如对待普通委托代理人那样。

在 1873 年，立法者想过制止这种实践："在哪些情况下法律可要求一个公证的授权委托书？当人们可自己行为却选择求助于第三人时；但公司的董事并非为公司行为的第三人：依据我们的法律，公司具备法人资格。这些法人依据法律而被组织起来；当董事以公司名义行为时，并非第三人为公司而介入，而是公司通过其法定机关而自己行为，也就是通过其具有的唯一行动方式……当公司的管理机关行为时，这是公司自己行为最直接的途径，认为此时公司通过第三人行为是不符合法律真实的。"

1873 年 5 月 18 日的法律仍将董事定义为委托代理人，但所授予董事的委托不完全等于民法中的委托。"当我们与适格的董事交易时，我们不是跟委托代理人交易，而是跟公司交易。董事并非公司的代理人，市长和副市长的委员会也不是城市的代理人，部长也非其所在部门的代理人。""经理或董事是公司的直接代理人或机关；我们不应该与其普通委托代理人相混淆，后者以他人名义行为。""因此，是由公司自己直接行为，在这个意义上我们可以说董事在面对第三人时并非公司的委托代理人，更不是股东的委托代理人。但是与公司的关系中，董事是公司的受托人。"

忠实法律术语，学说继续使用委托合同以界定董事的职能。

6. 公务员法律资格的精细化

在另一个领域里，即行政法领域，我们曾意识到委托合同的概念不适合界定公务人员的职务。"国家职务并非一个委托合同；因为，大部分情况下，公务员没有资格代理行政机关从事法律行为。另一方面，委托代理人完成的行为，被委托人也可以亲自完成，然而，在很多情况下，权力机关不能亲自完成某些行为，于是便任命公务人员将之实现；例如，国王任命法官和市长，但其不能亲自出具判决或在一个市里颁布管理措施。公务员是政府的机关，机关完全不同于委托代理人。"

最高法院通过确立国家针对其机关过错的直接责任，贯彻了机关理论的逻辑。

19 世纪，当商法学家们通过争议董事的职务是否为真正的委托合同而分析这一职务的性质时，他们借用行政法上的机关理论来阐释之。

三 机关的功能

7. 法人的集体表达功能

法人如何表达自己？

法人的成员们可以委托一个自然人，但是，如果没有另外一个法律制度介入，法人成员们只能以自己的名义授予委托，而非以法人的名义。这是最初的资合公司所采用的方式，这导致一个僵局。

另外，有些法人没有成员。

至于法人自己，其不可避开任何其他法律制度而直接委托一个自然人：授予委托，已经是意思表示行为，而问题恰恰在于确定法人如何进行自我表达。

该法律制度，即"机关理论"。股东聚集在股东大会，可提名公司的董事或者经理；如此组成的管理机关，可依据法律，或者直接表达法人的意志，或者任命一委托代理人。

尽管因为一些不正确的历史积习，在法人意志表达领域、逻辑上，机关总是先于委托代理人。法人的意志有时候在机关渠道之外得到表达，但是这些意志的表达总是得益于机关之介入。

8. 外部和内部意志的表达

在法人内部，原则上意思表示先形成，然后再被表达。例如，股份有限公司的董事会先决定购买一栋大楼，两个董事再签署买卖合同。

机关的职能并不局限于管理任务或代表任务：机关同时扮演着两个角色，虽然一些机关只行使代表职能，另一些只行使管理职能。

然而，有时会产生"捷径"，甚至是"短路"。

"捷径"情况：一个常务董事买一个电脑，必然地，他在签订预定合同之前需要做完这个决定，但在将其具体实施之前，他并没有以文书的形式记录这一决定。这种类型的"捷径"不会产生问题。

"短路"情况：股份有限公司负责代理的两个常务董事在未有董事会的预先决议时签订合同，依据《公司法》第 522 条第 2 款该合同拘束公司，而这两个常务董事，没有内部管理权，不符合常规的活动会引起他们对公司的内部责任。

9. 等同于法人

由于其行使的功能，机关等同于法人。只要法人机关在其权限范围内活动，其完成的法律行为和法律事实也是法人的。"吸收理论"是法人机关理论的重点。

如果，有些人尝试着将机关比作"思考的大脑和行动的手臂"，该观点，就其本身而言，没有类人化的东西（anthropomorphique）①：一个人的行为只是归属于另一人。

10. 审计员的情况

组织各种类型法人的法律规范了法人内部应被履行的各种类型的职能，以及履行这些职能的方式，但是这些法律没有明确谁是机关。因此，由学说来决定哪些是机关。列举传统的机关类型并不难，除了审计员，直到现在，人们一致认为审计员具备机关资格。

考佩尔教授认为，审计员属于机关这一说法凸显了机关理论的非自然性。公司的机关被视为公司自身以及表达公司意志的主体。既然审计员的任务是公司的外部监控，其表达的是公司的何种意志？

他的观察并非没有道理。

这一难题源于"机关"这一术语有多层含义。

如同前述那样，除了其功能的技术意义之外，这一职能允许法人进行自我表达，机关还有一个更宽泛、普通的意义，其指的是"组织中的一个机构"。

然而，我们使用"机关"这一术语时，经常不仔细区分它的两种含义。因此，"欧共体公司法第一指令"要求所有作为法律规定的机关（一般意

---

① anthropomorphique 或 anthropomorphisme 指的是将人的一些特征赋予一些非人的东西，如上帝或动物等。

义），应对参与公司的控制和监管的人进行公示，该指令还在其他条款中规定可拘束公司的人是机关（专业意义）。

从一般意义来看，审计员属于机关：董事会准备公司账目，审计员审核之，股东大会批准之；为了使股东大会能够批准公司账目，董事会也需像审计员一样参与。

但是，机关理论只涉及专业意义上的机关，也就是那些表达公司意志的人。如同考佩尔教授强调的那样，审计员并不表达公司的意志。他们甚至有时表达与公司相反的意志，例如他们对股东大会批准董事会准备的账目持保留意见。由于不表达法人的意志在专业意义层面上，故审计员不属于机关。

法律要求审计员在公司账目批准过程中介入，并赋予其干预公司运转的能力，例如，召集股东大会（第532条），这一情形明显不足以使我们认为审计员就是技术意义上的机关。例如，在那些没有设置审计员的公司，在股东大会决定增资之前，董事会委托的企业查账员应就实物出资出具一个预先报告；在一些情况下，法院可任命一个或多个清算人；在清算中的公司，迁移公司地址的决议只有在商事法院批准之后才有效力。然而，从未有人考虑过要承认并非审计员的企业查账员或法院具有公司机关的资格。

11. 机关并非委托代理人

如果今天，仍有学说、判例乃至法律有时将机关的职能比作委托合同，将承担机关职能的自然人（董事和清算人）比作受托人，这只是一种模糊的说法。委托合同，是委托人要求受托人以其名义、为其利益完成一项法律行为。机关是每个法人组织规则设定的代表或管理职能，并依据法律指定的人行使该职能。

因此，二者的共同点仅限于可为法人完成法律行为。

12. 委托合同规则的有限适用

诚然，依据《公司法》第527条之规定，董事依据民法上的委托合同，对其管理中的过错负责，委托合同适用于公司和其每个董事之间的内部关系。此外，委托合同的规则有倾向成为"服务合同"的共同法。

然而，委托合同的规则，不适用于公司或者公司董事与第三人的关系。

四 吸收原则及其限制

13. 原则

由于机关即是法人，法人机关的过错也是法人的过错，法人机关对第三人的责任应该被法人吸收，当然至少需要满足一些条件。

需要核实这一吸收原则是否无差别地适用于合同责任、侵权责任、刑事责任以及以自由职业作为公司目的的公司。

因此，我们将会看到"吸收原则"的一些限制。

14. 条件

法人吸收机关的责任要求，机关须在其职能范围内行为。否则，它不再以机关名义活动也不可拘束法人。因为，公司只为公司目的存在，该目的由法律和章程确定。当董事使公司在目的范围外活动时，他们不可以主张个人的免责，因为他们已经排斥了适用该免责的条件。

这说明了当机关成员违反公司法或者章程时，应对公司以及第三人负责。但这并不意味着，违反法律法规的机关在这方面将失去机关的资格：法人的法律规范，是它的组织规范和其章程；在这种框架规范内，不幸的是，我们可以认为，机关有权力或有义务完成一项违反其他规定的行为。

15. 合同责任

依据法人吸收机关责任的原则，在合同责任方面，董事并不对法人的合同责任负责。（《公司法》第 61 条第 1 款①）

16. 侵权责任

当法人构成一项侵权法上的过错时，我们一般都承认第三人不仅可以主张法人的责任，也可以主张承担该机关职能的自然人的责任，这与我们上述提到的规则相违背。

---

① 第 61 条第 1 款规定："公司由其机关行为，机关的权力由本法典、公司目的和章程条款确定。机关的成员并不承担任何因公司缔约而产生债务的个人责任。"

在另一篇文章中，笔者描述了该规则和判例：担忧机关不承担责任可证成该规则和判例，但并没有任何法律依据，特别是不得以《公司法》第528条作为依据，该条并不规范简单的侵权过错。机关仅仅在特定的一些情况下对第三人负责任，当其脱离其职能范围（在这种情况下机关不再与法人成为同一），或者滥用其职能（在这种情况下，其不可引用它所曲解的规则）。当然，应该注意到法律规定的特例，在这些情况下董事可以承担个人责任（第528条违反公司法和章程规定，第530条严重过错导致公司的破产）。

最高法院2001年2月16日的判决认为，原则上，机关成员构成侵权法的过错，并不拘束他们的个人责任。

在导致该判决的事件中，一位商人指责租赁公司，在租赁合同谈判过程中，隐瞒了如下事实：店铺的外墙将要在其开业不久后进行重修，这将妨碍正常商业活动的进行。

该商人想让租赁公司以及由于机关身份或至少是出于受托人的身份而负责谈判的自然人承担责任。尽管认为机关有过错，实体法法官仍决定这些自然人不承担个人责任，因为他们作为机关或至少作为受托人而行为，而没有以自己名义谈判。承租人上诉至最高法院，并特别援引《民法典》的第1382条和第1383条：自然人作为机关或至少作为受托人活动的事实，并不使其逃避因个人过错引起的个人责任。（第三个理由，第二个分支）

最高法院驳回了该理由："当公司的机关或被委托人在其委托合同范围内活动，在为签订合同的谈判过程中之过错并不构成侵权行为，该过错并不拘束董事或被委托人的责任，而是法人或者委托人的责任。"自此之后，自然人在谈判过程中的过错，若是为公司利益而构成的，其不可以被拘束为个人的责任。

然而不应该过高估计争论的关键：没有人怀疑，应该在企业精神和第三人保护之间找到一种平衡，以及越界的董事应承担他们的个人责任。争论的核心，正是这些权限的确定。

17. 刑事责任

像其可以承担民事责任一样，法人也可承担刑事责任。这是一种个人责任，而非替代责任。

《刑法典》第 5 条第 1 款规定，法人仅在其违法行为内在地与其经营目的或维护个人利益有关，或者具体事实表明违法行为是为其利益而作时，承担刑事责任。这是合理的，也是符合机关理论的：如果董事违法，或者与其职能无关（例如董事杀死自己的妻子），或者损害公司利益（例如董事挪用公司资金），公司与该违法行为无关而无须承担责任。

当自然人违反第 5 条第 1 款的行为得到确认①，如果其属于故意犯罪，他可与法人同时承担责任。在其他情况下，只有违反最严重过错的人才可被处罚。

尽管法人因其机关而违法，但法人的刑事责任并不自动吸收机关的刑事责任。在第一种假设中，存在责任的并合（cumul），这是机关侵权责任争论的焦点，但并不符合吸收原则，而主张责任的并合是担心否定之会引起自然人的不负责任。第二种假设，或者是吸收，或者是否认自然人的任何刑事责任，此可由机关滥用职能而被解释，而且是符合机关理论的。然而后一种假设很少碰到，当机关受到质疑时：一方面，在权力集体行使的机关中，经常难以确认可以归责的自然人（除非决议得到一致采纳，或会议记录注明了不同意见）；另一方面，如果机关以机关整体的身份（而与机关成员不同，机关成员没有机关这一资格，例如股份公司的董事）做出决定，我们可以考虑是该法人构成了最严重的过错。

18. 以自由职业为经营范围的公司

在以自由职业为经营范围的公司，股东完成的行为归属于公司，尽管其并非机关。考佩尔教授认为这是机关责任得不到适用的另一种情况。

该分析在笔者看来是不正确的。

---

① 《刑法典》第 5 条第 1 款和第 2 款规定："内在地为实现其法人目的或维护其利益，或具体事实表明为了其利益而触犯法律，每个法人都要为这样的违法行为而负刑事责任。""法人责任仅因确定的自然人的介入而引起时，只有犯有最严重错误的人才可以被刑事处罚。如果确定的自然人故意违法，他可同时和相关法人一起被处以刑事处罚。"

在一个律师公司，根据委托合同，至少该委托是默示的，股东律师（非经理或董事）可以签署咨询意见。如果股东律师同公司一样承担了个人责任，这是依据公司章程，该章程包括了职业规范，这对委托合同（因为受托人的行为归属于委托人，如同机关的行为一样）和有限责任公司法而言构成例外（因为股东在出资之外还承担责任）。

这些职业规范创造了一个特殊的委托，但不影响机关理论。

19. 吸收原则之限制的归纳

综上所述，吸收原则导致的结论如下。

仅在机关于其职能范围内得到适用，该职能范围由法定特殊性原则[①]和章程目的而确定。

当机关滥用职能时，吸收原则不适用，例如为个人利益做出的违法行为。

这两个限制并不使吸收原则失去影响，所有的原则都有既定的适用范围，在滥用的情况下不产生效果。

此外，吸收原则也在一些情况下不予考虑，特别是当机关犯了严重的过错导致破产（或者，依据主流判例和学说，犯了其他过错），或者为法人的利益而违反刑法规定。

因此，吸收原则也接受一些例外。

然而，这并不足以使机关理论受到质疑。大部分的法学理论建立在一些原则之上，但也承认一些例外。如果一项原则中有太多的例外，导致它无法为法律不能规范的情形提供满意的答案，那么它也会失去"原则"的作用，但正如我们看到的，吸收原则中的例外情况很少。

五　权力的爆炸和治理法律不安全的药方

20. 权力的爆炸

董事会作出所有决定，以及系统地而言，两个董事或日常管理的代表

---

① 比利时学界认为，"法定特殊性规则"指的是每一类型的法人须追求设置该类型法人的法律所确定之目的，例如商事性公司原则上以营利为主，而社团不可从事营利性行为。

通过缔结为此所必要的合同来执行这些决定，这一结构属于一个古典且美好的设想，但它已不再和公司的实际发展情况相符，尤其是在一些大公司中，每天完成的上百件超出日常管理范围的事务，让两个董事系统地参与这些事务简直是不可想象的。

一方面，在法律接受范围之外，这些公司扩展了日常管理的概念，并且以不同的称号创建了一些被授予较大权力的委员会。另一方面，在委托代理规则的基础上，将重要权力授予非董事人员，并制定了极其复杂的代理制度。此后，必须要考虑一系列其他区别于能直接表达公司意志的机关的参与者——总经理、高管、合作者等，以使公司的意志可以更多途径、更多元化地形成和表达，而不是由机关垄断。即使董事会仍是最重要的机关，经理、高管、合作者等，他们的权力与董事们的权力部分地重叠，而且机关理论必须要和委任合同、劳动合同甚至职业道德等规则结合起来。

只有机关理论才符合公司的意愿的直接表达，但它不是唯一的代理理论。当公司需要间接地表达意愿时，其他代理理论也会介入，例如委托授权或者表见规则（le jeu de l'apparence）。

21. 法律不安全

依据这样或那样的理论，适用的规则也有所变化，这对第三人来说某种程度上存在交易不安全，因为他们不太清楚他们的谈判对象是以怎样的身份行为以及其权力延伸到何种地步。

因此：

① 机关依据公司章程和比利时公报附录上对其权力的公示来确认其权力；而委托代理人则是依据授权委托书来确认其权力。和机关相反，为了完成要式法律行为，代理人必须具有经公证的授权委托书，该授权委托书也需要登记。

② "对作为公司机关、有权拘束公司的人的公示措施的完成，使得他们任命过程中的任何不规则性①不可对抗第三人，除非该公司证明这些第三人知情这些不规则性。"（《公司法》第 77 条）而公司可对抗第三人任

---

① 例如任命代理人的公司决议有瑕疵，没有达到规定比例、程序违法等。

何其在任命受托人中的不规则性。

③ 董事们有权代表公司以该身份拘束公司，限制他们权力的章程规定，甚至是公司目的的限制都不被考虑；然而委托代理人仅在其被约定的权限范围之内才能拘束委托人（或被代理人）。

④ 机关的行为和意图都归属于公司，尤其是机关的侵权过错。这种归责技术超出了代理这一古典机制。如果受托人构成侵权法过错，原则上委托人（mandant）不对受托人的侵权过错承担责任，因为受托人的侵权行为超出了他的委托授权，即法律行为的实现而非犯罪或侵权行为。然而这种差异不应该夸大。一方面，幸好人们很少用到关于侵权责任方面的规定：委托代理人和机关不会每天都构成侵权法意义上的过错。另一方面，法人只需要对机关在其职权范围内构成的过错负责，同时委托人不会只因为其受托人之过错行为而享受任何豁免：如果他也构成过错或者受托人之过错与其所受托任务内在地联系在一起，委托人都要承担责任。

⑤ 只有机关能替法人到庭应审或者亲自提出诉请。然而这些行为是少见的。

这种法律的不安全性已引起来自立法机构、实践及判例等方面的诸多不满。

22. 管理委员会（comité de direction）

当董事会将其部分重要权力授予他人时，立法者想提高法律的安全性，通过 2002 年 8 月 2 日的法律以合法化管理委员会。自此以后，董事会可以授予管理委员会较大的管理权限，而且管理委员会的成员们作为机关能以公司名义签字。

管理委员会的成立对于公司内部委托授权的增多有什么影响是值得怀疑的。但是应指出的是，立法机关尝试建立这一新的机构去处理这一问题。

23. 签名手册

为避免委托授权的激增带来混乱，一些大公司在庞大的"指南"或"签名手册"中设置委托代理规则，以补充公司章程。这些手册创建了不同类别的签字人（例如，A 对应着董事，B 对应着经理，C 对应着中层干部，D 对应着其他合作者……），并根据其领域（行业）或子领域（依据地理位置或分支机构而定)、行为类型（材料购买、人力资源方面、不动产投资)、涉及的款项……（例如，A + A 不受限制，C + D 有严格的限制）来确定这些签字人的权力。

这些经理、高管、合作者……他们并不是机关（除非他们同时负责日常经营管理)，但他们的权力与那些临时任命的委托代理人无法相提并论。

24. 表见代理理论

原则上，公司能以在任命委托代理人过程中的不规则性以及代理人的越权行为对抗第三人。然而，对于机关而言，"欧共体第一指令"就是为保护第三人而提供的相反规则。

然而，根据表见代理理论，委托人会承担由其不规则任命的代理人完成的行为或代理人越权行为的责任。

表见理论的运用使适用于机关的规则也类似适用委托合同。

25. 统一

因此，有一种改变自发地趋向于把应用于法人概括代理人的某些规则向适用于机关的规则看齐，适用于机关的规则很合理且保护了第三方利益：虽然这些代理人并不像机关那样等同于法人，但人们默认似乎这就是事实。

立法机关可能会加速这一倾向，以弥补法律的不安全性。

因此，工作小组在公司法领域（第四条建议）涉及简化欧盟公司法第一、第二指令的 SLIM 尝试中，将公司法进行简易化，并且建议将机关代表的权力公示体制扩大至拥有概括权力的其他代表。然而，委员会指出该建议在公示方面会强加给公司一项新的义务，并认为在为修订指令提出建议之前需要进一步分析。

六 结论

核心理论

机关理论根植于法人人格概念之中：没有机关，法人不可在其内部也不可面向第三人表达自己。

机关理论源自一个逻辑必要，与任何类人形象（anthropomorphisme）和形而上学（métaphysique）都无关系。

"指明灯"理论（Théorie phare）

假设机关曾经有过能表达法人集体意志的特权，如今这样的情况已经不复存在，复杂的委托、转委托、表见代理等规则导致法人内部的权力爆炸，集体意志在一系列层面上形成并表现出来。

机关理论与一系列其他理论相结合，不仅涉及法人的代表，而且涉及法人的管理。

这一观察并不是要质疑机关理论：董事会不仅要注意公司的秩序，或至少避免混乱。另外我们可以看到在实践中（签字手册）、在法律上（表见授权理论）和欧盟的建议中（SLIM 小组），出现这样一种倾向：受机关理论一些独有的规则启发，将其中某些规则的适用扩展到法人表达集体意志的其他形式，以保护第三人的合法利益。

［作者简介：瓦莱丽·西蒙娜（Valérie SIMONART），法语布鲁塞尔自由大学（ULB）教授　译者简介：刘骏，法语布鲁塞尔自由大学私法专业博士生；赵婉雪，北京大学法语专业硕士生］

法律漏洞补充方法与司法运用[*]

曹　磊

目　次

中国特色社会主义法律体系的快速建成造成了我国立法呈现粗线条的特征。一些案件中，很难实现规则与事实一一对应按图索骥进行裁判的理想。法律是法治的基础，制定法是我国最主要的法源，这要求我们必须崇尚制定法的权威。在法律必然出现漏洞与法官必须依法裁判的冲突下，法官处于进退维谷的尴尬境地："一方面，社会现实的冲击使得法律漏洞经常显现，在个案的司法裁判过程中进行漏洞补充非常必要；另一方面，法官经常没有被明确授予创制新规则的权力，不得不以隐晦或者间接的方式

---

* 国家社科基金项目"案例指导制度的实践经验与发展完善研究"（项目批准号：18BFX056）。

进行实质意义上的漏洞补充。"① 随着司法改革的进一步深入，社会公众对法官的法学理论水平和裁判操作能力寄予更高的期望。梳理现有各种漏洞补充方法，结合个案对其具体运用条件与程序进行总结有着重要的现实意义。

一 依指导性案例补充

判例是英美法系国家的主要法源，在没有充分理由的情况下，法官应当遵循先例，而不得作出与先例相背离的判决。判例法的法理基础是"相同事项，相同处理"，裁判中据以说理的依据是与待决案件最相似的先例，这种先例既可以是上级法院作出的，亦可以是本级或其他同级法院作出的。先例中的处理方式构成了待决案件的先前经验，同时也给待决案件的处理设置了约束条件。长期的司法实践证明，为了统一裁判尺度、尊重既有裁判中的智慧与经验、保持司法行为的一致性，无论是不是英美法系国家，都会有意无意地重视待决案件与先例之间的关系。研究发现，在大陆法系国家，判例经常被法院用来填补法律漏洞或调节法律之间的冲突。在德国，"最高法院的裁判发挥示范作用，一、二审法院通常在极为例外的情况下才会违背最高法院的判例"②。"这不仅包括那些遵循相似路线的高级法院判决，在实践中，甚至德国联邦最高法院的单个判决也深受下级法院的尊重。"③ 在我国，法官理论上无须受其他法院判决的拘束，但在遇到疑难案件时，法官大都会了解上级法院特别是最高人民法院对同类案件的判例并尽量避免作出与之不一致的判决。换言之，判例中的裁判方法与结果实际上发挥着对同类案件的裁判指引作用。随着两大法系之间相互学习与融合，大陆法系国家愈来愈重视判例的价值，在这种形势下，最高人

---

① 孙光宁：《漏洞补充的实践运作及其限度——以指导性案例 20 号为分析对象》，《社会科学》2017 年第 1 期。

② 〔美〕约翰·亨利梅·利曼：《大陆法系》，顾培东等译，法律出版社，2004，第 48 页。

③ 〔德〕茨威格特、克茨：《比较法总论》，潘汉典、米健、高鸿钧、贺卫方译，中国法制出版社，2017，第 470 页。

民法院于 2010 年确立了指导性案例制度①，从制度层面尝试发挥判例的审判指导作用。"对于案例指导制度来说，创制规则是其根本职责之所在。没有规则的创制，也就没有指导性案例存在的必要性。案例指导制度通过创制司法规则，发挥其对司法活动的指导作用，以弥补立法与司法解释的不足。"②"指导性案例以现实的、生动的案例为基础，充分展示法官的法律智慧。这种智慧不仅体现在事实认定方面，而且体现在法律解释、漏洞填补等方面，消除法律矛盾、弥补法律漏洞，进而通过法律推理作出判决。"③ 指导性案例最重要的价值便是创设规则、填补法律漏洞。例如，指导性案例 2 号对"和解协议"范围的扩大，和解协议原本仅指执行过程中的和解协议，该案将诉讼外和解协议扩张适用执行和解协议；指导性案例 3 号将"为他人谋取利益"扩张为明示和默示两种方式，涵盖承诺、实施和实现三个阶段；指导性案例 50 号把"通过人工授精所生子女"认定为婚生子女。该三案均以目的性扩张方法填补法律漏洞。指导性案例 58 号通过"老字号"与注册商标联系使用的现实，给予"老字号"与注册商标同等保护，系以类推适用填补法律漏洞。指导性案例 24 号创设"个人体质状况不成为减轻侵权人侵权责任事由"的规则；指导性案例 65 号创设"涉及他人、集体、公共利益的法定债权请求权"不适用诉讼时效制度的规则。该两案均以创造性补充方法填补法律漏洞。

依指导性案例填补法律漏洞应遵循以下程序与步骤。

第一步，指导性案例的确定。指导性案例经过最高人民法院选取、讨

---

① 指导性案例类似于个案批复，两者均基于个案生成裁判规则，均需由最高人民法院审判委员会讨论通过，两者最大的区别在于讨论时间的"事后"与"事前"。经过一段时间的司法实践检验后，指导性案例很可能会被吸收入司法解释范围之内。目前，指导性案例只能被视为准法源，在法律存有漏洞的问题上，即使有指导性案例可供参照，仍不能认为漏洞已消除。"依指导性案例补充"是否可以作为漏洞补充方法有待商榷，因为指导性案例中必然已经使用了具体的漏洞补充方法，即使参照指导性案例进行漏洞补充，所运用的仍然是包含于指导性案例的方法。有人认为，与其说指导性案例是填补法律漏洞的方法，不如说是一项原则或者约束。本文将指导性案例作为漏洞补充方法列明，一方面是认为其基本等同于类推适用，因两者适用原理一致；另一方面在于听取从漏洞填补角度讨论指导性案例的地位的不同意见。

② 陈兴良：《案例指导制度的规范考察》，《法学评论》2012 年第 3 期。

③ 参见魏胜强《为判例制度正名》，《法律科学》2011 年第 3 期。

论并公布，包含于其中的裁判规则具有"应当参照"的法律效力，因此，指导性案例中的裁判规则取得了类似于制定法的地位。法官在获取法律规范未果的情况下，应当转入对指导性案例的检索，此时，指导性案例的检索和确定等同于法律获取。

第二步，类似性判断。类似性判断主要解决指导性案例与待决案件之间关联性的问题。只有在待决案件在"基本案情"和"法律适用"方面与指导性案例具有类似性的情况下，指导性案例方对待决案件具有可适用性。张骐教授认为，类似性判断应依照以下步骤进行：①全面掌握案件事实，完全吃透案情；②根据法律分别确定待决案件和先前案例所属的法律关系及其性质；③根据待决案件和先前案例的案件事实、法律关系、具体情节和诉讼标的或请求，确定它们的构成要件，并对构成要件进行比照；④根据比照构成要件的结果，确定可以适用的指导性案例或参考性案例。①

第三步，适用案例。这个过程与三段论推理并无二致，即将待决案件的事实涵摄于指导性案例所蕴含的裁判规则之中，得出与指导性案例相同的法效果。同样的"法效果"不等于同样的"裁判结果"，因为，"虽然说待决案件和成为判例的案件可以获得相同的法效果，并不能否定待决案件和判例的个性特征，不能认为二者也是相同的，二者只是在法律评价的意义上具有相同性，其案件本身还是不同的"②。也就是说，在适用指导性案例时，既要在类似性问题上参照指导性案例的裁判要点，也要认真对待待决案件与指导性案例的不同之处，以避免机械适用。

指导性案例的裁判摘要经过研究提炼，具备法律规范凝练性、抽象性与裁判规范实践性、通俗性的双重特点，易于被法官掌握和适用。对于新规则的生成，指导性案例中创设的规则相较于立法或司法解释而言更加简单、便捷，更具有针对性和实用性。法官往往困惑于法律漏洞的识别及漏洞补充方法的选择，而指导性案例可以有针对性地为法官提供明确和精细的操作指引。因此，"指导性案例虽不能作为裁判直接的根据，但却指引

---

① 张骐：《论寻找指导性案例的方法——以审判经验为基础》，《中外法学》2009 年第 3 期。
② 杨晓娜：《法律类推适用新探》，中国政法大学出版社，2013，第 89 页。

了法律漏洞填补的过程，成为法官在法律漏洞填补中的实际依据"。① 如果法官寻找到同类案件的指导性案例，对当事人而言他们更容易接受相同的裁判结果，因为这可以大大提高判决的可预测性，有助于约束法官的自由裁量权、塑造整个法院系统行动的一致性。虽然指导性案例整体适用率有待进一步提高，但从法律漏洞填补的角度看，部分指导性案例发挥了重要作用。例如，指导性案例 24 号发布之前，"个人体质状况是否可作为侵权人减轻侵权责任事由"这一问题在司法实践中争议极大，因一直缺乏权威的裁判规则，同案异判时有发生。该案例的发布，意味着其中新创设的规则成为此后同类案件应当参照的裁判标准。据北大法宝统计，截至 2018 年 2 月，指导性案例 24 号被参照适用次数高达 450 余次。需要特别指出的是，参照指导性案例进行裁判的案件审判质效均大大提升。原告项某诉被告张某、被告某运输有限公司、被告某财产保险股份有限公司机动车交通事故责任纠纷一案②，双方争议点为：原告项某自身患有的颈椎病能否作为减轻侵权人赔偿责任的理由。经被告某财产保险股份有限公司申请，法院委托上海枫林国际医学交流和发展中心司法鉴定所对原告伤情进行参与度鉴定，鉴定意见为："原告目前的伤残是 2012 年 10 月 10 日的交通事故外伤和其自身疾病共同作用的结果，交通事故外伤是被鉴定人目前伤残情况的主要因素，建议参与度 70% ~ 80% "。被告某财产保险股份有限公司据此要求减轻赔偿责任。法院认为，参照指导性案例 24 号，受害人自身个体原因（包括体质、旧伤等）不是减轻侵权人赔偿责任的理由，故对被告某财产保险股份有限公司提出的抗辩意见不予采纳。该案宣判后，双方当事人均未提起上诉。指导性案例 24 号发布之前，法官如欲排除传统侵权法原因力理论在此类案件中的适用，需花费大量的精力和笔墨进行说理论证，且很难取得良好的说服效果，无论如何裁判，败诉一方常因寄希望于二审持相反观点而提出上诉。本案在鉴定机构作出"原告自身疾病参与度"司法鉴定意见的情况下，法官虽径行参照指导性案例进行裁判，对鉴定

---

① 姚辉：《民事指导性案例的方法论功能》，《国家检察官学院学报》2012 年第 1 期。
② 上海市金山区人民法院（2013）金民一（民）初字第 2610 号民事判决书。

意见置于不顾，且说理部分仅寥寥数语，但判决依然取得了不错的效果。

二 类推适用

所谓类推适用，是指对于法无明文规定之系争事件，比附援引与其具类似性的案型之规定。[①] 类推适用是把一个规范转用于类似案件，其法理基础是：待决案件出现法律空缺，待决利益状态与法律已经规定的某个利益状态非常相似，立法者发现此情况亦会作出相似的规定。因此，待决事项与法律有规定的事项具有类似性系类推适用的前提，如果两者不具有类似性，则不可进行类推适用。类推适用的基础仍然是制定法，即通过"解释"方法将本来并不完全对应的法律规范作为裁判的大前提完成推理。但是，类推适用对于法律的"解释"已超出了法律可能的文义界限，因此，类推适用并非狭义的法律解释方法，而属于漏洞补充方法。一般来说，类推适用被认为是填补法律漏洞的主要方法，被广泛适用于民商事等私法领域。在公法尤其是刑事司法中，传统刑法理论认为类推适用违背罪刑法定原则，因此被禁止适用。在各种漏洞补充方法中（依指导性补充案例除外），类推适用具有优先性，因为类推适用坚持的是法律至上的原则，坚持依法判案，这有利于维护法律的安定性，增强裁判结果的可预知性，有助于统一裁判尺度，实现同案同判。"从形式法治角度来看，法官运用类推适用填补法律漏洞，违反依法办案的法治原则，但若从实质法治角度来看，允许法官进行漏洞填补正好是法治的必然要求。"[②] 因此，只有在没有法律规则可供类推适用的情况下，才可以适用其他漏洞补充方法。这在法学方法论中被称为"类推适用优先"规则。

杨仁寿先生认为，类推适用乃本着"相类似案件，应为相同处理"之法理，依逻辑三段论法推演而成。[③] 在类比推论中，如果类推适用一个制定法的规定，这种类推就被认为是制定法类推或法律类推；相反，如果是

---

① 黄建辉：《法律漏洞·类推适用》，蔚理法律出版社，1988，第77页。
② 参见刘维旭《论民法上的类推适用》，西南政法大学硕士论文，2004，第16页。
③ 杨仁寿：《法学方法论》，中国政法大学出版社，2013，第208页。

从一些相似规定的内在关系中推出一个一般原则（法律思想），而这个一般原则超出了这些规定的条文字面意思，则这种类推被认为是法的类推。① 制定法类推又被称为个别类推，法的类推亦称总体类推或一般类推。制定法类推与法的类推在适用上存在如下差异。①在适用前提上，制定法类推是从单一法律规定出发而将其类推适用于待决案件；法的类推是从复数法律规定出发而将其共同的原理类推适用于待决案件。②在逻辑方法的运用上，制定法类推主要通过类似问题类似处理的规则进行演绎，没有进行归纳的操作；法的类推不仅有演绎方法，还有归纳的方法。③在类推适用的场景上，制定法类推是常态，属于类推的一般情况，法的类推是特别情况，仅适用于特殊情况。② 如果某个规范的法政策依据（规范目的）在法律没有规定的事实中比在法律有规定的规范的事实构成中更加明显，那么类推适用就是合理的。③

　　如原告崔某等四人与被告黄某等四人侵权责任纠纷案④，法官即运用类推适用填补了法律关于"自助行为"规则空缺的漏洞。2003 年，邓某（已故，系原告崔某之夫，原告邓某甲、邓某乙、邓某丙之父）与被告黄某、王某、倪某、廖某等 32 户签订《联户集资协议书》一份，约定位于奉节县原竹园营业所 9 号拆除后，共同开发，联户集资建房。2004 年 8 月，集资房建设完毕。邓某拥有该幢集资房 1 层房屋一处，产权性质登记为：非住宅、市场。该幢集资房第一层三面封闭，一面留有通道出入市场，市场与三个单元的住户相通。2012 年 2 月，四原告在未办理规划许可和施工许可的情况下，组织施工人员欲将市场改建为门市。改建过程中，四被告认为四原告的改建行为影响出行便利，在要求四原告留足消防通道未果后，自行将四原告砌筑的门市隔墙推倒。四原告遂以四被告侵权为由诉至法院，要求赔偿经济损失 33870 元。法院认为，四原告享有权益的房屋，其产权性质为"非住宅、市场"。四原告未举证证明其改建行为系经

---

① 〔德〕迪特尔·施瓦布：《民法导论》，郑冲译，法律出版社，2006，第 76 页。
② 参见王利明《法学方法论》，中国人民大学出版社，2011，第 443~444 页。
③ 周升乾：《法学方法论中的体系思维》，中国政法大学出版社，2008，第 12 页。
④ 重庆市第二中级人民法院（2012）渝二中法民终字第 01678 号民事判决书。

过有关部门批准许可的合法行为，故其砌筑隔墙、自行改建行为不受法律保护，其经济损失应自行承担。法院依照《中华人民共和国民法通则》（简称《民法通则》）第 128 条规定判决驳回四原告的诉讼请求。该案因法律对于自助行为未作规定，法官认为自助行为与正当防卫均属合法行为，两行为发生的前提均是相对人存在不法或不当行为，正当防卫与自助行为虽然存在区别，但是两者的构成要件具有类似性，因此，法官类推适用了正当防卫之法律规定作出判决。

三　目的性限缩

目的性限缩方法由拉伦茨教授提出。目的性限缩指，"因字义过宽而适用范围过大的法定规则，其将被限制仅适用于——依法律规范目的或其意义脉络——宜于适用的范围"。① 杨仁寿认为，目的性限缩系指对法律文义所涵盖的某一类型，由于立法者之疏忽，未将之排除在外，为贯彻规范意旨，乃将该一类型排除在法律适用范围外之漏洞填补方法。② 易言之，需要适用目的性限缩表明某个规范的事实构成在文义中涵盖的范围过广，根据法律条文进行文义解释，会出现规范目的不应当包含的内容，如果忠实于文字的规范意义适用可能导致结果与法律目的相悖，因为立法在条文表述时忽视了根据目的需要进行限制或规定例外条款，所以必须根据可认识的规范目的来对条文含义进行限制。此种情况下的法律漏洞亦称为"例外漏洞"。《中华人民共和国侵权责任法》（简称《侵权责任法》）第 17 条规定，因同一侵权行为造成多人死亡的，可以相同的数额确定死亡赔偿金。此处使用了"多人"一词，但未明确规定"多人"的标准，是否可以根据通常标准认为"三人以上"即为"多人"？对此，通过考察立法资料，发现该法第三稿草案使用的表述为"因交通事故、矿山事故等侵权行为造成死亡人数众多的，可以不考虑年龄、收入状况等因素，以同一数额

---

① 〔德〕卡尔·拉伦茨：《法学方法论》，陈爱娥译，商务印书馆，2003，第 267 页。
② 参见杨仁寿《法学方法论》，中国政法大学出版社，2013，第 200 页。

确定死亡赔偿金"。由此可见，该法条是针对群体性伤亡的赔偿而制定的。在大型的灾难、事故中，如果对死亡者用不同的赔偿标准计算死亡赔偿金，则会增加损失统计难度，影响事故处理效率，且难为社会民众接受。可见，立法本意在于平衡同一事故中"同命不同价"的利益冲突。因此，此处的"多人"不能简单等同于"三人以上"，而应依据立法目的对"多人"的范围进行限缩，即仅限于"群体性伤亡"。最高人民法院在一些司法解释中亦运用了目的性限缩。如《中华人民共和国担保法》第 24 条规定："债权人与债务人协议变更主合同的，应当取得保证人的书面同意，未经保证人书面同意的，保证人不再承担保证责任。保证合同另有约定的，按照约定。"依文义解释，凡是债权人与债务人变更主合同未经保证人书面同意的，保证人一律免除保证责任。此解释的效果是，即使主合同变更后减轻了保证人的责任，保证人亦免除保证责任。如此理解显然违背立法目的。故《最高人民法院关于适用〈中华人民共和国担保法〉若干问题的解释》第 30 条将免除保证责任限缩为因主合同变更导致保证人责任加重的情形，若主合同变更后未加重保证人的责任，则保证人仍应承担保证责任。再如，《民法通则》第 58 条规定"无民事行为能力人实施的"以及"限制民事行为能力人依法不能独立实施的"民事行为无效，未将无民事行为能力人和限制民事行为能力人纯获利益的民事行为排除在外，不利于保护欠缺完全民事行为能力之人的利益，明显违反上述规定的立法目的，形成规则不周漏洞。针对此漏洞，《最高人民法院关于贯彻执行〈中华人民共和国民法通则〉若干问题的意见（试行）》第 6 条运用目的性限缩方法对上述漏洞进行了填补。最终，《中华人民共和国民法总则》（简称《民法总则》）第 19 条、第 20 条以立法形式彻底消除了该漏洞。

如崔某诉海南美好房地产开发有限公司（简称美好公司）民间借贷纠纷案①，法官即运用了目的性限缩方法。崔某与美好公司签订借款合同一份，约定美好公司向崔某借款 400 万元，借期一年，借期内年利率 12%，逾期年利率 24% 并承担违约责任，违约责任包括差旅费、律师费、实现债

---

① 山东省济南市中级人民法院（2016）鲁 01 民终第 3794 号民事判决书。

权的费用等。借款到期后，美好公司未还款。崔某遂诉至法院，要求美好公司归还借款、利息、违约金及律师费。美好公司主张，《最高人民法院关于审理民间借贷案件适用法律若干问题的规定》第30条规定："出借人与借款人既约定了逾期利率，又约定了违约金或者其他费用，出借人可以选择主张逾期利息、违约金或者其他费用，也可以一并主张，但总计超过年利率24%的部分，人民法院不予支持。"因此，律师费用属于其他费用，应包含在24%的年利率之内，不应另行支持。法院认为，从法条文义出发，其他费用的含义并不明确。此时，需要对"其他费用"之含义进行解释。一方面，从该法条立法目的看，对出借人收取的"逾期利息""违约金或者其他费用"进行限制，旨在防止出借人以"服务费、咨询费、管理费"等名目规避法律对民间借贷利率的限制而获取高额利息收益，因此，此处的"其他费用"应理解为出借人获取的收益。"律师费""诉讼费"等费用系出借人为收回借款及利息而向第三方支出的成本，即使由借款人负担亦仅可填平出借人的损失，出借人并不因此获益。另一方面，如果认为"其他费用"包含律师费，则会出现以24%的年利率计算的违约金不足以支付律师费的情形，导致守约方自行承担损失而违约方无须负担违约成本的不公平后果，此理解显然难合立法本意。因此，对于"其他费用"不应作字面理解，而应结合立法目的对其含义进行限缩，即"其他费用"限于"收益费用"，"成本费用"不在此列，律师费属于"成本费用"，不应包含于"其他费用"之内。该案法官即运用目的性限缩将"其他费用"限制于"收益费用"范围。

四　目的性扩张

目的性扩张系德国学者卡纳里斯对照目的性限缩而提出的概念。所谓目的性扩张，系指为了贯彻立法目的，对法律条文作出超出文义的解释，使其包括原本没有的案型。[①] 魏德士将目的性扩张称为"目的延展"。其

---

① 黄茂荣：《法学方法与现代民法》，法律出版社，2007，第499页。

认为，在目的延展的情况下，表明某个规范的事实构成在文义中涵盖的范围过窄，以致根据规范目的必须囊括的某些事实不能被涵摄其中。① 目的性扩张的出发点是规范文义与其目的之间的紧张关系，文义表达范围过于狭窄，拘泥于文字适用法律不能达到所追求的调整目标，必须根据可认识的规范目的来扩大条文的含义。例如，《中华人民共和国合同法》（简称《合同法》）第 47 条规定，限制民事行为能力人订立的纯获利益的合同为有效合同，但未规定无民事行为能力人订立的纯获利益的合同是否有效。依目的性扩张方法，该条应当适用于无民事行为能力人订立的纯获利益的合同情形。再如，《民法通则》第 13 条规定不能辨认自己行为的精神病人是无民事行为能力人，但未规定植物人的主体地位及民事行为能力。植物人当然不能解释为精神病人，但从意识丧失这一核心要件和本质内容看，植物人与精神病人不能辨别自己行为是同一种范畴，宣告植物人为无民事行为能力人符合保障意思表示受限制人权益的立法本意。司法实践中，法院大多采用目的性扩张方法，宣告植物人为无民事行为能力人。《民法总则》第 21 条将"精神病人"修改为"成年人"，从根本上消除了该漏洞。

需要注意目的性扩张与扩张解释的区分。扩张解释，是指法律规定的文义过于狭窄，不足以表示立法的真正意图，将本应适用该条的案件排除在它的适用范围之外，于是扩张其文义，将符合立法本意的案件纳入其适用范围的法律解释方法。两者虽然都是建立在对立法目的进行探究的基础上，但扩张解释与目的性扩张是有区别的。杨仁寿认为，扩张解释与目的性扩张区别之所在，端视是否在文义之"预测可能性"之内，如依照碧海纯一之"射程"理论而言，在文义射程之内者，为扩张解释，如所扩张之文义，非原有文义所能预测，已超出射程，则不能为扩张解释，而只能为目的性扩张。《侵权责任法》第 63 条规定："医疗机构及其医务人员不得违反诊疗规范实施不必要的检查。"此规定旨在规范过度诊疗行为，诊疗行为本身包含诊断和治疗两方面。但该法仅禁止医疗机构及医务人员对病

---

① 参见〔德〕伯恩·魏德士《法理学》，丁小春、吴越译，法律出版社，2013，第 372 页。

人进行不必要的"检查",而未禁止过度治疗行为。如果用扩张解释,"检查"行为无法包含"治疗"行为。此时,应运用目的性扩张方法将过度治疗行为扩张入禁止范围。

如王某甲诉杨某、泸州市汽车二队交通事故损害赔偿纠纷案①,法官运用的方法即为目的性扩张。2002 年 4 月 27 日,车辆挂靠在被告泸州市汽车二队的被告杨某驾驶小货车将王某撞倒,王某经抢救无效死亡。交警部门认定杨某负此次事故的主要责任。王某生前与牟某自由恋爱多年并同居生活,王某死亡时,牟某已怀孕,2002 年 10 月 22 日,牟某生育王某甲,2003 年 1 月牟某代理王某甲提起诉讼,请求判令被告支付生活费、教育费、精神抚慰金。被告辩称,《民法通则》第 119 条规定:"侵害公民身体造成死亡的,应当支付丧葬费、死者生前扶养的人必要的生活费等费用。"原告王某甲并非王某生前扶养的人,其诉讼请求应当被驳回。法院认为:"《中华人民共和国婚姻法》第 25 条规定,非婚生子女享有与婚生子女同等的权利。《民法通则》第 119 条规定的'死者生前扶养的人',既包括死者生前实际扶养的人,也包括应当由死者扶养的人。原告王某甲是王某应当扶养的人,故应当获得赔偿。"按照文义解释,"死者生前扶养的人"是死者去世前已经出生并接受扶养的人,无法包括死者去世后出生的人,因为死者不可能对其去世后出生的人实际进行扶养。但是,胎儿出生以后,必然需要接受父母的扶养,如果机械理解该规定,否定胎儿主张赔偿的权利,必然导致立法目的无法实现。运用扩张解释,仍无法将胎儿包含在死者生前扶养的人的范围中。其实,在 2003 年《最高人民法院关于审理人身损害赔偿案件适用法律若干问题的解释》征求意见时,就有人发现该漏洞并建议被扶养人应明确包括胎儿,但不知何故最高人民法院未采纳该建议,导致该漏洞存在。该案法官运用目的性扩张方法将"死者生前扶养的人"扩张为"应当由死者扶养的人",对胎儿权益予以了保护。

---

① 《最高人民法院公报》2006 年第 3 期。

五 依习惯补充

习惯，是指在某区域范围内，基于长期的生产生活实践而为社会公众所熟悉并普遍遵守的生活和交易习惯。① 习惯作为社会生活的规则，是人们长期以来生产生活经验的总结，其确立了人与人正常交往关系的规范，是社会公共道德和善良风俗的反映。"习惯经历了世世代代人民的考验而被接受，它淘汰掉了那些给人民带来不便或者不适于他们性情与风尚的习惯，习惯的效力是在长期的运作中形成的。"② 因此，在成文法之外，习惯是最可行也最能够为当事人所接受的裁判依据。早在罗马法时代，习惯就已经成为重要的法律解释依据。在以萨维尼为代表的历史法学派的影响下，"法律本身就是民族精神和习惯之产物"的观念深入人心，习惯成为制定法的主要来源。自从《瑞士民法典》第 1 条明确规定习惯为漏洞补充的依据，习惯在法律体系中的地位得以正式确认。《中华人民共和国物权法》（简称《物权法》）第 116 条第 2 款规定："法定孳息，当事人有约定的，按照约定取得；没有约定或者约定不明确的，按照交易习惯取得。"《物权法》第 85 条规定："法律、法规没有规定的，可以按照当地习惯。"《民法总则》第 10 条进一步明确了习惯作为漏洞补充主要依据的地位。李适时称："民事关系十分复杂，对法律没有规定的事项，人民法院在一定条件下根据商业惯例或民间习惯处理民事纠纷，有利于纠纷的解决。将'习惯'作为一种新的规范类型做了确认，是一个很大的立法进步。"③ 习惯可以作为解释法律的依据，在合同法中，交易习惯可以成为解释合同及合同法的依据。习惯还可以作为不确定法律概念价值补充之具体依据。在存在法律漏洞的情况下，习惯可以作为漏洞填补的依据。习惯对法律漏洞的填补，是跳出成文法自身的框架寻求裁判依据。同时，以习惯作为个案

---

① 王利明：《法律解释学》，中国人民大学出版社，2011，第 386 页。
② 陈绪纲：《法律职业与法治——以英格兰为例》，清华大学出版社，2007，第 238 页。
③ 刘作翔：《在民法典中应确立法律、政策、习惯三位阶规范渊源结构》，《人民法院报》2016 年 9 月 30 日。

裁判依据填补法律漏洞的成本是最低的。因为，习惯已在规范相关主体间形成"规范"共识，法官只需对习惯作公序良俗的判断审查，当事人对其妥适性疑虑较小，从习惯中提炼出来的规则自然容易为当事人接受。

习惯具有传统性、经验性、区域性、惯行性的特点。习惯的传统性是指，民间规则历史相当悠久，已经演变成为风俗习惯。马克斯·韦伯说，无论何时，只要行为规则变成习惯，即它成了众人同意的指导性行动，可以说，这就是传统。① 传统规则对人的行为具有无形的指引作用。人们在日常生活中不知不觉地遵守这些习惯，祖祖辈辈一直传承下来，虽然谁也说不清楚习惯源自何时何处。但是，按照习惯做，就能够获得心理的安慰；违反了习惯，不仅会引起他人的负面评价，自己也会因此感到不安。习惯实际上就是生活中传统文化所包含的指引我们日常行动的民间规则。习惯的经验性是指，大多数民间规则起初只是一种做法，而之所以会使用这种做法，是因为经过实践检验后人们认为这种做法最为合理，愿意接受和执行，于是把它延续至后期的生活实践中。经过长期实践，习惯也在经验的淬炼中日臻完善。可以说习惯是民间经验理性的产物，这与英伦三岛经验主义哲学具有天然的同质性。习惯的区域性是指，习惯是生活在一定范围内的人们形成的一种行为规则，也称为"活的法"。② 我国民间"十里不同风，百里不同俗"的说法，即是对习惯区域性特征的评价。不同地域、不同民族的人，生活习惯、交易习惯可能会有很大的不同。一个区域的习惯对于另一个区域的人来说有可能是匪夷所思的，比如藏区的天葬习惯对于其他区域、民族的人而言。因此，法院调查的习惯应当是案件当事人生活地的习惯，而不应是其他地区或者法院所在地的习惯。习惯的惯行性是指，习惯作为规则可以约束人们的行为，其约定俗成、世代相传，规范着人们的行为，并指导着人们的生活，虽然没有国家强制力保障实施，但仍然具有一定的约束力。③ 入乡随俗，在习惯的惯行性拘束下，即便是

---

① 〔德〕马克斯·韦伯：《论经济与社会中的法律》，张乃根译，中国大百科全书出版社，1998，第27页。
② 参见杨建军《惯例的法律适用》，《法制与社会发展》2009年第2期。
③ 姜堰区人民法院：《司法运用习惯促进社会和谐——人民法院民俗习惯司法运用经验》，载公丕祥主编《审判工作经验》（三），法律出版社，2009，第337页。

区域之外的人，在知悉当地相应习惯以后，也应尊重当地习惯，而不能轻易违反或改变。

为了进一步认识习惯，有必要介绍一下习惯法。王泽鉴认为，与成文法抵触、违反公序良俗的习惯不会被认可为习惯法。① 王利明教授认为，习惯法是获得国家认可的部分习惯。② 传统观点认为习惯法的成立要件有四：①须人人确信其为法；②须于一定期间内，就同一事项，有反复相同之行为；③习惯所支配之事项，系法令所未规定之事项；④须无背于公共秩序及利益。③ 习惯可以考虑各个不同行业、领域、民族等的特殊需要，从而形成具有针对性的规则。有观点认为习惯等于习惯法，两者仅是表述不同。其实，两者是不同的。杨仁寿认为两者的区别在于以下几点。其一，习惯为"事实"，主张该习惯之人负有举证责任。习惯法则为法律，为法院所知，应依职权径行适用，若为法院所不知，以其适用为有利益之当事人，负有陈述并举证之责任。其二，习惯为社会之惯行，习惯法则为法院所承认。其三，习惯需当事人援用，法官是否以之为裁判之大前提，仍有斟酌裁量之余地。习惯法则法官有适用之义务，设不予适用，其判决当然违背法令。④ 由于大陆与台湾司法体制及传统、语言表达习惯之间存在差异，杨仁寿的观点并不宜直接为我所用。从表述内容来看，杨仁寿所称习惯法是指来源于习惯并经法院承认的法律，而非我们所理解的习惯法。因为，如果习惯已经上升为法律，则法律于此已不存在漏洞，自然无须以习惯填补，故以习惯法填补法律漏洞的观点值得商榷。⑤ 刘作翔教授的评价颇为中肯：有些学者以为法律一旦确认了政策和习惯的地位，它们

---

① 参见王泽鉴《民法总则》，中国政法大学出版社，2001，第 58 页。

② 王利明：《法学方法论》，中国人民大学出版社，2011，第 461 页。

③ 王世杰：《大理院与习惯法》，原文发表于《法律评论》1926 年第 12 期，转载于何勤华、李秀清主编《民国法学论文精萃》（诉讼法律篇），法律出版社，2003，第 175～176 页。民国四年上字八六六号判例所确定的"习惯"须具备四种条件：①法律无明文；②确有习惯事实；③为该地方通认为有拘束行为之效力；④不违背善良风俗及公共秩序。

④ 参见杨仁寿《法学方法论》，中国政法大学出版社，2013，第 270～271 页。

⑤ 《中华人民共和国香港特别行政区基本法》第 8 条规定："香港原有法律，即普通法、衡平法、条例、附属立法和习惯法，除同本法相抵触或经香港特别行政区的立法机关做出修改者外，予以保留。"可见，习惯法系判例法国家"原有法律"，与我们所称的习惯非同一概念。

就理所当然地成为法律渊源，这样一种认识混淆了法律渊源和规范渊源之间的界限。① 即习惯并非法律渊源，而是规范渊源。习惯不同于习惯法，习惯法来源于习惯，是被国家制定法所确认的已经上升为法律的习惯。《最高人民法院关于适用〈中华人民共和国婚姻法〉若干问题的解释（二）》（简称《婚姻法解释（二）》）第 10 条关于彩礼返还问题所作的规定即是在考察民间习惯的基础上，将习惯上升为法律。习惯则是尚未上升为法律的民间规则，在不违反公序良俗并经法院审查认可后可以作为漏洞补充的依据。我国不适用判例法，即便习惯已被法院适用，亦不因此而改变其民间规则的地位，除非其被吸收进制定法。

依习惯填补法律漏洞应遵循特定的规则或要求。首先，习惯须合于法律强制性规定，不得违反公序良俗。既然习惯已经上升至裁判依据的层级，当然不能与制定法相冲突。例如，"在我国很多农村地区的习俗认为，出嫁女不享有继承权和分割家庭财产的权利"。② 该习惯与《中华人民共和国继承法》（简称《继承法》）中子与女享有平等继承权的规定相违背，自然不能被法院采纳。公序良俗是广义上的违法性判断标准，如果习惯违反了公序良俗原则，亦不能成为填补法律漏洞的依据。通过公序良俗的检验，必须将与整体法秩序不一致的"陈规陋习"排除在外。其次，习惯须经司法审查才能成为漏洞补充的依据。法官在适用习惯时，必须对习惯进行司法认定，以确定是否可以作为漏洞补充的依据。在填补漏洞时，法官应从习惯中抽象出具体的裁判规则，而不能直接以某个习惯作为裁判依据。最后，习惯具有特定的适用范围。习惯具有区域性特征，在寻求裁判依据时，不能把特定地区的习惯推及全社会，也不能将特定行业的习惯适用于其他行业。如适用非本地区、非本行业的习惯，则可能产生不公正的裁判结论。即便是经过调查并上升为法律的习惯，也会出现"水土不服"的情况。前述《婚姻法解释（二）》中规定的彩礼返还条款，在江苏省泰州市姜堰区的实施效果就非常不理想。原因在于该法与当地习惯之间存在

① 刘作翔：《在民法典中应确立法律、政策、习惯三位阶规范渊源结构》，《人民法院报》2016 年 9 月 30 日。
② 汤建国等主编《习惯在民事审判中的运用》，人民法院出版社，2008，第 34 页。

明显冲突，当地习惯是只有女方悔婚才返还彩礼，男方悔婚，女方不返还彩礼。[1] 是否结婚登记、是否同居、是否造成给付彩礼一方生活困难等并不是当地返还彩礼考量的因素。因此，以习惯填补法律漏洞时，必须考虑习惯的地域性差异。

"洞房内被烧纸案"[2] 系习惯在民事裁判中适用的典型案例。郑州某建筑公司职工李某因宅基地使用权，与其邻居张某及张某的侄子小张多次发生纠纷。2002 年 8 月底，依据村委会调解意见，李某建成房屋，并定于 2003 年 5 月 2 日在此房内举行婚礼。2003 年 3 月 11 日，张某和小张将李某房屋西山墙砸了一个大洞，并在房屋内烧纸祭奠。李某将二人诉至法院。法院认为："公民的合法财产受法律保护，禁止任何组织或者个人侵占、破坏。李某使用自己的宅基地建房，并无不妥。两被告毁损李某的房屋，并在李某准备结婚的房屋内烧纸祭奠，按当地风俗，是一种极其严重的侵权行为，也是一种严重的侮辱人格行为，给李某的精神上造成极大的痛苦。"法院判决两被告修复房屋，并各赔偿李某精神损害抚慰金 5000元。此案中，两被告实施的行为包含两项：一为破坏李某的房屋，这显然是一种侵犯物权的行为，李某可依法主张侵权赔偿；二为在李某未来洞房内烧纸祭奠，该行为并未导致房屋损害，但直接影响到李某的心情，给其带来极大的痛苦，造成精神损害。但两被告的祭奠行为是否构成侵权并无明确法律规定。法官考察了当地习惯，认为在房屋内烧纸祭奠是对房主的一种侮辱，特别是对于即将结婚的李某而言，更是一种不详的诅咒，两被告的祭奠行为造成李某精神方面的严重损害，该损害与两被告祭奠行为存在因果关系，符合侵权行为的构成要件，应当承担侵权责任。

六 依法律原则补充

法律原则对法律漏洞的补充，是指法官根据法律原则进行规则创设，

---

[1] 姜堰区人民法院：《司法运用习惯促进社会和谐——人民法院民俗习惯司法运用经验》，载公丕祥主编《审判工作经验》（三），法律出版社，2009，第 337 页。

[2] 郑永流：《法律方法阶梯》，北京大学出版社，2012，第 178 页。

确定推理大前提的方法。法律原则具有很强的抽象性、包容性和适应性，体现了法律的价值和精神。将诚实信用原则具体化为规则后予以适用，形式上看是对制定法之适用，实际上却系漏洞补充行为。原则可以分为制定法内的原则和制定法外的原则。[①] 用以填补法律漏洞的原则通常应由法律明文规定，而不包括没有进入制定法的原则，如此，法官援引原则作出裁判才可以视为具有法律依据。援引尚未进入制定法的原则进行漏洞填补，则应当归属于依法理学说补充或者创造性补充之列。

法律原则的适用应当遵守以下三个规则。一为"穷尽规则"。法律原则是一切具体法律规则的生成来源，依据法律原则可以推导出一切具体法律规则。我国民法中的原则在具备一定兜底性的同时又存在增加法律不确定性的可能，因此，依法律原则填补法律漏洞的方法给予法官较大的自由裁量权，该方法是兜底性的工具，只有在其他制定法内的漏洞补充方法无法达成可供适用的规则时方可得以适用，此即"禁止向一般条款逃逸"的裁判准则。法律获取的主要任务是法官全面彻底地寻找据以裁判个案的规则。法官首先要援引具体规则，即便规则存在漏洞，法官也要首先运用类推适用、目的性限缩与扩张、习惯等方法弥补法律缺陷，而不应径行援引法律原则。因此，若不穷尽规则就不应适用法律原则。二为"实现个案正义"。在通常情况下，适用法律规则不需要对其进行正确性判断。但如果适用法律规则可能导致个案极端不公正，法官应对其正当性进行实质审查，当经过审查认定法律规则存在"悖反"漏洞时，法官得对其拒绝适用。我们可以把这个条件用反面推论的方式确立法律原则适用的第二个规则：法律原则不得径行适用，除非旨在实现个案正义。三为"更强理由"。在判断何种规则在何时及何种情况下极端违背正义，其实难度很大，法律原则必须为适用第二个条件规则提出比适用法律规则更强的理由，否则上面第二个条件规则就难以成立。阿列克西对此曾做过比较细致的分析：当法官可能基于某一原则 P 而欲对某一规则 R 创设一个例外规则 R′时，对 R′的论证就不仅是 P 与在内容上支持 R 的原则 R. p 之间的衡量而已。P 也

---

① 郑永流：《法律方法阶梯》，北京大学出版社，2012，第 196 页。

必须在形式层面与支持 R 的原则 R. pf 作衡量。而所谓有在形式层面支持 R 之原则，最重要的就是"由权威机关所设立之规则的确定性"。要为 R 创设例外规则 R′，不仅 P 要有强过 R. p 的强度，P 还必须强过 R. pf，或者说，基于某一原则所提供的理由，其强度必须强到足以排除支持此规则的形式原则，尤其是确定性和权威性。而且，主张适用法律原则的一方负有举证（论证）的责任。① 显然，在已存有相应规则的前提下，若通过法律原则改变既存之法律规则或者否定规则的有效性，却提出与适用该规则分量相当甚至更弱的理由，那么适用法律原则就没有逻辑证明力和说服力。② 从上述三个规则可以看出，依法律原则填补漏洞条件严格，但同时这说明法律原则在漏洞补充中有重要作用。在规则出现空缺漏洞时，法律原则可以作为漏洞补充方法；在规则出现悖反漏洞时，法律原则可以作为创设新规则的依据；在认定规则是否出现悖反时，法律原则可以作为论证依据。法律原则因过于抽象而不具有直接适用性。因此，"法官在运用法律原则进行漏洞填补时，不应直接以基本原则作为裁判的依据，而应当根据基本原则推导出一个适用于特定案件的具体规则"。③

如原告霍尼韦尔国际公司诉被告上海盖里特涡轮增压器系统有限公司等侵犯商标专用权、不正当竞争纠纷案④，法院认为："被告将原告商标名称登记注册为其企业名称时，已有冀希公众误认，以攀附原告商标良好声誉，混淆商品来源的主观故意，故而该登记注册行为本身已与诚实信用、公平竞争的原则相悖。"法官依诚实信用原则创设"以他人商标作为企业名称行为属于违反诚实信用的不正当竞争行为"规则，并以《中华人民共和国反不正当竞争法》第 2 条第 1 款（原则条款）作为裁判依据。再如，四川通信服务公司诉四川金融租赁股份有限公司、中国建设银行成都市金河支行、四川金租实业有限公司借款担保纠纷案，法院认定四川金融

---

① Robert Alexy, *Zum Begriff des Rechtsprinzips*, S. 79. 转引自颜厥安《法与道德——由一个法哲学的核心问题检讨德国战后法思想的发展》，《政大法学评论》（台湾）第 47 期。
② 参见舒国滢《法律原则适用的困境——方法论视角的四个追问》，《苏州大学学报》（哲学社会科学版）2005 年第 1 期。
③ 参见王利明《法学方法论》，中国人民大学出版社，2011，第 475～477 页。
④ 上海市黄浦区人民法院（2009）黄民三（知）初字第 73 号民事判决书。

租赁股份有限公司与四川金租实业有限公司在人员、财产、业务上形成了混同，根据诚实信用原则和权利不得滥用原则，判决四川金融租赁股份有限公司对涉案借款承担偿还责任。该案判决时，我国法律尚未规定法人人格否认制度，法官依法律原则创设了法人人格否定规则。

七　依比较法补充

比较法对漏洞的填补，是指通过借鉴国外立法和判例，并结合本国法制背景和社会实际，确定裁判依据以填补漏洞的方法。[①] 一般情况下，必须是在因个案中缺乏本国法律规则，且无法通过制定法内的漏洞补充方法予以解决的情况下，方可采用该方法寻求国外相关法律制度的支持，以获得可供个案裁判适用的具体规则。王泽鉴指出，参酌外国或地区立法例（判例学说）以为本国（地区）法律解释之用，乃是文明国家之通例。英国法院最是保守，但早在 1833 年其即曾引用法国民法学者 Pothiers 所著 *Traite des Obligations*（《债法论》）作为判决资料。德国法学昌盛，世所公认，但其最高法院亦常引述外国立法例作为判决依据。瑞士判例学说明确承认外国立法例（比较法）得作为补充法律不备的手段。[②] 南非 1996 年宪法第 39 条明确规定法院在审理案件时必须考虑国际法和外国法。印度和西班牙等国宪法也有类似规定。随着全球化的发展，国与国之间的交流往来日益繁盛，在相互沟通、影响过程中，各国文化逐渐交融，共通之处越来越多，所面临的问题与解决路径亦日趋一致，这为法律制度的借鉴提供了可接受性基础。特别是法治化程度较高的西方国家，其法律体系经历长久的实践检验与砥砺，相对而言更加完善，可资借鉴。

我国第一例使用比较法填补法律漏洞的案例为原告敬修堂（药业）股份有限公司诉被告广州市东山区黄花印刷社电话费纠纷案。1985 年起，原告开始使用密码电话。1990 年 9～11 月，电话费突然大幅增加，原告遂

---

① 王利明：《法律解释学》，中国人民大学出版社，2011，第 408 页。

② 参见王泽鉴《民法学说与判例研究》，北京大学出版社，2015，第 20～21 页。

向公安机关报案。经调查发现，该时间段内，有人盗用原告公司电话密码通过被告单位的电话机先后拨通 22 次国际长途电话，花费电话费 3600 余元。公安机关未查到盗用电话密码的人。原告诉至法院，要求被告承担电话费。被告认为，应当由公安机关侦查盗用电话密码的人，并由其承担电话费，被告没有盗取并使用原告电话密码，不应承担法律责任。该案审理时，有两种观点，一种观点认为原告的主张没有法律依据，应自负其责；另一种观点认为公平起见，应当由被告承担责任。但两种观点均缺乏法律依据，法院就该法律适用问题请示至最高人民法院。梁慧星先生建议参照《法国民法典》第 1384 条关于物的管理人责任的规定进行判决。[①] 最高人民法院采纳该建议并作出批复，法院依照批复作出判决。法院认为："被告的电话机始终在其实际占有、控制下，被他人盗用原告公司电话密码拨打国际长途电话，给原告造成了经济损失。原告的损失系因被告对其电话机管理不善所致，应由被告承担责任。如果是第三人利用被告实际控制的电话机给原告造成损害，亦应由被告先赔偿原告的损失，再向第三人追偿。"法院判决被告偿付原告电话费。[②] 该案所依据的批复中所创设的"物的管理人责任"规则即借由比较法方法获得。近年来，借用国外立法填补法律漏洞的案件更是屡见不鲜。物权法颁布之前，我国法律没有规定善意买受人的保护制度，司法实践中，许多法官借鉴了德国、美国、瑞士等国家的善意取得规则，对善意买受人进行了保护。如刘某诉洪某离婚案[③]，法院在适用离婚帮助金规定时，大胆借鉴了大陆法系其他国家的经验，适用终身定期金制度判决离婚后刘某继续负担洪某部分生活费。此案系采用比较法对离婚帮助金的支付方式进行的创设。

依比较法填补漏洞中的比较包括两个方面：一是不同的外国法律制度之间的比较，包括各个国家相关具体制度的差异，立法背景、价值判断的异同以及判例学说的演进路线；二是外国与本国法律制度之间的比较，比较法方法不能脱离本国实际，必须结合本国实际在宪法和法律的框架内进

---

① 梁慧星：《裁判的方法》，法律出版社，2012，第 242 页。
② 《最高人民法院公报》1996 年第 1 期。
③ 江苏省盐城市城区人民法院（2001）城初字第 468 号民事判决书。

行，既不能与本国宪法、法律原则和精神相违背，也不能与本国社会生活实际相冲突。比较法填补法律漏洞应当遵循如下程序：①确定本国制定法存在规则空缺；②确定不可以适用制定法内的漏洞填补方法解决；③采用比较的方法确定可供适用的规则；④关联性分析；⑤通过比较分析确定可供适用的大前提。① 王泽鉴认为，经由比较法所发现、整理、评价之外国立法例，虽可作为法律解释之准则或因素，但有应注意的三事。一是外国立法例，虽为法律解释之一项准则，但并不具有优越地位，因此不能以外国立法例较佳，即径为援引采用以取代本国（地区）法规定。外国立法例之斟酌，虽可导致本国（地区）法规之扩张或限制解释，但不得逾越法规文义之范围。对明确法规文义之尊重，是法治之基础。二是外国立法例之采择系"质"的问题，因此就特定问题，多数外国立法例采取同一见解者，虽具有重大参考价值，但是否得援引以阐明本国（地区）法律疑义，弥补法律缺漏，仍应斟酌法律全体精神及社会情况。三是由于法律之辗转继受，各国（地区）法律规定文义雷同者，颇为不少。这就要求，我们对于所要借鉴的国外法律，必须弄明白其真实含义，甚至知悉法律规则的来源，即知其然更要知其所以然。② "不追根溯源地盲目地参考外国判决甚至可能会模糊了问题而不是阐明了问题，法官可能没有理解外国制度，甚至可能误读了外国规则。"③ 基于对国外法律产生的社会、历史、政治和制度等背景不熟知以及对国外法律和判决语言不理解的担心，波斯纳法官对于援引外国法进行裁判表示了强烈的反对。④

八　依法理学说补充

所谓法理，乃指法律之原理，亦即自法律根本精神演绎而得之法律一般的原则。法理存在态样包含四个方面：一是平等原则，二是立法旨意，

---

① 王利明：《法学方法论》，中国人民大学出版社，2011，第 470～472 页。
② 参见王泽鉴《民法学说与判例研究》，北京大学出版社，2015，第 27～28 页。
③ 姜士波：《比较法方法在司法过程中的适用》，《法律适用》2011 年第 9 期。
④ 参见孔祥俊《法律方法论》（第 2 卷），人民法院出版社，2006，第 976 页。

三是法理念，四是事物之性质——事理。上述法理之应用，在价值上，最终必须取向于法理念，亦即正义之要求，另一方面不与生活脱节。盖终究法理规范的最终目的，在于将正义实现至人间。法理念与事理距离规范化较远，但其对法律之制定及补充并非毫无作用。① 学说是学者们基于立法和实践对法律的概念规则和制度所作的解释或提出的观点理论主张等②；或指法学家对成文法的阐释、对习惯法的认知以及对法理研究所表示的意见③；或指法学家对法律问题的见解或观点。法理通常指"事物的当然之理"或"法之一般原理"。④ 由此可见，法理与学说并无实质不同，二者应等同视之。从法源的角度看，法理或学说是指法学研究者的讨论被当成判决的依据或者被立法者赋予权威。⑤ 法律是以实现公平正义为最高价值目标，以调和社会生活中相冲突的利益关系为任务的社会规范。因此，法律精神与社会大众对于社会正义的理解息息相关。从大陆法系的发展中可以看出，法学家的学说对立法起着主导性的作用。在古罗马时期，法学阶梯和以权威法学家言论而编成的学说汇纂都被纳入市民法大全，直接被定性为法律。罗马法的复兴、法典化运动，都离不开法学家的贡献和法律学说的推动。成文法具有滞后性和局限性，而学说则具有一定的前瞻性和灵活性，正好可以弥补成文法的空隙和不足。很多国家和地区在法律中直接规定法理学说可以作为漏洞补充方法。《瑞士民法典》第 1 条规定："如果法律没有相应规定，法官应当遵循习惯法；没有习惯法时，法官应当依据公认的学说和传统提出裁判规则。"⑥ 台湾地区"民法典"第 1 条规定："民事，法律所未规定者，依习惯；无习惯者，依法理。"《国际法院规约》第 38 条规定：

---

① 参见黄茂荣《法学方法与现代民法》，法律出版社，2007，第 478 页。
② 韩德培：《国际私法》，高等教育出版社、北京大学出版社，2000，第 18 页。
③ 参见姚辉《论民事法律渊源的扩张》，《北方法学》2008 年第 1 期。
④ 参见孙国华、朱景文《法理学》，中国人民大学出版社，1999，第 259 页。
⑤ 陈金钊：《法理学》，北京大学出版社，2002，第 446 页。
⑥ 《瑞士民法典》第 1 条被称为"著名的第一条"，包含以下三层意思。①凡依本法文字或释义有相应规定的任何法律问题，一律适用本法。②无法从本法得出相应规定时，法官应依据习惯法裁判；如无习惯法时，依据自己如作为立法者应提出的规则裁判。③在前款的情况下，法官应参循公认的学理和实务惯例。该法在世界范围内首次将法理学说明确规定为法官裁判的依据。

"法院对于陈诉的各项争端，除了依据国际法、国际习惯裁判外，各国权威的公法学家的学说，可作为辅助性审判依据，在国际审判中予以适用。"

相比而言，大陆法系国家比英美法系国家更为重视法理学说的作用。魏德士认为，法学在法政策方面的广泛的咨询功能以及规范制定机关常常以公认的法学权威意见作为依据这些事实可能得出如下结论：立法者或最高法院制定的有效的法律规范"本来"就是法学的成果。① 随着两大法系逐渐靠拢，法理学说逐渐在英美法系国家司法审判中得到重视。英美法系国家的判决书着重论述法律意见，即法官对案件性质的看法和支持处理决定的法律理由，而法律意见中经常引证法学论著的观点。卡多佐发现，法院往往依据法律条文、法律原则以及各种学说等多种司法资源进行案件审判，从而得出权威性的判决。② 制定法是我国法律的主要渊源，是司法适用中最主要的审判依据，法理学说不得作为直接审判依据出现，但由于法理学说对于法律的理解往往具有非常重要的意义，为了弥补成文法的缺陷，权威法学家的理论观点经常具有"准法源"的作用，在司法实践中成为法官说理的依据。我国对死者人格利益是否应当受到法律保护的问题，有过一段时间的争论。法院在审理此类案件时，经常运用法理学说解释法律，作出合理的判决，直接推动了立法对死者人格利益保护的进程。孔祥俊调研后发现，随着我国法律职业化建设的推进，法官队伍中受到法学专业教育的比例逐渐增大，他们熟知并尊重法学专家的观点，因此教科书或者法学著作中的理论学说经常在裁判理由中得到援引和阐述。③

"无锡胚胎案"中法官即运用了法理学说。2012 年 8 月，无锡沈某和刘某夫妇因无法孕育，遂到南京市鼓楼医院实施"体外受精——胚胎移植助孕手术"。医院于当天冷冻了四枚受精胚胎。双方约定医院在合同限期内对胚胎负有保管义务。2013 年 3 月，刘某夫妇两人因交通事故离世。2013 年 11 月，为获得四枚冷冻胚胎的处置权，沈某父母对刘某父母和医院向宜兴市人民法院提起诉讼。宜兴市人民法院认为："冷冻胚胎是具有

① 孔祥俊：《法律方法论》（第 3 卷），人民法院出版社，2006，第 1124 页。
② 〔德〕伯恩·魏德士：《法理学》，丁晓春、吴越译，法律出版社，2013，第 114 页。
③ 孔祥俊：《法律方法论》（第 1 卷），人民法院出版社，2006，第 104 页。

发展为生命的特殊之物，不能成为继承标的。且我国禁止代孕、买卖胚胎，对其使用既要合法也不得违反伦理道德。因此，双方父母均不能依据《继承法》的有关规定获得胚胎。"① 沈某父母提出上诉。无锡市中级人民法院认为："现行法律未明确规定胚胎的法律属性，但双方父母与胚胎联系最为密切。双方老人应获得胚胎的处置权和监管权，不仅是对胚胎的尊重与保护，更是对老人精神上的慰藉。"二审法院撤销一审判决，改判双方父母对四枚冷冻胚胎共同享有监管权和处置权。② 该案双方当事人争议对象为"人体胚胎"，我国法律未对胚胎的性质进行规定。二审法官对相关学说进行了梳理："近代以来的民法都采纳法律关系为其基本方法，据此构建法律关系的基础以'主体—客体—内容'为其基本逻辑，将市民社会的物质构成要素分为人与物对立的二元格局，构建了市民社会认识、规范和处理纠纷的基本方法。"③ "主体与客体即人与物是民法的两大基本范畴，作为一组相对的概念，两者各以对方的存在为自己存在之前提，两者只有在其相互关系中，才能展现自己的特性。"④ 在人与物两分的基础上，主体与客体成为一组相对的概念。但是，由于胚胎的特殊性，关于其法律属性则形成主体说、客体说和折中说三种观点。主体说主张冷冻胚胎为限定的人的范畴，出于对人的身体完整性保护的考虑，在一定条件下，把冷冻胚胎看作法律上的人，认为其享有一般自然人的民事主体地位。客体说主张冷冻胚胎等脱离人体的器官和组织的法律属性为民事法律关系的客体，具有物的属性。折中说既不承认冷冻胚胎取得人的主体地位，也不把冷冻胚胎简单视为一团细胞组成的物，主张应对其给予比一般物更多的保护。二审法官最终采折中说，认为胚胎是"介于人与物之间的过渡存在"，进而给予其高于物的特殊保护。此案法官即运用法理学说填补了法律漏洞。

成功运用法理学说可以提升法院公信力以及法院在推动立法进步方面

---

① 江苏省宜兴市人民法院（2013）宜民初字第 2729 号民事判决书。

② 江苏省无锡市中级人民法院（2014）锡民终字第 01235 号民事判决书。

③ 杨立新：《民法总则》，法律出版社，2013，第 30~36 页。

④ 李锡鹤：《民事客体再认识》，《华东政法学院学报》2006 年第 2 期。

的地位。但是，法理学说并非正式法源，且具有不确定性，在适用时应当有严格的条件限制。王泽鉴认为，法理学说的适用应受如下限制：其一，学说的争议须与问题的解决有关；其二，撰写课外作业或论文时，须引用学说，并注明出处，此在考试，显不可能，亦无必要。……考生确信出题者的见解具有说服力，自可采用，详为论述，唯仍无须特别强调，指出其姓名；其三，处理实例时，常须引用"通说"以支持其论点。① 杨立新教授认为，法理学说的适用应遵守如下规则："第一，该请求权法律基础确系法律未规定者，且无合适的民事习惯作为补充；第二，该法理为通说，为权威学说，为多数学者所相信；第三，该法理有相应的国外立法、司法经验作为支持；第四，该法理不违反民法平等、公平、诚实信用和公序良俗规则。"② 如安徽省华皖通信有限公司诉安徽宏图三胞科技发展有限公司买卖合同纠纷案③，法官多处援引法理学说。如判决书中引用了"刑事被害人认定理论"以确定被害人，该理论与案件中法律争议点相一致，同时，法官所援引的理论系学界主流观点，该处援引并无不妥。但是，该判决书中明确援引南京大学孙国祥教授、叶金强教授和东南大学法学院刘艳红教授等学者在会议或论文中的个人观点进行说理，则显然失于妥当。法官进行说理并非论文创作，无须更不应注明出处。因为，学说具有主观性和不确定性，如果注明出处，会使人产生以下怀疑。其一，究竟是法官、法院在判案，还是学者、学派在判案？陈金钊教授将这种信任风险称为"学者造法"④。其二，法官是依"法"判案，还是依"理"判案？其三，被援引学者的观点如此，其他学者的观点又是如何？法官如何证实其援引的观点是通说？其四，援引不同的观点会产生不同的判决结果，如何保障判决结果的确定性和公正性？因此，依法理学说填补法律漏洞，法官应当直接以主流学说进行说理论证，并从法理中创设出规则作为裁判依据，而不能直接引用某学者的观点。

---

① 参见王泽鉴《法律思维与民法实例》，中国政法大学出版社，2001，第 299～300 页。
② 杨立新：《民事裁判方法》，法律出版社，2008，第 240 页。
③ 南京市玄武区人民法院（2013）玄商初字第 580 号民事判决书。
④ 陈金钊：《法律解释的哲理》，山东人民出版社，1999，第 208 页。

九 创造性补充

创造性补充，是指法院受理的案件遭遇法律漏洞，不能通过运用民法解释学上的各种方法解决问题，也不能通过直接适用诚实信用原则裁判时，法官不得已创设规则，并且不借助于前述各种方法。① 换言之，创造性补充的适用时机为，对于待决案件，法官无法从国内外制定法、习惯、法律原则中寻得裁判依据，当前的法理学说亦未有涉及或深入研究。创造性补充法律漏洞在我国现行法中没有依据，但其在国际上是存在立法例的，例如《瑞士民法典》第 1 条。"在法律存在漏洞的情况下，为真正实现公平和正义，法官在某种程度上必须创新；因为一旦出现了一些新条件，就必须有一些新的规则。"② 创造性补充是法官将自己作为立法者而设定规则，有僭越立法权之嫌。"在法官的裁判过程中，个案正义的追求仍旧是一种妥当的因素。它是促使一再重新审查的必要动力；然而，因为它经常诱使法官超越明定的法规范，以自己的正义观来代替法定标准，它又是危险的。"③ 因此，必须对法官的创造性补充进行严格的条件限制，即"遭遇法律紧急状态"。对于紧急状态的标准并非依靠法官个人的价值判断进行认定，而应当得到广泛的合意，也就是说这种判断应该符合社会主流价值观，特别是符合法律职业共同体的整体认知。之所以要求对"法律紧急状态"进行判断，是为了避免法官个人权力恣意对法治带来损害。在此前提下，为同时兼及法的安全性，法官的创造性补充活动应遵守相应的前提，提供相应的正当性论据，并且在必要的界限内进行。

指导性案例 65 号中法官运用了创造性补充方法。2004 年 3 月，环亚公司购买久乐小区房屋一套，但未缴纳房屋专项维修资金。2010 年 9 月，久乐小区业主大会代表业主对环亚公司提起诉讼，要求环亚公司缴纳维修资金。环亚公司辩称业主大会的起诉已超过诉讼时效。法院认为，《物权

---

① 梁慧星：《裁判的方法》，法律出版社，2012，第 247 页。
② 〔美〕本杰明·卡多佐：《司法过程的性质》，苏力译，商务印书馆，1998，第 85 页。
③ 〔德〕卡尔·拉伦茨：《法学方法论》，陈爱娥译，商务印书馆，2003，第 225 页。

法》第 79 条规定："建筑物及其附属设施的维修资金，属于业主共有。经业主共同决定，可以用于电梯、水箱等共有部分的维修。"《物业管理条例》第 54 条第 2 款规定："专项维修资金属于业主所有，专项用于物业保修期满后物业共用部位、共用设施设备的维修和更新、改造，不得挪作他用"。《住宅专项维修资金管理办法》第 2 条第 2 款规定："本办法所称住宅专项维修资金，是指专项用于住宅共用部位、共用设施设备保修期满后的维修和更新、改造的资金。"依据上述规定，维修资金性质上属于专项基金，系为特定目的，即为住宅共用部位、共用设施设备保修期满后的维修和更新、改造而专设的资金。共有部分的维修关乎全体业主的共同或公共利益，所以维修资金具有公共性、公益性。缴纳专项维修资金是为特定范围的公共利益，即建筑物的全体业主共同利益而特别确立的一项法定义务，这种义务的产生与存在仅仅取决于义务人是否属于区分所有建筑物范围内的住宅或非住宅所有权人。因此，缴纳专项维修资金的义务是一种旨在维护共同或公共利益的法定义务，其只存在补缴问题，不存在因时间经过而可以不缴的问题。如果允许某些业主不缴纳维修资金而可享有以其他业主的维修资金维护共有部分而带来的利益，其他业主就有可能在维护共有部分上支付超出自己份额的金钱，这违背了公平原则，并将对建筑物的长期安全使用、全体业主的共有或公共利益造成损害。环亚公司以超过诉讼时效进行抗辩的理由不能成立。①

本案争议焦点在于维修资金请求权是否适用诉讼时效制度。关于诉讼时效，《最高人民法院关于审理民事案件适用诉讼时效制度若干问题的规定》第 1 条规定："当事人可以对债权请求权提出诉讼时效抗辩，但对下列债权请求权提出诉讼时效抗辩的，人民法院不予支持：（一）支付存款本金及利息请求权；（二）兑付国债、金融债券以及向不特定对象发行的企业债券本息请求权；（三）基于投资关系产生的缴付出资请求权；（四）其他依法不适用诉讼时效规定的债权请求权。"该法对物权请求权是否适用诉讼时效制度并未进行明确，但根据"明示其一排除其他"的立法规则，

---

① 上海市虹口区人民法院（2011）虹民三（民）初字第 833 号民事判决书。

可以认为物权请求权被排除在诉讼时效制度之外。易言之，物权请求权与上述规定中的债权请求权不适用诉讼时效制度。业主大会要求业主缴纳维修资金显系债权请求权，而非物权请求权。但是，该债权并不属于上述规定中不适用诉讼时效制度的债权。因此，如果依照现行法律规定，法官应当认定业主的诉讼时效抗辩成立。此判决结果系严格依法裁判得出的，但给人以不公正的感受。因为，诉讼时效制度的主要功能在于督促权利人及时行使权利，避免权利人"躺在权利上睡大觉"，而非在于纵容责任人。如此裁判，不仅不能实现立法目的，反而会使未缴纳维修资金的业主"因自己的过错行为"获益，这对于其他业主而言是难以接受的，会造成其他业主与未缴纳维修资金的业主之间的矛盾和对抗，不利于纠纷的化解。不支持被告的抗辩理由则是合乎正义的，并可发挥裁判对社会良性秩序的指引作用——守法者利益不应受到损害、违约和不守信者不能借助法律逃避责任。

法官为了进行说理论证，从《物业管理条例》和《住宅专项维修资金管理办法》出发，得出专项维修资金的性质具有公共性、公益性，并认为缴纳专项维修资金的义务是一种旨在维护共同或公共利益的法定义务。不缴纳维修资金的"个人利益"与其他业主"集体利益"相较，"集体利益"应当高于"个人利益"，"集体利益"应当给予优先的保护。其裁判理由的核心内容即：专项维修资金的缴纳系法定义务，不适用诉讼时效规定。但是，该裁判理由并无法律依据，因此，法官实际上自行创设了"涉及公共利益、集体利益及他人利益的法定债权请求权不适用诉讼时效制度"的规则。法官没有明确具体的漏洞补充方法，或许是采取了一种高明的裁判策略。因为，让一个法官在判决书中声明创设规则在成文法国家是需要勇气的，这种行为可能会面临被错案追究的风险。在法律没有评价的地方，法官的评价是不可避免的，只是法官会回避承认自己作出了评价。其他国家的法官也不例外。魏德士就指出："在什么也不能发现，而由法院自己创造法律的地方，法院却常常称之为法律发现。法院不愿意承认自己在立法。"①

---

① 〔德〕伯恩·魏德士：《法理学》，丁晓春、吴越译，法律出版社，2013，第 344~345 页。

结　语

　　传统法律方法理论通常以是否超越制定法的边界为标准，将漏洞补充方法分为"制定法内"与"制定法外（超越制定法）"两大类。指导性案例不直接作为裁判依据，但其在司法适用中的效力属于"应当参照"，从法源角度看，最接近于制定法；类推适用、目的性扩张与限缩系对制定法的转用或变通适用；以上四种方法属于"制定法内"的漏洞补充方法。《民法总则》颁行后，依习惯填补法律漏洞的方法明确被制定法认可，属于立法计划安排范围；依法律原则补充法律漏洞中所援引的原则属于制定法已吸收的原则；故此二方法亦应归入"制定法内"的漏洞补充方法。比较法填补法律漏洞系对国外制定法的借鉴，其已超越国内制定法；法理学说显然是未被纳入制定法的法学理论和法原则；创造性补充更是法官在法律目的和秩序范围内将自己作为立法者而对法律进行的续造；故此三方法应归属"制定法外"的漏洞补充方法。需要注意的是，"制定法外的漏洞补充"在德国法上被称为"超越法律的法律续造"，其适用应当有严格的条件限制：其一，该当的问题领域欠缺详细的法律规定，因此所致的法不安定性将造成当事人不堪忍受的后果，而且不能预期立法者将立即采取行动；其二，事实的关系如此清楚，因此，法院完全能够预估，其所拟采取的规则对经济、社会政策及其他领域将造成如何的影响，它也的确掌握必要的经验资料。①

　　（曹磊，法学博士，山东师范大学硕士生导师，济南市中级人民法院四级高级法官）

---

　　① 参见〔德〕卡尔·拉伦茨《法学方法论》，陈爱娥译，商务印书馆，2003，第305页。

域外法

南非违约救济制度研究

曹艳芝　刘剑锋

目　次

南非法是混合法系的代表，从 1652 年荷兰人扬·范理贝克到好望角开拓殖民地，到 1795 年英国占领开普，在荷兰所通行的罗马－荷兰法被荷兰殖民者带入南非，并成为现代南非法发展的基础。从 1806 年英国第二次占领开普开始，英国法在南非开始逐渐产生影响，特别是在商事领域，英国的流通票据法、海商法、保险法都对南非产生了巨大影响。[①] 作为商业交往最重要的法律，合同法也不例外。1910 年南非联邦成立后，南非出现了罗马－荷兰法的复兴，被遗弃的罗马－荷兰法重新受到重视。但不管是英国法的引进，还是罗马－荷兰法的复兴，在南非，它们都没有彼此取代，而是相互作用，相互融合，最终形成了典型的混合法。因此，南非法是大陆法系和英美法系共同影响的结果，这使得南非成为成功移植、融合法律制度的典型代表。

我国违约责任制度吸收了大陆法和英美法的规则，但是这两者在我国

---

① J. T. R. Gibson, *South African Mercantice and Company Law*, Juta & Company Limited, 1983, p. 3.

的融合以及在司法实践中的适用并不完美。因此，研究南非法中的违约救济制度，考察大陆法和英美法在该领域的表现形式和融合方式，可以为我国违约责任制度的研究提供新的视野和思路，为更好地完善我国的违约责任制度提供启示。

一　违约形态

依据合同必须被信守原则（pacta sunt servanda），合同当事人都应遵守合同，并履行合同义务。如果任何一方当事人没有合法的理由而以作为（act）或不作为（omission）方式不信守其承诺，那么其行为构成违约。

罗马–荷兰法和英国法不区分违约形态①，在现代南非法上，"违约"这一概念已细分为一系列不同的形态。对各种违约形态进行探讨不仅便于理论上的分析，更重要的是，在分析违约的后果时，总是先确定违约事实所符合的具体违约类型，然后再确定该违约行为要承担什么样的后果。②

南非法所承认的具体违约形态有债务人迟延、债权人迟延、积极的债务不履行、拒绝履约和履行妨碍。

（一）债务人迟延

债务人迟延（mora debitoris）是指债务人因可归责的事由未及时履行已届清偿期并且可以强制执行的积极义务（positive obligation, obligatio faciendi），并且尽管债务人未及时履行，但是该债务仍然能够履行。

对于债务人迟延，南非法院从实用主义的角度出发，采取"分而治之"的策略，吸纳从不同法律渊源发展起来的规则来调整该违约形态的不同方面。在构成要件上，以罗马–荷兰法为基础，例如，需要债务人有过错，将对人迟延和对物迟延进行区分，构成对人迟延必须要有债权人的催

---

① R. W. Lee, *An Introduction to Roman-Dutch Law* (*forth edition*), Oxford at the Clarendon Press, 1946, p. 265；王泽鉴：《英美法导论》，北京大学出版社，2012，第 215 页。

② Reinhard Zimmermann, Daniel Visser, *Southern Cross: Civil Law and Common Law in South Africa*, Clarendon Press Oxford, 1996, p. 303.

告等，这些构成要件在现代南非法中几乎没有改变。^① 而在债务人迟延的后果上，则吸纳英国法规则，允许解约。在罗马-荷兰法中，除当事人约定有解除约款以外，无过错方无权因债务人迟延而解除合同，但南非法院从 19 世纪中期开始接受了来自英国法的如果时间是合同的关键就允许无过错方解除合同的规则，这个规则几乎被南非判例法全盘接受。^② 因此，当前南非法中债务人迟延制度是两个法律渊源巧妙融合的结果：就构成要件而言，遵循罗马-荷兰法的传统；就违约后果而言，遵循英国法中的如果时间是合同的关键则允许无过错方解除合同的传统。

构成债务人迟延必须同时符合如下要件：履行时间已经确定，债务已届清偿期并且可以强制执行，该未及时履行是由于债务人的过失造成的。

（1）履行时间已经确定。要求债务人及时履行的前提是履行时间确定。履行时间可以在合同中协商确定，也可以在合同成立之后通过单方的催告来确定。根据履行期限确定方式的不同，债务人迟延有对物迟延（mora ex re）和对人迟延（mora ex persona）两种类型。

第一，对物迟延。在当事人已于合同中约定了履行期限的情况下，如果债务人由于可归责的事由未在履行期限届满前履行债务，则会自动构成对物迟延，无须债权人的介入，即期限代人催告（dies interpellat pro homine）。除当事人明确约定履行期限外，如果合同的相关条款或者其他证据表明当事人有在某个期限履行的意思，那么可以认为当事人默示地约定了履行期限。

产生对物迟延后果的期限不仅必须确定会到来，而且在何时到来也必须确定，即"其到来确定，时期也确定"（dies certus an ac quando），例如，2013 年 1 月 1 日这样的期限。是否会到来不确定的期限，例如停止条件（suspensive condition）的成就，以及确定会到来但到来之时期不确定的期限，例如当今后降雨之时，尽管这些期限的到来或条件的成就会使

① Reinhard Zimmermann, Daniel Visser, *Southern Cross：Civil Law and Common Law in South Africa*, Clarendon Press Oxford, 1996, p. 307.

② Reinhard Zimmermann, Daniel Visser, *Southern Cross：Civil Law and Common Law in South Africa*, Clarendon Press Oxford, 1996, p. 308.

债务的履行期限到来，但它们都是不确定期限，不会自动产生对物迟延的后果，如果债权人在履行期限到来之后未提出履行要求，债务人不会陷于迟延。

第二，对人迟延。如果合同中没有约定履行时间，或约定的履行期限为不确定期限，那么，债务人不会因拖延（delay）履行而自动陷于迟延，即使债务可能应履行、能履行或债务人的拖延履行非常不合理。要使债务人陷于迟延，必须有债权人的催告（demand for performance，interpellatio），请求债务人于某个确定期限或者某个确定日期之前履行债务。

催告在到达债务人时发生效力，但除了依据具体情形要求债务人立即履行合理之外，债务人不会在收到催告后立即陷于迟延。一般情况下，债权人在催告中必须确定一个合理的期限，要求债务人在该期限内履行，只有当该期限届满后债务人未按照债权人的要求履行时，才会构成对人迟延。如果催告中所定期限不合理，催告就不能产生迟延的后果，即使在事实上真正的合理期限已经届至也不能产生迟延的后果。①

当对催告中所给出的履行期限是否合理有争议时，由债务人负担证明期限不合理的责任，但如果该催告中除有履行的要求外，还附有解约的通知，那么就要由债权人负担证明期限合理的责任。

南非法院在认定催告中的期限是否合理时，会依据个案的具体事实，综合考虑所有相关情况，例如，当事人的意思，当事人的商业利益以及其他利益，履行的性质，履行中的困难、障碍，合同成立之后债务人拖延的时间，等等。其中一个比较有争议的问题是，判断期限是否合理所依据的时间点是合同成立时还是催告时。以不同的时间点来判断可能会得出不同的结论。从判例法来看，南非法院在这个问题上有些摇摆不定。在有的判例中，法院只会考虑在订立合同时当事人应该合理地考虑到的影响履行时间的因素。因此，随后产生的未预见或不能预见的困难和障碍都得不到考虑。② 相反，也有判例表明法院会考虑催告时的情况③，这造成了法律适

---

① *Nel* v. *Cloete* 1972（2）SA 150（A）at 163H.

② *Ver Elst* v. *Sabena Belgian World Airlines* 1983（3）SA 637（A）at 645.

③ *Nel* v. *Cloete* 1972（2）SA 150（A）at 166B.

用的不统一。但法院通常会考虑合同成立和催告之间的时间差，债务人拖延得越久，法院越有可能认定催告中的期限是合理的。①

在南非，催告可以是书信方式，也可以是口头形式，经债权人请求，还可以以司法传票（interpellatio judicialis）的形式进行催告。

对于未定履行期限的合同，合同成立之时履行期限就已经届至，债权人可以在合同成立之后的任何时间提出履行要求，但债权人不必立即提出履行要求，也无义务证明提出履行的时间的合理性，因为债务人不会因在没有债权人的催告情况下主动履行债务而遭受任何损害。除时效期间的经过之外，债权人的权利不会仅仅因拖延行使而消灭。

（2）当债务已届清偿期并且可以强制执行时，债权人才有权请求履行②，债务人也才有陷于迟延的可能。一般情况下，如果当事人约定了履行期限，或者约定履行义务附停止条件，则约定的履行期限届至或者条件成就时，清偿期届至。如果当事人没有明确约定履行期限，在合同成立之后，债权人可以立即请求履行，债务人也可以立即履行，例如，日常生活消费品买卖通常可以要求立即履行；但如果依实际情况要求立即履行不合理的，则不能请求立即履行，例如大宗买卖通常需要合理期限进行准备，对于这种情况，可以在合同成立后，依据具体情况在合理可期待的限度内请求尽快履行。

除债务已届清偿期外，债务还必须是可强制执行的，即债务的执行能够得到法院的支持。法院不会支持执行债务的情况例如债务已经消灭（例如因时效）、应同时履行的双务合同中的一方当事人自己未履行但请求对方履行等。

（3）迟延必须是由于债务人一方的过错造成的。如果债务人有理由不知应由其履行，或有理由不知债务已届清偿期，那么就不构成迟延。同样，如果履行的延误由债权人自己引起，或者由超出债务人控制的事件，例如不可抗力（vis maior）、偶然事件（casus fortuitus）或独立第三人的行

① *Nel* v. *Cloete* 1972 （2）SA 150 （A）at 166H.

② *CIR* v. *First National Industrial Bank Ltd* 1990 （3）SA 641 （A）at652H-I.

为引起，也不构成迟延。但如果债务人保证及时履行，承诺为任何原因造成的拖延履行负责，那么，即使没有过错，债务人也要为迟延负责，没有过错就不能成为债务人不为迟延负责的抗辩理由。证明债务人无过错的责任由债务人负担。①

（二） 债权人迟延

在债务人履行义务需要债权人积极的合作的情况下，如果由于可归责的原因债权人未及时和债务人合作，那么债权人就构成债权人迟延（mora creditoris）的违约。② 尽管债权人在合同义务的履行方面的作用是消极的，即消极地接受履行而非积极地作出履行，但在许多情况下，债务人履行义务需要债权人积极的合作。例如，买卖合同的卖方必须接受价金，买方必须接受标的物等。在这种情况下，债权人必须和债务人合作。

尽管南非法中的债权人迟延制度起源于罗马法和罗马－荷兰法，但其被认为是一个独立的违约形态的历史并不长，并且有时仍会出现混淆债权人迟延和债务人迟延，或者把这两种迟延形态相等同的现象。③

是否将债权人迟延作为一种独立的违约形态的关键在于区分债权人迟延和债务人迟延的实益何在，亦即，对于某一合作义务，将其承担主体作为债权人和作为债务人有什么不同。

否认债权人迟延是一种独立的违约形态的观点认为，如果债权人有义务和债务人进行合作，那么对于这些义务而言，债权人就是债务人，因此，如未及时合作就形成债务人迟延而非债权人迟延，而且，债权人可以简单地通过免除债务人的履行义务来使自己摆脱合作的义务。④

认为债权人迟延是独立的违约形态的主要理由是，第一，合同义务中

---

① *Legogote Development Co（Pty）* v. *Delta Trust and Finance Co* 1970（1）SA 584（T）at 587.

② *LTA Construction Ltd* v. *Minister of Public Works and Land Affairs* 1992（1）SA 837（C）at 848.

③ *Alfred McAlpine & Son（Pty）Ltd* v. *Transvaal Provincial Administration* 1977（4）SA 310（T）.

④ Dale Hutchison, Chris-James Pretorius, J. E. Du Plessis, Sieg Eiselen, Tomas Floyd, *The Law of Contract in South Africa: Private Law*, Oxford University Press, South Africa, Jan. 15, 2011, p. 287.

的主要义务是履行义务，该义务决定了当事人是债权人还是债务人。尽管履行的义务会导致一个相应的接受履行的义务，但这也不能改变当事人在某一合同义务上的作用，债权人的合作义务是辅助性的。尽管债权人接受履行的义务与双务合同中的对待履行义务在表面上有些相似，但在性质上则完全不同：它不能独立于债务人的履行义务而单独地起作用，更不能独立存在。即使在合作的辅助义务方面我们把债权人看作债务人，但相对于合同的主义务，债权人承担辅助义务仍然是因为债权人拥有债权。

第二，对于债务免除，其在南非法中一般被看作需要债务人同意的双方法律行为（bilateral juristic act）。如果债务人因其履行可以获得某些利益，因而拒绝接受债权人对其债务的免除，那么债权人仍有义务和债务人合作，以使债务人可以履行。[①]

第三，债权人迟延与债务人迟延不能在同一义务上同时存在，债权人在接受履行方面的迟延排除了债务人迟延的发生。但在双务合同中，当事人可以在不同的义务上同时构成债务人迟延和债权人迟延。例如，买卖合同的买受人既迟延接受标的物的交付，又迟延付款。

第四，债权人迟延的构成要件和后果（见下文相关部分）与债务人迟延有差异。

基于以上原因，南非法中主流观点把债权人迟延看作一个独立的违约类型。[②]

构成债权人迟延需要满足如下五个条件。

第一，存在要履行的债务。债务人必须有履行的债务，但该债务不必强制执行，即使对于自然债务（natural obligation）也可以产生债权人迟延。对于履行期限仅为债务人利益而设者，债务也不必已届清偿期。但，如果债务附有未成就的停止条件（suspensive condition）或未到来的为债权人利益的始期（dies pro creditore），那么债权人可以拒绝接受履行。

---

① Dale Hutchison, Chris-James Pretorius, J. E. Du Plessis, Sieg Eiselen, Tomas Floyd, *The Law of Contract in South Africa: Private Law*, Oxford University Press, South Africa, Jan. 15, 2011, p. 376.

② *Ranch International Pipelines (Transvaal) (Pty) Ltd v. LMG Construction (City) (Pty) Ltd* 1984 (3) SA 861 (W) at 877 – 878.

第二，债务的履行需要债权人合作。债权人的合作对于债务人债务的适当履行必须是必要的，否则，不能成立债权人迟延。因此，消极义务（negative obligation，obligatio non faciendi）和不需要债权人合作债务人也可以履行的积极债务不能产生债权人迟延。①

第三，履行的提出。通常情况下，必须有债务人向债权人提出履行才能形成债权人迟延。该提出的履行必须是完全的和适当的，债务人也不能在提出履行时附加其无权附加的条件，否则，债权人可以拒绝接受履行，且不会形成债权人迟延。至于什么样的提出履行是适当的，取决于债务的性质和内容。通常，债务人必须在没有债权人合作的情况下尽可能地采取一切措施履行债务，然后再请求债权人给予必要的合作。

第四，债权人在接受履行时拖延。与债务人迟延一样，债权人迟延也以履行时间已确定为前提。如果履行时间在合同中已确定，债权人在不履行（default）时自动陷入迟延（dies offert pro homine）。② 如果履行时间没有确定，或债务人有权主张在约定的履行期限到来之前清偿债务且已提出主张，则债务人必须通知债权人其要履行债务的时间，并给债权人一个准备接受履行的合理期间。③

第五，过错。南非通说认为，债权人迟延必须由其过错造成。如果债权人的拖延合作不是由其过错造成，而是由不可抗力、偶然事件等造成，那么就不构成债权人迟延。④

（三）积极的债务不履行

当有履行但履行不符合约定时，构成积极的债务不履行（positive malp-

---

① W. J. Hosten, A. B. Edwards, Carmen Nathan, Francis Bosman, *Introduction to South African and Legal Theory*, Hayne and Gibson Ltd Prinetown Natal, 1980, p. 419.

② *Ranch International Pipelines* (*Transvaal*) (*Pty*) *Ltd* v. *LMG Construction* (*City*) (*Pty*) *Ltd* 1984 (3) SA 861 (W) at 882.

③ *Martin Harris & Seuns OVS* (*Edms*) *Bpk Qwa-Qwa Regeringsdiens* 2000 (3) SA 339 (SCA) at 349.

④ Dale Hutchison, Chris-James Pretorius, J. E. Du Plessis, Sieg Eiselen, Tomas Floyd, *The Law of Contract in South Africa: Private Law*, Oxford University Press, South Africa, Jan. 15, 2011, p. 289.

erformance）。与迟延涉及的债务履行时间不同，积极的债务不履行与已为履行的内容有关。

在债务是积极债务的情形下，当债务人如期履行，但履行不完全或有瑕疵时，构成积极的债务不履行。例如出卖人交付的货物质量有瑕疵，建设工程施工单位未按照建筑设计施工等。在债务是消极债务（obligatio non faciendi）的情形下，当债务人违反了不作为义务时，构成积极的债务不履行。例如，承租人违反不得转租的约定将租赁物转租。

关于积极的债务不履行的构成要件，有一个问题是过错是不是其构成要件。绝大多数涉及积极的债务不履行的判例和学者都没对该问题进行论述，法院在认定该违约形态时并不提及过错问题，学者在论述该违约形态时也往往不提及过错问题。因此，本文的初步推断是，过错可能不是积极的债务不履行的构成要件，也就是说积极的债务不履行是严格责任。

但也有极个别学者和判例对这个问题作出了阐述。例如，有学者指出，债务人可以通过证明该积极的债务不履行由其不能控制的因素导致，并且其对此没有过错，从而避免承担责任，例如在债务为交付某物的情况下，债务人只对由于其过错而给标的物造成的损害负责。[①]

除以上观点外，还有两个判例对该问题作出了具体的阐述，*Heerman's Supermaket（Pty）Ltd* v. *Mona Road Investments（Pty）* 一案[②]认为，出租人只对其知道或应当知道的租赁物的瑕疵给承租人造成的损害负责。*Gengan* v. *Pathur* 一案[③]认为，在买卖合同中，如果当事人约定标的物的风险在所有权转移时转移给买受人，而在所有权转移前，该标的物意外受到损害，那么如果出卖人以该被损害的标的物进行交付，即使他对损害的发生没有过错，也要对该积极的债务不履行负责。但该案存在两个问题，首先，其是从反面进行表述的，即"即使没有过错也要负责"，其对构成积极的债

---

① LAWSA Contract at § 237，转引自 Dale Hutchison，Chris-James Pretorius，J. E. Du Plessis，Sieg Eiselen，Tomas Floyd，*The Law of Contract in South Africa：Private Law*，Oxford University Press，South Africa，Jan. 15，2011，p. 293。

② 1975（4）SA 391（D）.

③ 1977（1）SA 826（D）.

务不履行需要过错的观点的支持是间接的；其次，其所述规则可能只是一个一般规则的具体体现，即如果表示要作出某种履行，就应被该允诺所约束，因此，如果当事人担保（guarantee）或保证（warrant）其将按照某一标准履行，那么其没有过错不是其履行不符合该承诺的抗辩理由。

尽管以上学说和判例与本文的推测持相反观点，但因为数量极少，因此尚不能得出积极的债务不履行的构成需要过错的结论。只能说，有时候构成积极的债务不履行可能需要违约方有过错。

在积极的债务不履行这个违约形态之下，可以体现罗马－荷兰法和英国法融合的是解约权的一般化的发展。在罗马－荷兰法中，对于积极的债务不履行，只有当事人明确约定了解除约款，无过错方才有权解除合同。但自 19 世纪中期开始，对于积极的债务不履行"足够重要"（sufficiently material）的情况，南非法院逐渐发展出了一般化的解约权，这个变化直接受到了英国法的影响，并且南非法判断积极的债务不履行是否"足够重要"的标准（见下文）也大多可以追溯到英国法。南非法院也非常坦率地承认该规则源自普通法传统。①

（四）拒绝履约

拒绝履约（repudiation）是指合同的一方当事人没有合法理由而以其语言或行为表明其不再被合同或合同中所约定的任何义务约束的明确意思。②

拒绝履约在履行期限届至前后都可以发生。履行期限届至之后的拒绝履约的作用常常只是增强上文所述的其他违约形态。在履行期限届至之后的拒绝履约的认定方面，需要注意和迟延的区别，不能仅因为拖延履行或拖延接受履行就认为是拒绝履约，至少还需要某些积极的行为，例如在迟延的同时，以言词或行为表明不信守义务的意思。

履行期限届至之前的拒绝履约被称为先期拒绝履行义务（anticipatory repudiation），也被称为预期违约（anticipatory breach）。在罗马－荷兰法

---

① Reinhard Zimmermann, Daniel Visser, *Southern Cross：Civil Law and Common Law in South Africa*, Clarendon Press Oxford, 1996, pp. 312 – 313.

② *South African Forestry Co Ltd v. York Timbers Ltd* 2005（3）SA 323（SCA）at 342E-F.

中，没有先期拒绝履行义务的违约形态，南非法中的该法律制度从英国法移植而来。①

英国法以"要约和承诺"模式解释拒绝履约，即把拒绝履约解释为拒绝履约者解除合同的推定要约（implied offer），对此要约无过错方可以选择接受或者拒绝。② 只有当拒绝履约被无过错方接受时，违约才完全形成；如果无过错方拒绝了解除合同的要约，则拒绝履约就不会产生任何法律效果。③ 早期的南非判决全盘接收了英国法中关于该制度的相关规则，而没有对该制度与罗马－荷兰法的相容性进行讨论。

大约从 20 世纪后半期开始，有人开始试着将源自英国法的先期拒绝履行义务与罗马－荷兰法整合。其中一个思路是，作为南非合同法的基础的善意要求债务人不仅应该履行合同，而且还应该给予债权人的权利基本的尊重，拒绝履约违反了合同中来自法律的义务（obligation ex lege），危及了合同目的的最终实现，使债权人感到窘迫，因此，拒绝履约自身即是对合同义务的违反。在所有严重违约的情况下，解除合同或者维持合同都是无过错方的正常选择（ordinary election），而不是对解约"要约"承诺与否的选择④，从而，将拒绝履约嫁接到南非法上。

另一个整合的思路是，认为以"要约和承诺"模式来解释先期拒绝履行义务完全不可接受，理由如下。首先，从历史的角度看，该方法已过时。自拒绝履约被认作一个独立的违约类型时起，把拒绝履约解释为解除合同的要约的需要就不复存在了。其次，该方法不符合逻辑。违约是一方当事人对双方当事人共同意愿的违背，但按照"要约和承诺"模式，需要无过错方接受解除合同的要约才能成立拒绝履约，那么合同就是以双方同意的方式终止的，因此也就不存在违约，也就更不存在以违约为基础的损害赔偿请求权。因此，应该把拒绝履约直接看作违约，并且赋予无过错方

---

① Reinhard Zimmermann, Daniel Visser, *Southern Cross: Civil Law and Common Law in South Africa*, Clarendon Press Oxford, 1996, p. 314.

② *Central Produce Co v. Hirschowitz* 1938 TPD 350.

③ *Nash v. Golden Dumps*（*Pty*）*Ltd* 1985（3）SA 1（1）at 22.

④ *Datacolor International*（*Pty*）*Ltd v. Intamarket*（*Pty*）*Ltd* 2001（2）SA 284（SCA）at 288B.

解除合同与否的选择权，但该选择并非对"要约"的承诺与否的选择。①

尽管把拒绝履约直接作为一种违约类型在南非法中至少获得了官方的认可和接受②，但传统的"要约和承诺"模式在司法者的意识中已变得根深蒂固，该模式的思路和用词对当今的司法和学说的影响都非常明显。③

判断拒绝履约的意思的标准是客观的，即该方当事人的行为是否会导致一个理性人（reasonable person）相信他不打算履行或不打算完全履行其合同义务。④ 尽管在通常情况下，当事人拒绝履约时主观上有终止合同的意图，但构成拒绝履约并不需要恶意（mala fides）或过错（fault）这些主观要素。因此，如果一方当事人因误解了合同的真实内容、意思或效力而善意地拒绝履行合同义务，只要其行为符合上述标准，也会构成拒绝履约。⑤

从判例法上看，以下情形构成拒绝履约：无正当理由解除合同；否认合同的存在；拒绝履行或拒绝接受履行；通知对方自己无能力履行；以不完全履行或瑕疵履行作为完全履行提出；在继续性合同中，给出不符合要求的通知以终止合同；雇主不合理地拒绝雇员履行其工作职责。⑥

（五）履行妨碍

履行妨碍（prevention of performance）是指合同成立之后，一方当事人由于自己的过错使履行成为不能。

---

① PM Nienaber, "Enkele beskouinge oor kontrakbreuk in anticipando" (1936) 26 *THRHR* 19 at 30 – 31，转引自 Dale Hutchison, Chris-James Pretorius, J. E. Du Plessis, Sieg Eiselen, Tomas Floyd, *The Law of Contract in South Africa*：*Private Law*, Oxford University Press, South Africa, Jan. 15, 2011, p. 297。

② *Datacolor International*（*Pty*）*Ltd* v. *Intamarket*（*Pty*）*Ltd* 2001（2）SA 284（SCA）；*South African Forestry Co Ltd* v. *York Timbers Ltd* 2005（3）SA 323（SCA）at 342.

③ Dale Hutchison, Chris-James Pretorius, J. E. Du Plessis, Sieg Eiselen, Tomas Floyd, *The Law of Contract in South Africa*：*Private Law*, Oxford University Press, South Africa, Jan. 15, 2011, p. 297.

④ *Datacolor International*（*Pty*）*Ltd* v. *Intamarket*（*Pty*）*Ltd* 2001（2）SA 284（SCA）at 294.

⑤ *Van Rooyen* v. *Minister van Openbare Werke en Gemeenskapsbou* 1978（2）SA at 845 – 846.

⑥ Dale Hutchison, Chris-James Pretorius, J. E. Du Plessis, Sieg Eiselen, Tomas Floyd, *The Law of Contract in South Africa*：*Private Law*, Oxford University Press, South Africa, Jan. 15, 2011, p. 169.

在南非，履行不能区分为自始履行不能和嗣后履行不能。自始履行不能（initial impossibility of performance）的合同无效①。嗣后履行不能（supervening impossibility of performance）依据不同的发生原因有不同的后果，如果是由于当事人意志以外的原因导致的客观不能，则合同终止②；但如果由于债权人或者债务人一方的过错导致履行不能，则合同不终止，使履行成为不能的一方当事人构成履行妨碍的违约。③

"履行妨碍"在南非的渊源比较模糊，从罗马－荷兰法和英国法中都无法找到直接的渊源。从履行妨碍和预期违约的发展顺序而言，与英国法相比，南非法呈现的是相反的发展路线。英国法院先承认在履行期限届至前由于自己的过错使自己不能履行合同的一方当事人应承担违约责任，然后承认预期违约。在南非法中，却是先接受预期违约制度，然后再接受履行妨碍为一个违约形态，也即，如果一方当事人在履行期限届满前表示他无意履行合同的行为应该被认定为违约，那么使自己在履行期限届至时不能履行合同的行为也应该被认定为违约。④

构成履行妨碍的履行不能既可以是客观履行不能（objectively impossible），也可以是主观履行不能（subjective impossibility）。例如，甲与乙约定，将自己的一台汽车出卖给乙，如果随后甲在交付之前毁掉了该汽车，则履行客观不能，构成履行妨碍；如果随后甲把该汽车出卖并交付给丙，从而使其自己无法履行与乙的合同，在该种情况下，履行并非完全不能，而只是甲的主观不能，但也构成履行妨碍。

债务人和债权人都可以使履行成为不能，从而都可以构成履行妨碍。

---

① 详见 Dale Hutchison, Chris-James Pretorius, J. E. Du Plessis, Sieg Eiselen, Tomas Floyd, *The Law of Contract in South Africa*: *Private Law*, Oxford University Press, South Africa, Jan. 15, 2011, pp. 205 – 208。

② 详见 Dale Hutchison, Chris-James Pretorius, J. E. Du Plessis, Sieg Eiselen, Tomas Floyd, *The Law of Contract in South Africa*: *Private Law*, Oxford University Press, South Africa, Jan. 15, 2011, pp. 381 – 384。

③ Dale Hutchison, Chris-James Pretorius, J. E. Du Plessis, Sieg Eiselen, Tomas Floyd, *The Law of Contract in South Africa*: *Private Law*, Oxford University Press, South Africa, Jan. 15, 2011, p. 301.

④ 关于履行妨碍在南非的发展过程，详见 Reinhard Zimmermann, Daniel Visser, *Southern Cross*: *Civil Law and Common Law in South Africa*, Clarendon Press Oxford, 1996, pp. 317 – 318。

债权人构成履行妨碍的情形例如，甲与乙约定为乙修理机器，但在甲修理之前，乙故意将机器毁掉。

过错是构成履行妨碍的必要因素，债务人可以通过证明其对履行不能没有过错来免责。但如果债务人曾担保（guarantee）会履行，那么即使债务人对履行不能没有过错也要承担责任，除非履行不能是由于债权人的过错造成的。

履行妨碍在履行期限届至之前或之后都可以成立。在履行期限到来之前成立履行妨碍的，无过错方可以立即采取适当的救济措施，而无须等待履行期限到来后不履行的实际发生。在此情况下，与拒绝履约一样，履行妨碍也可以构成预期违约的违约形态。对于履行期限届至之后的履行妨碍，需避免和迟延相混淆，在迟延的情况下，履行仍然可能。

此外，须注意主观的履行妨碍（subjective prevention of performance）和拒绝履约之间的不同，过失也可以构成主观的履行妨碍，而拒绝履约需要有明确的拒绝履行的意思（尽管决定是否有该意思的标准是客观的）。

（六）小结

通过上述分析，南非违约形态的全貌基本被展示出来。下面以列表的方式对南非法中的违约形态及其构成要件进行整理（见表 1）。

表 1　违约形态及其构成要件

违约形态	债务人迟延	债权人迟延	积极的债务不履行	拒绝履约	履行妨碍
由谁构成	债务人	债权人	债务人	任何一方当事人	任何一方当事人
与什么相关	履行时间	履行时间	履行内容	信守合同的意思	履行的可能性
怎样构成	债务人未及时履行	债权人未及时合作	债务人不适当地履行	当事人表示不受约束的意思	当事人使履行成为不能
是否需要过错	是	是	否（有时可能需要）	否：标准是客观的	是
是否可以发生在履行期限到来之前	否	否	否	是	是

总的来说，债务人迟延和债权人迟延这两种迟延的违约形态与履行的时间有关，总体来说是在应该履行的期间之内不履行，因此有时两种迟延的违约形态被合称为"消极的债务不履行"；积极的债务不履行与履行的内容有关；拒绝履约和履行妨碍这两种违约形态都可以在履行期限到来之前构成，都可以形成预期违约。

各种违约形态之间并非完全独立，有可能发生重叠，例如，在债务人履行已迟延的情形下，如果债务人又拒绝履行，则债务人迟延和拒绝履行两种违约形态相重叠①；如果债务人在履行迟延之后又作出了瑕疵履行，那么债务人迟延和积极的债务不履行两种违约形态相重叠。在这种情况下，无过错方有权选择任何一种违约形态下的救济。

除了上述债权人可以选择救济的情况之外，在另一些情况下，尽管违约形态也是"叠加"的，但只能构成一种违约形态，也就是说债权人不能选择救济。例如，因为迟延的实质在于不作为，即未及时履行，因此，其只能在积极的义务的情况下发生，倘若债务人以积极的作为违反消极的义务，则构成积极的债务不履行；再如，在履行时间非常重要的情况下，债务人的迟延履行可能相当于完全未履行，因此，如果债务人的迟延使得履行成为不能，那么构成的违约形态就是履行妨碍，而非债务人迟延。例如，某人在服装店定做了一套要在其婚礼上穿着的礼服，但直到婚礼结束后礼服才做成，在这种情况下，服装店的迟延使得履行成为不能，此时构成的违约形态是履行妨碍。

除了以上从表面的直观角度总结之外，下面谈一些笔者对南非违约形态的认识。

首先，南非违约形态的体系问题，也即违约形态的外在表现。南非违约形态的体系，如上文所述，消极的债务不履行（包括债务人迟延和债权人迟延）和履行的时间有关，积极的债务不履行的违约形态下存在履行，和履行的内容相关，拒绝履行和履行妨碍都可以在履行期限到来前成立，因此，在这种情况下可以被合称为预期违约。但需要注意的是，并不是说

---

① W. de Vos, "Mora Debitoris and Rescission", (1970) 87 *SALJ* 304 at 321 – 322.

拒绝履行和履行妨碍只能在履行期限到来之前构成。本文对于违约形态的体系安排符合大多数南非学者的论述习惯。但遗憾的是，为什么违约形态体系在总体上要如此安排，在南非学者的著作中尚未找到理论依据，有可能是这样的体系安排出自实践的需要，是在实践的基础上，根据诸多案例，提取公因式总结得出的，除此之外，本文也不敢妄加论断。

在南非学者的合同法著述中，债权人迟延常和债务人迟延并列论述。尽管也有学者否认债权人迟延为独立的违约形式，但是多数学者和实践还是认可了债权人迟延为独立违约形态的观点。

履行妨碍其实只是造成履行不能的违约事实之一，而履行不能从不能发生的时间来划分，可以分为自始不能、嗣后不能；从不能履行的主体范围来划分，可以分为主观不能和客观不能。南非合同法中的履行妨碍是指由于主观过错造成嗣后不能的法律事实，既包括客观不能也包括主观不能。这与多数国家对于履行不能的划分相一致。

其次，南非是混合法系，在违约形态上也体现了不同法系的融合。例如，南非的债务人迟延融合了罗马－荷兰法和英国法的规则来调整该违约形态的不同方面，在构成要件上，以罗马－荷兰法为基础，而在对人迟延且合同中没有约定解除约款的情况下，允许债权人以发送"解约通知"的方式单方面创造解约权的规则则来自英国法。再如，在罗马－荷兰法中没有"先期拒绝履行义务"的违约形态，南非法中的该违约形态来自英国法，以"要约和承诺"模式进行解释。南非法学者为了使该制度与罗马－荷兰法融合，试着从不同的角度来解释该制度，其中一种方法即是认为，南非合同法中的善意不仅要求债务人应该履行合同，而且还应该给予债权人的权利以基本的尊重，即拒绝履约违反了合同法中的法定义务，从而，从基本原则的角度将先期拒绝履约嫁接到南非法上。

二 违约救济

在南非，违约救济的主要方式包括实际履行、解除合同、损害赔偿等。实际履行因其目的在于合同的实现，符合南非合同法合同必须被信守

（pacta sunt servanda）的原则，符合当事人订约的目的，因此被认为是违约的正常救济（natural remedy）。相反，解除合同因其目的在于废弃整个交易，因此被认为是特殊救济（extraordinary remedy）。损害赔偿的目的在于补偿无过错方因违约所遭受的损失，因此，不管无过错方请求履行合同还是解除合同，也无论合同最终是得到履行还是被解除，如果无过错方因违约遭受损害，他还可以另外请求损害赔偿。如果当事人没有遭受损失，就不能请求损害赔偿，南非法不接受惩罚性的损害赔偿规则（the doctrine of punitive damages）。

除以上各违约形态所共有的救济方式之外，一些违约形态还有自己特有的救济方式，如未履行抗辩权、申请禁令和申请权利宣告等。例如，债权人迟延可以减轻债务人保管要交付的标的物的义务。通常情况下，债务人要对由于其过失（negligence）而给标的物造成的任何损害负责，但是，一旦发生债权人迟延，债务人的责任就会限于故意（dolus, intent）和重大过失（culpa lata, gross negligence）。相应地，债权人自其迟延之时起必须负担由于意外事件甚至由于债务人的过失而引起的嗣后履行不能的风险。从债权人陷于迟延时起，债务人也停止承担担保义务、支付利息的义务等附属义务。① 因为债权人的迟延只可以损害其自己的利益，而不能增加债务人的负担。再如，在债务人负有消极义务的情况下，如果发生积极的债务不履行，债权人可以申请禁止债务人从事禁止行为的禁令，或申请要求债务人撤销他所为的与其义务相违背的行为的命令。又如，对于拒绝履约，因拒绝履约是一种持续的违约形式，所以，如果无过错方最初选择维持合同效力，但随后拒绝履约一方坚持拒绝履约，则无过错方可以放弃维持合同效力的决定转而选择解除合同。②

当事人也可以在合同中设置调整违约后果的条款，例如解除约款、违约金条款、利息条款等。依据意思自治（party autonomy）原则，这些当事人约定的条款的效力一般优先于调整违约后果的普通法规则，但法律另有

---

① *St Patrick's Mansions（Pty）Ltd* v. *Grange Restaurant（Pty）Ltd* 1949（4）SA 57（W）at 63.

② *Cohen* v. *Orlowski* 1930 SWA 125.

规定的除外。例如，1962 年《违约金法》对违约金条款的执行进行了限制，2005 年《国家信贷法》（the National Credit Act 34 of 2005）对利息条款的执行进行了限制。

在以上所述救济方式中，有些救济方式是相互排斥的，而有些是可以同时适用的。例如，实际履行和解除合同这两种救济方式相互排斥，无过错方只能选择其一行使，而不能同时行使，但可以以替代的方式请求这两种救济。所谓替代的方式请求救济，即如果一方当事人想解除合同，但是不确定自己是否有权这样做，他可以请求解除合同，如果他无权这样做，他还可以替代地请求实际履行。

（一）未履行抗辩权

双务合同（reciprocal contract）要符合对等原则（principle of reciprocity）。依据该原则，如果当事人甲必须先履行其合同义务或必须和对方同时履行，而甲尚未履行或尚未提出履行，那么他就无权请求对方当事人进行对待履行。也即，当事人乙在对方甲未完全履行或提出完全履行之前有权拒绝其自己一方的履行。此处，乙所享有的权利被称为未履行抗辩权（exceptio non adimpleti contractus）。① 该权利是双务合同中的一个自助救济方式，是防御性权利，其作用在于允许一方当事人在对方已完全履行或提出适当履行之前拒绝自己的履行，并可以对抗对方的履行请求。从这个意义上来说，未履行抗辩权的目的在于确保对方当事人的实际履行。②

1. 未履行抗辩权的行使要件

未履行抗辩权是目的在于获得对方全部和适当履行的临时抗辩权。因

---

① "未履行抗辩权"是本文依据该抗辩权的内容创设的一种译法，其在南非法中被称为"exceptio non adimpleti contractus"。在《构造与出路：中国法上的同时履行抗辩权》一文标题中，韩世远教授将"同时履行抗辩权"译为"exceptio non adimpleti contractus"，但因为从内容上看，南非法中的这一概念包含我国合同法中所称的同时履行抗辩权和先履行抗辩权，因此，本文为了避免读者将其与国内的同时履行抗辩权混淆，将其译为"未履行抗辩权"。

② 严格来说，未履行抗辩权行使的前提不是违约，并非一个违约救济方式，但因其经常能起到救济违约的作用，因此，在南非法学著作中，其常被放在违约救济的标题之下讨论，本文遵循其通常做法。

此，行使权利的一方当事人必须给予违约方补救履行瑕疵的机会，例如允许违约方修理交付的作品。具体采取哪种补救措施来实现适当和全面履行由违约方依据合同条款来决定。一旦履行适当全面，对方就不再享有未履行抗辩权。

如果一方当事人的不适当履行或者未履行有法律上的理由，或者瑕疵履行的风险由接受履行方承担，那么被请求履行方就不能提起未履行抗辩权。例如，南非买卖合同中的风险转移规则继承了罗马法，一旦买卖合同完成（perfecta）①，标的物毁损灭失的风险就由买方承担。如果之后货物由于卖方过错之外的原因，例如不可抗力而遭到毁损，尽管卖方因嗣后履行不能而无须再交付货物，但是合同并不解除，买方仍然有义务支付合同价款。② 此时，尽管卖方不能交付，但买方不能提出未履行抗辩。

未履行抗辩权的行使条件有二：其一，双方的义务是双务合同中的对等义务（reciprocal obligations）；其二，对方应先履行其义务，或双方应同时履行，而对方未履行或未提出履行。除根本未履行外，在一方当事人的履行不完全时，另一方也可以行使未履行抗辩权。

第一，对等义务。对等义务包含于双务合同之中，是双方用来交换履行的义务。因此，义务是否具有对等性的识别标志是其根本目的是否在于实现履行的交换，即一个履行必须用另一个履行来交换。③ 多数为双方当事人都创设了义务的合同是双务合同，但是也不必然，有的合同尽管为双方都创设了义务，但是这些义务并不具有对等性。那么，难点就在于判断双务合同中的义务是否具有对等性。

根据意思自治原则，合同中的义务是不是对等义务取决于当事人明示的或默示的意思，即当事人创设这些义务的目的是不是交换。当事人的意

---

① 所谓合同完成（perfecta），是指合同成立并生效，但如果合同价款未确定，标的物未确定或合同附有未成就的停止条件，则合同并未完成。见 W. J. Hosten, A. B. Edwards, Carmen Nathan, Francis Bosman, *Introduction to South African and Legal Theory*, Hayne and Gibson Ltd Prinetown Natal, 1980, p. 445。

② W. J. Hosten, A. B. Edwards, Carmen Nathan, Francis Bosman, *Introduction to South African and Legal Theory*, Hayne and Gibson Ltd Prinetown Natal, 1980, p. 444.

③ *BK Tooling（Edms）Bpk v. Scope Precision Engineering（Edms）Bpk* 1979（1）SA391（A）at 415G-H.

思则须通过解释合同来确定。在解释合同时，除有相反证据，一般会假定当事人相互之间的义务是对等的，如买卖合同、租赁合同、委托合同、承揽合同等都包含了对等义务。

第二，履行顺序（sequence of performances）。如果必须先履行或者同时履行的一方当事人请求另一方当事人实际履行，那么其自己必须已经全部履行或者已经准备好全部履行。否则，被请求方就可以提起未履行抗辩。

在双务合同中，根据意思自治原则，履行顺序首先由当事人的意思决定，在当事人没有特别约定的情况下由合同的常素（naturalia）①决定，在没有特别约定和常素规定时，假定当事人必须同时（pari passu）履行。

当事人的意思通过合同的解释来确定。在解释当事人的意思时，一般假定在任何双务合同中当事人的共同意思都是应该同时履行。

合同的常素对履行顺序作出规定的合同类型如以下几种。

①租赁合同：租赁合同是双务合同，但在租赁合同未约定明确的付款日期的情况下，就首先假定当事人同意出租人必须先履行，先提供租赁物给承租人使用和收益，只有在租赁期满后，或月末年末时承租人才有义务支付租金。

②雇佣关系：在雇佣合同中，如果当事人没有对履行顺序做出明确约定，那么就假定当事人同意受雇者必须先履行，雇主只有在一段时期结束时才有义务支付薪金或报酬。

③建筑工程合同：在建筑工程合同中，如果当事人没有对履行顺序做出明确约定，那么就假定当事人同意承包方必须先履行。

未履行抗辩权不仅在请求履行方根本未履行的情况下可以提出，在履行不适当或不全面（积极的债务不履行）的情况下也可以提出。在此情况

---

① 在南非，常素一般存在于特定类型的合同关系中，是指由法律（包括立法、判例和商业惯例）对某种合同所规定的当然条款，是对当事人在合同中所做明确约定的补充，除非当事人有相反的约定，否则当然存在于当事人的合同之中。关于南非合同法中的常素，详见 W. J. Hosten, A. B. Edwards, Carmen Nathan, Francis Bosman, *Introduction to South African and Legal Theory*, Hayne and Gibson Ltd Prinetown Natal, 1980, pp. 400 – 401。另，关于罗马法中常素的介绍，见周枏《罗马法原论》（下册），商务印书馆，1994，第 648 页。

下，履行的瑕疵或者不完全不需要严重到可以解除合同的程度，即使瑕疵或者不足比较次要，只要其不是微不足道以至于落入"法律不计较琐事"（de minimis lex non curat）原则的范围之内，被请求履行方都可以提出未履行的抗辩。这在司法程序之外为合同当事人提供了强有力的确保获得对方适当履行的手段。

此外，未履行抗辩权是一个目的在于确保完全履行的救济手段，因此，即使无过错方知道履行有瑕疵或不完全，且仍接收并已经开始利用这些履行，其也有权提起未履行的抗辩。但，明知并接受和利用瑕疵履行的行为是该方当事人选择维持合同效力的明显标志，因此，除非有其他的实质违约发生，该方当事人不能再选择解除合同，其可以选择的救济方式就被限制为目的在于履行和损害赔偿的救济。

2. 法官对未履行抗辩权的自由裁量权

当有先履行义务的一方当事人只履行了部分义务或履行有瑕疵时，在其完全履行之前，该方当事人原则上无权请求对待履行。在实践中，无过错方经常接受部分履行并开始利用这些履行。在这种情况下，如果未履行的部分成为履行不能，就会使违约方处于两难的境地：全部履行不实际或不可能，但是对待履行的请求会被对方的未履行抗辩权所防御。对于违约方来说，这无疑是非常不公平的。为了缓和该后果，南非上诉庭认为，如果无过错方已经利用了瑕疵履行或者不完全履行，法院有减少合同价款并命令无过错方支付该减额的合同价款（reduced amount）的自由裁量权。减价额度通常根据瑕疵的性质和修理、补足或者代替履行的费用来计算。证明减价数额的责任由请求减少价款的违约方来承担。

例如，在 BK Tooling[①] 案中，当事人订立了一个承揽合同，依据该合同，承揽方要制造一批模具，该批模具要符合非常严格的标准。在这些模具交付之后，定做人发现这些模具不符合标准，然后就把这批模具送给第三方修理，这使得原来的承揽方没有机会来纠正这些履行中的瑕疵。随

---

① *BK Tooling（Edms）Bpk v. Scope Precision Engineering（Edms）Bpk* 1979（1）SA391（A）at 415G-H.

后，原承揽方的付款请求被未履行抗辩权所防御，但定做人显然已经接受了这批瑕疵模具的交付，并已开始使用。法院认为，在这种情况下，违约方当事人有权请求支付减少了的合同价款，公平的减价额度应相当于补救瑕疵所花费的费用。

（二） 实际履行

实际履行（specific performance，ad factum praestandum）请求权是请求法院发出迫使另一方遵守其合同义务的实际履行令（an order of specific performance）的请求权。依据合同必须被信守（pacta sunt servanda）的一般原则，合同当事人有义务履行其在合同中的承诺，相应地，原则上各方当事人都有权要求另一方当事人适当、全面地履行其合同义务。因此，与解除合同相比，实际履行是更优先的救济方式。只要义务履行期限已经届至并且可以实际履行，就可以请求实际履行，不必等到债务人已经陷入迟延。①

实际履行在南非的发展主要涉及的问题是法律应该将损害赔偿还是实际履行视为违约的常规救济。② 在这个问题上，南非法发展的两个重要渊源——罗马－荷兰法和英国法持相反的态度：在罗马－荷兰法中，实际履行是违约的通常救济方式；而在英国法中，损害赔偿是违约的常规救济方式，实际履行是例外救济方式，只有在损害赔偿不足以救济违约的情况下，法院才会运用自由裁量权命令实际履行。

实际履行制度在南非的发展过程中，在法官中出现了两派观点，分别支持罗马－荷兰法和英国法，并且也体现在了判例法之中。虽然两派观点都同意法院有命令实际履行的权力，但其基本出发点却不同，依据罗马－荷兰法，请求实际履行是原告依法当然拥有的权利，而依据英国法，允许实际履行是法院自由裁量权运用的结果。

在经过两派观点的长期争论之后，当前，实际履行在南非的基本状态

---

① *Joss v. Western Barclays Bank Ltd* 1990（1）SA 575（T）。

② 关于实际履行在南非的详细发展过程，见 Reinhard Zimmermann，Daniel Visser，*Southern Cross：Civil Law and Common Law in South Africa*，Clarendon Press Oxford，1996，pp. 325 – 332。

是，原告有请求实际履行的权利，但该权利受到法院自由裁量权的限制。[1]在法院运用自由裁量权拒绝发布实际履行令的情况下，债权人只能以损害赔偿来代替实际履行的请求。

1. 实际履行的效力范围

关于实际履行的效力范围，可以从两个角度来阐述。首先，从可以适用的违约形态的角度看，除了在履行妨碍的情况下不能请求实际履行之外，在其他几种违约形态之下，都可以请求实际履行。

其次，从可以适用的债务标的角度看，对于如下几种债务，可以请求实际履行。①金钱债务。②积极行为。债权人可以请求履行除支付金钱之外的某些积极行为，例如交付某物或履行某行为等。③消极行为。债权人可以请求实际履行消极合同义务，表现形式为请求法庭发布禁令。

2. 请求实际履行的要件

请求实际履行必须符合以下三个要件。

第一，债权人必须已经履行或准备好履行自己的义务，即必须依据对等原则提出履行。[2] 否则，实际履行的请求可能被对方的未履行抗辩权对抗。该要件隐含的前提是债权人的对待履行是可能的，如果债权人的对待履行因自己的过错而履行不能，那么他就不能请求债务人实际履行；但如果债权人的对待履行因债务人的过错而履行不能，那么其仍可请求债务人实际履行。[3]

第二，债务人的履行必须可能。[4] 法院不会命令做不可能的事。在客观不能的情况下法院不会判令实际履行，如标的物被毁、被扣押，债务人对标的物没有处分权等；在主观不能的情况下法院也不会判令实际履行，如卖方一物二卖，并已将标的物交付给了另一个买受人。

第三，判令实际履行不违反公共政策。如果判令实际履行违反公共政策，法院就会基于公共政策拒绝发布实际履行令。例如，对不合理的贸易

---

① *Benson v. SA Mutual Life Assurance Society* 1986（1）SA 776（A）.

② *Farmers' Co-operative Society（Reg）v. Berry* 1912 AD 343 at 350 – 351.

③ George Wille, *Principiles of South African Law Being a Textbook of the Civil Law of the Union（fifth edition）*, Juta & Company Limited, 1961, p. 375.

④ *Farmers' Co-operative Society（Reg）v. Berry* 1912 AD343 at 350 – 351.

限制条款不会裁判实际履行。

此外，在违约方已经破产的情况下法院也不会发布实际履行令。因为债务人破产时需要平等地对待破产财产的所有无担保债权人（concurrent creditors）。因破产人没有足够的财产来清偿所有的债务，所以，支持债权人之一的实际履行令必然导致该债权人的债权优先于其他债权人的债权。

3. 法官对实际履行请求的自由裁量权

尽管债权人有权请求实际履行是基本原则，但在个案中，法院有拒绝发布实际履行令的一般的衡平法上的自由裁量权（general equitable discretion）。对于该自由裁量权，除了必须基于案件的相关事实公正地行使而不能武断和任意地行使之外，并没有确定的规则来规制①，但这也不意味着自由裁量权可以完全地不受拘束，"毕竟其是一个司法上的权力"②。为了法律的一致性和确定性，法院在行使该自由裁量权时倾向于遵循某些指导性准则（guidelines），从而总结出了拒绝发布实际履行令的一些类型化情形，例如，如果命令实际履行会给违约方或者第三人造成过度困苦（undue hardship），法院就会拒绝命令实际履行。*Haynes* v. *Kingwilliamstown Municipality*③ 案是这方面的典型例子。在 1911 年，K 市政府（Kingwilliamstown Municipality）和 H（Haynes）约定，K 市政府从 Buffalo River 的水坝上每天放 25 万加仑水给 H。双方一直遵守该协议，但到了 1949 年 4 月，因该河流域发生空前大旱，危及了对 K 市 13000 名居民的供水，因此，K 市政府将每天提供给 H 的水量减少到了 1500～2000 加仑。H 诉请法院强制 K 市政府履行供水义务。法院认为，如果命令实际履行，不仅会给被告带来极大的困难，而且因被告需要履行为市民提供足够水的公共职责，所以也会给市民造成严重的困难，这明显会给市民的健康造成危害，因此拒绝了 H 的实际履行的请求。

再如，在一些特殊的案子中，基于政策考虑，无过错方的实际履行请求

---

① Dale Hutchison, Chris-James Pretorius, J. E. Du Plessis, Sieg Eiselen, Tomas Floyd, *The Law of Contract in South Africa: Private Law*, Oxford University Press, South Africa, Jan. 15, 2011, p. 321.

② *Benson* v. *SA Mutual Life Assurance Society* 1986 (1) SA 782I – 783C.

③ 1951 (2) *SA* 371 (*A*).

也会受到限制。例如，对于婚约、委托合同、膳宿供应合同①，一方的拒绝履行会自动终止合同。在这些情况下，不支持实际履行是基于避免金钱、人力、时间和工作的浪费的政策考虑。当无过错方从履行中获得很少利益且没有外部利益（outside interest），并且拒绝履约者从履行中获得很少利益或不获得利益时，如果允许无过错方坚持履行将会导致无意义的浪费。因此，在履行所造成的浪费与无过错方从履行中所获得的利益完全不相称（completely out of proportion）的情况下，无过错方实际履行的请求就会被限制。②

南非法院曾认为，如果法院在监督实际履行令的执行方面有困难，就可拒绝发布实际履行令，并将该观点运用于提供劳务的协议（personal services）或雇佣协议（employment）的案件，不对这类协议发布实际履行的命令。③ 理由是，这样的合同要求连续地提供劳务，因此，有可能经常发生争议，法院没有足够的资源来长期监督从而防止这些争议的发生。④但该规则后来被法院的判决推翻，理由主要有：①即使在这种情况下法院有自由裁量权，也没有理由背离当事人有权要求实际履行的一般规则，强制执行将会很困难的理由来自英国法，与南非法不符⑤；②不能仅仅因为被告可能不适当地履行其职责就拒绝给予最一般的救济，诚然，如果被告不遵守实际履行令，债权人申请法院执行，则法院必须采取适当的措施来执行，但这只是事后可能出现的情况，并不见得一定会出现。⑥ 此外，依据劳动方面的立法，劳动法院（the Labour Court）也有权命令实际履行雇佣合同⑦，这在立法层面上强化了法院命令实际履行的倾向。

---

① *Pay* v. *Morton* （1908） 18 CTR 819；*Visser* v. *Vincent* 1917 CPD 475.

② Dale Hutchison, Chris-James Pretorius, J. E. Du Plessis, Sieg Eiselen, Tomas Floyd, *The Law of Contract in South Africa*：*Private Law*, Oxford University Press, South Africa, Jan. 15, 2011, p. 301.

③ George Wille, *Principiles of South African Law Being a Textbook of the Civil Law of the Union* （*fifth edition*）, Juta & Company Limited, 1961, p. 372.

④ *Benson* v. *SA Mutual Life Assurance Society* 1986 （1） SA 776 （A）.

⑤ *National Union of Textile Workers* v. *Stag Packings* （Pty） Ltd 1982 （4） SA 151 （T）.

⑥ *Santos Professional Football Club* （*Pty*） *Ltd* v. *Igesund* 2003 （5） SA73 （C）.

⑦ Section 193 of the Labour Act 66 of 1995 和 section 77A （e） of the Basic Conditions of Employment Act 75 of 1997。

（三） 解除合同

解除合同是指合同的一方当事人在符合法律规定或者合同约定的情况下行使解除权，使合同效力全部或部分仅向未来或者溯及既往地消灭。

尽管在罗马－荷兰法中，在一些具体情况下允许受害方解除合同，例如，在买卖合同中，如果标的物有瑕疵，受害方可以提起解除合同之诉（actio redhibitoria），但没有关于违约解除的一般规则。大致从 19 世纪末 20 世纪初开始，南非法中的违约解除权开始向一般化的方向发展。这个发展受到英国法和法国法的影响，其中英国法的影响比较大。[①]

尽管英国法对南非法中违约解除权的一般化过程影响比较大，但是南非法院也努力地将罗马－荷兰法融合进违约解除制度中，特别是在解约后果方面。例如，解约后的恢复原状规则与罗马－荷兰法中基于明示的解除约款解除合同的后果、基于解除合同之诉解除合同的后果、基于可撤销的合同制度撤销合同的后果一脉相承。[②]

1. 解约权的行使条件

与实际履行不同，因为解除合同的结果是交易意外和提前终止，和当事人的原始意思相反，所以其是一个只有在例外情况下才能适用的特别救济方式。因此，南非法对解除合同的要件进行了严格的限制，即只有在实质违约时无过错方才能解除合同。而所谓"实质违约"是指违约的严重程度达到可以解约的程度。

某一具体违约是不是实质违约取决于该案的具体情况和该违约行为所属的违约类型。具体来说，如果当事人约定有解除约款，则出现当事人所约定的可以解约的情形即是实质违约。如果当事人未约定解除约款，则依据违约行为所属的违约类型而有所不同。

（1）解除约款（lex commissoria）是指当事人在合同中约定的调整一

[①] 详见 Reinhard Zimmermann, Daniel Visser, *Southern Cross: Civil Law and Common Law in South Africa*, Clarendon Press Oxford, 1996, pp. 320 – 321。

[②] 详见 Reinhard Zimmermann, Daniel Visser, *Southern Cross: Civil Law and Common Law in South Africa*, Clarendon Press Oxford, 1996, pp. 322 – 325。

方违约时另一方解除合同的权利条款。当事人在解除约款中通常同时约定解除合同所需要遵循的程序，例如，解除合同需要书面通知并给予纠正违约的机会等。

需要注意的是，当事人可以将任何违约规定为解除约款中的解除事由，而不论该种违约是否符合南非普通法对实质违约的要求，对此，法院没有权力改变当事人的约定。换句话说，违约行为一旦符合解除约款所规定的情形，即构成实质违约。

（2）在债务人迟延和债权人迟延的情况下，如果"时间是关键"（time is of the essence）即构成实质违约。以下以债务人迟延为例说明何谓"时间是关键"。

"时间是关键"的表述来自英国法，在南非法中，如果合同中有关于因迟延而解除合同的明示或默示的解除约款，那么时间是关键；在合同中没有解除约款的情况下，债权人可以通过向债务人发送解约通知的方式使时间成为关键。[1] 以下分别介绍三种情况。

第一，明示的解除约款（express lex commissoria, cancellation clause）。明示的解除约款是指当事人在合同中明确约定的在债务人未及时履行合同的情况下，债权人有权解除合同的条款。依据该类条款，如果债务人陷于迟延，债权人可以立即解除合同。即使解除约款涉及的义务不重要，债权人在债务人的迟延符合该约定时也有权解除合同。[2] 在债务人迟延之后，债权人即获得解除权，债务人在迟延之后再向债权人提出履行不能使债权人失去解除权。

第二，默示的解除约款（tacit lex commissoria）。尽管合同中没有明示的解除约款，但如果当事人显然有"如果迟延债权人将有权解除合同"的共同意思，即如果当事人默示地达成了解除约款，那么时间也是合同的关键。至于合同中是否存在默示的解除约款则是一个依据相关证据进行确定的事实问题。

在判断当事人是否默示地认为时间是合同的关键时，法院会考虑所有

---

① *Nel v. Cloete* 1972（2）SA 150（A）.

② 见下文的讨论，同时参见以解约通知的方式使时间成为关键时的状况。

相关的可采信的证据，其中有两个因素非常重要，第一个是当事人订立合同的目的。要认定合同中存在默示的解除约款，一般要求当事人在合同中确定精确的履行日期①，因为，尽管仅约定了确定的履行时间不足以使时间成为关键，但是倘若不存在这样的约定则难以使人相信当事人把及时履行看得非常重要，从而会同意如果债务人迟延债权人就有权解除合同。另外，如果当事人在最终合同方案中有意地改变了以前合同草案中的履行时间，那么也可能说明当事人认为时间是合同的关键。② 第二个是合同的性质，在某些合同中，时间几乎总是被认为是关键的。例如，商业合同，特别是购买货物是为了转卖的商人间的商业合同；买卖在某一时期在市场上有销路的货物的合同，如标的物为易腐烂货物或潮流货物的合同；或者买卖价值受到持续波动的市场影响的货物的合同，如标的物是股份和股票的合同。

　　第三，解约通知（notice of rescission）。在合同没有明示或默示的解除约款的情况下，南非法院采纳英国法的做法，认为，债权人可以通过向债务人发送解约通知的方式使时间成为关键。③ 需要注意的是，"解约通知"并不解除合同，它的作用仅在于通知债务人，如果债务人在通知给出的期限内没有履行，债权人保留解除合同的权利，如果债务人最终没有在通知给出的期限内履行，债权人才有权解除合同。④ 如果债权人行使该解除权，那么只有当解约的决定到达债务人时合同才终止。但，如果债权人在"解

---

① George Wille, *Principiles of South African Law Being a Textbook of the Civil Law of the Union* (*fifth edition*), Juta & Company Limited, 1961, p. 377.

② *Algoa Milling Co.* v. *Arkell & Douglas* 1918 A. D. 165; *Segal* v. *Mazzur* 1920 C. P. D. 643.

③ *Microutsicos* v. *Swart* 1949 (3) SA 715 (A) at 730; *Nel* v. *Cloete* 1972 (2) SA 150 (A) at 162; *Ponisammy* v. *Versailles Estates* (*Pty*) *Ltd* 1973 (1) SA 372 (A) at 385.

④ 需要注意的是，不应将解约通知（notice of rescission）和债务人迟延中对人迟延之下的催告相混淆。解约通知的目的是在债务人陷于迟延但时间不是合同关键的情况下赋予债权人以解约权；而催告的作用是在合同未约定明确的履行时间时来确定明确的履行时间，以使债务人陷于对人迟延。因此，在合同没有约定履行时间，并且时间不是关键的情况下，要使债权人有解除合同的权利，则既需要催告，也需要解约通知。债权人可以分别发送这两个通知，但并非必须分开发送。当债权人发出催告，要求债务人在某个确定期限履行时，他也可以在同一通知中说明，如果债务人未依其要求及时履行，他保留解除合同的权利。

约通知"中指出，假如债务人仍不履行，则合同在指定的日期会自动解除，那么就不需要另外通知。①

总体上，基于效率和公平的考虑，这一新规则向南非法的移植受到欢迎，并被认为是正当且合理的。但是，债权人通过给出解约通知的方式使时间成为合同的关键，在事实上相当于在合同已成立之后单方向合同添加了一个解除约款，这与合同是当事人合意的基本原则相对立。因此，通过这种方式创造的解除权被称为"超合同的权利"（extra-contractual right）②，受到许多限制，包括以下几点。①债权人在解约通知中必须给出一个合理期限供债务人履行债务，即使债务人已经陷于迟延。什么样的期限是合理期限，其判断方法与判断催告中给出的期限是否合理的方法一样（见上文债务人迟延的违约形态部分）。但不同的是，此处要更注意保护债务人的利益，因为债权人在此不是在行使合同权利，而是在试图单方获得一个解约的超合同的权利。因此，证明解约通知中给出的履行期限合理的责任由债权人负担。③在判断解约通知中的期限是否合理时，法院会考虑发送解约通知时的相关情况。④②解约通知必须清楚明确，以使债务人认识到不及时履行合同的后果⑤，并且必须和重要的合同条款的未履行相联系。如果债务人未履行合同的某些次要方面，债权人不能通过解约通知的方式把次要条款（minor term）转变为重要条款（material term）或关键条款（essential term），并因此而获得解约权⑥，这一点和上文所述解除约款不同。

债务人可以因债权人迟延而解除合同的情形与债权人可以因债务人迟延而解除合同的情形完全相同，即如果时间是合同的关键，且债权人未及时与债务人合作，则债务人得一般地解除合同。"时间是合同的关键"既可以依据合同自身来确定，即合同包含明示的或默示的解除约款，也可以

---

① *Erasmus v. Pienaar* 1984 (4) SA 9 (T) at 16 – 17；*Mahabeer v. Sharma* 1985 (3) SA 729 (A).

② *Ver Elst v. Sabena Belgian World Airlines* 1983 (3) SA 637 (A) at 646H.

③ *Ver Elst v. Sabena Belgian World Airlines* 1983 (3) SA 637 (A) at 647.

④ *Putco Ltd v. TV & Radio Guarantee Co (Pty) Ltd* 1985 (4) SA 809 (A) at 831.

⑤ *Ponisammy v. Versailles Estates (Pty) Ltd* 1973 (1) SA 372 (A) at 385.

⑥ *Sweet v. Ragerguhara* 1978 (1) SA 131 (D) at 136 – 137.

在合同成立之后以解约通知的方式使时间成为关键。

（3）在积极的债务不履行的情况下，债权人只有在不履行非常严重的情况下才能解除合同。到目前为止，南非法院提出了许多标准来判断违约的严重程度是否足以支持债权人解约，包括：违约必须"触及了合同的根本"（go to the root of the contract），即如果债权人预见到了该严重的违约可能不会订立合同；债务人必须未履行其义务的"重要部分"（vital part），或合同的"必要条款"（essential term）或"实质条款"（material term）；或者，从反面来说，如果合同已得到"实质履行"（substantial performance）则债权人不得解除合同。① 实际上，所有这些标准背后的基本思想是，只有违约严重到不能合理期待债权人在该违约情形下还能遵守合同，且仅有损害赔偿而不解除合同不足以弥补债权人的损失时，债权人才能解除合同。法院在使用该标准作出判断时必须依据个案的具体情况进行价值判断（value judgement），以公平合理的方式平衡当事人的相对利益，同时要遵循解约是一种特别的救济方式的前提。②

在可分合同（divisible contract）中，只有一部分履行不完全或有瑕疵时，债权人只能解除该部分。但是，如果在分期履行合同（instalment contract）中所有已到期并履行的分期都有瑕疵，并有合理的理由认为未来的分期也会有瑕疵时，整个合同都可以解除。③

通常情况下，债权人可以直接解除合同而不用给予债务人补正瑕疵的机会，但也有例外。例如，如果债务人的债务是交付一个在制作上要求技巧的标的物，例如一套衣服或一个假肢，那么在交付时，债权人必须给予债务人机会去做可能需要的最后调整。④

如果债权人一贯地未拒绝或默许债务人的连续瑕疵履行，他就不能因另一个相同形式的违约而解除合同，除非他曾警告债务人对于未来的履行

---

① *Aucamp* v. *Morton* 1949（3）SA 611（A）at 619.

② *Singh* v. *McCarthy Retail Ltd t/a McIntosh Motors* 2000（4）SA 795（SCA）at 803.

③ Dale Hutchison, Chris-James Pretorius, J. E. Du Plessis, Sieg Eiselen, Tomas Floyd, *The Law of Contract in South Africa*: *Private Law*, Oxford University Press, South Africa, Jan. 15, 2011, p. 294.

④ *Shiels* v. *Minister of Health* 1974（3）SA 276（RA）.

他坚决要求按照合同进行。①

（4）在拒绝履约的情况下，无过错方是否可以解除合同取决于不履行或拒绝履行所预示的债务不履行的性质和严重性。如果拒绝履约所预示的违约会发生并且如果发生其严重性值得解除合同，无过错方可以基于该拒绝履约而立即解除合同。②

因此，如果拒绝履约所预示的违约形式是积极的债务不履行，判断是否值得解除合同的标准和真正发生积极的债务不履行时判断债权人是否有权解除合同的标准是一致的，即如果这样的债务不履行发生了，是否可以合理期待无过错方在该情形下还能遵守合同，且仅有损害赔偿而不解除合同是否足以弥补债权人的损失。如果拒绝履约所预示的违约形式是债务人迟延，问题就变成时间是不是合同的关键。如果不是，并且其预示的只是拖延履行而不会导致完全未履行的后果，那么无过错方就无权立即解除合同，但他可以通过发出解约通知这种通常方式来创造一个解约权。于此场合，无过错方的解约通知可以在履行期限到来之前做出。如果债务人在其后履行期限到来时不履行，债权人就可以解除合同。如果拒绝履约所预示的违约形式是债权人迟延，那么适用的规则和上述规则类似。如果债务人拒绝履行的是可分合同的一部分，那么债权人只可以解除该部分。③

实践中，当事人常常在合同中约定，因违约而解除合同之前应践行一定的程序，如，要以书面通知形式要求过错方在某一确定期限内补救其过错。但在拒绝履约的情况下，无过错方解除合同就无须践行该约定程序，因为，过错方既已拒绝履行合同，就不能再从其条款中寻求庇护。④

（5）在履行妨碍的情况下，如果履行妨碍造成的履行不能是完全不能，那么就是实质违约，无过错方可以解除合同。如果履行妨碍造成的履行不能是部分履行不能，债权人可以采用什么样的救济方式取决于违约是否严重。如果只是次要的、相对无关紧要的部分成为不能，而重要的部分

---

① *Garlick Ltd* v. *Phillips* 1949（1）SA 121（A）.

② *Datacolor International（Pty）Ltd* v. *Intamarket（Pty）Ltd* 2001（2）SA 284（SCA）at 294 H-I.

③ *Nash* v. *Golden Dumps（Pty）Ltd* 1985（3）SA 1（A）at 23 G.

④ *South African Forestry Co Ltd* v. *York Timbers Ltd* 2005（3）SA 323（SCA）at 342 B-D.

仍然可能履行，那么债权人就不能请求将合同整体解除，只可以请求减少对待履行，或者请求替代债务人的履行不能部分的损害赔偿。通说认为，履行妨碍情况下的衡量违约是否严重的标准应该与积极的债务不履行情况下适用的标准相同，即基于合同的性质和完全履行对债权人的重要性的考虑，是否可以合理期待债权人在该履行妨碍的情况下仍能遵守合同，以损害赔偿代替履行是否能满足债权人的目的。①

在违约是实质性违约的情况下，要区分履行是可分的还是不可分的两种情形。如果是可分的，则只对已经成为履行不能的合同部分成立违约。因此，债权人只能在此限度内解除合同，债权人的相对履行也将相应减少。如果相对履行不能相应减少，通说认为，债权人可以解除整个合同，或者接受部分履行并请求替代不能部分的损害赔偿。如果履行是不可分的，例如，甲向乙出售一对耳环，随后在交付之前不慎丢失了其中一只，那么后果和完全履行不能的效果一样，债权人可以解除整个合同并请求损害赔偿，也可以接受部分履行，并履行其自己一方的义务，当然，债权人的履行要相应地减少，或者债权人可以请求替代履行不能部分的损害赔偿。②

在合同为继续性合同的情况下，如果履行妨碍导致履行根本不再可能，或者尽管履行妨碍导致的是履行迟延，但依据债务的性质，迟延的履行无价值因而相当于根本未履行，那么就构成实质违约。另外，对于例如劳务合同一类的继续性合同，一时履行不能相当于部分不能，在处理上依据前述部分不能的规则进行。

通说认为，如果在履行期限到来之前，一方的履行妨碍导致债务人将来不能及时履行，在此情况下，如果时间是合同的关键，无过错方可以立即解除合同，无须等待迟延的实际发生。

---

① Dale Hutchison, Chris-James Pretorius, J. E. Du Plessis, Sieg Eiselen, Tomas Floyd, *The Law of Contract in South Africa*: *Private Law*, Oxford University Press, South Africa, Jan. 15, 2011, p. 303.

② Dale Hutchison, Chris-James Pretorius, J. E. Du Plessis, Sieg Eiselen, Tomas Floyd, *The Law of Contract in South Africa*: *Private Law*, Oxford University Press, South Africa, Jan. 15, 2011, p. 303.

2. 解约权的行使

发生实质违约后，合同并不自动解除，债权人也无义务非行使解除权，其可以选择解除合同，也可以选择维持合同效力并要求履行。无论无过错方是选择解除合同还是选择维持合同效力，一旦做出选择，即是最终的和不可变更的选择，除非另一方同意，否则不得更改。① 因此，如果无过错方选择维持合同效力，他就不能再解除合同，除非另一方的行为构成新的实质违约。

从时间上来说，在实质违约发生后，无过错方也不需要立即做出选择，只要在合理期限内做出选择即可。

如果无过错方选择解除合同，他必须将其决定通知另一方当事人，该通知必须明确无疑义（clear and unequivocal）。② 只有当解约的决定传达给违约方时解约才发生效力③；并且解约的决定不能附生效日期。④ 法律对解约通知没有提出形式上的要求，口头通知或书面通知都可以，也可以由第三人传达给违约方⑤，除非合同另有约定或依实际情况要采用特定的形式。如果当事人对解约行为的效力有争议，可以请求法院确认解约的效力。

无过错方通常会在通知中说明解除合同的原因。如果在事实上存在解除合同的正当事由，那么即使无过错方解约所依据的理由有误，解约行为仍然会发生效力。⑥ 如果在解约的正当理由出现之前"无过错方"就做出了解约行为，该行为当然不会立即发生效力，反而有可能构成拒绝履约；但如果随后真的产生了解约的正当事由，并且无过错方坚持其原来的态度，那么就不需要新的解约通知。⑦

---

① *Thomas* v. *Henry* 1985（3）SA 889（A）at 896；*Chamber of Mines of SA* v. *National Union of Mineworkers* 1987（1）SA 668（A）at 690.

② *Putco Ltd* v. *TV & Radio Guarantee Co*（*Pty*）*Ltd* 1985（4）SA 809（A）at 830；*Swart* v. *Vosloo* 1965（1）SA 100（A）at 105.

③ *Swart* v. *Vosloo* 1965（1）SA 100（A）at 105.

④ *Ganief* v. *Hoosen* 1977（4）SA 458（C）.

⑤ *Datacolour International*（*Pty*）*Ltd* v. *Intamarket*（*Pty*）*Ltd* 2001（2）SA 284（SCA）at 300.

⑥ *Telcordia Technologies Inc* v. *Telkom SA Ltd* 2007（3）SA 266（SCA）at par［166］.

⑦ *Erasmus* v. *Pienaar* 1984（4）SA 9（T）at 17 – 18.

3. 解约权的消灭

在实质违约发生后，如果无过错方仍选择维持合同效力，那么就标志着他放弃了由该特定违约而产生的解约权，这必然导致解约权的消灭。①放弃解约权是单方行为，不需要另一方当事人的同意。②无过错方选择维持合同效力的意思可以明示或者默示地表明。默示地选择维持合同效力可以从无过错方的行为中推知，例如，如果无过错方已了解违约的事实，但他仍坚持履行，或仍接受违约方随后的履行，或继续利用已履行的标的物，那么就可以推定无过错方选择了维持合同效力。即使无过错方实际上没有放弃解约权的意思，但如果无过错方的语言或行为给另一方当事人造成了其已选择维持合同效力的合理印象，那么基于禁反言原则，无过错方行使解约权的主张可能就得不到支持。

不合理地拖延行使解约权自身不会产生自动消灭解约权的效果，但它可以证明无过错方默示地选择了不解除合同的推断的合理性，这也可能导致基于禁反言原则而禁止无过错方解除合同的后果。③

4. 解约的法律后果

合同解除后，当事人履行合同的基本义务消灭。如果债务是不可分的（indivisible），例如交付一辆汽车的义务，那么该债务就整体消灭；如果债务是可分的（divisible），例如分批分期履行的债务，那么只有该债务的仍待履行部分消灭，合同的其他部分仍然有效。④

合同解除后，合同的某些附随债务（ancillary obligations）和某些争议解决条款仍然有效，例如，罚金条款（penalty clauses）、仲裁条款、除外责任条款（exclusion clauses）以及支付损害赔偿金的债务。某条款在合同解除后是否继续有效，原则上取决于当事人在订约时的意思。

解约在解除当事人的原债务的同时，给当事人创造了新的债务，即双方当事人应返还已接收的履行。当事人必须返还所收到的利益，解约方无

---

① *Montesse Township and Investment Corporation*（*Pty*）*Ltd* v. *Gouws* 1965（4）SA 373（A）.

② *Sasfin*（*Pty*）*Ltd* v. *Beukes* 1989（1）SA（A）at 28E.

③ *Mahabeer* v. *Sharma* 1985（3）SA 729（A）.

④ *Thomas Construction*（*Pty*）*Ltd*（*in liquidation*）v. *Grafton Furniture Manufactures*（*Pty*）*Ltd* 1986（4）SA 510（N）at 515 – 516.

权通过针对其未获清偿的损害赔偿进行抵消（set-off）的方式保留已接收的履行。当然，如果只是可分合同的可以独立执行部分被解除，那么针对未被解除的合同部分已接收的履行，就不会产生返还履行的债务。在所接受的履行是服务的情况下，因不可能返还服务本身，所以解除合同方必须返还这些服务的金钱价值。

请求解除合同的一方当事人，在其诉状中必须提出其已接收的履行的返还。通常情况下，已接收履行的返还的可能性是行使解除权的要件之一，但如果返还并非由于行使解除权一方当事人的原因而成为不能，那么行使解除权就不需要返还可能。另外，如果标的物因按照当事人所预期的方式使用而被毁或变得无价值，那么也免于承担返还义务。例如，如果一方当事人提供的化肥种类有误，而该错误在这些化肥已被使用之后才发现，那么无过错方将有权解除合同而无须返还。

在返还由于无过错方的原因而部分不能，但在大体上仍然可能，并且不能返还部分可以通过支付金钱作为替代而有效地填补时，无过错方也可以解除合同。

（四）违约损害赔偿

无过错方无论选择解除合同还是请求实际履行，其都有权另外请求损害赔偿，以补偿其因违约而遭受的经济损失（financial loss）。行使违约损害赔偿请求权的条件比较复杂，特别是无过错方证明其所遭受的损害数额比较困难。

原告在请求违约损害赔偿金时必须证明其请求符合以下条件：

①被告违约；

②原告遭受了经济损失或财产损失（financial or patrimonial loss）；

③违约和损失之间有事实上的因果关系（factual causation）；

④损失和违约之间有法律上的因果关系（fegal causation）。

关于"违约"，本文在违约形态部分已经对各种违约行为作了阐述，本部分仅对后三个要件进行讨论。需要特别说明的是，尽管过错是构成某些违约形态的要件之一，但在计算损害赔偿额时并不考虑被告的过错程度，因为损害赔偿额并不依赖违约方的主观意志状态来确定。[①]

1. 经济损失

原告不能仅因被告违约而获得损害赔偿，原告必须证明违约给他造成了实际损失，而不仅仅是名义上的损失[②]，南非法不允许对违约判给名义上的损害赔偿（nominal damages）。

如果明显发生了损失，那么即使损失的数额不能精确计算甚至不能可靠地估算，法院仍可作出支付损害赔偿金的判决。但，尽管原告不需精确地证明他的损失数额，他仍必须尽可能地将合理可用的证据提供给法院，以使法院不至于在纯粹猜测中进行裁判。如果证据可以提供而原告未提供，法院将不会支持该证据所指向的赔偿的请求。

依据一事不再理规则（the once-and-for-all-rule），原告必须在同一个诉讼中请求赔偿其所有损害。[③] 对于预期损失（prospective losses），原告也必须在同一诉讼中提出赔偿请求，而不能在每件损失发生后逐个地请求赔偿。尽管预期损失不能精确计算，但原告必须尽可能精确地证明损失的数额。

违约损害赔偿请求权所针对的损失在性质上必须是经济损失或财产损失，而不能是其他类型的损失。南非最高上诉法院已明确表明，对于因违约而引起的精神上的不快、精神压力、感情伤害以及失望等不能判给合同法上的损害赔偿金。[④] 这些非财产损失或情感损失（non-patrimonial or sentimental losses）只能在侵权损害赔偿中得到支持。

通常认为，判给违约损害赔偿的基本规则是将无过错方置于如果合同已被适当履行（即没有违约发生）他所应处的状态，只要通过支付金钱可以达到该目的，并且不会给违约方造成过度困苦，就可以判给违约损害赔偿金。[⑤] 为实现这个规则，必须讨论两个问题，即违约损害赔偿的范围问

---

① *Hickman* v. *Cape Jewish Orphanage* 1936 C. P. D. 548.

② *Swart* v. *Van Vyver* 1970（1）SA 633（A）at 643.

③ *Symington* v. *Pretoria Oos Privaat Hospitaal Bedryfs*（*Pty*）*Ltd* 2005（5）SA 550（SCA）at 563.

④ *Administrator*，*Natal* v. *Edouard* 1990（3）SA 581（A）；*Jockie* v. *Meyer* 1945 AD 354.

⑤ *Holmdene Brickworks*（*Pty*）*Ltd* v. *Roberts Construction Co Ltd* 1977（3）SA 670（A）at 687.

题和损害数额的计算问题。

首先，关于违约损害赔偿的范围。因为违约损害赔偿的目的在于使原告处于假如合同已得到适当且及时履行时其所应处的状态，并且，因为违约可能导致积极利益或预期利益（positive or expectation interest）（包括利润）的损失，也可能导致消极或信赖利益（negative or reliance interest）[①]的损失，因此，违约受害方可以获得的赔偿包括预期利益的损失和信赖利益的损失。通常情况下，合同当事人期待从交易中获得利润，为了实现该利润，他必须履行该交易中自己一方的义务，在这样的履行或准备履行中，该方通常会支出一些费用，支出这些费用的前提是该方当事人信赖合同的有效性并且相信这些费用会从该交易所获得的毛利润中收回。如果另一方违约，该方就有可能得不到利润，并且连支出的费用都无法收回。例如，承揽人为了履行承揽合同而购买原材料，花费了300兰特，如果合同得到履行，他可以从该合同中获得100兰特的纯利润，但随后定做人无正当理由拒绝履行该合同，那么承揽人购买原材料的费用将会浪费（即信赖损失300兰特），合同利润也无法得到（即预期利益损失100兰特）。为使承揽人所处的状况从当前的真实状况（−300兰特）变为假如没有发生违约其所应处的假设状况（+100兰特），他应得到的损害赔偿金额是400兰特。显然，在该案中，如果承揽人要获得适当的补偿，他必须能够获得利润损失和信赖损失的赔偿。

其次，损害数额的计算问题。南非法中确定损害数额的方法有"差异方法"、"具体方法"和"市场价值法"，这是三个逐层往更具体的方向发展的方法。

第一，差异方法（the difference method）。该方法直接从上文违约损害赔偿的范围中引申出来，即通过比较原告的两种经济状况来确定损害数额：一是债权人因违约所处的真实经济状况，二是如果未发生违约债权人所应处的假设的经济状况。[②] 该方法为损害赔偿额的计算提供了重要根据

---

① 积极利益和消极利益是德国法上的术语，在英美法中相应的概念是期待利益和信赖利益。
② *Culverwell v. Brown* 1990（1）SA 7（A）at 25.

和理论基础。此处的"经济状况"是指一个人的财产，包括他所有的资产和负债，是一个内容非常庞杂的集合。

第二，具体方法（concrete approach，the concrete method）。因差异方法关注的是原告的整体财产，所以将其运用于实践常常非常困难和烦琐。针对具体的案件，法院在确定损害赔偿数额时常常采用更加"具体的方法"，即只关注特定财产或权利而不关注财产整体，将注意力放在实际受到违约影响的财产要素上。① 根据该方法，通过比较如果合同被适当履行，受影响的资产或债务将会具有的价值，和这些资产或债务在违约后的真实价值之间的差异来计算损害数额。

第三，市场价值法（market value approach）。该方法是具体方法在实践运用的过程中所产生的一个更为具体的方法，即当履行由具有流通性的货物构成时，参考这些货物的市场价值来计算损害赔偿额。具体来说，是通过比较收到的货物或服务的市场价值和符合合同要求的货物或服务的市场价值之间的差异来确定损害赔偿额。此处"市场"是一个宽泛的概念，意指一方当事人可能获得该货物或服务的任何地方。市场价值参考在违约方应提供履行的时间和地点的类似货物或服务的市场价值来确定。市场价值法可以被用于任何具有客观市场价值的履行类型，并不限于买卖合同。

至于在具体案件中，用差异方法更方便还是用具体方法更方便取决于违约的类型和损失的性质。例如，在纯粹经济损失（pure economic loss）的案件中，适用差异规则可能更合适。实际上，损害赔偿额的计算是一个实践问题（a practical matter），尽管在该问题上已经发展出了上述实践操作规则，但是这些规则仅仅具有指导作用，而并非不可更动（a hard-and-fast formula）。②

---

① Dale Hutchison, Chris-James Pretorius, J. E. Du Plessis, Sieg Eiselen, Tomas Floyd, *The Law of Contract in South Africa*: *Private Law*, Oxford University Press, South Africa, Jan. 15, 2011, p. 287.

② *Swart v. Van Der Vyver* 1970 (1) SA 633 (A) at 642 – 643.

在确定损害赔偿额时，法庭会首先考虑市场价值法，但无过错方可以说服法庭，依据该案具体情形用其他更合适的方法来代替市场价值法。当具体案件中的货物或服务没有适当的市场价值时，则必须用"具体方法"或者"差异规则"来计算损害数额。

在南非司法实践中，债务人迟延履行金钱债务的利息通常不以损害的名义请求，而是作为一个独立的请求权对象，但鉴于我国的习惯，本文将其放在此处进行讨论。

在南非普通法中，对于金额已确定之债（liquidated debt，指确定数额的债务或数额容易计算的债务），从债务到期之日起，开始计算迟延利息（mora interest）。如果合同中没有约定支付日期，从债权人提出支付要求之日起履行期限届至，也即从债权人提出支付要求之日起开始计算迟延利息。对于未确定数额的损害赔偿（unliquidated damages，指损害赔偿的数额未确定或不易确定，且必须由法院确定），直到损害赔偿数额确定时债权人才陷于迟延，利息也从此时起开始计算。

除普通法外，南非还制定有《法定利率法》（the Prescribed Rate of Interest Act 55 of 1975）。依据该法规定，除其他法律对利率另有规定、合同自身对利率另有约定或依据交易习惯对利率另有确定方式之外，任何负担利息的债务都可以以法定利率计算利息。法定利率由司法部长（the Minister of Justice）在和财政部长（the Minister of Finance）协商后以公报的形式因时制宜地（from time to time）规定。根据该法，以下债务需要负担利息：①所有判决确定之债（judgment debt），即依据法庭的判决或命令应支付的金额，自判决确定的债务的支付期限届至之日开始负担利息；②所有被法院、仲裁庭、仲裁员或债权人和债务人之间的协议确定数额的未确定数额之债（unliquidated debts）也应负担该法所定利息，利息从支付债务的请求或传票送达债务人之日起算。

有时候，违约除了会给原告造成损失之外，还会给原告带来经济利益。例如，房屋的买卖双方约定，卖方要解除房屋的租赁合同并使租客退出房屋，但卖方并未履行该约定，而后该租客向房屋的买方支付了租金。原则上，在确定原告在违约后的全部经济状况时，不仅要考虑违约给原告造成的损失，而且也应考虑违约给原告带来的经济利益。① 但在实践中，南非一些法庭有时基于公共政策或对原告公平的考虑，并不愿意这么做。②

2. 因果关系

原告遭受的经济损失必须是由违约引起的。在南非违约救济中，对因果关系进行探究包含两个阶段。③

首先，在违约和损失之间是否存在事实上的因果关系。

其次，如果第一个问题获得了肯定的回答，那就要问，违约和损失之间的因果联系的接近程度是否足以使违约方为损失负担法律责任，即违约和损失之间是否存在法律上的因果关系。

区分事实上的因果关系和法律上的因果关系的原因是，违反合同可以产生许多后果，其中一些后果是完全意想不到的。如果无论这些后果和违约事实之间的距离有多远都让被告为所有这些后果负责，对被告是不公平的。法律上的因果关系这个要件的目的就在于在适当的位置切断损害和违约之间的因果链，从而限制被告的责任，避免违约方为过于宽泛和不合理的损失负责。

事实上的因果关系通过"要不是"标准（"but-for"test，conditio sine qua non test）来确定。该标准探究的是"如果没有违约，损失是否会发生"，如果结论是"如果没有违约，损失就不会发生"，那么违约就是发生损失的事实上的原因；相反，如果结论是"不管怎样，损失都会发生"，那么违约就不是发生损失的事实上的原因。证明存在事实上的因果关系的责任由无过错方承担。如果事实上的因果关系未成功确立，那么关于因果关系的探究也就到此结束，损害赔偿的请求也就得不到法庭的支持。

一旦事实上的因果关系得到确立，探究的目光就转向法律上的因果关系。法律上的因果关系与远隔性（remoteness）问题相关，即违约和损失之间的因果联系的接近程度是否足以证明让违约方为损失负责是合理的。

---

① *Hunter* v. *Shapiro* 1955（3）SA 28（D）；A. J. Kerr & R. Harker，"Damages for Holding o-ver. The Rule on Mitigation of Loss"，（1986）103 SALJ 181.

② 例如 *Sandown Park*（*Pty*）*Ltd* v. *Hunter Your Wine and Spirit Merchant*（*Pty*）*Ltd* 1985（1）SA 248（W）at 256H.

③ *International Shipping Co*（*Pty*）*Ltd* v. *Bentley* 1990（1）SA 680（A）at 700E – 701A.

在南非合同法中，对远隔性问题是依照传统的"区分法"（dichoto-mous orthodox approach）来处理的，即对一般损害（general damages）和特殊损害（special damages）进行区分。一般损害是指那些通常会从某种类型的违约中自然而然地产生的损害，这些损害是依据事物的一般发展规律可以预料到其会因违约而发生的。因此，对一个订立合同的理性人（reasonable person）来说，它们是违约的可能后果（在现实可能性的意义上，某事并非不可能发生）。① 不能被划分为一般损害的损害都是特殊损害，该类型的损害是一般不会产生但由于具体案件的特殊情境而产生的损害。例如，对于利润损失，在供应商将货物卖给零售商的情形下，不交付货物给零售商造成的利润损失被看作一般损害；但，如果买方是普通消费者，那么在卖方拒绝交付货物时，买方将货物转卖可以获得的利润的损失通常就不是一般损害。

依据区分法，一般损害被认为和违约的距离不是太遥远，因此违约方要对这些损害承担赔偿责任。而对于特殊损害，原则上法律将其视为和违约的距离太过遥远，尽管在事实上其由违约引起，但违约方仍不为其承担责任。② 但在例外情况下，如果无过错方可以证明同时满足以下两个条件，那么其特殊损害将能够获得赔偿。

第一，在订立合同时，这些损害在事实上被预见，或具有合理的可预见性，即满足预见性规则（the contemplation principle）。

第二，当事人基于他们对特殊情境的了解而订立合同，因此可以认为，他们明示地或推定地同意为产生于这些特殊情境的损害负责，即满足约定规则（the convention principle）。尽管有观点认为约定规则不符合实际需要③，但目前仍无判决推翻该规则。

证明损害和违约之间存在因果关系的责任由无过错方承担，但无过错方只需要证明违约是损害的原因即可，不需要证明违约是造成损害的重要

---

① *Thoroughbred Breeders' Association* v. *Price Waterhouse* 2001（4）SA 551（SCA）at 581.

② *Holmdene Brickworks（Pty）Ltd* v. *Roberts Construction Co Ltd* 1977（3）SA 670（A）at 687.

③ 见 Nienaber 法官在 *Thoroughbred Breeders' Association* v. *Price Waterhouse* 中的观点，2001（4）SA 551（SCA）at 582。

原因或主要原因。①

3. 减损规则

在南非，对于违约损害赔偿责任的承担，还要遵循减损规则（the mitigation rule），即如果发生了违约，无过错方必须采取合理的积极措施来阻止损失的发生或扩大，而不能袖手旁观，不采取行动，任由损失增加。② 这里所谓的"合理的积极措施"指一般理性人在相同情况下会采取的措施。采取减损措施所花费的合理费用可以作为损害请求赔偿。证明原告花费的费用不合理以及采取什么样的措施合理的责任由违约方承担。

如果无过错方未采取减损措施，违约方针对无过错方的损害赔偿请求可以提出减损抗辩（the mitigation defence）。

（五） 违约金

实践中，为了减轻请求损害赔偿特别是计算损害赔偿数额的困难，促使各方当事人严格遵守合同，当事人经常在合同中订立违约金条款。南非学者在著述中通常将违约金放在违约损害赔偿之下进行讨论，但鉴于我国学者的习惯和结构安排上的便利，本文将其独立出来论述。

在南非传统的违约救济制度中，违约金条款通常表现为下列形式之一。

①预估损害赔偿金（pre-estimate of damages）。为了避免违约发生后难以确定损失数额，当事人经常在违约发生前约定违约损害赔偿金的简便算法，或粗略估算一方可能因违约遭受的损失数额，并将其约定为违约损害赔偿金额。

②违约金条款（penalty clauses）。③ 这类条款约定违约后罚金的支付，约定的罚金通常非常严苛，而且这些罚金和可能遭受的真实损失没有任何关系。这类条款的主要目的不是对违约可能造成的损害额进行预估，而是对违约行为进行威慑，以罚金的强烈刺激作用确保当事人遵守合同义务。

---

① *Thoroughbred Breeders' Association v. Price Waterhouse* 2001 （4） SA 551 （SCA） at 588.
② *Victoria Falls and Transvaal Power Co Ltd v. Consolidated Langlaagte Mines Ltd* 1915 AD 1 at 22.
③ 该处所述的违约金条款是固有意义上的违约金条款，和下文《违约金法》中的违约金尽管用语相同，但实质不同。在《违约金法》中，违约金条款的外延被扩大至预估损害赔偿金的条款和失权条款。

③失权条款（forfeiture clauses）。这类条款规定，如果合同因违约而解除，违约方对其已进行的履行丧失恢复原状的请求权，即违约方对其依据合同已交付给无过错方的利益丧失请求返还的权利。

在合同中约定这类条款的做法由来已久。在罗马 – 荷兰法中，违约金条款都是可以执行的，但当约定的违约金和违约引起的损失不相称时，法院可以减少违约金的数额。这也是南非法院最先持的态度。然而，在英国法的影响下，南非法院改变了处理办法，对预估损害金额的条款和起威慑作用的条款进行了区分。对于前者，完全可以执行，并且法院无权减少金额；对于后者，则完全不能执行。之后，南非法院一直采用该方法处理违约金条款，直到 1962 年《违约金法》（the Conventional Penalties Act 15 of 1962）实施。《违约金法》对违约金条款的处理方法在很大程度上又恢复到了罗马 – 荷兰法的做法。① 依据该法，当今南非法院对违约金条款的处理方法是，进入该法范围的违约金条款可以执行，但是法院可以基于公平的考量减少违约金数额。

1. 1962 年《违约金法》

该法内容如下。

为了规范包括预估损害赔偿金条款和失权条款在内的违约金条款的效力，制定本法。

（1）为违约约定的违约金可以执行

第一，如果一个条款（下文称为违约金条款）规定，任何人如果因作为或不作为而违反了合同义务，为了任何其他人（下文称为债权人）的利益有责任以违约金的形式或清偿性损害赔偿金（liquidated damages）的形式支付一定数额的金钱或交付某物或履行某行为，那么在任何有管辖权的法院，该条款都应该依据本法的规定得到执行。

第二，依据违约金条款一方当事人可能有责任支付的任何数额的金钱或交付的物或履行的行为都是本法中所称的违约金。

---

① W. J. Hosten, A. B. Edwards, Carmen Nathan, Francis Bosman, *Introduction to South African and Legal Theory*, Hayne and Gibson Ltd Prinetown Natal, 1980, p. 430.

（2）禁止救济的累积，限制瑕疵履行或迟延履行方面的违约金救济

第一，对于违约金条款所指向的作为或不作为，债权人无权同时获得违约金和损害赔偿金；除相关合同有明确规定之外，债权人也无权以损害赔偿金救济代替违约金救济。

第二，接受或有义务接受瑕疵履行或不及时履行的一方当事人无权获得针对瑕疵履行或迟延履行的违约金，除非该违约金明确地是为该方面的瑕疵或迟延而约定。

（3）过高违约金的减额

如果基于对违约金请求权的审理，在法庭看来，违约金和违约金条款所针对的作为或不作为给债权人造成的损失不相称，法庭可以（may）依据个案的具体情况和公平的考量减少违约金数额。在确定损失的范围时，法庭不仅应考虑正在审理的作为或不作为给债权人的财产利益造成的影响，而且应考虑其给债权人的所有其他合法利益造成的影响。

（4）针对违约金条款的法律规定也适用于失权条款

如果一个条款规定，当一方当事人基于合同约定的具体情况解除合同时，其他方当事人对其依据该合同已进行的任何履行都失去请求返还的权利，或者尽管合同已解除，其他方当事人仍有责任履行其合同义务，那么该条款视为违约金条款，具有本法第 1～3 条的效力，并受本法第 1～3 条的约束。

2. 《违约金法》的适用范围

依据该法第 1 条，违约金条款在原则上都可以执行，不再对起威慑作用的违约金条款和预估损害赔偿额的条款进行区分。因此，不再需要确定当事人的目的是威慑还是对损害进行预估。然而，仍有必要确定某一条款是否属于该法规定的违约金条款，因为如果不属于那么其将不受法庭减额权的影响。

根据该法内容可知，受该法调整的违约金条款必须符合以下要件。

第一，该条款必须因违约而产生效力。因此，约定一方当事人有权以支付一定金额为代价从而解除合同的解约定金条款（a rouwkoop clause）[①]

---

① rouwkoop clause 是南非法中的术语，相当于解约定金条款。

就不是该法所规定的违约金条款。① 依据解约定金条款解除合同不构成违约，而是对合同规定的权利的行使。

第二，该条款必须对违约方施加"为另一方的利益支付一定金额或交付某物或履行某行为"的义务，或必须规定违约方失去第 4 条规定的类型的权利。第 4 条唯一明确规定的是失去"请求返还其依据该协议已经做出的任何履行"的权利。根据判例法，约定一方当事人将失去获得佣金的权利的条款②，或一方当事人将失去其获得对以分期付款买卖合同购买的房屋进行改良的补偿的权利的条款③，不属于该法所规定的失权条款。

第三，当事人必须打算使该条款"以违约金的方式或以清偿性损害赔偿金的方式"发生效力。④

3. 违约金的减额

只有当法庭认为违约金和无过错方遭受的损害（prejudice）不相称时才会产生减额问题。损害，首先，指违约引起的财产损害；其次，依据第 3 条的明确规定，其他一切可能因债务人的违约受到损害的合法利益也必须纳入考虑范围，例如，债权人的财产、声誉、工作、便利等。⑤

对于违约金超过损害多少才算得上不相称，当前并没有明确的标准。而且，南非法院也不是必须减少违约金的数额，因为依据该法的规定，法院是"可以"（may）减少违约金的数额而非"应该"减少违约金的数额。如果法庭决定减少违约金数额，它可以依据个案的具体情况，基于公平的考量进行减少，只要违约金的数额大致反映债权人遭受的财产和其他损失即可。⑥

证明违约金数额和债权人遭受的损失不相称的责任由债务人承担。只有当债务人对违约金数额和损失不相称作出了初步证明之后，才需要债权人提供证据证明违约金在事实上并不过高。此外，对违约金进行减额并不

---

① *Sun Packaging*（*Pty*）*Ltd* v. *Vreulink* 1996（4）SA 176（A）.

② *Classen* v. *Ann Fenwick Eiendomme BK* 1996（2）SA 99（O）.

③ *De Mata* v. *Otto* 1972（3）SA 858（a）.

④ *Tamarillo*（*Pty*）*Ltd* v. *BN Aitken*（*Pty*）*Ltd* 1982（1）SA 398（A）at 438.

⑤ *Van Staden* v. *Centred South African Lands and Mines* 1969（4）SA 349（W）at 352.

⑥ Dale Hutchison, Chris-James Pretorius, J. E. Du Plessis, Sieg Eiselen, Tomas Floyd, *The Law of Contract in South Africa*: *Private Law*, Oxford University Press, South Africa, Jan. 15, 2011, p. 342.

必须由债务人提出请求，如果在诉讼中法院认为违约金数额过高，也可以主动作出减额的决定。[①]

（六）　其他救济

1. 禁令

禁令（interdict）是一种用以阻止违约或可能的违约的发生或保护产生于合同的附属权利（ancillary rights）的救济措施，当事人可以通过申请程序迅速请求禁令从而阻止违约的发生。当事人如果未遵守禁令，可能触犯藐视法庭罪。

禁令是实际履行令的一个具体形式，但在南非合同法著述中，在结构安排上，禁令多被作为一个辅助性的救济方式进行讨论，本文从其习惯，也将禁令放在本部分进行论述。

合同当事人在如下三种情况下可以申请禁令：

①债务人从事或可能从事某种合同禁止其从事的行为，例如，债务人违反贸易限制协议；

②阻止可能的违约的发生，例如，被告正在转让合同标的的所有权，或违约可能引起很难计算的损失等；

③用以阻止第三人非法干涉当事人的合同权利，因此，申请禁令既可以针对对方当事人，也可以针对非法干涉或可能干涉合同关系的第三人。

申请禁令，必须符合如下条件：[②]

①权利清晰；

②有损害事实，例如，合同权利被侵犯并且有发生损害的可能性；

③其他通常的救济方式对无过错方的保护起不到与禁令同样的效果，例如损害赔偿不能充分地保护无过错方。

2. 权利宣告

权利宣告是指，经利害关系人请求，法院有权调查并确定任何现存

---

①　*Smit v. Bester* 1977（4）SA 937（A）.

②　*V&A Waterfront Properties（Pty）Ltd v. Helicopter & Marine（Pty）Ltd* 2006（1）SA 252（SCA）.

的、未来的以及期待性的权利和义务。① 因此，如果合同一方当事人对其合同中的权利不确定，或关于合同有争议，他可以请求法院发布宣告令（declaratory orders）。通常情况下，当事人需要表明有争议需要宣告令来解决，法院才会受理当事人的申请。另外，宣告令约束所有的利害相关当事人，因此，申请宣告令者必须联合所有可能被该命令影响者共同进行。②

（七）小结

以上对南非的违约救济方式进行了论述，下面以列表的方式进行整理（见表2）。

表 2　违约救济方式

无过错方的目的	救济方式	适用救济方式的情形
终止合同	解除合同	1. 合同中有解除约款 2. 债务人迟延、债权人迟延——时间是关键 3. 积极的债务不履行——严重违约 4. 拒绝履行——严重违约 5. 履行妨碍——使履行成为不能
维持合同效力	未履行抗辩权	1. 未履行 2. 积极的债务不履行 3. 拒绝履约
	实际履行	对于所有违约，无过错方都可以请求实际履行；但法院有拒绝发布实际履行命令的自由裁量权
	禁令	在违约或可能违约的情况下
赔偿损失	损害赔偿	债权人因债务人违约遭受了经济损失或财产损失
	利息	1. 合同中有约定 2. 金额已确定的债务未履行 3. 符合《法定利率法》的情形
	违约金	1. 合同中有违约金条款 2. 符合1962年《违约金法》的情形
确定法律地位	权利宣告	合同当事人之间关于合同权利和义务存在重大争议

---

① 《最高法院法》（the Supreme Court Act 59 of 1959）第19条第（1）项之（a）之（iii）。

② Dale Hutchison, Chris-James Pretorius, J. E. Du Plessis, Sieg Eiselen, Tomas Floyd, *The Law of Contract in South Africa：Private Law*, Oxford University Press, South Africa, Jan. 15, 2011, p. 287.

从总体上来说，在南非，违约救济方式可以归为四大类。第一类救济方式的目的在于维持合同效力，具体包括：未履行抗辩权、实际履行请求权、禁令。其中以实际履行为代表。第二类救济方式的目的在于终止合同。因解除合同和当事人的订约目的相悖，因此，只有在违约非常严重时，无过错方才有权利用解除合同的救济方式终止合同。第三类救济方式的目的在于补偿违约给无过错方造成的损失或者损害，这类救济方式可以和前两类救济方式同时使用，具体包括违约损害赔偿请求权、违约金和未支付债务的利息请求权。第四类为确定法律地位。

在违约救济方面，南非法同样体现了融合的特点，最典型的就是实际履行的救济方式在南非的融合。在这个问题上，罗马－荷兰法和英国法对南非都有影响。对于是将损害赔偿视为常规救济，还是将实际履行视为常规救济，罗马－荷兰法和英国法持相反态度。罗马－荷兰法认为，实际履行是违约的通常救济方式，而英国法认为，损害赔偿是违约的常规救济方式，实际履行是例外的救济方式，只有当损害赔偿不足以救济违约造成的损害时，法院才会运用自由裁量权命令实际履行。受此影响，南非法官对此问题也持两种观点，尽管都认为法官有命令实际履行的自由裁量权，但是其基本出发点不同，支持罗马－荷兰法的观点认为，请求实际履行是原告依法当然拥有的权利，而支持英国法的观点认为，命令实际履行是法官自由裁量权运用的结果。在经过这两派观点的长期争论之后，当前实际履行的地位融合了罗马－荷兰法和英国法双方的观点，即原告有权请求实际履行，但是该权利受到法官自由裁量权的制约。

从违约救济的内在精神看，南非法更倾向于保障合同得到实际履行。认为实际履行是违约的正常救济，一般化地承认债权人请求实际履行的权利；认为解除合同是特殊救济，对于解除合同规定了严格的实质条件和形式条件。

在违约救济权利的行使方面，南非非常注意社会政策和当事人自治的统一，制度设计更加关注合同双方的利益衡量和各种价值的衡平。相应地，合同自由受到一定限制，法官在某些问题上有较大的自由裁量权。例如，在债权人是否接受拒绝履约的问题上，尽管无过错方可以选择，但是如果维持合同效力会造成浪费、给债权人带来很少的利益甚至没有利益，那么基于社会政策的考虑，债权人就不能选择维持合同效力。在救济方式的选择上，如果实际履行会给违约方或者第三人带来过度的困苦，法官也会拒绝发布实际履行的命令。再如，在行使解除权时，要求权利人践行一定的程序。这些都表明南非违约救济制度不仅保护无过错方的权益，也保护违约方的正当权益。

在违约救济的方式上，南非法也比较注重细节。例如，就违约损害赔偿而言，对损害数额的计算采取差异理论，并以该理论为基础发展出了"具体方法"和"市场价值法"，针对不同情形适用不同计算规则，从而既保证损失数额计算的准确性，又兼顾计算的便利性。对违约事实和损害之间因果关系的确定，采取"两步走"，分事实上的因果关系和法律上的因果关系，对于前者采取"要不是"标准，对于后者采取远隔性标准，只有符合前者时才探究后者是否成立。

三　比较与启示

从《汉穆拉比法典》中的合同法条文出现算起，到今天合同法已经经过了三千八百多年的发展，在西方文化的影响下，人类的价值取向趋向一致。总体上，合同法的基本精神也趋于一致。

就中国合同法与南非合同法的比较而言，两者也具有一定的相同点，如两国的合同法都受到大陆法系和英美法系的影响，都融合了两大法系的不同制度。对于南非来说，历史上其先后受到荷兰和英国的殖民统治，荷兰带来的大陆法传统和英国带来的普通法传统在南非的融合由来已久。就我国来说，近代以来，在法律现代化的过程中，也先后受到大陆法系和英美法系的影响。不同的是，我国是在主权独立的前提之下进行的学习和借鉴。

但在某些方面两者也存有差异。在该部分，笔者先从一些细节上来比较两者的差异，再从不同角度提出一些可取之处。需要说明的是，笔者在此无意对两国的违约救济制度做一优劣上的比较，笔者认为，这不可能且不可行。因为，从发展状况来说，中南两国都是典型的发展中国家，既没有谁落后不堪，也没有谁发达超前。从发展过程来说，中南两国在法律现代化的过程中都借鉴了大陆法系和英美法系的制度，且本国本土传统文化对合同制度影响甚微，并没有泾渭分明的渊源差异。从制度本身来说，一项制度只要自身协调完善，能满足特定时期特定社会的需要，相对来说它就是优越的。如果不考虑各国之间历史、人文、风俗、民族意识等诸多方面的差异，而生硬地认为一国合同制度一定比另一国好，可以移植外国的某一法律制度，这无疑会产生南橘北枳的结果。笔者只是想将南非违约救济制度作为一面镜子，通过和我国违约救济制度的对比，认识两者存在的差异，以对我国的立法和学说有所启示。

（一） 比较

1. 法律渊源上的区别

我国违约制度规定于合同法中，合同法采取的是法典化的形式，法院判决没有先例的约束力，最高人民法院根据社会经济的发展和实践需要对合同法进行解释，其解释对各级法院具有约束力。而南非违约制度以罗马－荷兰法为基础，融合了英国法，主要建立在不成文的规则之上。判例可以对这些规则进行补充、修改或者变更，判例对其后类似案件的裁判具有先例的拘束力。南非法官在裁判时，也可能参照英国判例的原理，尽管学说甚至法官都承认某一理论来自英国判例，但是尚未发现南非法官在判决中直接援引英国判例的情况。对于个别问题，南非立法机关也会进行立法，例如关于利息和违约金有专门立法。从当前情况看，南非关于违约的立法，采取的是对某些个别制度进行单独立法的做法。学说也可以成为法官裁判的依据，例如罗马－荷兰法学家的著作，但尚未见到当今法学家的理论被作为裁判依据引用。因此，南非违约救济制度的法律渊源包括判例、罗马－荷兰法学者的学说著作和立法等。这些法律渊源，一方面可以保障法院裁判的一致性，确保法律适用的稳定性，另一方面也可以加强裁判的说理性。

2. 违约形态体系的区别

对于如何建立违约形态体系，在中国的民法学说上解释不一，有多种观点，本文择其要者简要概括。第一种观点认为，"违约形态包括先期违约（或拒绝履行，但二者并不完全一样）与现实违约两类，后者又可具体区分为履行迟延、履行不能、拒绝履行、不完全履行（包括瑕疵履行与加害给付）；另外，关于债权人受领迟延可否作为一种违约形态，始终存在不同的见解。我个人以为，债权人受领迟延在某些情形下，是可以作为一种违约形态并承担违约责任的（合同法第 60 条第 2 款规定了当事人之间的协助义务）"。① 第二种观点认为，违约形态按照时间标准被划分为先期违约与现实违约两类。具体而言，先期违约（《合同法》第 108 条及第 94 条第 2 项）包括"明确表示不履行"（履行期前的拒绝履行）和"行为表明不履行"（履行期前的履行不能）；现实违约分为"不履行和履行不符合约定"（第 107 条），"不履行"发生在履行期后，包括履行不能和拒绝履行，"履行不符合约定"包括履行迟延和不完全履行（包括瑕疵给付与加害给付）。在合同履行需要债权人协助的场合，受领迟延也属于违约，其中拒绝受领可归属于不履行，不能按时受领可归属于履行不符合约定。② 第三种观点认为，违约形态首先可以分为预期违约和实际违约，其中，预期违约包括明示毁约和默示毁约；实际违约包括不履行（完全不履行）（其下又包含拒绝履行和根本不履行）、迟延履行（其下又包括债务人迟延和债权人迟延）、不适当履行（其下又包括瑕疵给付和加害给付）、其他不完全履行行为（其下又包含部分履行、履行方法不当、履行地点不当和其他违反合同义务的行为）。③

我国合同法对违约形态的规定非常简略，既没有专门的章节来规定违约形态，也没有系统规定哪些法律事实构成何种违约形态，更没有规定各种违约形态之间的关系，而是和违约责任规定在一起。例如，第 107 条规定了"不履行合同义务或者履行合同义务不符合约定"，第 108 条规定了"当事人一方明确表示或者以自己的行为表明不履行合同义务的"（第 94 条第 2 项与之类似）。可见，我国合同法关于违约形态的规定非常概括和简略，并未形成立法上的违约形态体系。

---

① 韩世远：《履行障碍法的体系》，法律出版社，2005，第 7 页。
② 冉富强、郭奕、宋新宇等：《合同责任研究》，吉林大学出版社，2008，前言第 1~2 页。
③ 王利明：《违约责任论》，中国政法大学出版社，2003，第 117 页。

对于违约形态体系安排的依据，鲜有明确说明者，只在《违约责任论》中有所涉及。在该书中，作者说，建立违约形态体系，首先应从中国的实际情况出发，在系统总结我国的立法、司法实践经验的基础上，建立合理的违约形态体系。其次要注重国外合同法有益的、先进的经验。最后应注重违约现象在当前的发展。① 其他的关于违约形态体系的观点，从论述方式上看，大多可能是依据法律的规定进行的。

南非的违约形态体系，在本文"违约形态"部分的小结中笔者已经做出了总结。在此，有以下几个问题需要特别讨论。

第一，归责原则问题。在南非的五种违约形态中，除拒绝履约的构成不需要过错之外，其他四种违约形态的构成均需要过错，从总体上看，更倾向于过错归责原则。而在我国，"违约"这一概念只是从客观角度做的描述，并不关注行为人是否具有归责事由，采取的是无过错的归责原则。

第二，债权人迟延问题。在南非学者的合同法著述中，债权人迟延常和债务人迟延并列论述。尽管也有学者否认债权人迟延为独立的违约形式，但是多数学者和实践还是认可了债权人迟延为独立的违约形态。

而在我国，立法上并未提及债权人迟延，学者在论述违约形态时，或者将债权人迟延放在所有违约形态之后论述，认为，"债权人受领迟延在某些情形下，是可以作为一种违约形态并承担违约责任的（合同法第 60 条第 2 款规定了当事人之间的协助义务）"②，或者将"债权人迟延履行"和债务人迟延履行放在"迟延履行"之下论述。③ 第一种体系安排可能是出于两种考虑，或者是从违约主体的角度来安排，或者是从重要性的角度来安排。对于第二种体系安排，需要考虑的一个问题是，从债权人和债务人在同一个履行上的作用来看，债权人之"协助"是否可以称为"履行"。

第三，履行不能从不能发生的时间来划分，可以分为自始不能、嗣后不能；从不能的主体范围划分，可以分为主观不能和客观不能。南非违约救

---

① 王利明：《违约责任论》，中国政法大学出版社，2003，第 116~119 页。
② 韩世远：《履行障碍法的体系》，法律出版社，2005，第 7 页。
③ 王利明：《违约责任论》，中国政法大学出版社，2003，第 178~204 页；李新天：《违约形态比较研究》，武汉大学出版社，2005，第 162~201 页。

济制度将由于主观过错造成嗣后不能（既包括客观不能也包括主观不能）的法律事实从履行不能中剥离出来，作为一种独立的违约形态，即履行妨碍。

而在我国，合同法只是笼统地将履行不能规定为免责事由（见《合同法》第110条、第117条），并未将其细分，也未将其规定为违约形态之一。在我国学者的合同法著作中，有学者认为，履行不能就是一种违约形态[①]；而另一些学者认为，履行不能不是一种独立的违约形态，主观过错造成的嗣后履行不能是不履行违约形态的一种情况。[②] 总体上，是将整个履行不能作为整体来讨论其是不是一种违约形态。

3. 违约救济目标的区别

不同国家违约救济制度的目的会有不同的具体表现。比如美国合同法的救济体系，其制度并非以强迫债务人免于违约为指向（或本位），而是以使债权人有手段应对违约为目的。与备受赞誉的缔约自由相伴，尚并存有毁约自由。[③] 对于我国合同法而言，《合同法》第107条规定的"继续履行、采取补救措施或者赔偿损失等违约责任"，彼此居于并列地位，这与英美普通法违约救济以损害赔偿为原则存在明显的差异，与德国新债法"以指定期间保障履行请求权的优先地位"之立场相比，能否作同样的解释抑或二者存在实质的差异，亦需要做进一步的研究。可以获得的初步认识是，我国法律的立场是富有弹性的，相关的解释论及司法立场，均在形成过程之中，尚无定论，违约救济的目的还有待进一步揭示，但有一点似可明确，即我国的合同法不承认"毁约自由"，我国违约救济制度的一个重要目的，在于让债权人能够信赖合同。[④] 债权人对于合同的信心最终来自法律对于有效成立的合同的充分保护，在于有行之有效的手段保障债权的实现。我国现阶段的情况是，诚信的普遍缺失和债权人的弱势。[⑤] 因而，我国现行立法显然是有意加强保障债权实现的制度和规范，比如规定未履

---

① 李新天：《违约形态比较研究》，武汉大学出版社，2005，第141~161页。
② 王利明：《违约责任论》，中国政法大学出版社，2003，第167~177页。
③ 韩世远：《履行障碍法的体系》，法律出版社，2005，第5页。
④ 韩世远：《履行障碍法的体系》，法律出版社，2005，第5页。
⑤ 参见骆汉城等《中国诚信报告》，江苏文艺出版社，2004，第11页。

行抗辩权、不安抗辩权、债权人代位权和撤销权等。[①]

而南非法在违约救济制度的目的上更倾向于保障合同得到实际履行。例如，在将实际履行还是损害赔偿看作常规救济方式的问题上，最终承认了债权人请求实际履行的权利，对于合同的解除规定了严格的条件等。

4. 借鉴方式上的区别

南非违约救济制度在借鉴国外法律时，有两个特点。第一个特点是对某一制度进行拆解，移植各国某一制度中的某一部分，再对这些部分进行融合，而不是全盘照搬。其典型代表就是债务人迟延制度，对该制度，南非法采取分而治之的策略，以罗马－荷兰法作为其构成要件的基础，同时为了适应实践的需要，抛弃了罗马－荷兰法中只有当事人约定有解除约款时才允许无过错方解除合同的做法，借鉴英国法的做法，在时间是关键的情况下，如果债务人迟延，则允许无过错方解除合同。从当前的情况来看，这个"异质"制度的融合，并未造成不利的影响。

第二个特点是从传统制度出发对某一新移植的制度进行解释。这里所说的"传统制度"并非南非本土的制度，如本文已提及的，南非本土制度对违约救济制度的影响微乎其微，这里的传统制度指的是先在南非扎根的罗马－荷兰法。其典型代表是"先期拒绝履行义务"在南非的发展。在罗马－荷兰法中不存在"先期拒绝履行义务"的违约形态，南非法中的"先期拒绝履行义务"从英国法移植而来，早期的南非法全盘接受了英国法中关于该制度的相关规则，对该制度的解释采取的也是英国的"要约和承诺"模式，但从 20 世纪后半期开始，有学者试着整合先期拒绝履行义务的英国法规则和罗马－荷兰法。整合途径主要有两种，第一种途径是从南非合同法中的善意出发来解释预期违约制度，认为拒绝履约违反了诚信原则所施加给当事人的义务，所以需要承担违约责任；第二种途径是推翻英国法中对先期拒绝履行义务的"要约和承诺"的解释模式，认为拒绝履约行为自身即构成违约。

在我国合同法中，制度融合不甚理想的一个典型例证是预期违约制度

---

① 崔建远、韩世远：《债权保障法律制度研究》，清华大学出版社，2004，第 41～43 页。

和不安抗辩权。尽管预期违约属于违约责任制度的范围，而不安抗辩属于抗辩制度的范围，两者的性质不同，但两者都能起到预防违约、救济无过错方的作用，因此也不妨放在此处和南非的违约救济制度做一比较。

不安抗辩权与预期违约制度分别是大陆法系与英美法系中的传统制度，我国《合同法》经过借鉴和吸收，在第 68 条、第 69 条、第 94 条、第 108 条规定了我国的不安抗辩权和预期违约制度的相关规则。尽管也有一些变动，但总体上都是整体"搬"过来的，并没有很好地对两者进行协调，造成适用上的冲突。例如，在双务合同中，如果负有后履行义务的一方当事人转移财产、抽逃资金以逃避债务，这种情形就既可以解释为第 68 条规定的"转移财产、抽逃资金，以逃避债务"的情况，又可以解释为第 94 条和第 108 条规定的"以自己的行为表明不履行主要债务（合同义务）"的情况。在适用上，若依第 68 条、第 69 条，先履行人只能先中止履行，再请求后履行方提供担保，后履行方不提供担保的，才能解除合同，但依第 94 条第 2 款，则可以直接解除合同。这时第 68 条规定的先履行人的权利与第 94 条第 2 款规定的其所拥有的权利是不一样的。如果赋予先履行人选择适用法条的权利，则有可能造成先履行一方滥用合同解除权的局面，他可能会出于自身利益的考虑，根据第 94 条第 2 款直接行使合同解除权。这就使第 68 条、第 69 条所设置的旨在保护后履行方合法权益的措施（先履行人只能中止履行合同，并且负举证与通知的义务）形同虚设，严重损害后履行方的利益。

5. 其他方面的区别

除以上主要区别外，我国违约救济制度和南非违约救济制度还存在其他一些方面的区别。例如，在南非，未履行抗辩权被作为违约救济措施的一种；而在我国，未履行抗辩权属于合同履行中抗辩制度的范畴。

再如，在南非，依据上文所述，违约金可以是金钱、物或者履行某行为；而在我国，依据《合同法》第 114 条规定的"当事人可以约定一方违约时应当根据违约情况向对方支付一定数额的违约金，也可以约定因违约产生的损失赔偿额的计算方法"，和《民法通则》第 112 条第 2 款规定的"当事人可以在合同中约定，一方违反合同时，向另一方支付一定数额的违约金，也可以在合同中约定对于违反合同而产生的损失赔偿额的计算方法"，违约金在性质上是当事人事先约定的，在一方违约时应向对方支付的一定数额的金钱。①

（二） 启示

1. 违约形态体系

上文对南非和我国的违约形态体系进行了对比，通过对比可以看出，南非违约形态体系至少可以从两个方面给我们启示。

首先，中南两国的违约形态体系在基本思路上是不同的，我国学者在安排违约形态体系时通常先从时间上划分为预期违约和现实违约，然后再对预期违约和现实违约依据违约的表现方式或违约的轻重程度进行划分。而南非法对违约形态体系的安排走了一条不同的路线，例如，从是否存在履行的角度区分为积极的债务不履行与其他违约形态，从造成违约的原因角度划分为拒绝履约和履行妨碍。这给我们提示了一个认识违约形态体系的新视角。

其次，南非违约救济制度对履行妨碍的处理。南非将由于主观过错造成的嗣后履行不能从履行不能中剥离出来，使其独立成为一种违约形态。尽管将可归责的嗣后履行不能独立出来作为一种违约形态的做法不见得和世界上对履行不能的处理方法的发展趋势一致②，但是这种将法律事实细化、独立出必要部分的做法对我国来说可能是另一个有益的借鉴，因为我们要借鉴的不一定是具体制度本身，制度有其存在的环境，而思路可以适用于更广阔的空间。

2. 制度融合的方式

根据上文所述，南非违约救济制度在借鉴国外法律时，有两个特点，第一个特点是对某一制度进行拆解，移植各国某一制度中的某一部分，再对各部分进行融合，而不是全盘照搬。第二个特点是，从"传统制度"出

---

① 王利明：《合同法研究》（第 2 卷），中国人民大学出版社，2011，第 695 页。
② 王利明：《违约责任论》，中国政法大学出版社，2003，第 145～167 页。

发对某一新移植的制度进行解释。这种做法，对我国显然也有一定的启示意义。还拿上文我国的不安抗辩权和预期违约制度来说，这两个制度的目的都在于在履行期限到来前保障合同当事人的权利，提高社会效率。不安抗辩权的特殊之处在于仅适用于先履行方，当有致使先履行方"不安"的事由时，其在后履行方提供适当担保或者恢复履行能力之前可以拒绝后履行方的给付请求。那么我们是否可以将这两种制度根据其精神进行融合呢？例如，是否可以将这种情况融入"预期违约制度"呢？当合同甲方当事人的行为或财产状况表明其在履行期限到来后有可能无法履行主要义务时，为了保障乙方将来债权的实现，同时也为了限制乙方随意解除合同、保障甲方当事人的合法权益，乙方可以要求甲方在合理期限内提供担保，如果甲方在合理期限内未恢复履行能力并且未提供适当担保，乙方可以解除合同。这样，就不会再发生一方当事人可以立即解除合同与必须先要求提供担保再解除合同之间的冲突。尽管没有了专供先履行方行使的抗辩权，但并不妨碍先履行抗辩权目的的实现。

本文认为，我国的违约救济制度，乃至整个合同法，无必要为了保留某一制度而强行将该制度留下。在世界各国关系日益紧密的当今，合同法律制度的基本精神逐渐趋向一致，一些制度的目的也基本相同，只要我国在借鉴之后能够形成融洽的逻辑体系、能够实现制度建立的目的，完全可以将相关制度进行拆分融合，无必要同时保留目的基本相同的两个完整制度。这不仅不必要，而且还可能造成不必要的冲突和麻烦。

3. 债务人迟延的认定

在南非，如果合同中没有约定履行时间，或约定的履行期限为不确定期限，要使债务人陷于迟延，需要债权人的催告。南非学者在使用"催告"这个名词时，经常交替使用"interpellation"和"demand for performance"两个词，前者在罗马法中即为"催告"之意，后者明显意为"履行要求"。

在我国合同法中，在合同没有规定履行期限的情况下，是否需要经过催告程序才能构成债务人迟延，是一个"值得研究"的问题。[①]《民法通

---

① 王利明：《违约责任论》，中国政法大学出版社，2003，第 171 页。

则》第 88 条第 2 款第 2 项以及《合同法》第 62 条第 4 项使用的术语都是
"要求履行"，而未提到"催告"。有学者提出此处的要求履行"实即催
告"①，本文也同意此种观点。在此点上，南非违约救济制度可以为此种
解释提供比较法上的支撑。首先，如上文所述，在南非，"催告"和"履
行要求"是交替使用的，也就是说两者同义。其次，从法律对催告（履行
要求）提出的限制，即在催告中必须确定合理期限请求债务人履行上看，
南非法和我国的法律规定也是一致的。

此外，我国学者在论述"催告"时，对催告的时间、地点和费用等问
题做出了阐述，而对于如何判断催告中所定期限是否合理没有给出意见，
至少在笔者所参考的在我国较权威的学者的著作中未见对此的阐述。而对
此问题，南非在司法实践中总结出了一些需要考虑的因素，如当事人的意
思、履行的困难、合同成立和催告之间的时间间隔等，学者对此也有提
及。我们除了思考在我国是否也需要考虑相关因素外，其至少还可以提醒
我们，判断催告中所定期限是否合理是一个需要考虑的问题。

4. 违约损害赔偿中因果关系的确定

根据我国《合同法》第 113 条规定的损失赔偿额"不得超过违反合
同一方订立合同时预见到或者应当预见到的因违反合同可能造成的损失"
可知，我国在因果关系的认定问题上采用了可预见性规则，但法律以及司
法解释对此没有做出更为详细的规定。我国学者对因果关系问题从比较法
的角度进行了介绍并提出了自己的看法，对于可预见性规则也有许多论
述，在此不赘述。笔者总结和分析南非违约损害赔偿中因果关系的特点和
作用，期望能对我国因果关系理论学说起到"锦上添花"的作用。

南非在因果关系问题上采取了一个"两步走"和一个"二分法"的做
法。一个"两步走"，即先以"要不是"标准来考察事实上的因果关系，确
定无过错方的损失是不是违约行为引起的，如果是，再以远隔性标准来考
察法律上的因果关系，以将赔偿数额限制在一个合理的限度之内。一个
"二分法"，即在远隔性问题上，南非违约救济制度又做了进一步区分，即

---

① 韩世远：《合同法总论》，法律出版社，2011，第 766 页。

把损害分为一般损害和特殊损害，一般损害是按照事物通常的发展规律可以预见到的损害，而特殊损害是按照事物的发展规律一般不会发生的损害。对于一般损害是否可以获得赔偿，采取的是客观的判断标准，即按照事物发展的一般规律，如果过错方的行为会造成这些损害，无过错方即可获得赔偿；而对于特殊损害是否可以获得赔偿，采取的是主观的标准，即只有基于订立合同时的特定情境，当事人预见到了该损害，该损害才是可以赔偿的。

由此可以看出，南非在损害的因果问题上的区分是非常详细的，对责任成立和责任范围两个方面的因果关系进行区分，以责任成立的因果关系解决是否存在事实上的因果关系这个"定性"问题，以责任范围的因果关系解决责任大小的"定量"问题，从而使实质上不同的因果关系区别开来，并且对不同部分采取宽严不同的判断标准，这有利于对因果关系的准确清晰认定。

在法律上的因果关系之内，在远隔性问题上（在确定法律上的因果关系时所研究的远隔性问题实际上和可预见性问题是一样的），对不同损害是否可以获得赔偿又采取不同判断标准，对于一般损害采取客观标准，对于特殊损害采取主观标准的做法也确有一些道理。一般损害是类型化的违约行为会导致的损害，这应该是一般理性人皆可预见到的，采取客观判断标准，可以使损害赔偿的判定在总体上比较稳定。而特殊损害，是特定合同因特殊情境所导致的，在发生上表现多样，采取主观标准，按照特定合同订立时的特殊情境来判断是否可以获得赔偿，可以适应事实的多样性，能够保证个案的公正。

结　语

南非违约救济制度融合了大陆法系和英美法系的相关制度，我国在法制现代化的过程中也同时向大陆法系和英美法系进行了借鉴，但某些制度在我国的融合并不完美。南非在法律融合的道路上比我国早了200多年，是典型的混合法系，因此，其相关制度的发展对我国如何将各种外来制度进行融合具有启示意义。另外，中南两国的经贸往来和民间交往都比较频繁，对南非违约救济制度进行研究也有实践上的必要性，但遗憾的是，在我国并不存在对南非合同法进行研究的专门著作，更不用说对南非违约救济制度进行研究的成果。本文对南非违约救济制度进行研究，既可以弥补我国国别合同法研究的缺憾，也可以为我国违约救济制度的研究提供新的视野和思路，这对我国违约责任制度的完善和发展具有一定的意义。

论文进行到此，似乎已可以告一段落，但笔者却感受到前所未有的迷茫和不确定。第一，违约救济制度是一个相对宽泛的制度，之下包含无数的小问题，初看之下，整个制度清晰明了，但越细看越迷茫，越研究问题越多。第二，资料方面的束缚，南非违约救济制度在国内几乎无中文资料可资参看，对某一制度的理解是否准确到位、对某一术语的翻译是否准确恰当无资料可供比对校验。英文资料的来源也非常有限，纸质资料可供借阅的大多已年代稍远；在可以利用的电子数据库中，涉及南非违约救济制度的，也都是期刊文章，缺乏系统性和全面性。第三，在论文的结构安排上笔者也是颇感为难，南非学者在阐释违约救济制度时所采用的体系结构和国内有较大不同，笔者如按照国内的通常论述结构来安排文章内容，就会失去南非违约救济制度本身的表现形式以及表现形式所承载的意义；如果按照南非学者通常所采用的结构来论述又难符合国内学者通常的理解，加之南非违约救济制度自身是判例法，逻辑体系性不是很强，难免会使结构看起来混乱。第四，南非违约救济制度除了对两个专门问题有立法涉及外，并没有专门的合同法，其违约救济规则被置于浩如烟海的判例之中，尽管可以从学者的著作、论文中寻找线索，按图索骥追踪案例的来源，但要厘清制度的内涵仍耗时耗力，不易把握。

最后需要特别说明的是，尽管本文对南非违约救济制度和我国违约救济制度进行了对比分析，并指出了其中的一些启示意义，但这些不同和启示只是其中很小的一部分，应该说，南非的违约救济制度乃至整个合同法是一座富矿，需要我们的挖掘，希望有更多的人可以关注到这个问题。

（作者简介：曹艳芝，湘潭大学法学院教授；刘剑锋，广东省惠州市中级人民法院法官助理）

英国不公平损害救济制度述评

林少伟

目 次

一 不公平损害救济的历史演变

（一）1948 年公司法之前

1948 年公司法制定之前，不公平损害尚未现形，但在实践中已有萌芽。因受到福斯（Foss）规则制约，股东只有在符合例外情形时才可以提起派生诉讼保障公司权益。但在公司具体经营过程中，少数股东可能会受到大股东或董事的压制，当这种压制不足以构成对股东个人权利损害（即不能提起股东个人权利之诉）和不符合福斯规则例外情形时，如果没有其他救济措施保护股东，则显失公平。因此，1929 年公司法第 168 条规定，在特定情形下，小股东可向法院提起诉求，而法院可基于衡平法上的"公平和正义"理念赋予"解散公司"的救济手段。解散公司虽可以使股东脱离苦海，免受压迫，但同时也剥夺了其他股东继续经营公司的愿望。此外，解散公司这一救济措施并不符合现代商业经济的发展要求。一旦要求公司解散，不仅影响公司的债权人和职工，也对社会经济发展造成负面影响。再者，公司被强制要求解散时，公司资产可能严重贬值，已遭受到不公平损害的股东可能会遭受二次伤害，只不过此次的伤害源自法官的判决。一言以蔽之，解散公司的救济手段如同杀死了下金蛋的鹅，对任何人均无益。①

（二）1948 年公司法

在准备制定 1948 年公司法时，学界已认识到基于衡平法的公平与正义解散公司的种种缺陷。鉴于此，1948 年公司法第 210 条规定法院在接受股东诉求时，可根据具体情况，自由裁量给予小股东适当救济方式。然而，该规定在实践中却让人大失所望。② 因该规定实质上源于衡平法上的解散公司制度，股东如想提起受压制之诉，须首先满足衡平法上关于解散公司的条件，而这一要求在实践中足以对股东提起诉讼构成程序性障碍。有统计指出，在 1948 年公司法实施后，仅有两件成功的案例。③ 第 210 条的规定在后来的案例中被认为是累赘、苛刻和错误的。④ 这也导致该条文在后来的公司法修改中被大幅度调整。

（三）1985 年公司法

在 1985 年公司法之前，杰金斯（Jenkins）委员会在 1962 年发布建议报告，并对第 210 条规定进行全面的反思和探讨。杰金斯委员会认为，该条文在实践中几无可行之处，在理论上也遭受很多质疑，与其完善该制度，不如直接推翻重整，以"不公平损害"代替"压制"。委员会认为不公平损害救济制度的实施同时需要以下三个方面。第一，赋予法官更多自由裁量权，使法官在此类案件中能灵活自主地处理。第二，解散公司不再是股东救济的唯一途径。解散公司可作为救济方式的一种，但法官应尽量

---

① L. S. Sealy, *Cases and Materials in Company Law* (7the ed.), London: Butterworths, 2001, p. 517.

② Arad Reisberg, *Derivative Actions and Corporate Governance*, OUP, 2009, p. 277.

③ 樊云慧：《英国少数股东权诉讼救济制度研究》，中国法制出版社，2005，第 129 页。

④ *SCWS v. Meyer* [1959] AC 342 at p342 per Lord Simonds.

避免适用该措施。第三，法院可以授权他人以公司名义提起诉讼。杰金斯委员会的建议在 1980 年公司法修改中被采纳，并出现在公司法第 75 条规定中。这也是不公平损害第一次真正出现在英国公司法中，并对后来产生巨大的影响力。1980 年公司法第 75 条的规定摆脱了原有救济方式的狭隘，实现了救济维度的恰当化。但殊为可惜的是，不公平损害这一概念并没有得到清晰的定义。直至 1985 年公司法的出台，不公平损害制度才基本上得以完善。1985 年公司法第 459 条虽然没有直接对不公平损害这一概念做出明确定义，但通过对其构成要素的列举间接解释了这一概念。第 459（1）条规定，公司成员在以下情况下可以向法院提出申请，即当公司事务已经或者正在以一种对公司一部分成员（至少包括他自己）的利益造成不公平损害的方式执行；或公司之实际或被提议的作为或不作为将要对公司某些成员利益造成不公平损害时。在原告资格上，公司法遵从普通法关于外部人不能起诉之原则，要求有资格行使该权利的只限于公司成员（即股东），即公司成员只能基于其成员的身份提出申请。如该成员同时担任公司董事而基于董事的身份提起申请的，法院不予支持。

1985 年公司法的这一规定广受欢迎，特别是对于私立公司而言，因股份流通性较弱，股东退出公司途径较少，通过不公平损害救济方法是实现股东退出公司的途径之一。① 而 1985 年公司法第 459 条的规定应用范围非常广泛，法官可自由裁量的救济措施相对较多，它既避免了解散公司的单一救济方式，同时也规避了福斯规则，对于公司异议股东而言是一大福音。但正是因为其大受股东欢迎，这一制度经常被股东滥用，导致滥诉情况比较严重。此外，不公平损害制度本身有耗费司法资源之特点。首先，法院须审判大股东是否有不公平之行为以及该不公平行为是否对其他股东构成损害。其次，也是最为重要的，法院须对公司及其股东的全面情况进行审核考虑，以作出适用何种救济方式的裁判。因此，不公平损害救济不但耗时长，且耗费贵。不但浪费司法资源，且对公司本身也造成破坏。②

---

① I Payne "Section 459 and Public Companies"（1999）115 LQR 368.

② 比如在 *Re Elgindata Ltd*［1991］BCLC 959 一案中，该案聆听会持续了 43 天，并花费 320000 镑（不包括上诉费用），而有异议的股份价值不超过 25000 镑。

（四）法律委员会报告

在 2006 年公司法修改期间，法律委员会发布股东救济报告，其中针对不公平损害提出以下立法建议。第一，简化小型公司的救济程序。即针对小型公司的特点，简化该程序，以利于小股东提起诉求，但该简化程序是属于可选择性性程序还是强制性选择程序尚不明确。第二，拓宽救济措施。委员会认为应该赋予法院更多的自由裁量权，增加法院对股东争议处理的灵活性。第三，植入诉讼时效。委员会认为不公平损害行为也应受到诉讼时效的约束。报告提出，股东应从知道或应当知道引起不公平损害行为的事实之日起三年内提起诉讼，否则对该权利不予保护。但贸工部对此持反对意见，主张以司法审查的方式替代诉讼时效。公司法审议与指导小组对诉讼时效的植入采取冷淡态度，立法者最终也没采纳诉讼时效的植入建议。

二　2006 年公司法的最新规定

2006 年公司法大体上延续了 1985 年公司法的不公平损害救济制度，其第 994 条第（1）款规定：基于下列理由，公司成员可以通过诉状向法院申请本部分之下的法令——（a）公司事务以不公平损害所有成员或一部分成员（至少包括他自己）的利益的方式正在或已经进行，或者（b）实际或被提议的公司作为或不作为（包括代表其作为或不作为）构成或将构成这样的损害。该项权利具有不可剥夺和不可转让性。①

法院如认为申请人的诉状有合理理由，可以颁布它认为适当的任何法令，对被诉称事项给予救济。根据 2006 年公司法第 996 条第（2）款规定，法院法令可以：（a）调整公司事务在将来的执行；（b）要求公司不得从事或不继续从事被起诉的行为，或要求公司从事被起诉人因疏忽而没有做的行为；（c）授权该个人或数人根据法庭认为适当的条件代表公司或以公司的名义提起民事诉讼；（d）要求公司未经法院同意不得对其章程

---

① *Exeter City AFC Ltd v. Football Conference Ltd*［2005］1 BCLC 238.

作出任何修改或任何指定的修改；（e）规定其他成员或公司自己购买公司任何成员的股份，如果是公司自己购买，据此减少公司资本。①

从上述规定可知，不公平损害并不局限于私立公司，公众公司股东也可以行使该权利。但实践中，该权利经常为私立公司股东使用。这与法官的偏好无关，法官并非不愿意支持公众公司股东对该权利的行使。之所以出现这种情况，乃源于私立公司本身治理机构的特点。私立公司特别是股东人数不超过 5 人的小型公司，其封闭性很强，公司人合性也非常明显，股东一旦遭受其他股东的侵害而想退出公司时，其不像公众公司股东那般可自由转让股份而自如退出，小型公司股东的退出一般会受到章程或股东协议的诸多限制和约束。因此，不公平损害救济为私立公司股东所偏好。

三　不公平损害制度评析

（一）公司事务的含义

根据规定，不公平损害行为只限于公司事务的行为，而公司法并没有明确公司事务的定义。普通法认为，公司事务首先应当与公司股东或董事的个人事务区分开，如因股东或董事的个人行为对其他股东造成不公平损害，则受损害之股东不得行使该权利。但在公司具体经营过程中，公司事务和个人行为有时并不那么容易区分。哈曼（Harman）法官对此指出，下列行为并不构成公司事务：（1）对顾客或职工的不礼貌或冒犯性行为；（2）被告律师以私人身份要求申请人转让其股份到被告并辞去董事职务；（3）被告向银行偿还公司贷款但其没有向公司告知此事。此外，关于股东投票权的行使，普通法认为，股东行使投票权是其股东权的表现形式，本身并不属于公司事务，即使该股东投票权的行使受到董事会影响。② 但如果股东会通过的决议对股东造成不公平损害，则股东可对此提起不公平损害之诉。

---

① 英国 2006 年公司法第 996 条。

② *Re Astec（BSR）plc*［1998］2 BCLC 556，575h-i.

（二）利益

不公平损害救济的前提之一是股东利益受损，因此，利益的概念必须得到澄清。首先，股东利益的受损既可以指全体股东利益的受损，也可以指部分股东利益的受损。其次，也是最为重要的，该利益必须是基于股东的身份所享有的。① 如股东同时担任公司某个职位或与公司有合作关系，则应区分该利益是基于股东的身份抑或基于其他身份所享有的。基于股东身份所享有的利益一般源于公司章程的规定，即当股东依据章程所享有的权利以不公平的方式遭受损害时，其有依据第 994 条向法院提起诉求的资格。此外，股东在一定情况下也可根据股东协议提起诉求②，但该情形须受到"公司事务"要求的限制。

如对"利益"这一概念解释过于狭隘，过于限制其范围，则股东的权益很可能难以得到有效保障。因此，普通法认为应当对"利益"做扩大解释，法院在审查诉求时也应当考虑更多的其他因素而不应局限于对利益本身的考察。霍夫曼（Hoffmann）法官指出，股东所受损害的利益不应当被狭隘和技术性诠释。③

（三）不公平损害之义

股东申请不公平损害救济时，须证明其利益受到或将受到不公平的损害。换言之，股东须证明被诉行为具有损害性和不公平性。

1. 损害性

股东首先须证明其利益受到一定的损害。一般而言，这种损害是财务性的或金钱意义上的。比如，因不公平行为股东所持股票的价值减少或有减少的危险，这种损害可能源于公司资产被挪作他用。证明被诉行为具有损害性较为简单，因为对公司财务有损害的行为，也对公司股份持有者的

---

① *Re a Company*（no. 00477 of 1986）［1986］BCLC 376，378h.
② *O'Neill v. Phillips*［1999］2 BCLC 1，7h.
③ *O'Neill v. Phillips*［1999］2 BCLC 1，15b-c.

利益构成损害。① 当然，不公平行为的损害也不一定全部体现为财务性的或金钱意义上的，在其他情形下仍然可能构成损害性行为。比如将股东逐出管理层或解除其董事职位，这种行为虽完全没有损害其持有股份的价值，但也可能具有损害性。②

2. 不公平性

由于公司法并没有对不公平损害这一概念进行解释，因此，所谓"不公平"似乎可由法院依其裁量权进行解释。只要在具体个案中发现有不公平之行为，法官即可认定。这种不确定的标准，一方面反映了法院不愿意对法律赋予他们的广泛自由裁量权作出任何评注，另一方面也反映了英国法院不愿意干涉公司内部事务，尤其不愿意根据事后对某一特定决议所存在的具体情况的认识而对公司管理行为做出第二次评价。③ 但普通法发展至 20 世纪 90 年代，对不公平的认定已形成一定的标准，这种标准并非主观随意，也不是法官仅根据案件特定情况而恣意适用的。如同霍夫曼法官所言："公平这一概念必须具有司法适用性，且其具体内容的适用须基于理性原则。"④ 霍夫曼法官提出了认定不公平的两个原则：（1）该行为违反了对公司事务本应如何进行而达成共识的某些条款；（2）对某些规则的适用或适用方式与衡平法上的善意相冲突。⑤

帕顿（Patten）法官对上述两个原则做了进一步说明。第一，不公平这一概念虽具有客观之聚点，但并不能以此认为其处于真空当中。判断某个行为是否具有不公平性，应将其放置于公司结构这一法律背景下进行考量，而这虽通常以公司章程或股东协议为依据，但受制于衡平原则。当坚持执行严格的法定权利会出现不合理的结局时，衡平原则可缓和弱化这种严格的法定权利。第二，一般而言，遵守公司章程和股东协议的行为通常不会构成不公平行为，除非这些协议的执行在某种特别的情况下会造成不公平（inequitable）。第三，虽然不可能详尽列举不公平行为的种种情形，

---

① *Re Macro（Ipswich）Ltd*［1994］2 BCLC 354，404d.
② *Quinlan v. Essex Hinge Co Ltd*［1996］2 BCLC 417.
③ 张民安：《现代英美董事法律地位研究》，法律出版社，2007，第 560～561 页。
④ *O'Neill v. Phillips*［1999］2 BCLC 1.
⑤ *O'Neill v. Phillips*［1999］2 BCLC 1.

但不公平的判断须遵循已确认和建立的衡平规则，而非以公平这一定义模糊的概念为标准。第四，判断某一行为是不公平的标准，应宽松于 1948 年公司法第 210 条基于公正与公平的理由解散公司的标准。第五，一个通常有效的判断方法是自问对某种权力或权利的行使是否涉及违反当事人之间的协议或协定。①

（1）确定不公平的标准之一：违反了关于公司事务应如何进行所达成的协议

判断某个公司事务的进行方式是否给其他股东带来不公平，首先应关注该行为是否违反股东之间已达成的章程或协议。因这些章程或协议是规范股东权利义务关系的文件，对章程或协议的违反通常是对股东某项权利的侵犯。但并非所有违反公司章程或股东协议的行为均可引起不公平损害之诉，原因在于有些不当行为虽违反章程或协议条款，却不足以产生不公平，比如违反了章程某些细枝末节或技术性的规定。②

章程或股东协议在公司经营过程中可能发生变更，不管是通过明示方式还是默认方式。在此情况下，法官在判断被诉行为是否违反章程或股东协议时，应特别注意章程或协议的条款是否在某种情况下已被变更。此外，如果董事在履行对公司的受信义务时，怀有恶意或心怀不轨，也可能违反协议，从而导致不公平损害之诉。霍夫曼法官在 *Re Saul D Harrison & Sons plc* 一案中认为，当董事的行为有"不可告人的目的"时，该行为可视为不公平行为。他认为，关于对不公平这一概念的理解，经常可以转化为对另一个事实的判断，即董事须在股东授权的范围内以公司的整体利益为准，履行受信义务。如果董事或董事会之行为有不可告人之目的，则他们显然已处于股东与公司的契约之外。③ 尼尔（Neill）法官也同意这一观点，他认为，如董事所为超过授权范围或有不合理、不可告人之目的，则股东可提出不公平损害之诉求。④

---

① *Grace v. Biagioli* ［2006］2 BCLC 70, 93, para 61.
② *Irvine v. Irvine*（No 1）［2007］1 BCLC 349, 417, para 256.
③ *Re Saul D Harrison & Sons plc* ［1995］1 BCLC 14, 18b-c
④ *Re Saul D Harrison & Sons plc* ［1995］1 BCLC 14, 31g-h.

此外，有学者指出，不公平行为似乎隐藏着一种潜在规则，即董事行为违反公司章程或股东协议，构成不公平损害的，一般都属于不可批准型行为，即董事所违反的受信义务的行为不能得到批准或认可，因为其被认为是不公平的。[①] 但如可被批准或认可，则该行为是否仍可认定为不公平呢？普通法对此回答得不太清晰，从上述潜在规则的反证似可推理出，受批准或认可的违反章程或协议的行为不具有不公平性。但霍夫曼法官曾指出，董事会受多数原则保护这一事实并不必然推理出该原则可保护不当行为不受"不公平"的限制，它不能使董事违反受信义务的行为游离于不公平的边界。

（2）确定不公平的标准之二：基于衡平原则的考虑

对于大多数纯商业关系的公司而言，股东之间的权利义务关系均体现于公司章程或股东协议中，公司事务的管理经营均需遵循这些规约。而对这些规约条款的违反，一般会被视为不公平的损害行为，股东可依此向法院提起诉求。比如一些大规模的公众公司或者上市公司股东，他们之间的关系一般体现在公司章程或股东协议中，他们的合理期待或其他要求均可在这些公司宪章中获得支持。因此，对于纯商业公司而言，董事行为违反公司宪章条款，则很可能具有不公平性，无须以衡平原则进行判断。此外，对于一些虽非纯商业公司，但股东之间的具体权利义务关系在相关协议中有详细规约的，这些公司也可以纯商业公司对待。但对于准合伙型的公司而言，不公平性的判断标准扩展至衡平原则。换言之，在准合伙型的公司中，即使董事所为没有违反章程或协议的规约，如有违反衡平原则，也可能构成不公平损害。值得注意的是，一个公司很可能不会永远是纯商业公司或准合伙公司，二者在经营过程中可能会发生相互转换，本来以纯商业关系设立的公司后来可能会转变为准合伙型的公司。

那何谓准合伙型的公司？威尔伯福斯勋爵（Lord Wilberforce）指出，如公司具有以下任一或多个特征，则可认定为准合伙公司：第一，该团体的组成和经营基于相互信任的个人关系；第二，有协议或默契约定所有成员或部

---

① Victor Joffe QC, David Drake, Giles Richardson and Daniel Lightman, *Minority Shareholders: Law, Practice and Procedure*, Oxford University Press, 2008, p. 219.

分成员（不排除有部分"沉睡"的成员）参与该团体的经营；第三，股份的转让有严格的限制。如丧失信任或某个成员被免除管理职位，则该成员不能随意转让股份。① 值得注意的是，上述特征仅仅是准合伙公司的几个共同特征，而并非详尽的列举。除此之外，还有其他因素可使公司具有准合伙的性质。甚至就连"准合伙公司"这一概念本身也并不能回答董事行为在何种情况下须受到衡平原则的约束，它仅是"一个有用的简略标签而已"。②

（四）不公平损害救济的阻却事由

遭受不公平损害的股东并非享有绝对的救济权，当公司对受到不公平损害的股东提出公平的出价时（即公司以合理价格收购声称受到不公平损害的股东的股份），法院可据此拒绝股东的救济。在法院看来，既然公司已认识到自己所犯之错误，并愿意为弥补这一错误而伸出和平之手，获得对方谅解，那么法院在此情况下就不适宜强行介入，进一步破坏双方所剩无几的友好关系。此外，在公司已对股东发出公平出价时，由双方自行谈判解决，不但可节约司法资源，也可减少费用，节省双方宝贵的时间。再者，不公平损害的主要救济措施即为颁发购买令，强制要求公司或被告购买异议股东的股份，以使异议股东全身而退。在公司已作出公平出价的情况下，股东仍然提起不公平损害之申请，可谓无此必要。鉴于此，普通法认为，当股东受到不公平损害时，如公司已对其发出公平购买股份要约，而该价格是股东提起不公平损害之申请所能期待得到的最为现实的救济时，法院即可认定该公平出价已构成阻却事由。

（五）救济措施

根据 2006 年公司法第 996（1）条的规定，法院如认为该诉求具有合理理由，则可以颁布其认为任何适当的法令，对被诉称事项予以救济。由此规定可知，法院对原告股东所能给予的救济措施理论上而言是无止境

---

① *Ebrahimi v. Westbourne Galleries Ltd*［1972］2 All ER 492 at 500.

② *Fisher v. Cadman*［2006］1 BCLC 499 at 526.

的，因为只要其"认为适当"，就可颁发任何法令予以救济。救济措施的多样化和广泛性，一方面意味着法院可运用其自由裁量权，不拘泥于特定条款而做出正当的判决；另一方面也意味着法院必须针对每个具体个案的情况，全面考量，以便颁发合适的法令。2006 年公司法在允许法院可以其自由裁量权采取任一合适法令救济原告股东的同时，也对一些可能的救济措施进行了归纳，包括但不限于以下几种救济措施。

1. 调整公司事务在将来的执行

不公平损害之诉是基于公司事务以不正当的方式损害公司所有或部分成员而产生的，因此对该损害的救济首先应是对将来公司事务的处理作出调整，以使在可见的未来一段时间内，公司其余成员不再受到类似的损害。法院在颁发此令状时，可要求公司的某个或多个成员参与公司管理（当然，如果委任某个成员参与管理公司可能会造成管理层之间关系恶化的，则法院一般会谨慎使用该权力），甚至也可为公司事务将来的处理作出全面的准则，以便董事遵守。[①]

2. 要求公司从事或不从事、继续或不继续从事被起诉的行为

这是最为简单直接的救济措施，即当公司事务以积极的作为方式不公平损害所有或部分公司成员时，法院可直接要求公司停止该行为。反之，如公司的不作为导致公司利益遭受不公平损害时，法院同样可直接要求公司有所作为。

3. 授权诉求人以公司名义或代表公司根据法院的指引提起民事诉讼

这实际上是法院通过颁发法令，允许申请人提起派生诉讼。该救济措施最早出现在 1962 年杰金斯委员会报告中，该报告建议引进派生诉讼作为不公平损害救济措施之一。然而，该报告之所以有此建议，是因为当时股东如欲提起派生诉讼，会面临重重困难。通过授权申请人提起派生诉讼，可以绕开派生诉讼所设置的障碍，有利于保护少数股东的利益。但 2006 年公司法将派生诉讼成文化后，派生诉讼的提起程序与以前普通法

---

① *O'Neill v. Phillips*［1999］2 BCLC 1；*Re a Company*（No 007623 of 1984）［1986］ BCLC 362；*Re Castleburn Ltd*［1991］BCLC 89.

大不一致。① 因此，通过设置授权诉求人可提起派生诉讼作为不公平损害之救济，以避开福斯规则所设置的程序障碍，现在看来似无必要。实践中，这一救济措施也未曾使用过。② 这一救济措施之所以不受欢迎，另一原因是申请人须花费巨大的时间和精力提起不公平损害之诉，如诉求获得法院支持，方可提起派生诉讼。在派生诉讼的程序障碍已大为减小的现在，与其耗费大量的时间与被诉人周旋于不公平损害是否具有合理依据，不如径行提起派生诉讼。此外，股东如直接提起派生诉讼，则其可受民事诉讼规则第 199（7）条关于诉讼费用的保护，而通过不公平损害救济转入派生诉讼的，则不在此规定的应用范围之内。最后，诉求人通过不公平损害之诉，即使顺利获得法院支持，转而提起派生诉讼，又幸运胜诉，诉求人本应心满意足。但实际上诉求人不但可能分文不得，且在付出大量精力和时间之余，仍须自掏腰包。因为派生诉讼胜诉后，所得之利益（如被告的赔偿金）归于公司而非原告（即股东或不公平损害之诉中的诉求人）。

4. 要求公司其他成员或公司购买原告成员的股份

此救济措施是不公平损害之诉求中最受诉求人欢迎也最为法院接受的。当公司成员利益受到不公平对待时，既然双方情不投，意不合，最佳的解决途径莫过于说再见。由实施不公平损害行为的公司成员或公司本身购买该股东股份，一方面既让诉求人股东全身而退，不再陷于公司内部各种矛盾中左右为难；另一方面也可使公司集中精力于自身的投资经营，不用耗费精力与时间与异议股东纠缠不清。特别是在双方关系破裂，难以继续信任和合作时，一方退出公司可谓是解决问题的最佳途径。有法官一针见血地指出，该救济措施的目的在于使难以继续合作的双方能够干净清白地分开。③ 因为与其双方勉强维持关系继续合作，不如一鼓作气，分清账本，让一方退出公司，一举永绝。

---

① 林少伟：《英国派生诉讼的最新发展：普通法的回归》，《时代法学》2011 年第 4 期。

② Leslie Kosmin, "Minority Shareholders' Remedies: A Practitioner Perspective", *Company Financial and Insolvency Law Review*, Vol. 12, 1997.

③ *In re Clearspring Management Ltd* [2003] EWHC 2516（Ch）, para 25.

在确定购买股份的救济措施后，如何确定购买价格殊为关键。一般而言，双方可就股份购买价格进行磋商，如不能达成协议，法院可径行委托专家进行评估，并由其提交评估报告。虽然股份的价值评估因具体个案而异，但根据公司法的规定，该股份须以公平的价格进行购买，而何谓公平亦可能难以达成一致。Millett 法官就股份价格的确定提出三个方法。（1）以公司继续运行为基础，以比例为原则确定股份价格。（2）在前面确定的价格的基础上打一定的折扣。（3）以公司处于清算或破产的阶段为基础，以比例为原则确定股份价格。① 对于准合伙型的公司而言，当诉求人为小股东时，股份价格的确定应以比例为原则，不能打折扣。当诉求人为大股东时，同样也应以比例为原则，股份的价格不能溢价，也不能以折扣价售出。对于非准合伙型的公司，除非有特殊情况，否则对于少数股份的收购，一般以折扣价购买，即使该少数股份额达到 49%。对于超过 50% 的多数股份而言，则很可能以溢价收购。这种因股份持有量的不同而导致购买价格差异的原因在于，对少数股份的收购一般不会影响公司的经营管理。但对于超过 50% 的股份的收购则大不相同，此时股份受让者对公司经营和战略无疑具有很大的影响力甚至决定权。因此，超过半数的股份转让价格一般会以多于按比例确定的价格进行处理。

在判断公司股份价值方面，另一个考虑因素是公司是否继续经营抑或公司处于清算或破产阶段。如公司继续经营，公司股份的估价无疑会远高于处于清算或破产阶段的价格。普通法虽然对此没有明确清晰的规则判断何种情况下应选择以公司继续运行为基础，何种情况下应选择以公司处于清算或破产为基础对公司股份进行评估作价，但无可否认的是，法院一般不情愿使用后者，如同 Millett 法官所说的，当购买者购买其中一方的股份时，其意图无疑是继续经营公司，因此，采取后者作为评估作价的基础很难具有说服力。② 此外，当一方愿意购买另一方股份时，很难想象公司在

---

① *CVC/Opportunity Equity Partners Ltd* v. *Demarco Almeida*［2002］2 BCLC 108，118，paras 37 - 8.

② *CVC/Opportunity Equity Partners Ltd* v. *Demarco Almeida*［2002］2 BCLC 108，118，paras 38.

股份收购后会陷入破产境地。再者，如允许以公司处于清算或破产阶段为基础评估作价，一旦股份收购完毕，公司继续经营，业务蒸蒸日上，则可能会出现"坏人受益，好人吃亏"的现象。因为在大多数情况下，股份的购买者一般为被诉求人，而深受不公平损害的股东则是被收购者，假如以公司处于破产或清算的阶段为基准计算公司股份价值，那前者无疑可以较低的价格购得后者股份。在公司继续运行、经营良好的情况下，前者可获得丰厚的回报，而后者则赔了夫人又折兵。

四 不公平损害制度是否可为中国所借鉴?

不公平损害制度在保护少数股东利益方面具有不可替代的作用，其因适用的广泛性和救济的多样性而深受股东欢迎。鉴于国内少数股东备受压迫的现象层出不穷，公司长久不分配股利的严重性，有学者建议借鉴英国做法，引进不公平损害制度，以更有力地保护少数股东利益，为中国资本市场的健康发展保驾护航。笔者对此持反对意见，认为国内不适宜引进不公平损害制度，理由如下。

(一) 两国法律环境与规范结构的差异

法律的移植并非简单的规范植入，而是牵一发而动全身，涉及输出国与移植国两国之间社会、经济、文化和法律环境等因素的影响。[①] 不公平损害制度的移植则涉及法律环境与规范结构的影响。在英国的法律规制中，对少数股东保护的措施并不多，主要有股东个人诉权、基于公平合理请求解散公司、不公平损害救济以及派生诉讼。[②] 数目不多的救济措施似乎与英美法系国家发达的法律体系格格不入，因为作为英美法发源地的英国，其对股东权益理应提供一系列措施悉心呵护，以促进资本市场的资本发展，然而在股东权益法律规制方面，只有区区几种措施，就足以为股东

---

① Mathias Reimann & Reinhard Zimmermann, *The Oxford Handbook of Comparative Law*, OUP, 2008, pp. 421 – 477.

② A. J. Boyle, *Minority Shareholder's Remedies*, Cambridge University Press, 2002.

提供充分而有力的保护。这种少而精的规制体系，其实并不神秘，原因在于不公平损害制度在整个股东保护体系中的地位。如同上文所论述，不公平损害制度适用非常广泛，只要股东利益受到不公平损害，就可向法院提起诉求。而法院在认定事实时，可颁发任何其认为适当的法令，这意味着不公平损害救济措施的多样性。鉴于此，不公平损害备受股东青睐，也处于英国少数股东权益保护体系的龙头地位，具有极其重要的作用。

在中国，虽然股东备受压迫的现象层出不穷，但在法律规制层面上，保护少数股东的法律措施多种多样，各种规范也紧密相扣，很少有某一种具体措施具有龙头地位和作用。如引进不公平损害制度，不但会破坏原有法律规范的结构，也会在理论上和实践上产生诸多问题：如何处理不公平损害救济措施与其他少数股东保护措施的关系？因为不公平损害的诸多救济措施与我国其他少数股东保护措施具有重叠之处，该制度的引进势必影响其他制度的修整，如此一来，我国公司法原有保护股东权益的规范结构也必将进行大幅度的调整。在公司法修改生效不到 6 年的情况下，对之进行大幅度的修改和重整无疑不利于法律的稳定。

（二）不公平损害救济措施与我国诸多制度有所重合

不公平损害最为常用的救济措施是要求公司或被告人收购异议股东股份，使之退出公司，以解决双方矛盾。这种救济措施与中国相对应的制度是异议股东股份回购请求权，即《公司法》第 74 条的规定，如公司连续五年不向股东分配利润，而公司该五年连续盈利，且符合本法规定的分配利润条件的，对股东会该项决议投反对票的股东可请求公司按照合理的价格收购其股权；如在股东会决议通过之日起 60 日内股东与公司不能达成股权收购协议，股东可以在股东会决议通过之日起 90 日内起诉。除此之外，不公平损害的其他救济措施也能在中国公司法中找到相应制度，如强制解散对应《公司法》第 182 条关于司法解散公司的规定，要求被诉求人赔偿诉求股东的救济可对应《公司法》第 21 条关于股东有损害赔偿权的规定。可见，中国公司法并不缺少股东权益保护机制，不公平损害制度的引进在很大程度上仅仅是对原有制度的重复。

当然，也有人认为，不公平损害的救济措施优于国内本身具有的保护机制，比如在股份回购救济措施方面，股东提起的不公平损害之诉一旦获得法院支持，则可马上就股份的回购与公司进行磋商协调。而国内异议股东的股份回购请求权则须等上漫长的五年，望眼欲穿也可能一无所获。然而，这种优劣仅仅是具体立法技术的差异，并不能因此而否定整个制度方向。另外，也正是因为某些制度存在技术性缺陷，所以才有必要对之进行改进和完善，并增强其在实践中的应用。假如因某个制度的细枝末节出现缺陷，而生搬硬造与之具有同等效能的制度，则是典型的因小失大，也是浪费立法资源的典型表现。

（三） 不公平损害制度本身也有缺陷

不公平损害虽广受英国股东欢迎，但其本身并非完美。最令人诟病的是该诉讼程序耗时长，花费大。因为法院不仅需要对被诉行为是否具有"不公平性"进行确定，在颁发具体救济令时，也须综合考虑双方当事人的具体情况和需求。这一缺陷不仅不利于原告股东，使之在决定是否提起诉求前思虑再三，也会影响被告和公司。长时间的诉讼不仅会分散被告的精力，也会影响公司的正常运营，从而间接导致其他股东可能利益的受损。

此外，不公平损害本身与派生诉讼也有重叠之处，派生诉讼的前提是公司利益受损，而不公平损害救济的前提是股东利益而非股东权利受损。因此，在公司利益受损的情况下，股东利益也可能因此而遭受损失。此时，符合派生诉讼条件的行为也同样符合不公平损害救济。在已实施派生诉讼的今天，如引进不公平损害制度，如何区分和融合二者，是学界和司法界不可避免的难题。

（四） 改进与增强现有股东保护措施才是当务之急

我国现有的少数股东保护措施并不少，与其盲目地引进或移植其他制度，不如改进和增强现有的措施。事实上，在公司法基本方向和主要制度已经确定的今天，学界和司法界的首要任务是通过释法完善制度，通过执法实施制度。我国少数股东利益之所以备受剥削，公司利益任由控制股东操纵，股东随时可能遭受由股东或董事所做出的不正当决策的侵害，很大程度上并非因为制度缺位，而是制度规范得不完备。比如借鉴于美国的股东派生诉讼，于2005年修改的公司法中首次被采纳。该诉讼权利旨在保护少数股东和公司的利益不受控制股东和董事的侵犯，然而在实践中，该权利的行使却少之又少，在2006年生效后至2012年8月底，仅有103例派生诉讼案件①，这明显与立法初衷不相称。此时学界需要考虑的并非引进其他具有同样功效的制度，而是改进和完善现有的派生诉讼制度，比如降低起诉门槛，完善股东向董事会或监事会请求起诉的程序，完备关于双方和解和司法审查的制度等，使之具有更强的可适用性和灵活性。因为即使引进其他制度，也可能因水土不服而具有反作用。鉴于此，与其无休止地生搬硬套外来之物，不如改进与增强现有的股东保护措施。

五　结语

中国传统法律文化缺少现代化成分，具有强烈的公法色彩，而甚少有私法文化的痕迹。此时，移植外国先进制度，便成为构建中国现代法律体系不可或缺的一部分。然而，法律的移植并非绝对、一概地接受，而须考虑该制度所对应的配套元素是否能够本土化，否则再先进和现代的制度，也可能沦落为"花瓶"，成为法律文本的点缀。不公平损害制度即是如此，其在英国备受股东欢迎，也是保护少数股东权益极为重要的法律机制，然而因两国法律环境和规范结构等各种因素的差异，我国并不适宜引进该制度。相反，学界应将主要的精力用于改善和增强现有的保护机制，在规范的既有架构内实现对预定价值的回归。

（作者简介：林少伟，西南政法大学民商法学院副教授、特华博士后科研工作站博士后）

---

① Shaowei Lin, "Derivative Actions in China: Cases Analysis", (2014) 44 *Hong Kong Law Journal*, p. 621.

论俄罗斯著作权制度的产生[*]

姜海洋

目 次

"著作权从一开始就是技术之子。"① 成本分析是很好的论证角度，在机器印刷出现之前，作品的传播主要依靠手抄，但手抄传播所付出的体力劳动与创作者基本相同，盗版者的成本优势几乎不存在。印刷术的出现大大降低了作品复制的成本，复制与传播作品变得有利可图。然而，印刷术只是为著作权制度的产生提供了一种可能性，而非唯一原因，政治、经济以及文化等因素在著作权制度的形成中同样起到了非常重要的作用。这其中，文化因素可谓著作权制度产生与发展的土壤，政治与经济等社会因素形成了著作权制度产生与发展的外部环境，而技术因素则播下了著作权制度的种子。俄罗斯印刷业的发展历程，可分为四个阶段：起步阶段、初步发展阶段、稳步发展阶段以及繁荣阶段。与之相应，俄罗斯著作权制度也

---

* 本文系教育部人文社会科学研究青年基金项目"俄罗斯著作权制度流变考"（编号：15 YJC820021）的阶段性成果。

① 〔美〕保罗·戈斯汀：《著作权之道——从谷登堡到数字点播机》，金海军译，北京大学出版社，2008，第22页。

经历了从无到有的形成过程。

一　起步阶段

起步阶段始于 16 世纪中期，持续至 17 世纪末。印刷业在该阶段经历了举步维艰的发展，印刷企业的数量与印刷的图书种类都非常少，印刷业在社会中的地位并不突出，对社会的影响不大，未能促成现代著作权制度因子的产生。

（一）起步阶段的动力

机器印刷的出现与领土扩张相关。1450 年时，莫斯科公国统治的领土面积不过 43 万平方公里，而至 1533 年伊凡四世继位前，疆域已达 280 万平方公里。伊凡四世在位期间，莫斯科公国对外进行了一系列扩张战争，领土面积迅速增加，至 1689 年时，莫斯科公国的领土面积已经超过了 1000 万平方公里。领土的不断扩张为统治者带来了幸福的烦恼，地广人稀使得仅凭武力统治难以为继。因而除武力外，还应采用柔性的统治方法，即进行思想上的教化，使新占领地区的民众自觉接受武力征服者的统治。是以有必要将莫斯科公国的思想与文化传输至新占领地区，即将东正教灌输至这些地区，对这些地区的居民进行教化。16 世纪中期前，东正教的推广与传播主要依靠口传与手抄，但这些方式不仅效率低下而且错误频出。为此，沙皇伊凡四世于 1553 年命令伊万·费奥多罗夫与彼得·姆斯季斯拉韦茨设立印刷厂，使用机器印刷东正教教义，自此，俄罗斯印刷业开始了步履蹒跚的发展。

与西欧印刷业早期阶段的发展动力相似，俄罗斯印刷业发展的原始动力也是为了推广宗教，但西欧教会与俄罗斯教会对印刷业的态度并不相同，相比较而言，西欧教会对印刷业的态度较为开明。15 世纪末时①，西

---

① 1455 年德国人古登堡第一次采用活字印刷术印制《圣经》，这被视为欧洲印刷业的开端。相比较而言，俄罗斯机器印刷比西欧晚了近百年的时间。因而，本文所比较的是两者印刷业发展的同期阶段，而非同一时间。

欧教会认为印刷业可以更好地宣传天主教，加大对民众的思想控制力度，因而虽然存在严格的书刊检查制度，但教会在严加监管的同时又支持印刷业的发展。"罗马教廷还宣称，印刷术的发展显示出基督教文明的优越性。"① 但是，同阶段的东正教却扮演了纯粹的阻碍者角色。教会不仅对图书的内容进行严格审查，对印刷技术本身亦持排斥态度，机器印刷常被污蔑为异端与妖术。伊万·费奥多罗夫与彼得·姆斯季斯拉韦茨二人创建的印刷厂便在东正教牧首的指使下被民众纵火烧毁。俄罗斯学者曾形象地指出东正教对印刷业的阻碍作用："发生在莫斯科罗斯的这一现象具有独特的情形：虽然印刷业不为官方所禁止，但却是在势均力敌的禁止下建立起来的。"②

　　文化是著作权制度产生的土壤，也是印刷业发展的基础。但该时期俄罗斯的民族文化对印刷业发展的作用甚微，因为"与当时西方的丰富相比，甚至是与莫斯科的建筑和其他艺术相比，莫斯科公国的文化生活相当贫乏，尽管与西方进行比较不应该是解说俄罗斯文化的唯一方式"③。文化贫乏的原因主要有两个。一是宗教对文化的锢钥。宗教内容成为该时期所印刷图书的主题，非宗教图书的发行受到严格限制，阻碍了民族文化的发展，并成为 16 世纪俄罗斯文化落后的主要原因。二是文化的功能单一。16 世纪中期前，俄罗斯文学的主要功能在于建立与维护中央集权，文学的发展也以国家利益为前提，文学的格调与体裁较为单一，以宫廷适用的华丽与庄重格调为主，其他类型的格调则因不合时宜而被取缔。但文化单调的状况在 16 世纪中期得到了改善，一些新的格调与体裁开始出现，如讽刺性的模拟作品、政论性作品、描写风俗人情的小说、民族性的诗歌等。这些新格调文学以世俗内容为主题，作者的个性得到一定程度的体现与释放，作品的内容与形式开始丰富起来。虽然这些新出现的文化格调并

---

① 〔荷〕彼得·李伯庚：《欧洲文化史》（上），赵复三译，上海社会科学院出版社，2004，第 280 页。

② Киселев Н. П. О Московском книгопечатании XVII в. KH: Исслед. И материалы. 1960. C6. 2. – С. 123.

③ 〔美〕尼古拉·梁赞诺夫斯基、马克·斯坦伯格：《俄罗斯史》（第 8 版），杨烨等译，上海人民出版社，2013，第 198 页。

未成为主流，却为后来的文化发展开启了良好的开端。

（二）起步阶段的特征

1. 国家对印刷业实施垄断经营

印刷业在起步阶段几乎完全被国家垄断专营，造成这一现象的主要原因在于印刷业乃是为了满足专制统治而非民众需求。国家对图书的发行实行双重控制：图书的内容由东正教主教审查，能否印刷发行则需取得沙皇同意。因而，该时期印刷业发展缓慢，印刷机构的数量很少。17世纪中期之前，皇家印书馆（Печатный Двор）是俄罗斯唯一的印刷机构，也是全国宗教图书的主要提供者。1654年乌克兰加入俄国后，才出现了第二家印刷机构——隶属于基辅山洞修道院（Киево-Печерская лавра）的印刷厂。该时期几乎所有的印刷企业均是由国家创建的，国家对印刷业实施垄断专营，私人印刷得不到官方许可，只能秘密进行。[①] 17世纪中后期曾出现过官方许可的私人印刷，1679年，经沙皇费奥多尔三世的许可，著名诗人西梅翁·波洛茨基在克里姆林地区设立了私人印刷厂，其得到许可的主要原因在于设立印刷厂是用来印刷诗人自己的作品。但西梅翁·波洛茨基的个人印刷厂乃属例外，且生存环境极为恶劣，仅存续了四年。

2. 印刷的图书以宗教为主要内容

该阶段所印刷的图书以宗教内容为主，伊凡四世建立的国立印刷厂所印刷的头两本图书——《使徒福音》与《日课经》便是宗教方面的。而纵观整个17世纪，莫斯科罗斯共印刷了483种图书，其中，只有7种是非宗教内容的。[②] 图书内容的单调对印刷业的发展具有消极影响，印刷的图书因其内容单调并不受民众欢迎，而内容丰富多样的手抄本却大有市场。

---

① 1553年前，莫斯科有过几家规模不大的私人印刷厂，但均处于地下状态，只能秘密营业。可参见〔俄〕Т. С. 格奥尔吉耶娃《俄罗斯文化史——历史与现代》，焦东建、董茉莉译，商务印书馆，2006，第102页、第117页注释6。

② Кудрявцев С. А. Русские гравированные книги XVII-XVIII вв. //КН：Исслед. и материалы. 1960. Сб. 2. – С. 141 – 177.

3. 印刷业发展缺乏市场基础

印刷业与民众文化水平之间呈良性互动关系，一方面印刷业有助于提高民众的文化水平；另一方面民众文化水平的提升会增加图书的需求量，并进而推动印刷业的发展。但这一良性的互动关系在该阶段并没有出现，民众对图书的需求很低，未能为印刷业的发展提供市场支持。造成这一现象的主要原因在于民众文化水平低下，"直到 17 世纪，私塾仍是识字教育的基础，识字者凤毛麟角，封疆大吏目不识丁者并不鲜见"[1]，图书对大部分人而言是无用的奢侈品；另一个原因便是宗教对文化的严格控制，使得图书的内容单一，不能满足社会民众的多层次需求，难以激发他们的购买欲望。

4. 尚未产生现代著作权制度的因子

在现代著作权制度的形成过程中，出版商起到了至关重要的作用，他们将积累的资本用在印刷术上，并形成了一个新的经济部门——印刷业。因而，有学者认为，"从历史角度看，著作权是一种财产更多地归因于出版者，而非其他人"[2]。西欧印刷业发展初期，私人投入有力地推动了印刷业的发展，形成了图书交易市场，并产生了现代著作权制度。而俄罗斯印刷业在起步阶段的主要动力是政治因素，而非经济因素。印刷业的建立与发展完全是在政府与教会的控制下进行的，私人印刷几乎不存在，也未形成独立的出版商利益集团。因而，在印刷业出现后的一百多年里，在俄罗斯并没有形成图书流通市场，印刷业中存在的仅是国家利益，而无任何私人利益的存在。在这种情形下，现代著作权制度无从产生。但不可否认的是，印刷业一经形成，便注定会对俄罗斯社会经济产生深刻的影响，适宜著作权制度产生与发展的环境也将逐步培育而成。

二 初步发展阶段

彼得一世在位期间（1682 ~ 1725 年），俄罗斯印刷业进入了初步发展

---

[1] 赵士国：《历史的选择与选择的历史——近代晚期俄国革命与改革研究》，人民出版社，2006，第 13 页。

[2] John Feather, *Publishing, Piracy and Politics: An Historical Study of Copyright in Britain*, London: Mansell, 1994, p. 3.

阶段。在这一阶段，印刷业有了一定程度的发展，以莫斯科的印刷企业数量为例，17 世纪初时莫斯科只有一家印刷厂，而至彼得一世后期时，已达数十家之多。印刷业在社会经济中扮演的角色开始重要起来，对其他领域的影响开始显现。

（一）初步发展阶段的动力

印刷业的发展动力主要来自内外两个方面：外来动力指的是彼得一世主导的对外交流，内部动力指的是文化的世俗化。

1. 外来动力——对外交流

俄罗斯的对外交流可溯及久远，辽阔的大平原为对外交流提供了极佳的地理环境。但在彼得一世改革前，俄罗斯的对外交流具有程度不深以及取向单一的特点。程度不深指的是对外交流仅是"交往而非影响"[①]，在对外交流中俄罗斯持保守排外的立场，有意识地抵制来自国外的影响。取向单一体现在交流对象的单一，对外交流的内容以宗教为主，文化仅是可有可无的点缀。但这种单向的交流方式难以持久，俄罗斯的统治者发现仅凭自有文化越来越难应付来自国内外的挑战。因而，统治者的观念逐渐发生变化，在对外交流中，不仅"交往"，而且也开始主动接受外国的"影响"。既然态度发生了转变，而且向西方学习的大门早已经打开，西方文明的进入就不可阻挡，更何况西方文明对当时俄罗斯具有巨大的吸引力。但西方发达技术与先进理念的引入不能仅靠购买机器与聘请外国人进行，引进国外先进文化并培养自己的人才才是长久之计。因而，图书这一传播文明最重要载体的需求持续增加，并有力地推动了俄罗斯印刷业的发展。

2. 内部动力——文化的世俗化

文化的世俗化，也即文化的去宗教化，是近代欧洲发展过程中的一个重要事件。相比较而言，西欧大部分国家在文艺复兴时便已经完成了文化

---

① 〔俄〕瓦·奥·克柳切夫斯基：《俄国史教程》（第 3 卷），刘祖熙等译，商务印书馆，2009，第 285 页。

世俗化，而俄罗斯的文化世俗化却起步较晚。虽然俄罗斯的文化世俗化可追溯至 15 世纪末①，但其进程较为缓慢。17 世纪前，俄罗斯的世俗文学低微，文化记录多为宗教的，写作语言和字母仅仅及于这个领域之内的几百个人。② 彼得一世在位期间，推行了一系列文化教育改革，奠定了世俗教育的基础，扩大了受教育阶层和知识界的范围并增加了数量。③ 进入 18 世纪后，俄罗斯文化开始加快了摆脱宗教束缚的进程，世俗化的特征日益显现。18 世纪可以说是俄罗斯历史发展中的一个独特时期，忽然之间，俄罗斯跨越了经院主义、文艺复兴和宗教改革的阶段，从狭隘的、神权的和半中世纪的文明走向理性时代。④ 彼得一世是文化世俗化进程加快的主要推动者，彼得一世支持文化世俗化的一个重要原因在于当时东正教在俄罗斯的地位过高，甚至干预了沙皇的工作。卡普捷列夫曾指出，当时"俄国的精神统治者，在许多方面都比相互分裂和仇视的世俗统治者更为强大、更有权势"⑤。因而彼得一世改革顺利进行的一个前提就是削弱东正教在社会中的影响，限制教会之前享有的广泛权力，把原来居于民族意识领头人地位的东正教转变为沙皇的辅助机构。正如伏尔泰指出的那样："他（指彼得一世）希望帝国管理部门权力无限，希望教会行政管理部门受人尊重、服从命令、奉公守法。"⑥ 除专门针对教会的政治与经济措施外，彼得一世还采取了一系列文化举措。彼得一世对文字进行了改革，将之前东正教所惯用的、烦琐的斯拉夫文字简化，并命令以后印刷的图书必须使用新文字，旧文字只能在印刷宗教类图书时才可以使用。文字改革的意义十分深远：文字改革前，文化主要由教会掌控，图书主要由修士编

---

① 〔俄〕瓦·瓦·津科夫斯基：《俄国哲学史》（上册），张冰译，人民出版社，2013，第 62 页。

② 〔美〕埃娃·汤普逊：《帝国意识：俄国文学与殖民主义》，杨德文译，北京大学出版社，2009，第 62 页。

③ 张建华：《俄国知识分子思想史导论》，商务印书馆，2008，第 36 页。

④ 〔美〕尼古拉·梁赞诺夫斯基等：《俄罗斯史》（第 8 版），杨烨等译，上海人民出版社，2013，第 265 页。

⑤ 转引自〔俄〕戈·瓦·普列汉诺夫《俄国社会思想史》（第 1 卷），孙静工译，商务印书馆，1999，第 136 页。

⑥ 〔法〕伏尔泰：《彼得大帝在位时期的俄罗斯帝国史》，吴模信译，商务印书馆，2016，第 294 页。

写，内容也以东正教的教义为主；文字改革后，非宗教人士成为主要的图书编写者，图书的内容也一改之前以宗教内容为主的局面，世俗内容所占的比重越来越大。世俗内容的图书具有更强的实用性，民众对图书的需求量有了明显提高，有力地促进了印刷业的发展。此外，以世俗化为特征的新文化具有开放性的特征，有利于俄罗斯文化与其他民族文化的交流与融合，使得当时西欧的先进理念与作品，如托马斯·霍布斯与胡果·格劳秀斯等哲学家的作品及思想得以源源不断输入俄罗斯。

（二）初步发展阶段的特征

1. 建立了中央集权型的图书出版系统

初步发展阶段的印刷业仍然是国家垄断专营，只不过教会被排除在外，政府成为印刷业的唯一控制者。因而，该时期印刷业虽有一定程度的发展，却完全是在中央政府的主导与推动下进行的，印刷业仍具有绝对的国家垄断性质，图书交易完全依赖于中央集权型的发行系统，私人投资印刷业的动力缺失且不为官方欢迎。

2. 作品的载体与类型开始多样化

随着文化世俗化的发展，作品载体与体裁也越来越丰富，报纸成为另外一种传播作品的重要载体。机器印刷之前，俄罗斯便已有了一份依靠手抄发行的报纸——《自鸣钟报》，彼得一世将其变为第一份正式印刷发行的官方报纸。报纸的内容以世俗内容为主，例如，第一期印刷版《自鸣钟报》的主要内容是莫斯科兴办学校的消息、首都新生婴儿男女比例的问题以及来自全国各地的报道等。以世俗内容为主的印刷品极受欢迎，《自鸣钟报》每期的印刷量都在 100~2500 份。

新的作品类型不断涌现，作品类型不断丰富。该阶段最突出的是绘画艺术的发展，17 世纪之前，俄罗斯的绘画艺术以圣像绘画为主，但"17世纪后期，俄国传统圣像致力于的形式与风格已不能适应上层社会的审美需求了，西欧的绘画艺术及其更为现实主义的审美原则受到推崇"[1]。新

---

① 姚海：《俄罗斯文化》，上海社会科学院出版社，2013，第 131 页。

类型的绘画作品，如人物肖像画与版画开始出现并广受欢迎，并产生了一
批优秀的画家，推动了绘画业的发展。其次是园林建筑作品的发展。17 世
纪后半期，俄罗斯的建筑艺术受西欧的影响越来越大，巴洛克风格成为这一
时期的主流风格，并建造了大量优秀的建筑作品。最后是艺术类作品的新发
展。17 世纪下半期戏剧开始在俄罗斯出现，1702 年第一座剧院——国家剧
院在莫斯科建立，社会对戏剧的兴趣不断提高，并催生了大量戏剧作品。
与此同时，世俗音乐也开始流行起来，出现了许多源自民间文学的音乐作
品，音乐领域创作开始活跃起来。

3. 支撑印刷业发展的市场基础仍未形成

该阶段印刷业仍然缺乏必要的市场基础，受识字率低下的影响，民众
对图书的需求仍处在一个较低的水平。此外，在中央集权型的出版体系
下，图书的发行主要是为了满足统治与管理，而非民众的需求。加之国家
的垄断专营使得图书价格制定与市场相脱节，因而该时期图书的价格过
高，仅贵族能够支付得起，社会民众普遍缺乏支付能力。因而，印刷业基
本上处于亏损状态，依靠国家财政支持才能存续。例如，彼得堡于 1714
年 1 月建立了第一个国营书铺，但 1714 年全年共计卖了 192 卢布 58 戈比。
彼得堡书铺的交易额之后有了一定的增长，但增长的原因并非来自市场，
而是因为书铺得以同时向莫斯科与基辅提供图书，来自市场的需求依然很
低。根据 1722 年的统计，在 1714 年至 1721 年 8 年的时间内，彼得堡书铺
的交易额总计 30122 卢布，但销售额仅为 12495 卢布。[①]

4. 该时期已经出现了一些现代著作权制度的因子

18 世纪初，一些翻译人员提出要求，希望能够完整地翻译外国作品，
无须因考虑正确的风格而做出删节，这一主张得到了彼得一世的支持。
1724 年，为翻译德国农业方面的作品，彼得一世专门发布了《经济图书
翻译人员指令》（Указ труждающимся в переводе экономических книг），
要求在翻译外国作品时不应掺杂个人的叙述，因为这完全是在浪费读者的

[①]　М. С. Андрейкина, У. истоков российского авторского права, из журнала «Обсерватория
культуры»/НИЦ Информкультура РГБ. – № 2/2005. – С. 105 – 111.

时间并使其失去阅读的兴趣。① 虽然该指令的目的是如实客观地引入国外先进文化，但同样也体现了对作品完整性的尊重，与现代著作权制度中的保护作品完整权的趣旨相一致。

虽然印刷业在彼得一世期间得到了一定程度的发展，甚至出现了一些与著作权相关的规定，但很难将现代著作权制度的产生归功于这位伟大的开拓者。彼得一世改革具有明显的军事与财政特征，印刷业在彼得一世改革中只是一个辅助手段而已。该时期的印刷业，国家利益依然是主导，私人利益仍然缺失。文化世俗化虽然使得作品创作有所增加，但因严格的书刊检查制度，大多数作品只能通过匿名方式发表，创作者的社会地位尚未得到承认，专业化的创作方式仍未形成。因而，就著作权制度的产生而言，彼得一世改革充其量只能说是从欧洲带来了适宜制度生长的湿润之风而已。但亦不能因此而忽视彼得一世改革对著作权制度发展的间接意义，彼得一世改革的一个重要后果便是俄罗斯人民开始积极参与到欧洲的共同生活之中，西欧先进的制度与理论得以进入俄罗斯，滋润了这片法治理念贫乏的土壤。

三　快速发展阶段

彼得一世去世后至叶卡捷琳娜二世执政期间（1762～1796 年），俄罗斯印刷业进入了快速发展阶段，印刷企业的数量与图书种类有了显著增加。1726 年（即彼得一世去世后的第一年），全国印刷图书仅有 7 种，至 18 世纪 50 年代末时，平均每年印刷 23 种，至 60 年代时，更是高达每年 105 种。图书出版业保持了较快的发展速度，1725～1775 年共印刷了 2000 种图书，而 1775～1800 年就印刷了高达 7500 种图书。② 18 世纪末时，印刷业已经成为一个繁荣的经济领域。

---

① Адарюков В. Я. Книга гражданской печати в XVIII веке. //Книга в России. Ч. Ⅰ. М.，1924. C. 148.

② 〔美〕尼古拉·梁赞诺夫斯基等：《俄罗斯史》（第 8 版），杨烨等译，上海人民出版社，2013，第 277 页。

（一）快速发展阶段的动力

1. 开明专制为印刷业发展创造了良好环境

俄罗斯开明专制的开始时间颇有争议，有观点认为，彼得一世时便已经开始了开明专制①，但亦有学者认为，彼得一世只是完成了从等级君主制向绝对专制君主制的历史过渡，并没有打开俄国官方自由主义的大门。②问题的焦点在于如何判断"开明专制"，而关键点则在于是否"开明"。有观点认为，判断"开明"与否的根本点在于统治者的气质和观念，也即启蒙运动的新理念是否渗入统治者的思想意识中。③该分析将专制与当时社会的先进思想之间的关联作为判断"开明专制"的关键所在，可资借鉴。以此为标准，可以发现，彼得一世的改革乃是"用野蛮征服了野蛮"④，启蒙运动至少不是他所关注的，因而，俄罗斯开明专制时期应在彼得一世之后。通常认为，伊丽莎白女皇在位期间（1741～1761 年）开始实行开明专制，至叶卡捷琳娜二世期间，开明专制达到了新的高度。开明专制期间，自由主义思想在俄罗斯开始成为一种思想流派与社会运动，为印刷业的发展提供了新的契机。国家对图书流通的控制方式发生变化，从最初直接控制图书印刷转变为通过授予特权与发布官方文件等方式来间接监管图书流通。这种转变为印刷业发展创造了一个相对宽松的环境，印刷业有了更大的发展空间。此外，开明专制还有利于欧洲启蒙思想与自由主义理念传入俄罗斯，来自国外的新文化与新思想广受欢迎，也间接地促进了印刷业的发展。

2. 文化世俗化的新进展

开明专制期间，自由主义思想在俄罗斯开始成为一种思想流派与社会运动，个人自由得到了极大解放，创作者的个性得到了释放，作者的个性得以在作品中体现。文化世俗化也进入了一个新的阶段，其推动力量由政

---

① 〔俄〕戈·瓦·普列汉诺夫：《俄国社会思想史》（第 2 卷），孙静工译，商务印书馆，1999，第 30 页。

② 张建华：《帝国风暴：大变革前夜的俄罗斯》，北京大学出版社，2016，第 89 页。

③ 计秋枫：《"开明专制"辨析》，《世界历史》1999 年第 3 期，第 23 页。

④ 《马克思恩格斯选集》（第 2 卷），人民教育出版社，1995，第 620 页。

府转为学者。文化世俗化的发展与古典主义学者的努力密不可分，并涌现了一大批杰出人物，如 A. Д. 康捷米尔、B. K. 特列季亚科夫斯基、M. B. 莱蒙诺索夫、A. П. 苏马罗科夫等。这些杰出的古典主义学者不仅确定了新的文学创作方向，同时还解决了一系列复杂的具体问题，如俄罗斯语言的改革、新的文学体裁以及创作职业化等问题，为民族文学的发展打下了坚实基础。这些开创性古典主义学者在文学上的改革与创新有力地促进了世俗文化的兴盛，俄罗斯文学的质量与数量均有明显提升，文学的社会功能开始受到重视，更多世俗内容的作品被创作出来，满足了民众的需要，并推动了印刷业的发展。

3. 社会公众对图书的需求不断增长

18 世纪后期，图书的购买者已由之前的贵族扩散至普通市民，手工艺者、商人以及小官员已逐渐成为图书的主要购买者。图书需求增长的一个主要原因是市民队伍不断壮大，随着工业与手工业的发展，越来越多的农民从农业领域中脱离出来，这一进程有力地推动了市民对教育的渴望。H. M. 卡拉姆津描述的场景表明了民众对知识与教育的渴望：五位烤饼师傅聚在一起，其中四个是文盲，但一人阅读，其余四人围听。[①] 图书需求增长的另一个主要原因是民众识字率的提高。彼得一世之后，教育慢慢地普及至平民。例如，俄罗斯第一所大学莫斯科国立大学创建于 1755 年，同时附设两所中学，一所专为贵族子弟，另一所则为平民子弟所开。叶卡捷琳娜二世非常重视基础教育，并于 1782 年建立了"国民学校委员会"，专门负责全国基础教育工作。1786 年颁布的《国民学校教育章程》确定了教育体系的基本任务，指出"消除几个世纪以来的迷信，使国民受到新时代的教育，这是一种需要付出极大努力的事业，是对子孙后代十分有益的事业"[②]。这些举措有力地推动了国民教育的发展。18 世纪 80 年代，全国范围内开始设立国立中小学，这使得民众的文化水平有了显著提升，提高了民众对图书的需求，并推动了

---

① H. M. Карамзин，О книжной торговле и любви ко чтению в России，http://dugward. ru/library/karamzin/karamzin_o_knijnoy_torg. html，2017 年 11 月 20 日访问。

② 〔俄〕T. C. 格奥尔吉耶娃：《俄罗斯文化史——历史与现代》，焦东建、董茉莉译，商务印书馆，2006，第 238 页。

印刷业的进一步发展。

（二）快速发展阶段的特征

1. 从事印刷业的主体开始多元化

这一时期，国家对印刷业的控制放宽，不同性质的主体开始参与到印刷业中，印刷业出现了主体多元化的特征。

（1）国家专营的局面被打破。该时期非中央控制的印刷企业开始出现，首先是一些科研机构获得了开设印刷企业的特权，如科学院于 1726 年、国民学校委员会与莫斯科大学于 1755 年获得印刷图书的特权。这些印刷企业的出现，不仅增加了印刷主体的数量，还丰富了图书的种类。隶属于科学院的印刷厂主要出版进步文章、教材以及自然科学图书，也发行一些娱乐与实用类图书，如日历与杂志等，因其内容丰富且贴近民众生活，取得了不错的经济效益。其次是地方政府获得开设印刷企业的权力。1773 年 1 月，中央政府颁布命令，规定省政府可以设立印刷企业。虽然这一命令在初期收效甚微，1784 年前并未出现由省政府设立的印刷企业，但至 18 世纪 80 年代末时，省办印刷企业的数量已十分可观。

非国家专营印刷企业的出现具有重要意义，有力地促进了图书交易市场的形成与发展。我们可对这一时期的图书交易情况进行分析，不同主体的经营状况大相径庭。国家经营的书店虽有财政支持，但其经营状况却令人沮丧。因为印刷图书种类单一，加之采用集中管理的经营模式，缺乏有效的价格与预算机制，因而不能及时应对市场的变化，图书积压较多。相比较而言，隶属于科学院与莫斯科大学的书店的经营状况明显要好，这不仅与其印刷图书的内容相关，也与这些书店采取的灵活经营措施密不可分。例如，科学院通过行政命令销售其印刷的图书，取得了不错的成绩。而莫斯科大学的做法更为灵活，将隶属于学校的书店承包出去，学校仅对图书种类与销售方法予以监督。M. B. 莱蒙诺索夫则更具市场头脑，1751 年，他通过分期付款协议向不富裕的购买者销售多卷本的昂贵图书。出于对私益带来效率的确信，他甚至建议以资本主义的方式来改革俄国的图书交易体系，但这一建议并未获得支持。

（2）私人印刷企业开始出现。1783 年 1 月 15 日是俄罗斯印刷史上的一个重要日期，私人印刷在法律上得到了认可。私人印刷业迅速发展起来，并出现了一些颇具规模的私人印刷企业，如 Н. И. 诺维科夫的印刷厂。Н. И. 诺维科夫开办印刷业的目的并不是个人盈利，而是传播启蒙思想，因而，其印刷的图书颇受欢迎。1775～1789 年，他的印刷厂所印刷的图书数量甚至超过了俄罗斯自使用机器印刷以来所印图书的总和。但是，"开明专制"依然是"专制"，"开明"只是一种手段，"专制"才是目的。① 私人印刷仍处于严厉的政府监管之下，图书出版需要经过苛刻的书刊检查，未经政府许可擅自印刷将被没收出版物，并将违法者送交法庭审判。因而私人印刷的风险很大，例如 А. Н. 拉季舍夫便因其作品《从彼得堡到莫斯科旅行记》② 而遭受了逮捕与流放。Н. И. 诺维科夫同样受到了行政迫害，1785 年叶卡捷琳娜二世命令大主教普拉东对其出版的图书进行审查，虽然审查中没有发现任何对国家信念有害的东西，但在叶卡捷琳娜二世的指示下，诺维科夫仍被认定为"国家罪犯"以及"欺骗公众情感的庸医"，并因此而被监禁 15 年之久。③

（3）外国人获得在俄罗斯从事印刷活动的特权。自彼得一世以来，外国人在俄罗斯享有较高的地位，彼得一世对外国人颇为青睐，外国人可以参与国家管理与统率俄国的军队，甚至可以享受一些超国民待遇。印刷业虽然对俄罗斯国民来说是一个雷区，但对外国人来说却非如此。早在 1698 年便出现了第一个授予外国人印刷作品的特权，彼得一世授予阿姆斯特丹印刷厂主杨·捷辛格特权，杨·捷辛格按彼得一世的要求在荷兰印刷关于历史、航海、天文、语言、文学等方面的图书，并将这些图书出口至俄罗斯。从该特许权的内容来看，仅是允许外国人将其在俄罗斯领土外印刷的

---

① 参见赵士国《历史的选择与选择的历史——近代晚期俄国革命与改革研究》，人民出版社，2006，第 11 页。

② 《从彼得堡到莫斯科旅行记》是一部旅行笔记，发表于 1790 年。作品描写了农奴们的贫困生活，认为沙皇专制制度是人民一切不幸的万恶之源。叶卡捷琳娜二世为此勃然大怒，将作者视为"比普加乔夫更坏的暴徒"。因而该书发表后不久，拉季舍夫便遭逮捕，并被判死刑，后改为流放西伯利亚 10 年。1801 年，拉季舍夫被彻底平反，但流放期间其精神受到极大刺激，于 1802 年自杀身亡。

③ Павленко Н. И. Екатерина Великая，Молодая гвардия. Москва，2003，С. 282 – 284.

图书出口至俄罗斯，而且图书的范围与内容受到严格的限制。因而，俄罗斯国内学者也认为，彼得一世授予杨·捷辛格的证书只不过是将在荷兰印刷好的图书出口至俄罗斯，与当时西欧诸国颁发的印刷作品的特权并不类似。① 第一个在俄罗斯国内获得印刷特权的外国人是荷兰人加尔东，依据该特权，加尔东可以在俄罗斯印刷发行外文图书，但不得出版俄文书籍与作品。1776 年，魏特布雷希特与什诺尔获得了印刷作品的特权，特权的内容有了较大扩充，不仅可以在俄罗斯印刷出版外文书籍，同样也可以出版俄文书籍，而且该特权还可以继承。

经营主体的多元化对著作权制度的产生具有积极的意义，因为垄断并不会产生竞争，作品传播过程中产生利益纠纷的可能性几乎没有，著作权制度的产生也无必要；而经营主体的多元化在印刷业中产生了竞争，作品传播过程中所产生的利益归属不再单一，图书交易中的利益纠纷必然存在，是以有必要以法律制度来予以规制。

2. 作家的社会地位开始得到承认

18 世纪中期之前，创作在俄罗斯并不被视为一种职业，因为创作并不能带来固定的收入。随着文化的发展，文学创作引起了广泛关注，一些优秀的文学创作者被招纳至宫廷成为御用文人，并获得了官职、名声与收入。社会公众也开始接受了这样的观点，即文学上的成就也可以成为社会声望的基础，并以此获得固定收入，创作的职业性逐渐得到了社会的认可。文学作品开始成为一种商品在经济领域流通，创作成果的商品性得到了社会承认，创作人与出版者之间产生了商品经济上的合作关系，对创作者权益的保护也逐渐受到重视，并在立法中得到体现。

3. 出现了对创作者权益保护的规定

1728 年 1 月 12 日，彼得堡科学院发布命令，规定优秀的翻译人员可以获得奖励，并不计入固定工资之中，这是俄罗斯历史上第一个对作者进行奖励的正式文件。1761 年，发生了第一例因作者利益受到侵犯而获得

---

① 　Гордон М. В. К истории возникновения авторского права в России//Ученые записки Харьковского Юридического Института. – Харьков：Изд-во Харьк. юрид. ин-та，1948，Вып. 3. – С. 173.

保护的案例。是年，科学院秘书 C. C. 瓦尔奇科夫将一些外文图书翻译成俄文，科学院另一名工作人员 T. T. 陶别尔特擅自将 C. C. 瓦尔奇科夫的译作印刷并出售，并导致了其物质上的损失。为此，C. C. 瓦尔奇科夫请求枢密院保护他对译作享有的权益。枢密院部分支持了他的请求，确认 C. C. 瓦尔奇科夫可以对其翻译的外文图书获得奖赏，除此之外，售书所获得的收入应收缴国库，但可以给予他收入的十二分之一。对创作者权益的保护是现代著作权制度产生的重要一步，因为现代著作权制度是以作者为核心构建起来的。据此，俄罗斯国内有学者认为，18 世纪中期时已经开始形成著作权的观念，因而，俄罗斯的著作权制度应追溯至 18 世纪中期，而不是 19 世纪中期。①

四　印刷业的繁荣阶段

18 世纪末时，俄罗斯印刷业进入了繁荣时期。该时期，印刷企业的数量不断增多、规模不断扩大，印刷图书的数量与质量均有显著增加和提高，社会民众对图书的需求日益增长，与印刷业形成良好互动，创作者在印刷业中的地位日益突出，并最终产生了俄罗斯第一部现代意义的著作权法。

（一）繁荣阶段的动力

1. 俄罗斯文学进入"黄金时代"

18 世纪末俄罗斯文学进入了繁荣时期——"黄金时代"，"黄金时代"群星璀璨，出现了大量优秀作品并深受民众喜爱。鲁迅曾在《摩罗诗力说》中指出："俄罗斯当十九世纪初叶，文事始新，渐乃独立，日益昭明，今则有齐驱先觉诸邦之概，令西欧人士，无不惊其美伟矣。"② 文学繁荣的首要因素在于文化世俗化的完成。18 世纪末时，俄罗斯文学已完全褪

---

① Чупова Мария Дмитриевна. История авторского права в России XIX века: диссертация... кандидата юридических наук: 12. 00. 01. – Москва, 2000. – 158 с.: ил. РГБ ОД, 61 00 – 12/521 – 3

② 《鲁迅全集》（第 1 卷），人民文学出版社，2005，第 89 页。

去了宗教痕迹而完成了世俗化过程。浪漫主义在世纪之交时出现并为公众接受，创作者的个人因素在作品中越来越多地得到体现，作品的体裁也由之前单调的歌功颂德的长诗、挽歌与叙事史诗而变得更为多样化。大量天才作家与优秀文学作品的出现使得图书的需求量不断增长，有力地推动了印刷业的发展。文学繁荣的另一原因在于政治上的开明，虽然自叶卡捷琳娜二世晚期俄罗斯的开明专制经历了起伏，但总体趋向仍然以开明为主要导向，特别是亚历山大一世在位期间（1801～1825 年），开明专制达到一个新的高度。亚历山大一世不仅恢复了允许私人从事印刷业命令的效力，还通过了新的以自由为特征的书刊检查指令，取缔了对文化与艺术的检查机制，创作者的创作空间更为宽广，自由度更大，印刷业与文学创作也迎来了前所未有的发展良机。

2. 图书的消费群体不断扩大

该时期，俄罗斯的教育事业有了新的发展，亚历山大一世在位期间，"对于全国教育亦锐意加以改革……故全国教育颇称发达，民智逐渐开通"①。这一时期俄罗斯民众受教育的机会更多，识字率也有了较大提升。随着国民教育水平的提高，图书的消费群体覆盖了所有社会阶层。"书店里人头攒动，购买者除贵族外，还有政府官员以及冒着严冬匆匆而来又匆匆而去的乡村地主。"② 民众对阅读表现出了极大的热情，"这一时期的读者并不仅仅是在阅读，而是因阅读而呼吸与生存"③。民众对图书的需求不断高涨，1816 年，Н. М. 卡拉姆津创作的《俄国历史》首次发行，共印制了 3000 册，一个月内即被抢售一空。

3. 图书交易市场已经成熟

19 世纪初，俄罗斯图书交易十分繁盛，其主要原因在于私人经营的书店已经开始成为图书交易的主体。19 世纪 30 年代，全国已有一百多家私营书店，许多之前隶属于科学院以及大学的书店也逐渐转为私人经营。

---

① 何汉文：《俄国史》，东方出版社，2013，第 165 页。

② М. С. Андрейкина, У истоков российского авторского права, из журнала«Обсерватория культуры»/НИЦ Информкультура РГБ. – № 2/2005. – С. 105 – 111.

③ Никуличев Ю. Век шествует путём своим железным//Вопросы литературы. – №2. – 2002.

私营书店的规模不断扩大，并取得不错的经济效益。格拉祖诺夫兄弟经营的书店便是典型的例子，格拉祖诺夫兄弟极具市场头脑，了解图书市场的需求，能够准确预测未来公众对图书的需求，并重视广告在图书销售中的重要作用，因而，其经营的书店规模越来越大，效益越来越好。1800～1849 年，格拉祖诺夫兄弟共发行了 289 种图书。1812 年他们在莫斯科一个城市的流动资本便达到 1.1 万卢布，而其财产（书店、仓库以及印刷厂）的价值超过 95000 卢布。除书店交易外，新的图书传播途径也不断出现，如 B. A. 普拉维利希科夫不仅开设了电影院，还建立了人人都可以支付得起的有偿图书馆，图书馆里有 7000 多册图书，有力地促进了图书的交易与传播。

（二） 繁荣阶段的特征

1. 印刷业已经成为一个重要的经济部门

19 世纪初俄罗斯已开始走上了资本主义发展道路，私营经济的活力得以解放，为社会经济的发展注入了新的活力，印刷业遇到了前所未有的发展良机。公办与私人印刷企业数量均有较大增长，1807 年中央政府命令所有省会城市开设公办的印刷企业，依据该命令，开设印刷企业成为省政府的任务，这一举措有力地推动了地方印刷企业的发展。1813 年，俄罗斯境内已有印刷企业 65 家，其中，彼得堡有 18 家印刷企业（其中 8 家私人企业），莫斯科 8 家，而省办的印刷企业数量则达到了 39 家。印刷业的繁盛使得其中涉及的各种利益快速膨胀起来，如何保护与协调这些利益成为当政者的一个迫切任务。

2. 创作者的独立地位正式形成

18 世纪时，作家虽然也可以有一定的收入，但由于他们"常常是要依靠他人资助维持生计"①，因而，此时作家的独立地位尚未形成。进入 19 世纪后，作家开始摆脱了依附他人的情形，而逐渐获得了独立地位。

---

① 〔英〕杰弗里·霍斯金：《俄罗斯史》（第 2 卷），李国庆等，南方日报出版社，2013，第 259 页。

文学上的繁荣使创作成为一种颇受青睐的职业，不仅如此，为创作过程中所付出的劳动支付报酬已成为社会共识，创作者获取报酬已逐渐正规化与标准化。虽然也存在一些因循传统而反对创作职业化的声音，例如，В. Г. 别林斯基便认为，天才不能因金钱而形成①，但类似观点并没有得到社会的支持。社会已经广泛接受了激励理论：奖励可以推动创作。一些出版商甚至悬赏创作，例如，彼得堡的出版商 А. Ф. 斯米尔金便为原创作品悬赏，价格为每印张 200 卢布，翻译的作品为每印张 75 卢布。1815 年，出版商 С. И. 谢利瓦夫斯基为 Н. М. 卡拉姆津的巨著——《俄国历史》支付了 6000 卢布的报酬，这笔报酬在当时相当于一个领地的价值。

3. 创作者权益的保护受到重视

18 世纪末时，创作已经成为一种正式的职业，创作者也由之前的宫廷御用文人转变为自由的文学生产者，实现了从"身份到契约"的转变，这一转变使得创作者权利意识开始高涨，并有力地推动了俄罗斯现代意义著作权制度的产生。1824 年，Е. И. 奥利季科普将伟大诗人 А. С. 普希金创作的长诗《高加索的俘虏》译成德文，但在出版时附加了诗歌的俄文原文，这影响了普希金重版该书时获得报酬的机会。为此普希金的父亲（因普希金当时正处于流放中）向书刊检查委员会提出申诉，虽然书刊检查委员会最终以当时法律未作规定为由而未支持其请求，却规定未来作品的出版应首先取得创作者的许可。这一事件有力地促进了俄罗斯著作权制度的发展，俄罗斯法学家 В. В. 巴热诺夫甚至认为，著作权领域研究的源头并非由大学里的学者开启，而是肇始于伟大诗人 А. С. 普希金。②

4. 保护创作者权益的法律开始出现

随着创作者在印刷业以及图书交易中地位的突出，对创作者权益的保护开始受重视起来，并陆续出台了一系列保护创作者权益的规定。19 世纪初，因出版商的欺诈行为致使公众对已出版图书的作者产生错误认识，

---

① M. C. Андрейкина，У истоков российского авторского права，из журнала《Обсерватория культуры》/НИЦ Информкультура РГБ. – № 2/2005. – С. 105 – 111.

② Баженов. В. В. У истоков авторского права в Россяя. Правовые идеи и государственные учреждения. Свердловск，1980. С. 149.

政府认为应采取相应措施制止此类欺诈的发生。① 1816 年，人民教育部发布命令，要求出版商在向书刊检查机关提交书稿时必须同时提交创作者的授权证明。虽然该命令的初衷并不在于保护创作者的权益，而是为了思想控制，但该命令第一次将出版商利益与创作者利益联系起来，国家已经开始承认创作者权益的存在。② 1827 年 12 月 13 日通过的《关于给予将在帝国剧院上演的剧本与歌剧之作家与翻译人奖励条例》（Положение о вознаграждении сочинителям и переводчикам драматических пьес и опер, когда они будут приняты для представления в Императорских театрах）被俄罗斯国内的一些学者视为俄罗斯著作权制度大厦建立的第一块砖石③，该条例虽然与现代著作权制度仍然有较大的差距，但已经突出了对创作者权益的保护，现代意义的著作权制度也就呼之欲出了。

1828 年 4 月 22 日，经沙皇尼古拉一世同意而颁布的《作家权利条例》（Положение о правах сочинителей）被认为是俄罗斯第一部具有现代意义的著作权法。该条例是《书刊检查指令》（Устав о цензуре）的附件之一，因而就其本质而言，《作家权利条例》是一部监管法令。但该条例以作家为专门的保护对象，并规定了许多现代著作权制度的内容，例如，首次规定了作家与翻译人可以享有专有权，明确规定了侵权行为与侵权责任、著作权的保护期限以及著作权限制制度等。因而，该条例在俄罗斯著作权制度发展中具有划时代意义，至此，俄罗斯著作权制度已正式建立起来了。

结　语

著作权制度的形成是多种因素共同作用的结果，从这一角度讲，著作

---

① Проблемы юридической науки в исследованиях докторантов, адъюнктов и соискателей. Сб. научных трудов: в 2 – Х т. – Вып. 7. – Т. 1. Н. Новгород, 2001. С. 127.

② Шевченко А. В. Институт ответственности за нарушение авторских прав в россии (исторический аспект). Социосфера, 2010. 2. С. 71.

③ А. В. Бакунцев, Авторское право на произведения литературы в Российской империи: Законы, постановления, международные договоры (1827 – 1917). Москва: Издательство ВК, 2006. С. 6.

权制度的发展史同时也是一部技术、经济与文化的发展史。印刷术是著作权制度产生的技术原因，印刷术的应用意味着新经济形态和生产关系的出现，并将对政治、经济以及文化等因素产生深刻影响，并成为著作权制度形成的直接原因。印刷业的发展与政治上的开明、商品经济的形成以及文化世俗化的完成等诸多因素相互作用，最终促成了现代著作权制度在俄罗斯的产生。

（作者简介：姜海洋，山东政法学院经济贸易法学院讲师）

英国法中的惩罚性违约金判断标准：
历史流变与启示

赵自轩

目　次

一　英国法中惩罚性违约金判断标准的初步形成

（一）英国法中的罚金规则

罚金规则（the penalty rule）是英美合同法中普遍存在的一项法律规则，其指的是，如果合同约定的违约赔偿金过分高于违约实际损失，则构成一方当事人对另一方当事人的惩罚，这严重违背了民事损害赔偿的基本价值取向和法律政策，因此应将该违约金认定为无效的惩罚性违约金，不能得到执行。[①] 罚金规则肇始于衡平法对合同当事人之间可废止保证（defeasible bond）的干涉，可废止保证设计的目的在于保障合同义务的履行，在合同主要义务未得到履行时，违约一方给予非违约方一笔金钱予以替代。[②] 16 世纪

[①]　See MIchael Furmston，"Recent Developments about Penalties"，*National Law School of India Review*，2016，p. 20.

[②]　See Carmine Conte，"The Penalty Rule Revisited"，*Law Quarterly Review*，2016，p. 382.

初，实践中逐渐发展为将可废止保证作为因合同违约导致的补偿责任的替代，这就使得可废止保证的权利人在合同违约引发债务的处理上享有更多的主动权和意志空间，即他不需要证明自己的损失，还可以在合同中约定大于违约实际损失的赔偿金额。普通法依照合同的字面约定一般允许对该保证予以执行，但衡平法则根据当事人的真实意图，认为该可废止保证的目的在于保障（security），一旦债务人支付了赔偿金、利息和其他费用，就应当限制普通法对可废止保证的执行。① 对罚金规则的经典表述反映在 Thurlow LC 法官 1787 年对 Sloman v. Walter 案（简称"Sloman 案"）作出的判决意见中——"惩罚性违约金（penalty）的目的仅在于保障权利人对担保对象享有，这一目的的达成是合同的主要目的，惩罚性违约金仅是附带的（accessional），只是为了确保对实际发生损害补偿的实现"②。因此，在衡平法中，可废止保证或惩罚性违约金仅是作为一种合同违约赔偿的程序性保障，一旦违约方支付了赔偿金，那么该保证就自动废止，不能在普通法上得到执行。

一般认为，该衡平法规则被普通法吸收的过程最远可以追溯到 1966 年 Simpon 教授发表的论文——"附条件废止的惩罚性保证"（The Penal Bond with Conditional Defeasance）③，并通过英国 1696 年和 1705 年的两个法规得以形成和发展。英国《1696 年司法管理法》第 8 条规定，"在合同中享有惩罚性保证的原告可以对被告的违约行为提起诉讼，并对其实际损失进行评估。法院对该保证的效力予以认可，但只能对评估损失范围内的赔偿予以执行"。④《1705 年司法管理法》第 4 条规定，"允许诉讼中负担有惩罚性保证的被告，通过向法院支付违约造成的实际损失赔偿金、利息和其他费用，以此作为对原告要求履行惩罚性保证的抗辩"。⑤ 但自 18 世纪以来，

① See Morgan Jonathan，"Penalty Clause Doctrine: Unlovable but Untouchable", *Cambridge Law Journal*, 2016, p. 11.
② See *Sloman* v. *Walter* ［1783］1 Bro CC 418.
③ See Simpson, "The Penal Bond with Conditional Defeasance", *Law Quarterly Review*, 1966, pp. 418 – 419.
④ See The Administration of Justice Act 1696, 8&9 Will 3 c 11.
⑤ See The Administration of Justice Act 1705, 4&5 Anne c 16.

普通法院开始实施以下法定强制程序——要求对违约损害进行陈述和证明，并对惩罚性保证进行进一步的司法审查。以上法案直接导致传统诉讼中衡平法院对惩罚性违约金条款予以废止，普通法院对违约实际损失予以救济的二元诉讼路径的式微与消亡，在之后的案件中，衡平法上的救济很少再被启动，罚金规则的未来发展主要是在普通法院的主导下完成的。[①] 伴随着惩罚性可废止保证（penal defeasible bond）在实践中使用的逐渐减少，普通法对罚金规则的发展几乎完全建立在合同"违约损害赔偿条款"的语境下（in the context of damages clause），即合同约定提供一笔特殊的金钱（a special sum）替代普通法上的损害赔偿。英国普通法将违约金区分为损害赔偿性质的违约金（liquidated damages clause）与惩罚性违约金（penalty clause）两种类型，只有前者是法官予以认可的类型，对于惩罚性违约金则判定无效，不予执行。[②]

因此可知，在英国法中违约金条款适用的基本前提就是区分违约实际损失预估性质的违约金与惩罚性违约金，英国法中违约金制度的时代更新也主要体现为对惩罚性违约金判断标准的确立与考量。随着实践和认识的加深，英国法官在罚金规则的发展过程中逐渐提出了两个问题，其对罚金规则的运用具有重要的影响。其一，该规则在什么环境中可以运用；其二，导致合同条款构成惩罚性违约金的成因是什么。在具体案件中，法院对罚金规则的运用莫不以以上两个问题作为其认识的基点与结果证成的主要依据，并在漫长的司法实践中逐渐建立起了一套甄别惩罚性违约金的检测标准。

（二）惩罚性违约金判断标准的初步形成

1. 构成惩罚性违约金的首要前提

对于该问题，1983 年 *Export Credits Guarantee Department* v. *Universal Oil*

---

① See Lindsay Bobby, "Penalty Clauses in the Supreme Court: A Legitimately Interesting Decision", *Edinburgh Law Review*, 2016, p. 209.

② See Jessica Palmer, "Implications of the New Rule Against Penalties", *Victoria University of Wellington Law Review*, 2016, p. 306.

Products Co 案中，英国上议院法官 Roskill 作出的评述被广为引用，"或许法律规定惩罚性违约金规则的目的在于防止原告从被告的违约中得到与违约导致的实际损失无关或有很少关联的金钱给付，但绝不意味着法院有义务将一方当事人从繁重的或无远见的商业交易结果中解放出来"。① 罚金规则仅对违反合同主义务的救济条款进行规制，而不干涉合同主义务条款的内容。其实，这也是衡平法上对可废止保证予以干预的原因所在——将惩罚性可废止保证视为因合同违约引发的次要义务（secondary obligation）。正如 Thurlow LC 法官在 Sloman 案中所说的，该条款附属于合同主要义务（"collateral" or "accessional" to the primary obligation）。② 这意味着，在英国法中罚金规则适用的首要前提是，该合同条款属于因合同主义务被违反而引发的次义务（a secondary obligation）的范畴。这也意味着在一些案件中，罚金规则的运用可能极大地依赖于探析相关合同义务是如何在工具意义上被解构的，是通过附条件的主义务（a conditional primary obligation）抑或是通过次义务（约定违约金替代法定损害赔偿）的方式。③ 可以说，判断具体的违约金是否构成惩罚性违约金进而适用罚金规则的首要前提是确定该违约金条款的性质，只有那些因合同主义务被违反而引发的合同次义务才在违约金性质判断的领域，因为合同主义务作为当事人意思自治的体现，其建立在当事人平等协商的基础之上，应得到严格的执行，司法权对此不能任意干涉。而合同次义务则属于民事救济的范畴，按照民事救济的一般规定，其以填补损害为已足，不能对一方当事人进行过度惩罚，否则将导致私法与公法领域的混同，进而戕害民法的平等、自由精神。

2. 惩罚性违约金判断的实质标准

就目前我们的讨论范围来看，英国法对惩罚性违约金规则的运用主要存在于"合同违约损害赔偿条款"（liquidated damages clause）的场域。在这一情景里，英国上议院在 20 世纪初通过两个具有开创性的判决对罚金规则

---

① See *Export Credits Guarantee Department v. Universal Oil Products Co* ［1983］ 1 WLR 403.

② See *Sloman v. Walter* ［1783］ 1 Bro CC 418.

③ See Lindsay Bobby, "Penalty Clauses in the Supreme Court: A Legitimately Interesting Decision", *Edinburgh Law Review*, 2016, p. 208.

的适用进行了陈述，即 1904 年的 *Clydebank Engineering and Shipping Co v. Don Jose Ramos Yequierdo y Castaneda* 案（以下简称 "Clydebank 案"）① 和 1915 年的 *Dunlop Pneumatic Tyre Co Ltd v. New Garage and Motor Co Ltd* 案（以下简称 "Dunlop 案"）②。Clydebank 案是苏格兰的一个案件，该案件涉及一个船舶建造合同，其中一个合同条款规定，船舶在迟延交付的情形下每迟延一星期建造方就要赔付购买方 500 英镑，合同双方当事人就该条款是否构成惩罚性违约金条款存在争议。最终，法院判决认为该违约金条款不构成惩罚性违约金。Halsbury 法官认为，惩罚性违约金条款与有效的合同违约损害赔偿条款区分的关键在于，该约定是否导致合同利益在双方当事人之间的分配是 "极为不合理的"（unconscionable）和/或 "过分的"（extravagant），以致法院不应该允许其得到执行。③ 但是，Halsbury 法官拒绝采用任何抽象规则来决定什么是不合理的或过分的，认为其必须依赖于交易的性质（the nature of the transaction）、交易所欲达成的目的、可归因于负有履行义务一方可能（likely）造成的损失等予以总结判断。Halsbury 法官的观点对惩罚性违约金的判断具有很大的影响力，并得到了上诉委员会其他两位法官的认同。其中 Robertson 法官的评述直接指向了区别违约损害赔偿与惩罚性违约金的规则，值得关注。他说，"其问题的关键是被告（非违约方）是否具有被该条款予以保护的利益，以及该利益与约定的金额相比是不是 '不相称的'（incommensurate）"。④

与 Clydebank 案相比，Dunlop 案在罚金规则的发展历史中具有举足轻重的地位，甚至可以说，在该案件以后的百年里，其在很大程度上确立了罚金规则的适用标准，尽管其标准的科学性有待商榷。Dunlop 案发端于一起轮胎制造商与汽车修理厂之间的轮胎供应合同纠纷，该合同为了保护制

---

① See *Clydebank Engineering and Shipping Co v. Don Jose Ramos Yequierdo y Castaneda*［1905］AC 6.

② See *Dunlop Pneumatic Tyre Co Ltd v. New Garage and Motor Co Ltd*［1915］AC 79.

③ See *Clydebank Engineering and Shipping Co v. Don Jose Ramos Yequierdo y Castaneda*［1905］AC 6, 11.

④ See *Clydebank Engineering and Shipping Co v. Don Jose Ramos Yequierdo y Castaneda*［1905］AC 6, 12.

造商的商标规定了一系列的限制性条款，包括了"禁止篡改商标；严格限制未经许可的产品出口和展示；禁止转售给未经批准的第三方"。同时，合同还包含了一个商品转售价格限制条款，汽修厂就是违反了这一条款。合同约定，汽修厂违反以上任何约定，则每卖出一个轮胎就要赔偿轮胎制造商 5 英镑。Dunedin 法官在判决意见中提出了著名的判断合同条款是否构成惩罚性违约金的四项测试标准："其一，如果违约赔偿金与可以证明的非违约方因违约遭受的最高损失相比，是过度的（extravagant）和/或不公平（unconscionable）的，则该条款应视为惩罚性违约金条款；其二，如果合同条款约定，一方当事人未及时向对方支付一笔金钱，则为此他要向对方支付一笔数目更大的金钱，则该条款应视为惩罚性违约金条款；其三，如果合同约定的数个事项具有不同的违约严重性，但违约方在违反一个或违反数个条款时需要一次性给付同样数额的金钱（a single lump sum），此时该条款应被视为惩罚性违约金（条款）；其四，对违约的真实损失不能进行事先的准确预估，不能使相关合同条款成为惩罚性违约金条款。"[①] Dunedin 法官的四项测试标准在以后的惩罚性违约金判断中获得了"准立法"（quasi-statutory code）地位，在以后的案件中，法官所做的仅是对该四项标准的诠释，以及结合案件事实对该四项标准进行某一条或几条的具体适用。[②] 尽管 Dunedin 法官的四项测试标准在司法实践中偶尔会受到各级法院星星之火的冲击，但该四项标准以其明确性和可操作性在以后合同罚金规则的适用中实际上发挥着判断标准的作用，尽管 Dunedin 法官本人也反对将其运用于一切的案件中。

在 Dunlop 案一百年后的 2015 年，英国最高法院通过对两个上诉案件的审理，再次对罚金规则的适用与判断进行了重述，并形成了长达 123 页的审判意见。考虑到罚金规则在英国法上的重要地位以及该审判法院的特殊地位，恐怕该判决结果或将导致对 Dunedin 法官四项标准的巨大冲击，并形塑出新的惩罚性违约金判断标准，因此我们有必要对这两个判决进行

---

① See *Dunlop Pneumatic Tyre Co Ltd v. New Garage and Motor Co Ltd* ［1915］AC 79，88.

② 参见郑睿《英国合同法下惩罚性违约金条款认定标准之重构》，http://www.aiweibang.com/m/detail/64796674.html? from＝p，最后访问时间：2017 年 3 月 3 日。

梳理分析。

二　英国最高法院对惩罚性违约金判断标准的重构

Cavendish Square Holding BV v. *Talal El Makdessi* 案（以下简称"Cavendish 案"）① 和 *ParkingEye Ltd* v. *Beavis* 案（以下简称"ParkingEye 案"）② 是英国最高法院接收的来自地方上诉法院的案件，都涉及对合同违约金是否为惩罚性违约金的判断。因此，英国最高法院在 2015 年 9 月决定由 Lord Neuberger 领衔其他六位法官对这两个案件予以合并审理，并最终联合撰写了长达 123 页的判决意见书。从判决内容上看，通过这两个案件，英国最高法院法官对惩罚性违约金判断标准的认定在很大程度上突破了英国法上一直适用的 Dunedin 四项测试标准，同时也表明了在新的时代背景下，英国最高法院法官对合同违约金价值功能的重新思考。

（一）　Cavendish 案与 ParkingEye 案

在 Cavendish 案中，Makdessi 是中东地区一个具有很大实力的商人，其旗下的公司主要经营广告与市场营销业务，并在中东地区占有绝大部分的市场份额。该集团的控股公司（Team Y & R Holdings Hong Kong Ltd）有 1000 股的发行股票，Makdessi 和 Ghossoub 是该公司的控股股东，占有绝大部分份额。Makdessi 通过一份股权转让合同将他和 Ghossoub 拥有的 474 股转让给另一家广告传播公司——Cavendish Square Holdings BV（以下简称"Cavendish"）。该协议第 3.1 条约定，Cavendish 购买股权的价款分四个阶段按照不同的方式给付，即（1）首次付款（completion payment）——合同签订后一次性给付 3400 万美元；（2）二次付款（seccond payment）——在公司重组过程中，按照进度分四期总共给付 3150 万美元；（3）中期付款（interim payment）——在 2007 年至 2009 年的公司盈利协议达成且盈利达到

---

① See *Cavendish Square Holding BV* v. *Talal El Makdessi* ［2013］EWCA Civ 1539.
② See *ParkingEye Ltd* v. *Beavis* ［2015］EWCA Civ 402.

一定条件时30天内付款；（4）最后付款（final payment）——在2007年至2011年的公司盈利协议达成且盈利达到一定条件时30天内付款。协议第11项是商誉保护条款（protection of goodwill），第11.1条规定"卖方认识到公司商誉保护对Cavendish和WPP公司的重要性，并将其反映在股权转让的价格上。因此，卖方通过该条对卖方的利益予以保护"。第11.2条涉及对卖方行为的限制性规定（restrictive clauses），包括"禁止其对公司的竞争对手提供商品或服务；禁止在相关地区从事竞争性业务；禁止雇佣该公司的资深雇员和顾问；等等"。协议第5.1条和第5.6条是合同违约处理条款，第5.1条规定"如果卖方违约，则其就不能再接受二次付款和/或最后付款，Cavendish的付款义务终止"，第5.6条规定"在卖方违约时，该条赋予Cavendish一项买入选择权（a call option），其可以要求卖方将剩余的公司股权卖给他，并在Cavendish发出通知30日内以价值等同于公司净资产（Net asset value）的价格完成剩余股权的转移"。2010年，Cavendish以Makdessi违反协议第11.2条为由向法院起诉，并要求行使协议第5.6条赋予他的买入选择权（call option）。而Makdessi则向法院主张该协议的第5.1条和第5.6条属于惩罚性违约金条款，不应得到执行。

　　该案件经过初审、上诉审，并由英国最高法院终审。在三级法院审理过程中，其涉及的争议焦点是明确的，即协议第5.1条和第5.6条是否构成惩罚性违约金条款。该案件由Burton J.法官初审，其认为二者都不构成惩罚性违约金条款[①]，但该判决结果被上诉法院否决，Christopher Clarke LJ给出的首席判决意见认为，"基于对罚金规则的传统理解（Dunedin四项标准），二者属于惩罚性违约金条款，不应得到执行"。[②] 在最高法院，由Nerberger法官领衔的七位大法官最终支持了一审的判决，并结合案件事实抽丝剥茧般地对协议第5.1条和第5.6条的有效性进行了法律证成。最高法院认为，该协议的结构是典型的市场收购协议，在该类案件中，卖方往往是公司的创建者或控制者，其与客户和雇员之间保持着亲密的私人

---

① See *Cavendish Square Holding BV v. Talal El Makdessi* ［2012］EWHC 3582（comm）.
② See *Cavendish Square Holding BV v. Talal El Makdessi* ［2013］EWCA Civ 1539.

关系。当他们决定反对这一交易，则该收购业务很难获得成功。因此，协议往往特别约定保护买方的投资（股权）价值，特别是以卖方私人影响力为存在方式的公司商誉。特别考虑到，在中东地区个人影响力的重要性以及 Makdessi 在中东地区的巨大影响力，当其反对该并购业务的时候，将不可避免地会削减股权的价值和公司的运营效益。第 5.1 条的作用是，在卖方违约的时候，他将失去"二次付款"中后两期款项和"最后付款"的权利。基于以上事实，最高法院的法官们认为，"5.1 条并不是一个违约损害赔偿条款，它并不涉及对合同违约引发的损害赔偿的计算，这一条款在实质上是一个价格调整条款（a price adjustment clause）"[1]；"尽管其发生的情形是合同违约，但其绝不是（in no sense）一个合同次义务条款。合同 3.1 条作为对转让股权和卖方义务报酬的约定，卖方的义务主要就是合同的限制性规定。5.1 条与合同第 3 条、第 6 条具有同样的地位，它们共同决定了 Cavendish 的主要义务——股权的定价、价格的计算方法、支付价格不同组成部分的条件"[2]。"忠诚是不可分的，它在交易中的缺失将导致严重的商业风险，但其影响不能仅仅以已知、可证明的违约后果来衡量。"[3] 合同第 5.1 条与合同违约损失的计算没有任何关联，Cavendish 对卖方遵守合同限制性规定享有"正当利益"（legitimate interest），即使该利益远远超过了对违约损害的填补。因此，最高法院的法官们认为第 5.1 条不构成惩罚性违约金。

协议第 5.6 条提出了更为复杂的问题，但其分析路径在实质上与第 5.1 条是相同的。第 5.6 条中购买剩余股权的价格构成与第 5.1 条的价格调整在实质动因上是一致的，它们都反映了当 Cavendish 不能信赖 Makdessi 和 Ghossoub 对公司履行忠诚义务时，愿意对转让股权给付价款。"5.6 条要求违约方卖出剩余股权的目的是切断公司与其主要股东的关系（Mak-

---

[1] See *Cavendish Square Holding BV v. El Makdessi and ParkingEye Limited v. Beavis* [2015] UK-SC 67, 29.

[2] See *Cavendish Square Holding BV v. El Makdessi and ParkingEye Limited v. Beavis* [2015] UK-SC 67, 32.

[3] See *Cavendish Square Holding BV v. El Makdessi and ParkingEye Limited v. Beavis* [2015] UK-SC 67, 33.

dessi 和 Ghossoub），这一任务主要是由合同 14.2 条完成的。"① 证成第 5.1 条"正当利益"的理由同样适用于第 5.6 条，Cavendish 有权要求剩余股权的价格与卖方对公司的贡献价值相匹配。当 Cavendish 行使买入选择权，卖方转移股权的价值由最高值 14750 万美元降至 6550 万美元，就 Makdessi 自身而言，这直接导致其接受的股权转让款减少约 4400 万美元。"在卖方违反忠诚义务并对公司业务构成损害时，切断违约方与公司的关联是完全合理的，具有商业正当性（commercially sensible），一旦要求获得剩余股份的选择权得到认可，那么该价格计算公式（price formula）就不能被切除，另用其他计算公式来替代，因为这是没有法理基础的（jurisdical basis）。"② 因此，最高法院认为，上诉法院的判决是错误的，该第 5.6 条同样不构成惩罚性违约金。

在 ParkingEye 案中，英国航空退休基金（British Airways Pension Fund）在切姆斯福德市拥有一处河滨购物中心，该公司将该购物中心出租给各种零售商，但对该中心进行综合管理。该购物中心有一个停车场，英国航空退休基金于 2011 年与 ParkingEye 签订合同，约定由其经营该购物中心的停车场。ParkingEye 在停车场的入口设置了 20 个醒目的公告牌，该公告牌上明确写着"该停车场仅为该购物中心的消费者提供车位，最长停车时间为两个小时，会员可以最长停车四个小时，如果违反该规定则导致 85 英镑的收费"。在以上说明的下面，又用醒目的颜色写着"ParkingEye 仅仅提供交通空间最大化方案（traffic space maximisation scheme），我们不对停车场表面、其他机动车导致的损害和使用人的安全负责任……" Beavis 在 2013 年 4 月 15 日驾车进入停车场，并在 2 小时 56 分钟后离开，ParkingEye 在获得了 Beavis 的姓名和住址以后向他发出了第一次付费通知（first parking charge notice），要求其在 28 天内支付 85 英镑，但如果在 14 天内付款可以减至 50 英镑。该通知同时告知 Beavis 相应的诉讼程序，但 Beavis 对该通知和随后

---

① See *Cavendish Square Holding BV* v. *El Makdessi and ParkingEye Limited* v. *Beavis* [2015] UK-SC 67, 34.

② See *Cavendish Square Holding BV* v. *El Makdessi and ParkingEye Limited* v. *Beavis* [2015] UK-SC 67, 36.

的提醒通知都予以忽略，于是 ParkingEye 诉诸法院。该案件由 Moloney QC 法官初审并经上诉法官审理，在诉讼中 Beavis 提出了两个不予付费的理由："其一，该条款是普通法上的惩罚性违约金条款；其二，依据 1999 年颁布的法规，这一收费是不公平的。"

初审法院和上诉法院都认为该收费是合理的，驳回了 Beavis 的申请，于是 Beavis 诉至英国最高法院。最高法院法官综合案件事实认为，ParkingEye 的主要职能是提供购物中心的"交通空间最大化方案"，在超时停车时 85 英镑的收费不是对违约损害的预估，因为它并不是该停车场的所有人（the owner）。[①] 但作为停车场的实际运营者，其运营手段代表了该购物中心所有人的利益诉求，即"1. 为购物中心消费者提供停车位；2. 以免费停车吸引顾客；3. 保障购物中心一定的营业额以吸引潜在的商户；4. 防止上下班人员或去购物中心以外商店购物的人员对停车场的使用；5. 自身盈利的需要"[②]。基于这一背景可以看出，该 85 英镑的收费有两个主要目的——一个是，基于购物中心所有人、零售商户和购物者的利益对该停车场进行有效的运营，防止长途上下班人员和其他超时机动车使用者对停车场的占用；另一个是，使 ParkingEye 的运营支出和提供的服务获得资金收入。这两个目标在最高法院的法官们看来都是"完全合理的"（perfectly reasonable），且通过收取超时费实现以上目标是合理的方式（reasonable mode）。因此，最高法院的法官们认为，该条款不构成惩罚性违约金，因为"尽管 ParkingEye 没有因超时停车受有损失，但是他对超出违约损失费用的收取享有正当利益（legitimate interest）"[③]，"该停车场运营计划是基于中心零售商、消费者和社会公众的利益，在土地所有权人的授权下，由 ParkingEye 对该停车场进行经营并收费。土地所有人的利益在于，其一方面可以从 ParkingEye 处获得一定的经营权转让费，另一方面其提供的停车场对其

---

① See *Cavendish Square Holding BV* v. *El Makdessi and ParkingEye Limited* v. *Beavis* ［2015］ UK-SC 67，41.

② See *Cavendish Square Holding BV* v. *El Makdessi and ParkingEye Limited* v. *Beavis* ［2015］ UK-SC 67，43.

③ See *Cavendish Square Holding BV* v. *El Makdessi and ParkingEye Limited* v. *Beavis* ［2015］ UK-SC 67，44.

租户来说是一项有价值的设施，有利于提升该中心的出租率。ParkingEye 的利益在于，通过收取违约费用来获取停车场经营过程中支付的各种费用，以及提供该服务获得一定的收入。但是，该项收费不能过分超过（out of all proportion）ParkingEye 提供该项服务而获取的正当利益"①。

基于以上事实，英国最高法院的法官们认为，"如果合同当事人对影响对方当事人履行行为所施加的'威慑'（deterrence）享有正当利益，且该利益不能仅通过一般违约损害赔偿予以满足，那么该威慑就不构成惩罚性违约金"。② 因此，判断该85英镑的收费是否构成惩罚性违约金的关键就在于该收费是不是过分的。对此，Moloney QC 和上诉法院的法官们通过与公共机构对公共停车场超时停车收费标准进行对比，并结合 BPA 收费标准③，认为该项收费不是过分显失公平的，因此不构成惩罚性违约金。

（二）英国最高法院确立的新的惩罚性违约金判断标准

通过对以上两个案件判决意见的了解，我们可以看出最高法院对惩罚性违约金的认定实际上是按照以下路径予以展开的。其一，惩罚性违约金应属于因合同主义务（primary obligation）被违反而施加给违约方的一项次义务（secondary obligation）④ 的范畴。这就意味着，惩罚性违约金仅存在于因违约导致的损害赔偿条款的场域中，将以合同违约为发生条件的主义务（conditional primary obligation）排除在外，如 Cavendish 案中第 5.1

---

① See *Cavendish Square Holding BV* v. *El Makdessi and ParkingEye Limited* v. *Beavis* ［2015］UK-SC 67，44.

② See *Cavendish Square Holding BV* v. *El Makdessi and ParkingEye Limited* v. *Beavis* ［2015］UK-SC 67，45.

③ BPA 是英国一个制定停车收费相关规范的授权组织（Accredited Trade Association），其制定的实施细则 "The BPA Code of Particle" 在第 19 条规定了违反规定停车最高的收费标准是 100 英镑。英国 2007 年《违法停车执行命令》（The Civil Enforcement of Parking Contraventions Oreder 2007）规定的标准是，在伦敦郊区严重违法停车（higher level contraventions）罚款 70 英镑，其他情形罚款 50 英镑。在伦敦市中心在相应的情形下则分别处以 130 英镑和 80 英镑的罚款。

④ 需要说明的是，本文采用"次义务"一词专指的是英国法中违约金作为合同主义务违反时的一种责任承担形态，与我国合同法中为了合同全面履行一方当事人负担的合同附随义务存在本质的不同。

条的情形。其二，在认定违约金属于合同次义务的前提下，判断违约金与非违约方因合同主义务履行而获取的任何正当利益（any legitimate interest）相比是不是"完全不成比例"（out of all proportion）的，如果是则构成惩罚性违约金。也即英国最高法院实际上确立了以"合同次义务—正当利益—完全不成比例原则"为一体的惩罚性违约金判断标准。

纵观英国最高法院的两个判决，其对惩罚性违约金的判断无不是以以上判断标准为线索展开的。Neuberger、Sumption、Carnwath 法官都认为 Cavendish 案中合同条款第 5.1 条实质上是一个价格调整条款（price adjustment provision），其本质上是一个"附停止条件的合同主义务条款"（conditional primary obligation），当 Makdessi 违反合同的限制性规定，并导致转让股权的价值降低时，该条款就作为此时股权价值的真实反映而生效。基于该合同条款是合同双方当事人在资深律师的帮助下，经过数月的反复磋商而最终形成的，故应视为双方当事人基于自身利益衡量对合同义务进行的有效安排。因此，该条款不应被视为惩罚性违约金条款。其他三位法官（Lords Hodge, Clarke and Toulson）也赞同这一观点，只是主张对该条款的分析保持"开放的思维"（open mind），结合买方的正当利益对该条款的性质予以进一步的判断。① 如前所述，在该转让合同中，该股权的价值很大一部分直接反映在公司的商誉上，即只有在 Makdessi 和 Ghossoub 对公司保持忠诚时，该股权价值的商誉部分才得以体现。很明显，不管是公司商誉或是忠诚义务，对其侵害或违反所导致的损害结果都难以直接用金钱来衡量，更遑论对其违约事实损失的预估和证明。在 Cavendish 案中，不管是停止给付股权转让款还是行使剩余股权购买权，它们都是在公司并购协议的特殊场域中，在卖方违约时，为了保护卖方的正当利益所采取的正当的保护措施。虽然，该利益与违约导致的直接、实际损害（金钱损害）相比似乎是"过度的"（extravagant），但 Cavendish 在该交易环境中享有的"正当利益"及其商业合理性决定了其与该违约金相比是"相称的"（commensurate）。

---

① See *Cavendish Square Holding BV v. El Makdessi and ParkingEye Limited v. Beavis* [2015] UK-SC 67, 93.

ParkingEye 案遵循了同样的论证思路，第一步，由于该 85 英镑是由超时停车而引发的，其无疑应属于因违约产生的损害赔偿责任，即属于合同次义务的范畴。在第二步的判断中，最高法院不仅将 ParkingEye 自身的利益考虑在内，还基于该合同事实与目的，将停车场所有权人、购物中心商户、消费者和社会公众的正当利益都考虑在内。该违约条款旨在为该购物中心提供"交通空间最大化方案"，超时停车收费的手段是达到该目的的正当措施，因此，ParkingEye 对该项收费享有正当利益。在对该正当利益的"正当性"进行论证时，最高法院法官参照了公共机构和 BPA 组织对违约停车的收费标准，并得出了其正当性结论。在这一步骤中，Mance 法官的论述极具教义意义——"虽然违约损害赔偿是案件的核心利益，但其并不是非违约方基于合同履行享有的唯一的正当利益。当 A 对 B 的履行行为享有正当利益，而这一正当利益不能仅通过一般损害赔偿予以满足时，此时 A 就享有一个正当的威慑利益（legitimate interest in deterrence）"。[①]

（三）新的惩罚性违约金判断标准对旧标准的突破与创新

从以上可以看出，英国最高法院新确立的以"次义务—正当利益—完全不成比例原则"为一体的惩罚性违约金判断标准在一定程度上对 Dunetin 法官确立的四项判断标准进行了突破与修正，主要表现为以下几个方面。

第一，以"次义务"作为惩罚性违约金判断的首要前提。Dunedin 四项标准对惩罚性违约金的判断仅仅考虑违约金与违约实际损失相比是否差额过大，忽视了特殊案件中违约金作为"附停止条件合同主义务"的情形。将次义务作为惩罚性违约金判断前置性条件的依据在于，合同法对当

[①] 英国法对违约金中蕴含的当事人惩罚意图进行了二元划分，即"合法的威慑利益"与"单纯的惩罚"，仅承认合法威慑利益的可救济地位，否定了单纯惩罚（simply punishing）的效力，区分的关键在于当事人对该威慑是否享有正当利益。See Faust, Florian, "German Case Note on the Penalty Clause Decisions of the UK Supreme Court", *European Review of Private Law*, 2017, pp. 197 – 200.

事人双方"理性经济人"的前提假设。① 特别是在合同当事人都是富有经验的商事主体的时候，既然合同主义务条款是双方在意思自治的基础上协商订立的，那么，除非存在合同效力瑕疵的情形，否则此合同义务应该被严格履行。正如 Woolf 法官在"香港飞利浦公司诉香港律师协会案"中所言，"法院必须时刻谨记，一般情况下当事人双方的约定必须得到支持，特别是在商业合同中，任何的介入都有可能导致不受欢迎的不确定性（undesirable uncertainty）"。② 因此，区分合同主义务与合同次义务应是判断违约金是否构成惩罚性违约金的第一步。

第二，以非违约方享有的"正当利益"作为惩罚性违约金判断的对比依据。传统的惩罚性违约金判断路径往往是将违约金与违约导致的实际损害进行比对，且以可预见规则对损失范围予以限制，一旦违约金超过实际损失，则视其为惩罚性违约金，不能得到执行。同时，一旦违约赔偿条款中包含了对违约一方的恐吓（in deterrent），就直接将视其为惩罚性违约金。③ 在该判断模式下，其仅将违约金视为违约损失的事先预估（genuine pre-estimate of damage），除此之外不具有任何意义。但是，该种主观臆想与司法实践的错位与背离在以上两个案例中已经展现得淋漓尽致——合同违约金除了赔偿直接损失外还可以载负有其他正当利益，违约行为仅是作为违约金发生的事实依据，该事实引发的法律后果是违约金条款对已变更的合同双方利益均势的重新调整。④ 从这一意义出发，违约引发的实际损失与违约金之间没有必然的对应关系，因为违约金作为新的法律关系下双方利益平衡的产物，其完全有理由涵纳进实际损失以外的其他利益因子。特别是在商业合同当中，基于商业环境的复杂性和商业利益的多样性，违约金在商业合同中往往被双方赋予防范商业风险的重任，违约金与违约导

---

① 参见谢鸿飞《论创设法律关系的意图——法律介入社会生活的限度》，《环球法律评论》2012 年第 3 期，第 12 页。

② See *Philips HongKong Ltd* v. *Attorney General of HongKong*［1993］61 BLR 41，59.

③ 在该案件中，Macclesfield 法官说："惩罚性违约金的目的不是赔偿而是惩罚，因此不能予以执行。" See *Peachy* v. *Duke of Somerset*［1720］1 Strange 447，453.

④ See Schelhaas，Harriet N.，"Penalty Clauses and the Recent Decisions by the UK Supreme Court in Cavendish v. Makdessi & ParkingEye v. Beavis"，*European Review of Private Law*，2017，p. 170.

致的直接金钱损失之间的关联度较小，但"商业正当性"可以将更广泛意义上的非物质利益、间接利益涵摄进来，使违约金充当违约事实出现时双方"利益调节器"。这样一来，罚金规则的适用就摆脱了长久以来的将违约金与违约实际损失予以比较的窠臼，将非违约方基于合同履行所享有的一切正当利益纳入判断违约金合理性的范畴，这不仅极大地拓展了合同当事人的意志空间，也使得对惩罚性违约金的判断更加科学、客观。

第三，在惩罚性违约金判断中引入更具操作性的对比工具。在传统的惩罚性违约金测试标准中，如果违约金与违约实际损失相比是"过度的"和/或"不合理的"（extravagant 和/或 unconscionable），则该违约金构成惩罚性违约金。显而易见的是，不管是"过度的"还是"不合理的"，该术语都是非常抽象的，其在司法实践中的适用具有很大的不确定性，存在司法权对违约金过度干预的风险。① 英国最高法院在以上两个案例中对惩罚性违约金的认定采用了"完全不成比例"（out of all proportion）的认定标准，即仅当违约金与非违约方享有的正当利益相比是完全不成比例时才适用惩罚性违约金规则。该术语在惩罚性违约金判断中的意义在于，与传统的判断依据（"过度的"或"不合理的"）相比，完全不成比例原则的运用首先就体现了合同法领域中的最重要特征——意思自治。在合同当事人拥有完全民事行为能力且意志自由的前提下，除非违约金条款将导致双方利益关系过分失衡，一般应遵守违约金条款的规定。正如英国 Roskill 法官所言："法官的工作从来都不是把当事人从其签订的一个沉重的或者没有尽到商业审慎义务就达成的交易中解救出来。"② 同时，该原则传达的另外一个信息是，罚金规则的适用要充分考虑除违约实际损失以外的其他利益相关点，也即价值判断因素。例如，在 ParkingEye 案中，虽然超时停车导致的直接实际损失极少，但是结合该违约金条款的目的、停车场所有权的利益、中心零售商的利益、ParkingEye 本人的利益、中心消费者的

---

① See Saprai Prince, "The Penalties Rule and the Promise of Contract", *Canadian Journal of Law and Jurisprudence*, 2013, p. 445.

② See Lindsay Bobby, "Penalty Clauses in the Supreme Court: A Legitimately Interesting Decision", *Edinburgh Law Review*, 2016, p. 210.

利益、当地公共机构对超时停车的收费、BPA 组织的收费标准，就会发现，该违约金与合同相关方的利益相比就不是完全不成比例的（incommensurate）。同时，Hodge 法官在其给出的判决意见部分认为，在违约金合理性的判断中，应该将该违约金条款自身作为重要的考量因素，区分违约方违反义务的性质（不作为义务或是作为义务），并结合违约方的主观状态予以综合判断。[1] 其实早在 1869 年，Neaves 法官就在一个案件中对其有所论述，"违反义务本身的构成——作为义务（faciendo）或不作为义务（non faciendo）对惩罚性违约金的判断具有重要意义，如果合同一方故意违反其不作为义务，则对该违约金不予以限制"。[2]

三 惩罚性违约金判断标准流变带来的启示

纵观英国罚金规则的发展轨迹和司法实践，实际上，自 Dunedin 的四项判断标准确立之日起，该标准就一直遭受着司法实践中特殊案例的反动与背离。[3] 就 Dunlop 案自身来看，按照 Dunedin 法官的四项测试标准，汽修厂违反合同限制性规定时 5 英镑的赔偿金应属于第一项和第三项的测试范围。因为就具体的一次交易来看，汽修厂违反合同限制性规定向未经批准的第三方以低于约定的价格转售汽车轮胎，此时要证明轮胎公司因此遭受相当于 5 英镑的实际损失是极为困难的，甚至，Dunlop 公司遭受的违约实际、直接损失可能为零。此时 5 英镑的违约赔偿金与违约造成的实际损失相比似乎是"过分的"。同时，合同包含了多项的限制性约定，其造成的危害程度不一，但合同对违约后果规定了同样的（5 英镑）赔偿规定，直接构成了第三项认定下的惩罚性违约金。但在该案件中，上诉委员会最终形成的判决意见认为，该条款不构成惩罚性违约金，这标志着 Dunedin

---

① See *Cavendish Square Holding BV* v. *El Makdessi and ParkingEye Limited* v. *Beavis* [2015] UK-SC 67, 106.

② See *Forrest & Barr* v. *Henderson*, *Coulbourn & Co* [1869] 8 M 187, 202.

③ See Baginska, "A Polish Perspective on Liquidated Damages and the Fairness of Contract: Comment on Cavendish Square Holdings BV v. Makdessi and ParkingEye Ltd *v.* Beavis", *European Review of Private Law*, 2017, p. 260.

法官的四项测试标准在其诞生之日就惨遭滑铁卢，最起码在 Dunedin 法官所在的上诉委员会其他的同行们看来，该四项测试标准在该案件中的运用是不适当的。例如，Atkinson 法官认为，在该案件中，对公司商标、名声、商誉和已建立销售网络的保护对 Dunlop 公司来说具有极为重要的意义，基于这一背景，Atkinson 法官指出，"就直接损失和即时损失（direct and immediate loss）来看，Dunlop 公司在汽修厂一次违反约定条款时没有任何损失，但是 Dunlop 公司必须从整体上（in globo）看待交易的结果，以防止违约者对其交易整体的有害消损（undercutting）。从合同的真实意图来看，上诉人合同约定的目的旨在阻止违约行为对其组建的销售网络造成的无序状态，以及对贸易带来的多方面的危害，特别是对生意造成的间接损害（consequential injury）。为了防止以上危害结果的发生，公司必须确保物品按照价格表的规定来进行出售，并规定 5 英镑的违约金对以上条款予以保障"。① 因此，Atkinson 法官最终认为，Dunlop 公司对合同防止低价销售和转售的限制性规定享有正当利益（legitimate interest），该利益与 5 英镑的违约赔偿金相比是相称的。

Atkinson 法官在该案件中一再强调的一个问题是，惩罚性违约金认定的关键在于，非违约方对履行相关条款享有合法利益的性质是什么以及程度如何，该利益不一定局限于违约导致的实际损失和金钱损失。因此，Atkinson 法官认为，转售价格条款的功能目的赋予了 Dunlop 公司在对方违约时除了直接的金钱补偿外更为广泛的利益诉求（a wilder interest）。该上诉委员会的其他成员虽然在具体的论证上与 Atkinson 的评述存在差异，但在分析路径上与其保持了高度的一致。在 Dunlop 案后，英国大部分涉及惩罚性违约金判断的案件都针对的是消费合同中的违约损害赔偿格式条款，Dunedin 的四项标准在此类案件中得到了广泛的运用。但英国法院从没有放弃在复杂的案件中对更为广泛的测试标准（a broader test）的运用。其中一个例子就是上议院对 Scaptrade 案②做出的判决，上诉委员会认为，

---

① See *Dunlop Pneumatic Tyre Co Ltd v. New Garage and Motor Co Ltd* [1915] AC 79, 91.

② See *Scandinavian Trading Tanker Co AB v. Flota Petrolera Ecuatoriana* [1983] 2 AC 694, 702.

在租船人没有预付租金时，出租人收回定期租赁船舶的条款不构成惩罚性违约金，因为他的商业目的是为其提供合同约定的服务给付资金。另一个是"Lordsvale 金融公司诉赞比亚银行案"，该案件涉及对一个银行借贷合同中"当借款方违约时将贷款利率调高 1%"的违约金条款性质的判断。在该案件中 Colman J. 法官作出了一个著名的判决，他认为，"判断该违约金是否有效的关键不在于该条款是否构成实际的违约损害预估条款（a genuine pre-estimate of damage），而是在出现借方违约时，增加支付对价是否有其商业合理性"。① 因此，在判断违约金是否构成惩罚性违约金时，法院将商业合理性（commercial justification）纳入了司法考量的范围。这一考量因素随后在一系列的案件中得到了充分关注和适用，其直接导致的后果是，在复杂的商业合同中，违约金超过违约实际损害并不必然导致罚金规则的运用，只要证明其主要目的并不是制止对方违约，并具有商业合理性，就可视为有效的违约金条款。②

可以说从 Dunedin 四项判断标准的确立，到惩罚性违约金判断中"商业合理性"因素的引入，再到"合同次义务—正当利益—完全不成比例原则"新标准的形成，惩罚性违约金判断标准变迁背后蕴含的深层动因是对违约金制度功能价值的重新认识与再出发。即破除机械的违约实际损失预估与惩罚性违约金的二元区分，充分认识到司法实践中对违约金功能赋予的双重性，罚金规则适用的精髓在于判断违约金是否构成惩罚，而不是判断其是否构成对违约实际损失的预估，因为违约实际损失预估与惩罚性违约金并非对立或是绝对排他的关系。在具体的案件中，一项在金额上高于违约实际损失的违约金可以基于商业合理性或合同履行正当利益的考量，实现其本身正当性的证成。因此，英国最高法院通过对罚金规则适用新标准的确立，使得违约金承载起更多的合同义务履行担保功能，使那些不属于违约直接实际损失范围的间接损失、非物质损失和其他正当利益得到法律的保护。从这一意义上来看，英国法上罚金规则

---

① See *Lordsvale Finance Plc v. Bank of Zambia*〔1996〕QB 752.

② See *Cine Bes Filmcilik ve Yapimcilik v. United International Pictures*〔2004〕1 CLC 401；*Murray v. Leisureplay plc*〔2005〕IRLR 946.

的发展趋向与大陆法系保持了惊人的一致，如《德国民法典》第 343 条第 1 款就明确规定："已发生失权的违约金数额过巨的，可以根据债务人的申请，以判决减至适当数额。在判断适当性时，必须斟酌债权人的一切正当利益而不拘于财产利益。违约金支付后，不得减少其数额。"而我国当前学界对违约金功能的讨论，也越发关注违约金的担保功能，诸如"违约金双重功能论"的共识正在达成。[①] 因此，在两大法系中，一场轰轰烈烈的违约金功能转向运动似乎正在从星星之火发展成燎原之势。但就针对违约金功能转向的具体路径设计而言，其共识的达成远非价值层面那样容易。对英国最高法院确立的惩罚性违约金判断标准，有关学者也表示了疑虑，主要体现为以下方面。

其一，主义务与次义务存在区分困难。合同主义务条款作为双方当事人自由磋商的结果，不应将其纳入惩罚性违约金的检测范围。但现实当中合同主义务与次义务的区分不是泾渭分明的，而是模糊甚至是纠缠不清的。例如，一项合同约定，A 就 B 的一项给付应该给予 1000 元的报酬，同时又约定如果 B 没有适当履行某项义务，则 A 只需要给付 500 元。此时存在的疑惑是，该 500 元的给付究竟是作为违约发生时新的支付对价，还是此时 B 已经失去了报酬请求权，500 元仅是作为违约发生后损害赔偿清算的结果。很明显，在上述两个案例中，法官们认为此种情形应视为附条件的合同主义务（conditioned primary obligation），第 5.1 条在实质上属于价格调整条款。[②]

其二，正当利益的外延或许难以界定。英国最高法院在以上两个案件

---

① 近年来我国学者对违约金功能的研究更倾向于承认其兼具压力（担保）功能和赔偿功能，并对"惩罚性违约金"的概念予以质疑与否定。参见姚明斌《违约金双重功能论》，《清华法学》2016 年第 5 期，第 134 页以下；韩强《违约金担保功能的异化与回归——以对违约金类型的考察为中心》，《法学研究》2015 年第 3 期，第 47 页以下；罗昆《违约金的性质反思与类型重构——一种功能主义的视角》，《法商研究》2015 年第 5 期，第 100 页以下。

② 已经有学者在警惕该种推论模式下可能形成的思维定式——"法官们的推论似乎是沿着这样的思路进行，当一个条款中包含有因违约产生的'次义务'时，就自动将其视为获得主义务的前提条件，进而将其视为依违约而产生的附条件的合同主义务。"See Young Alastair, "Breach and Punishment", *International Financial Law Review*, 2016, p. 44.

中将正当利益纳入对惩罚性违约金条款的判断，同时也意味着英国最高法院的法官承认了合同违约救济条款中包含的利益不再仅仅指向违约造成的实际利益损失，而是涵盖了更为广泛的商业利益和其他非物质利益。但是，这种正当利益的外延究竟如何界定？如何才能避免矫枉过正而损害违约方的正当利益？这是新判断标准必须予以解决的问题。因为绝大多数情况下，基于处于风险当中的商业利益或其他利益的考虑，合同一方当事人总存在一些理由来影响另一方当事人的履行行为。① 因此，在此种情形下，通过一种标准范式（a principled way）来判断违约金与该正当利益相比是否完全不成比例是极为困难的。其或将导致的后果是，在罚金规则的适用中，直观的司法价值判断将代替规范的比较分析。② 在法院对正当利益进行识别时，由于正当利益的价值难以计算，法官往往会认定违约金条款有效，最终导致罚金规则被隐蔽地废除（abolished by the back door）。③

新的惩罚性违约金判断标准或许不够尽善尽美，但我们必须承认的是，法律作为一种关于公平的技艺，从价值内涵到技术末节，其都是在社会实践中不断得到检验与完善的。英国最高法院通过以上案件确立的惩罚性违约金判断标准，不仅表明了违约金在新的社会经济条件下所应载负的价值意涵，还为这种价值正当性的判断提供了可供操作的技术路径。虽然我国法学自清末以来一直师法欧陆，但合同法作为市民社会中的一种普适性存在，英国法中惩罚性违约金的判断标准和思考路径对我国违约金立法和司法实践具有极大的启发、学习意义。

四　结语

违约金作为合同双方当事人合意的结果，对其约定金额的司法酌减本

---

① See Morgan Jonathan, "Penalty Clause Doctrine: Unlovable but Untouchable", *Cambridge Law Journa*, 2016, p. 11.

② See Swaminathan, Shivprasad, "A Centennial Refurbishment of Dunlop's Emporium of Contractual Concepts: Cavendish Square Holding BV v. Talal El Makdessi and ParkingEye Limited v. Beavis", *Common Law World Review*, 2016, pp. 248 – 256.

③ See Carmine Conte, "The Penalty Rule Revisited", *Law Quarterly Review*, 2016, p. 382.

应属于例外。但在我国的司法实践中，违约金酌减权的行使呈现了过于积极的不良现象，其不仅背离了违约金制度的初衷，而且一定程度上助长了合同当事人的背信行为。英国法上最新确立的惩罚性违约金判断标准，不仅为我国司法实践中对违约金的调减提供了一套可供参考的操作范式，同时也为我们重新审视违约金制度的价值功能提供了难得的契机。尤其是在我国当前民法典编纂的伟大时刻，充分认识违约金在合同违约时利益再调整的制度功能，跳出损害补偿的思维窠臼，对于我们把握民法精神，充分发挥社会主义市场经济活力，无疑具有重要意义。英国最高法院新确立的惩罚性违约金判断标准势必要经受司法实践的考验，其标准的有效性也有待考察，但其毕竟为我国判断违约金是否过高提供了一个比较法上的检验思路。因此，对于该标准的实际运用我们也乐观其效，并为该测试标准与我国立法规范之间的吸收与融合探索有效的实现路径。

（作者简介：赵自轩，西南政法大学民商法学院 2015 级博士生）

体育法

魔高一尺，道高一丈*

——里约奥运会上国际反兴奋剂制度的新发展

宋彬龄　韩海霞

目　次

里约奥运会前后兴奋剂事件频发，俄罗斯兴奋剂丑闻的曝光震惊世界，澳大利亚运动员暗讽中国运动员使用兴奋剂以致引发两国国民间的骂战，中国游泳运动员陈欣怡被查出使用兴奋剂令国人骇然，等等，这一切都使兴奋剂问题甚至超过奥运会比赛本身，成为我国国民关注的焦点。里约奥运会上出现的兴奋剂问题，让人感觉到"魔高一尺，道高一丈"，也暴露出许多现有国际反兴奋剂制度存在的问题。

反兴奋剂运动只能在斗争中得到发展，里约奥运会上发现的兴奋剂问题也推动了国际反兴奋剂制度的新发展。在程序制度方面，国际奥委会开始设立独立的奥运会兴奋剂纠纷解决机构。在实体制度方面，首先，在团

---

* 本文系 2016 年湖南省教育科学"十三五"规划课题"中外学校体育运动伤害纠纷解决机制比较研究"（编号：XJK016QTW003）、2016 年湖南省教育科学研究重点项目"学校体育运动伤害事故纠纷解决机制研究"（编号：16A212）、湘潭大学教学改革研究项目"法学院体育法课程教材建设研究"的阶段性研究成果。

体处罚制度上，就如何对兴奋剂违纪的团体进行处罚以及在这类处罚中如何保障个人正义的问题，相关规则有了进一步的细化发展；其次，在个人处罚制度上，就兴奋剂调查发现的违纪线索，对个人应采取何种临时处罚的问题，也有更为细致的规定。

一　奥运会兴奋剂纠纷解决程序机制的发展

（一）国际体育仲裁院奥运会兴奋剂仲裁机构的设立

自 1996 年亚特兰大奥运会开始，"国际体育界的最高法院"国际体育仲裁院（Court of Arbitration for Sport，CAS）在每届奥运会上都设立奥运会临时仲裁机构（Ad Hoc Division，AHD），处理包括兴奋剂纠纷在内的与奥运会有关的体育争端。[①]

但是，在里约奥运会上，CAS 开始在历史上第一次作为第一审机构管辖奥运会期间发生的兴奋剂案件，并为此设立了一个新的分支机构——CAS 反兴奋剂机构（Anti-Doping Division，ADD）。此前，奥运会期间发生的兴奋剂等违纪处罚案件，都是先由国际奥委会（International Olympic Commission，IOC）的纪律委员会向其执行委员会提出处理意见，再由执行委员会做出决定，如当事人仍然不满，才可向 CAS 设立的 AHD 上诉。因此，CAS 之前通常是作为二审上诉机构而存在的，而现在 IOC 执行委员会却将其之前所拥有的一审裁决权赋予了 CAS，如发现兴奋剂违纪行为，首先由 IOC 提出处理意见，再由 CAS 特别设立的 ADD 做出处理决定，如当事人对 ADD 的处理意见不满，还可以交由 AHD 或 CAS 的上诉仲裁庭处理。

（二）ADD 的管辖权

ADD 仲裁规则第 1 条规定：ADD 是与兴奋剂有关的案件的第一审机

---

① 参见郭树理《体育纠纷的多元化救济机制探讨——比较法与国际法的视野》，法律出版社，2004，第 301 页。

构，当根据 IOC 反兴奋剂规则指控某人兴奋剂违纪时，ADD 就负责组织相关进程并作出决定。此外，ADD 也可以管辖因奥运会期间收集的样本的重检而发生的兴奋剂违纪案件，但若当事人同意，此类案件也可直接提交 CAS。这一规定容易被人理解为，奥运会期间发生的与兴奋剂有关的一切案件都可由 ADD 管辖，实则不然，ADD 审理的第一起案件就对其管辖权作了详细的解释。

该案源于在里约奥运会比赛之前，有媒体曝出俄罗斯存在国家操控下的大规模使用兴奋剂的行为，因此世界反兴奋剂机构（The World Anti-doping Angency，WADA）进行了系统的调查，尤其是委托了著名的反兴奋剂专家理查德·麦克拉伦（Richard H. McLaren）教授对此展开独立调查。麦克拉伦教授调查完成的报告（以下简称麦克拉伦报告）证实，俄罗斯存在国家操纵下系统地使用兴奋剂、逃避兴奋剂检查的恶劣行径。[①] 而该报告的细节显示俄罗斯某帆船运动员受到了该系统的保护，因此世界帆船协会通知 IOC，该运动员将不能参加里约奥运会。运动员对此决定不满，向 ADD 申诉。[②]

仲裁庭认为，根据 ADD 仲裁规则第 1 条的规定，只有当根据 IOC 反兴奋剂规则有人被指控兴奋剂违纪时，ADD 才具有管辖权。但本案中，运动员没有被指控兴奋剂违纪，只是被怀疑而已，因此对运动员的决定是关于其参赛资格问题的，而非兴奋剂违纪的正式指控。同时，从本质上说，ADD 的管辖权来自 IOC 的授权，因此，ADD 的管辖范围不能超过 IOC，而 IOC 反兴奋剂规则只适用于 IOC 有管辖权的与里约奥运会有关的兴奋剂控制程序，故 ADD 仲裁规则第 1 条所指的兴奋剂违纪必须发生在奥运会期间，但本案中运动员有问题的样本的收集是在 2014 年，远早于里约奥运会。

可见，并非所有"与兴奋剂有关的案件"都由 ADD 管辖，必须要重视 ADD 仲裁规则第 1 条的其他部分，它对 ADD 管辖的"与兴奋剂有关的

---

① 易成晨：《"叛国告密""肮脏政治"？俄罗斯兴奋剂事件来龙去脉》，http://www.sohu.com/a/107701108_160254。

② *Pavel Sozykin & RYF v. World Sailing & IOC*，CAS OG AD 16/01。

案件"做了进一步的解释,根据 IOC 反兴奋剂规则,有人被指控兴奋剂违纪也属于 ADD 管辖的必要条件。

(三) ADD 的仲裁程序

虽然 ADD 是一审机构,AHD 是二审机构,但将两者的仲裁规则进行对比可以发现,它们具有非常大的相似性,包括:都是由一名主席,一名代理主席,若干名仲裁员组成;两个机构的仲裁员相互独立;都是用英语和法语作为官方语言;仲裁地都在瑞士洛桑;仲裁程序都对当事人免费;仲裁庭的组成和回避、法律代理和协助、仲裁庭对仲裁过程的把控等也都相同;等等。但细细分析,仍然有以下几点不同。

第一,时限不同。AHD 仲裁规则规定,除特殊情况外,在提交仲裁申请后 24 小时内,仲裁庭必须做出某种裁决或形成某种解决方法。而 ADD 仲裁规则规定,除特殊情况外,在奥运会期间,仲裁庭应当自听审结束后 24 小时内作出裁决;如果没有进行听审,则应在提交证据程序结束后 24 小时内作出裁决。可见,虽然都是 24 小时,但起算时间有明显差别,显然 ADD 的时限没有那么紧迫,稍显宽裕。

第二,公开性不同。首先,AHD 只需要针对当事人进行通知和文书送达,但 ADD 除了当事人外,还需要向 IOC 的法务部、相关国家奥委会(National Olympic Committee, NOC)、相关国际单项联合会(International Federations, IFs)以及 WADA 进行通知和送达。其次,AHD 通常只有当事人参加听证,但 ADD 的仲裁庭可以邀请当事人以外的 NOC、IFs 等相关人员或机构参与听证,WADA 的独立观察员也可参加听证。可见 ADD 的程序更具开放性。

第三,临时救济措施的强制性不同。AHD 的仲裁庭在紧急情况下,可以在正式裁决之前,对当事人采取临时救济措施,但在做此决定时,仲裁庭有较广泛的自由裁量权,可以根据伤害是否可补救、申请人胜诉的可能性等因素进行利益平衡。而 ADD 的仲裁庭必须根据 IOC 反兴奋剂规则的规定来决定如何采取临时救济措施,因为 IOC 反兴奋剂规则对临时救济措施的规定十分细致,仲裁庭并没有太多自由裁量的空间。

第四，翻译是否免费不同。AHD 的当事人如果不懂法语或英语这两种官方语言，得自己支付费用聘请翻译应对仲裁，但 ADD 的各项设施或服务，包括翻译都是免费向当事人提供的。

（四）ADD 设立的意义

ADD 的设立是 IOC 的一次重大改革，这一设置使 IOC 在第一审阶段就处于中立地位，IOC 提出的处理意见只能作为建议，最后的决定由处于中立地位的 CAS 仲裁员做出，这更有利于保障当事人的公平听审权。[①] 因为 ADD 的权力来源于 IOC 执行委员会，所以 ADD 可能会被认为与 IOC 仍属于一体，但需要注意的是，ADD 的仲裁员是由国际体育仲裁理事会指定，要求独立于各方当事人，因此仲裁庭仍然具有独立性，至少相比以前，独立性更高。在体育组织内部设立的机构常常很难完全摆脱中立性的质疑，但若其运行真能不受体育组织的干预，仍应肯定其独立性。更何况，ADD 并非终审程序，还有 CAS 作为救济的最终途径。

另外，相比 AHD 的仲裁程序，ADD 对运动员程序权益的保障更为全面。首先，因为兴奋剂案件的复杂性，运动员往往需要聘请专家证人来分析解释反兴奋剂机构提出的检验证据资料，因此，在不耽误比赛情况下的适当宽裕的时间配备，可以让运动员更为充分地准备仲裁，同时也可以让仲裁庭对案件有更充分的了解，更公平地作出裁决。其次，ADD 更为公开的程序，增加了仲裁的透明度和开放度，使仲裁能更广泛地接受外界监督，从而避免了暗箱操作，保证了裁决的公正性。再次，ADD 强制适用反兴奋剂规则规定的临时救济措施，仲裁庭不能自由裁量，增加了当事人对裁判的预见性。最后，ADD 为当事人免费提供翻译服务，使仲裁更为经济便捷，进一步保障了运动员的权益。因此，笔者认为，ADD 在保留体育仲裁快捷性的基础上，公正性比 AHD 更胜一筹，如非特殊情况，当事人对 ADD 的裁决不满时，没有太多的必要再继续向 AHD 申诉。

[①] IANS, "IOC makes doping results management and sanctioning independent", http://www. sportskeeda. com/general-sports/ioc-makes-doping-results-management-and-sanctioning-independent.

独立的兴奋剂仲裁机构的设立在 CAS 历史上是首次，近年来，越来越多的国家认识到了兴奋剂案件的独特性，纷纷设立独立于一般体育仲裁的兴奋剂仲裁机构，如美国、日本、新西兰等，其兴奋剂仲裁程序的规定与一般体育仲裁有很大区别，更为公开、透明、便捷，更充分地给予运动员一方以保障，比如美国就赋予被指控兴奋剂违纪的运动员或其他人如优先选择开庭地点、优先选择仲裁员等程序权利优势，对运动员的程序"偏袒"十分明显。[1] 相比其他国家的兴奋剂仲裁程序规则，ADD 的改革却略显保守，与一般体育仲裁差别不大，没有更多地根据兴奋剂案件的特点来配置程序。但不论如何，这都是 IOC 和 CAS 的极大进步，ADD 这一新的分支机构的诞生，必然对今后的相关规则带来深刻的影响。更重要的是，IOC 将兴奋剂案件的裁决权授予 ADD 的做法，是反兴奋剂机构实质上从体育组织独立的非常关键的一步，对反兴奋剂运动公平公正地深入开展有巨大的促进作用。

二 对兴奋剂违纪团体的实体处罚规则的发展

（一）团体的反兴奋剂义务

《世界反兴奋剂条例》（The World Anti-doping Code，WADC）的第三部分，具体规定了 WADC 的签约方以及国家政府反兴奋剂的责任和义务，第 23.2.1 还规定各签约方应当根据其权限，在相应的职责范围内，通过政策、法令、规则或规章执行本条例的相关条款。据此，WADC 的签约方首先要保证其制定的规则与 WADC 相符，其次，应按 WADC 的要求推进反兴奋剂教育，开展兴奋剂调查，建立与 WADC 及其国际标准相符的治疗用药豁免制度，兴奋剂收集、运输、保管、检测、结果管理体系。

对于不履行 WADC 义务的团体，WADC 第 20 条要求国际奥委会、国际残奥会、国际单项联合会、重大赛事组织机构只能受理政府已批准、承

---

[1] 宋彬龄：《美国和日本兴奋剂案件独立仲裁程序研究》，《中国体育科技》2014 年第 2 期。

认、通过或加入联合国教科文组织通过的反兴奋剂国际公约和国家奥委会、国家残奥会和国家反兴奋剂组织已执行 WADC 的国家申办赛事的申请。也就是说，若国家未执行 WADC 的规定，它将无权申办奥运会、残奥会、世锦赛等重大体育赛事。WADC 第 23.6 条还规定了可能导致的其他后果，例如：收回其在 WADA 的办公室和职位、无权或禁止其得到在该国家举办国际赛事的候选资格、中止国际赛事以及依据《奥林匹克宪章》的象征性后果和其他后果。同时，WADC 第 12 条简单地规定：本条例不妨碍任何承认本条例的签约方或政府执行自己的规定，对其管辖的其他体育团体给予处罚。这就是说对体育团体的处罚，WADC 本身不做规定，完全由 WADC 的签约方或政府自行规定。

可见，对不遵守反兴奋剂义务的团体，WADC 并没有穷尽具体的处罚措施。当团体未遵守 WADC 的规定时，WADC 并没有像个人违纪处罚规则一样规定统一的、自动的或强制适用的处罚措施，而对兴奋剂违纪的团体处罚进行具体规定的体育组织或国际组织也很少，这与作为反兴奋剂主要手段的兴奋剂检查仍然是针对运动员个人有很大关系。所以，对相关组织的具体处罚，取决于案件性质及违纪的严重性。

但里约奥运会前夕被麦克拉伦报告所证实的俄罗斯国家操纵下系统地使用兴奋剂、逃避兴奋剂检查的事件，却不得不让 WADA、IOC 和 IFs 面对团体兴奋剂违纪的处罚问题，即是否要对其所管辖的俄罗斯奥委会或俄罗斯单项联合会进行处罚的问题。

（二）里约奥运会期间对团体兴奋剂违纪处罚的判例发展

在俄罗斯兴奋剂丑闻被披露后，国际田径联合会（International Association of Athletics Federations，IAAF）是最早对这一问题进行表态的国际单项联合会。2015 年 11 月，IAAF 委员会就根据 WADA 独立委员会的调查报告，认定俄罗斯田径领域存在系统性使用兴奋剂的问题，以大多数票通过了暂停俄罗斯田径联合会会员资格的建议。直到里约奥运会前夕，这一资格仍未被恢复。目前为止，根据 IAAF 章程（IAAF Constitution）第 14.7 条的规定，IAAF 并未对何时可暂停国家体育联合会的会员资格做具体规定，而是将这一决定权赋予了 IAAF 委员会的委员，由他们投票决定。

另一个对俄罗斯体育组织开出集体罚单的是世界举重联合会（Inter-national Weightlifting Federation，IWF）。根据 IWF《反兴奋剂政策》第 12.4 条，IWF 的执行委员会可在其成员涉嫌兴奋剂违纪或与兴奋剂相联系的行为，损害举重运动名声时，采取必要措施保护运动的荣誉和公正。IWF 的执行委员会考虑到被提名参加里约奥运会的八名俄罗斯举重运动员，有两名曾经因兴奋剂违纪被禁赛过，还有四名被麦克拉伦报告点名，认为他们受到了俄罗斯国家的保护，逃避了兴奋剂检查，同时，还有七名俄罗斯举重运动员在对伦敦和北京奥运会的样本的重检中被确认为阳性，因此认为俄罗斯举重联合会和举重队员破坏了举重运动的名声，禁止俄罗斯举重联合会参加里约奥运会。虽然俄罗斯举重联合会对此决定不服，申诉至 CAS，但 CAS 却认为 IWF 的决定适用法律正确、清晰、不模糊，满足了对整个体育联合会禁止参加奥运会的最基本的法律要求。俄罗斯举重联合会最有力的抗辩是，它认为第 12.4 条应仅仅在证实了运动员发生兴奋剂违纪时才可适用，这就需要首先给予运动员公平听证的解释机会，仅仅靠阳性检测结果不能假定运动员发生兴奋剂违纪。但 CAS 仲裁庭却不以为然，它认为第 12.4 条的适用并未要求证实发生了兴奋剂违纪，只需要与兴奋剂或兴奋剂违纪相联系即可。[①]

处罚最严厉的要数国际残奥会（International Paralympic Committee，IPC），2016 年 8 月 7 日，国际残奥会决定暂停俄罗斯残奥会（Russian Paralympic Committee，RPC）的会员资格，理由是它没有能力承担 IPC 成员的责任，尤其是遵守 IPC 反兴奋剂规则和履行 WADC 的义务。这一决定使得俄罗斯残奥会无法举荐运动员参加于 2016 年 9 月 7 日举行的里约残奥会。RPC 对此十分不满，向 CAS 提起申诉，CAS 认为本案的争点有三个：第一是 RPC 是否未履行其成员义务；第二是 IPC 的决定是否符合章程规定的程序；第三是暂停 RPC 会员资格的处罚是否过重。对于第一个争点，RPC 提出它们并没有参与系统性兴奋剂违纪计划，对麦克拉伦报告中出现的参

---

① *Russian Weightlifting v. International Weightlifting Federation*，CAS OG 16/09.

与系统性兴奋剂计划的俄罗斯反兴奋剂机构、俄罗斯体育部等，也没有监督和管理的权力，因此它没有能力知晓这些机构所从事的兴奋剂违纪行为，也不应该让 RPC 承担由于第三人过错而产生的责任。但 CAS 却认为根据 WADC 第 20.4.10 条，RPC 对兴奋剂不只是消极的不参与，还包括在其管辖范围内积极追查所有潜在的兴奋剂违纪行为并积极进行兴奋剂调查的义务，而且 RPC 对 IPC 及其成员有确保在俄罗斯境内没有兴奋剂违纪行为的责任，尽管俄罗斯反兴奋剂机构、俄罗斯境内的反兴奋剂实验室等也有反兴奋剂义务，但 RPC 仍有自身的责任。但现在麦克拉伦报告等证据显示，RPC 并没有履行此义务。对于第二个争点，CAS 查实了 IPC 对暂停会员资格有规定明确的、合理的程序，IPC 也是按照该程序对 RPC 进行处罚的。对于第三个争点，CAS 认为现有证据表明俄罗斯存在大规模的、有组织的兴奋剂违纪行为，大量运动员牵涉其中，给残奥会的公正性带来很大的损害，因此有必要严厉处罚，且暂停会员资格能达到处分违纪行为、预防再次违纪、重振公众信心的效果，RPC 又没有提出其他既能替代暂停会员资格，又能达到相同效果的恰当的处罚措施，因此，对 RPC 的处罚并非过重。①

（三）团体兴奋剂违纪处罚规则的法律限制

虽然对兴奋剂违纪的团体的具体处罚规则很少，但各体育组织都通过对自身规则的适用和解释来决定处罚问题。从里约奥运会期间相关案件的审理来看，尽管各体育组织在团体兴奋剂违纪的处罚上有很大的自由裁量权，但根据 CAS 仲裁庭对原告抗辩的分析，以下法律原则在一定程度上限制了该权利的行使。

第一，处罚决定必须能在组织章程或其他规定中找到依据。即处罚决定应包含被处罚人违反的具体规则及处罚原因，在上文针对 IWF 的案件中，CAS 明确指出这是兴奋剂处罚的最基本的法律需求。

第二，处罚应当遵守程序公正原则，处罚程序应涵盖正当程序的要

---

① *Russian Paralympic Committee v. International Paralympic Committee*，CAS 2016/A/4745.

素，尤其是被处罚人的听审权，RPC 诉 IPC 案中的争点二就与此有关。

第三，处罚应适用比例原则，处罚轻重应与违纪的严重性成正比，即使处罚措施能达到组织的目的，但也禁止实施给成员带来不必要、不适当伤害的处罚措施，换句话说，如果用其他较轻的处罚措施能带来同样的效果，就不应当过度处罚，RPC 诉 IPC 案中的争点三就详细地阐述了这一问题。

尽管 CAS 支持了上述团体对其所管辖的俄罗斯体育组织的集体处罚决定，但也产生了许多争议，而有关此问题的规定过少则是争议产生的主要原因。即使存在限制处罚决定的法律原则，但它固有的灵活性，也为具体的适用带来一定的不确定。比如 RPC 诉 IPC 案中，仲裁庭对比例原则的适用，笔者认为值得商榷。事实上，包括 IOC 在内的许多体育组织面临着比 IPC 更严重的俄罗斯兴奋剂违纪问题，但 IOC 却未对俄罗斯奥委会进行处罚，却将处罚的权力授予了各国际单项联合会，而 IOC 的决定也被 CAS 仲裁庭予以了极大的肯定，也就是说 IOC 的做法可以成为 IPC 的参考。根据比例原则，如果用较轻的处罚措施能带来同样的效果，就不应给成员过度处罚，也就是说既然 IOC 的处罚措施也可达到相同效果，那现在的处罚就过重了。另外，根据比例原则，处罚的轻重应与违纪的严重程度成比例，而违纪人的过错程度是违纪严重程度的主要考察因素，但 CAS 在此问题上并没有做考察，只是指出了 RPC 有过错，是属于重大过错还是微小过错并没有考察，而 CAS 也承认了 RPC 没有参与也不知道正在发生的系统性违纪计划，对参与其中的俄罗斯体育部、俄罗斯联邦调查局、俄罗斯反兴奋剂机构等也没有管理和监督的能力，那么即使 RPC 有过错，其过错程度也较低，不应当对其适用最严重的暂停会员资格的处罚。

另外，根据 WADC 第 20.4.10 条对 RPC 进行处罚也十分牵强，该条所规定的在管辖范围内积极追查所有潜在的兴奋剂违纪行为并积极进行兴奋剂调查的义务是一个内容极其广泛的义务，而如将之具体化则是 RPC 应按 WADC 的要求推进反兴奋剂教育，开展兴奋剂调查，建立与 WADC 及其国际标准相符的治疗用药豁免制度，兴奋剂收集、运输、保管、检测、结果管理体系。但在现在的案件中，没有证据显示 RPC 违反了哪一项具体义务，而 CAS 仅因为 RPC 在执行反兴奋剂政策过程中因他人破坏导致效果不佳，最终归咎于 RPC 是不恰当的。就像幼儿园在管理孩子的过程中尽了最大的注意义务，但仍然有可能因为不可防范的意外使孩子受伤，这时让幼儿园来承担责任是不对的。这种只论危害结果，而不论危害行为的违纪构成认定方法是违反第一条原则的，实际上有连坐之嫌。俄罗斯兴奋剂丑闻涉及许多运动员和组织，但现有证据只能证明小部分运动员和组织确有参与，在对团体进行处罚过程中，应根据该团体本身的情况进行考量，根据考察团体本身的规则、与该团体有关的涉案证据等，而不应盲目地推定所有团体都牵涉其中，都已经被该系统污染而应承担责任。

因此，在如何对兴奋剂违纪的团体进行处罚的问题上，相关的规则还应当像对个人处罚的规则一样，向具体化、统一化、可执行化的方向发展。

三　兴奋剂违纪团体实体处罚中个别正义的发展

（一）里约奥运会期间个别正义的实践

当决定对体育社团进行集体处罚时，兼顾个别正义也是其中特别需要考虑的问题。比如在本次俄罗斯兴奋剂事件中，虽然俄罗斯体育部门和反兴奋剂部门采取了一系列有组织的逃避兴奋剂检查和篡改样本的措施，但也并非每个运动员都参与其中，从麦克拉伦报告中也可以看出，俄罗斯体育部门也是根据情况由其体育部副部长决定是否对某个运动员提供保护，因此显然会有一些运动员未受到该国国家体制的保护。所以，在对体育社团进行集体处罚时，比如集体禁赛时，如何灵活地给予其中无过错的运动员参加比赛的机会以及不受处罚影响的机会，就成为实现个别正义的重要问题。

为了保障个人正义，IAAF 对其比赛规则进行了修改。根据 IAAF 比赛规则（IAAF Competition Rules）第 22.1（a）条，当国家联合会被 IAAF 暂停资格时，该国运动员不能参加国际比赛，这直接导致了所有俄罗斯田径运动员无法代表俄罗斯参加里约奥运会。可能 IAAF 考虑到这种处罚过于严厉，因此针对运动员设置了一些例外。IAAF 后来在其比赛规则中增加了第 22.1.A 条款，规定：

> 1 A. 虽然有 22.1（a）的规定，但在满足以下任一条件的特殊情况下，委员会也可允许被 IAAF 暂停会员资格的运动员以中立运动员的身份参加某一些或所有的国际比赛，如果某个运动员能清楚而有说服力地证明：
>
> （a）国家田径联合会并不是因为没有它没有保护干净运动员，比赛公平和体育的诚实可靠而被暂停会员资格的；
>
> （b）如果国家田径联合会是因为没有它没有保护干净运动员，比赛公平和体育的诚实可靠而被暂停会员资格的，但是（i）在一个充分长的时间段内，某个运动员是处于该国家联合会之外的其他的、足够充分的系统的支配下，这为其诚实提供了实质性的客观保障，使得其国家联合会的失职不会影响或污染到该运动员，并且；（ii）运动员在这段时间内充分接受了各项赛内赛外的药物检查，药物检查的质量要与同该运动员在国际大赛上竞争的其他运动员接受的药物检查一样；或者
>
> （c）运动员对保护和促进健康运动员、公平竞争、体育的完整性与真实性，作出了真正杰出的贡献。[①]

2016 年 7 月 3 日，俄罗斯奥委会和 68 名俄罗斯运动员向 CAS 申诉，要求 CAS 审查 IAAF 比赛规则第 22.1 条（a）、第 22.1.A 条的有效性、可执行性、适用范围问题，但 CAS 很快驳回此申诉，认为这些条款是符合《奥林匹克宪章》的。[②]

有趣的是，在俄罗斯某著名跳远运动员的案件[③]上却显现出 IAAF 条

[①] IAAF, "Exceptional Eligibility Guidelines for International Competition", http://competition-elb.aws.iaaf.org/news/press-release/guidelines-russian-athletes-exceptional-eligi.

[②] CAS, "CAS Rejects the Claims/Appeal of the Russian Olympic Committee and of 68 Russian Athletes", http://www.tas-cas.org/fileadmin/user_upload/Media_Release_4684_210716.pdf.

[③] *Darya Klishina* v. *IAAF*, CAS OG 16/24.

款的一些漏洞。在该案中，IAAF 认定运动员的基本情况为：有 86.6% 的时间待在国外，并在 2014 年 3 月取得了美国的永久居住权；从 2013 年 10 月开始在美国教练的指导下训练，且经常参加国际巡回比赛；在相关时间段内有 11 例样本是在俄罗斯以外收集的；2016 年 6 月有 1 例样本在俄罗斯收集但送交境外检验。由此，IAAF 认为运动员满足了前文所述的第 22.1.A.（b）条所规定的允许运动员参加比赛的两项条件，即她在一个充分长的时间段内在国外，没有被本国联合会污染，也充分地接受了各类国际上的合格的药物检查。因此 IAAF 允许该运动员以中立运动员的身份参加里约奥运会。但几天后事情却发生了逆转，麦克拉伦报告的一些附件资料指出了该运动员涉嫌受到国家保护的证据，包括：1 例样本初检呈阳性，但根据俄罗斯体育部的命令掩盖了阳性结果；2 例样本瓶上有明显抓痕，很可能出现样本篡改。对此，该运动员声称她如果知道自己被俄罗斯国家保护，一定不会住在国外，这是在其不知情的情况下，俄罗斯体育部做出的行为，与她无关。但 IAAF 还是根据这些材料，改变决定，重新裁定该运动员不能被允许参加里约奥运会。运动员对此决定不满，向 CAS 提出申诉，CAS 的裁决也出乎人的意料。CAS 仲裁庭认为，俄罗斯田径运动员是否能以中立运动员的身份参加里约奥运会，只能根据 IAAF 比赛规则第 22.1.A 条所规定的条件严格加以认定，而运动员的一系列情况满足了规定条件，虽然麦克拉伦报告指出了证据，但依然不影响运动员对第 22.1.A 条条件的满足，即其依然确实常年居住于国外并接受了足够的合格的国际药物检查，因此运动员应当被允许以中立运动员的身份参赛。CAS 仲裁庭还特别指出，该案体现了 IAAF 规则缺乏对运动员参赛资格问题进行恰当、充分、系统的考虑。

与 IAAF 不一样，IWF 和 IPC 并没有给予运动员其他方式的参赛机会，俄罗斯举重运动员也没有再就此提出异议，但 RPC 在 CAS 暂停其会员资格的案件裁决之后，向 IPC 提出了接受那些能证明自己"干净"的俄罗斯运动员参加残奥会的申请，但 IPC 拒绝了此请求，并于 2016 年 9 月 1 日，宣布不允许俄罗斯运动员以中立运动员的身份参加里约残奥会，原因是俄罗斯运动员不能参加里约奥运会是 RPC 没有履行反兴奋剂义务而被暂停会员资格的不可避免的结果。

显然，IAAF 比 IWF、IPC 更注重个别正义，通过规则的修改给予了无过错运动员以参赛机会。但是，在设置这种例外条款时，应科学合理地进行全方位的考虑，保证设定的标准能准确地排除那些确实无过错、未被污染的运动员。

（二）兴奋剂违纪团体处罚中个别正义保护的必要性探讨

在处罚团体导致其成员无法参赛时，是否设置特别条款保障无过错运动员的参赛权，是里约奥运会期间，各体育组织面临的新问题。从 IAAF、IWF、IPC 的不同做法来看，体育组织对此看法不一。IAAF 设置特别条款的原因在于有证据表明，俄罗斯的兴奋剂丑闻并未涵盖所有人，在国家、体育组织管理人员及大多数运动员参与的情况下，存在部分干净且遭受迫害的运动员，若再因团体处罚侵害这些人的利益，会违反公平公正原则。但 IWF、IPC 的做法也有一定的合理性，即团体违纪的处罚结果对无辜或不知情成员产生的不利影响，可加强此类人员对团体的监督，从而规范团体治理。就像刑法中的单位犯罪都会因处罚单位而使无辜的股东、投资者、单位成员的利益受损，单位犯罪的设立并不是为了保护这些人的利益，而是为了促进单位完善管理，否则就没有设立单位犯罪的必要。[①] 笔者认为，在团体处罚中没有个别正义保护的必要，若觉得对大多数团体成员不公平，唯一的办法就是不对团体进行处罚。

首先，从监督的角度出发，尽管在复杂的体育管理层级结构下，运动员的监督作用已经不那么明显，但是体育组织作为自治组织的本质并没有改变，其依然是遵循内部民主程序推选管理人员或做出决策，而司法等外部力量对体育自治的干预依然很少。因此，在外部监督有限的情况下，只能本着传统的治理路径，通过处于组织最基层的运动员力量，自下而上推动本组织内兴奋剂管理的改革。而这样一种内部监督在现在的管理体制

[①] 叶良芳：《论单位犯罪的形态结构——兼论单位与单位成员责任分离论》，《中国法学》2008 年第 6 期。

下，也并非无法实现。因此，在团体因严重过错受处罚时，由无辜的成员推动内部改革，是加强团体监督的有效途径。从这一角度来说，体育组织确实没有必要专门规定允许无过错运动员以中立运动员的身份申请参赛。

其次，从处罚的原因看，大多数中立运动员都是因为战争或其他政治原因其所在的国家奥委会被取消参赛资格，其无法代表其本国参赛，比如，科威特奥委会曾因国际奥委会认定科威特政府违规干预科威特奥委会的工作而被取消参加里约奥运会的资格，科威特运动员只好以中立运动员身份参赛。[①] 这就与俄罗斯的情况有很大不同，以往被允许参赛的中立运动员，在其所在团体被禁赛的问题上，不仅仅对团体禁赛没有过错，而且也没有能力监督团体的违纪行为，没有能力避免违纪行为的发生，因此，不允许他们参赛，对于违纪行为的避免和改进没有任何意义。所以，是否允许运动员以中立运动员的身份参赛，有必要区分其不能代表本国参赛的原因。

最后，从法律的角度上说，个别正义的保障并非人权原则的应有之义。在确有证据证明某运动员无过错的情况下，仍然让其承受团体带给他的不利后果，就其个人来说，确有不公。但这并不违反人权保护原则，因为根据人权法，并非所有的侵害个人权利的行为都是违法的，为了正当的理由，为了普遍的正义而在一定限度内限制个人正义是被法律所允许的。为了达到更好的反兴奋剂目的，给兴奋剂违纪团体以更有效的惩戒，适当地牺牲运动员的个人利益并不过分，况且既然运动员加入了该团体，就意味着他同意承担团体的责任，包括违纪责任给其带来的不利后果。

因此，在俄罗斯兴奋剂事件中，让团体禁赛的成员以中立运动员身份参加国际比赛，并不利于团体的优化治理和反兴奋剂斗争的有效开展。但是否允许运动员以中立运动员身份参赛以及在什么条件下参赛，属于赛事组织机构的内部自治事务，只要不违反基本的法律原则和法律的强制性规定，司法并无干预的必要。

---

① 林德韧、李铮：《心酸！科威特孤独神枪夺冠，领奖台没有国旗 + 国歌》，http://sports. 21cn. com/rio2016/a/2016/0811/12/31411661. shtml。

四 兴奋剂调查过程中临时处罚规则的发展

（一） 里约奥运会期间国际奥委会的临时禁赛标准

对于俄罗斯兴奋剂事件，虽然包括 IOC 在内的很多国际体育组织，并没有对其所辖的俄罗斯国家体育组织进行集体处罚、集体禁赛，但面对这种严重破坏体育竞赛公平的行为，各体育组织又不能无所作为，尤其是当时里约奥运会即将来临，必须对该事件进行处理。事实上，面对这种紧急情况，更多的体育组织选择了有条件的临时禁赛。

IOC 由于麦克拉伦报告并未指出俄罗斯奥委会参与俄罗斯国家兴奋剂违纪的证据，而并未对 ROC 作出集体禁赛的处罚。但是，鉴于情况的严重性，IOC 认为每个准备参加里约奥运会的俄罗斯运动员都有可能被该国兴奋剂系统污染，对他们不能再适用"无罪推定"。而根据自然正义规则，个别正义是每个人都应享有的，在此情况下也应当维护。这就意味着，每个受污染的运动员都应当获得根据其自身情况推翻集体责任的机会。① 根据上述思路，IOC 执行委员会决定：

> IOC 不接受任何俄罗斯运动员参加 2016 年里约奥运会，除非这些运动员满足以下条件：
>
> （1） 只有运动员提供充分证据证明其满足了其本人所属的 IFs 的以下条件，IOC 才能接受其参加里约奥运会：第一，IFs 在选拔俄罗斯运动员时，要适用 WADC 和 6 月 21 日奥林匹克峰会达成的原则；第二，国内反兴奋剂检测中没有阳性检测结果并不能被 IFs 视为没有兴奋剂违纪的充分证据；第三，为了保证比赛公平，IFs 应当仅以充分可靠的国际检验结果为参考，对每个运动员的反兴奋剂记录进行个

---

① IOC, "*Decision of the IOC Executive Board Concerning the Participation of Russian Athletes in the Olympic Games Rio 2016*", https://www. olympic. org/news/decision-of-the-ioc-executive-board-concerning-the-participation-of-russian-athletes-in-the-olympic-games-rio – 2016.

案分析，同时考虑运动员所在项目的具体情况及其规则；第四，IFs
应分析麦克拉伦报告包含的信息，并向 WADA 索要受该报告牵连的运
动员和国家单项联合会的信息，任何被牵连的人或组织都不能参加里约
奥运会；第五，IFs 可行使对整个国家单项联合会进行处罚的权力。

（2）俄罗斯奥委会不允许任何曾因兴奋剂被禁赛的俄罗斯选手参
加 2016 年里约奥运会，即便他的禁赛期已结束。

（3）俄罗斯运动员参加里约奥运会还应得到一名由国际体育仲裁
理事会从 CAS 仲裁员名单中委任的、独立于里约奥运会任何体育组
织的专家认可。

（4）俄罗斯运动员参加里约奥运会应接受额外的赛外的严格兴奋
剂检测。

根据 IOC 的上述决定，IFs 和俄罗斯奥委会立即开始对已经被提名参
加里约奥运会的运动员进行筛查，最终确定了实施临时禁赛和参加奥运会
的运动员。但被临时禁赛的许多运动员就 IOC 的决定向 CAS 提出了挑战，
在这些案件中，CAS 对 IOC 决定的合理性进行了充分的考察。

CAS 在一个案件中①充分地讨论了在相关案件中就 IOC 决定普遍存在
的几个争点，该案中的俄罗斯赛艇运动员同样被麦克拉伦报告点名，认定
其在某次兴奋剂检测中，样本初检呈阳性，但根据俄罗斯体育部的命令阳
性结果被掩盖了，该案中运动员就以下几个问题提出了挑战。

第一，IOC 及 IFs 没有权力做此决定。运动员认为其不满 IOC 决定提
起的上诉属于兴奋剂纠纷，应当由有关的反兴奋剂机构做出决定，而不是
由 IOC 及 IFs 做出决定。但 CAS 认为该案是对参赛资格的判断，是 IOC 面
对俄罗斯系统性兴奋剂违纪的特殊情况所做出的特别安排，即由于证据显
示很多俄罗斯运动员都可能卷入有组织的兴奋剂违纪事件中，所以运动员
只有证明他没有受此系统的保护并从中获益，才有资格参加里约奥运会。
因此，此案解决的是参赛资格问题，IOC 及 IFs 有权做出决定。

---

① *Ivan Balandin v. FISA & IOC*, CAS OG 16/12.

第二，IOC 决定的有效性问题。运动员认为 IOC 是根据未对俄罗斯兴奋剂事件进行彻底调查的麦克拉伦报告所做出的决定，该决定是无效的。但仲裁庭认为，IOC 在对所有俄罗斯运动员适用集体责任和保护运动员的个人权益之间进行了平衡，为俄罗斯运动员参加里约奥运会制定了标准。IOC 是本着善良公平的意图来处理此问题，是为了给未被俄罗斯违纪系统牵连的运动员一次参加里约奥运会的机会。另外，IOC 作为一个独立的社团也有处理此问题的自治权，也遵守了自然正义原则，CAS 应当尊重其自治权。

第三，"受牵连"的认定问题。在 IOC 决定第（2）条第（4）点中，IOC 认为受麦克拉伦报告牵连的人都不允许参加里约奥运会，何谓"受牵连"，因为用语的模糊性，其成为后来争议中反复提及的问题。后来 IOC 在给各 IFs 的信件中解释，并非每一个麦克拉伦报告中提及的运动员都被牵连，IFs 应自行根据麦克拉伦报告及其提交的其他材料的信息，确定运动员是否受到俄罗斯国家操纵的兴奋剂系统的牵连。可见，是否"受牵连"由 IFs 根据个案判断，比如该案中，有邮件等证据证明运动员有问题的检测发生的准确时间、地点、被查出的禁用物质、检测结果被篡改的过程等，而运动员也未举出有力证据反驳，因此被确认为"受牵连"。

但是，就 IOC 决定第（3）点提出的挑战却被仲裁庭接受，在 CAS 里约临时仲裁庭受理的第 4 起[①]和第 13 起案件中[②]，运动员都曾因兴奋剂违纪被禁赛，俄罗斯奥委会和其所在的单项联合会根据 IOC 决定第（3）点，不再允许他们参加里约奥运会。运动员认为，他们已经因为兴奋剂违纪被处罚过，而 IOC 不允许他们参加里约奥运会，属于因一次兴奋剂违纪对他们做出两次处罚，这违反了一事不再罚原则。仲裁庭认为，IOC 决定第（3）点并没有给予曾经违纪的运动员任何反驳"有罪推定"的机会，这不符合 IOC 所承认的自然正义原则。同时，根据以往的 CAS 2011/O/2422 美国奥委会诉 IOC 案以及 CAS 2011/A/2858 英国奥委会诉 WADA 案，

---

① *Yulia Efimova v. ROC，IOC&FINA*，CAS OG 16/04.

② *Anastasia Karabelshikova & Ivan Podshivalov v. FISA&IOC&RRF&ROC*，CAS OG 16/13.

如果禁止某人参加比赛的目的是处罚某人的先前行为，禁止参加比赛可以被视为一次因过去违纪行为而引起的处罚，而不属于参赛资格规则，而现在 IOC 决定第（3）点就可以视为对运动员的再一次处罚，确实违反一事不再罚原则。因此，仲裁庭认为 IOC 决定第（3）点不能执行。

可见，对于 IOC 所制定的临时禁赛标准，除了第（3）点的内容，CAS 都给予了肯定。

（二）里约奥运会期间各 IFs 制定的具体的临时禁赛标准

面对 IOC 将俄罗斯运动员参赛资格的确定权授予 IFs 的决定，各 IFs 为了落实 IOC 的决定，制定了更为具体的临时禁赛标准。如国际赛艇联合会（International Rowing Federation，FISA）提出，为了落实 IOC 的决定，尤其是第（2）条第（3）点的要求，FISA 认为在赛艇项目上，运动员参加里约奥运会要满足以下条件：从 2015 年 1 月到 2016 年 7 月这 18 个月中，俄罗斯赛艇运动员必须接受至少三次的反兴奋剂检查，且该检查由 WADA 授权的除莫斯科外的其他实验室进行，并将结果登记在反兴奋剂运行管理系统（Anti-Doping Administration and Management System，ADAMS）。在同一天内进行的尿检、血检或多次检查都视为一次反兴奋剂检查。

FISA 解释，之所以这么规定是根据 IOC 的决定，考虑到了赛艇项目的一些特征，包括：第一，俄罗斯赛艇联合会（Russian Rowing Federation，RRF）在最近几年一直有使用兴奋剂的案件发生；第二，合理地平衡对俄罗斯境内外干净运动员的权利保护；第三，相比其他项目，FISA 的赛事所进行的反兴奋剂检查较少，大多数的检查都由国内反兴奋剂机构完成；第四，WADA 的指引中提到，所谓客观、有效的兴奋剂检查是指对注册运动员每年至少三次赛外检查。综上，18 个月内三次反兴奋剂检查的要求是合理的。

可惜的是，有 17 名俄罗斯赛艇运动员没有满足 FISA 的这一要求，他们集体向 CAS 提出仲裁申请。他们认为 FISA 的决定存在以下几个问题。

第一，FISA 的决定偏离了 IOC 的决定。运动员认为，IOC 并没有要求在 18 个月内进行三次反兴奋剂检查，也没对怎样才算一次检查做出具体规定，FISA 的标准属于 IOC 决定之外附加的要求，与 IOC 的决定不一致。但仲裁庭却认为，IOC 第（2）条第（3）点要求："应当仅以充分可靠的国际检验结果为参考，对每个运动员的反兴奋剂记录进行个案分析，同时考虑运动员所在项目的具体情况及其规则。"那么，由于麦克拉伦报告指出了莫斯科实验室及俄罗斯其他实验室存在严重的问题，FISA 可以将"充分可靠的国际检验结果"理解为由 WADA 授权，除莫斯科以外的其他实验室的分析结果。其次，一次国外检查不能算充分的检查，FISA 确定三次检查考虑到了赛艇项目的独特性，包括俄罗斯长期用药的历史，赛艇项目需要大量的体力和耐力，运动员容易受到兴奋剂的诱惑，但 FISA 赛事所进行的反兴奋剂检查又较少，更考虑到了 WADA 的指引，这些考虑都是合理的，也充分体现了 IOC 决定的精神，被 IOC 所肯定。因此，FISA 的决定没有偏离 IOC 的决定。

第二，FISA 的决定违反了法不溯及既往原则。运动员认为，FISA 的决定属于刚刚颁布的新规定，根据法不溯及既往原则，应当没有溯及力，不能用于评价运动员以前的检验情况。但仲裁庭却认为法不溯及既往原则是针对新的规则，但本案中，FISA 并没有制定新的规则，其规定源于 IOC 的决定，而 IOC 决定的内容并非新的规则，而是指引 IFs 查找相关的证据，以确定某一运动员是否被俄罗斯兴奋剂系统所污染，包括运动员反兴奋剂检查记录等。因此，这里所涉及的是证据问题而非实体问题，法不溯及既往原则只适用于实体性问题，而不适用于证据等程序问题。

第三，FISA 的做法违反善意原则。运动员认为，FISA 拒绝了俄罗斯赛艇联合会提出的再次对俄罗斯运动员进行检查的要求，认为这是心怀恶意地将俄罗斯运动员驱逐出奥运会的做法。但仲裁庭认为，在赛艇项目上，有效的反兴奋剂政策需要在一段时间内持续地检查运动员，尤其是重大的体育赛事，有意欺骗的运动员通常在奥运会开始之前就会完成他逃避检查的准备，最后的检查将不再起作用。

（三）兴奋剂调查过程中临时禁赛规则的具体化

现在 WADC 规定的临时禁赛规则，对兴奋剂检查中发现的涉嫌兴奋

剂违纪行为，做了相对具体的规定，包括强制性临时禁赛，即 WADC 第
7.9 条规定的如果出现非特定物质阳性检测结果，则应立即实施临时禁
赛，另一种是选择性临时禁赛，即若兴奋剂检查中出现特定物质阳性检测
结果、受污染产品引起的兴奋剂违纪或其他兴奋剂违纪，相关机构可以给
予临时禁赛。可见，WADC 没有对兴奋剂调查中发现的涉嫌违纪行为，应
在何时给予临时禁赛做具体规定，而是由体育组织自由裁量。从里约奥运
会的实践情况来看，CAS 相对肯定了各体育组织适用的临时规则。因此，
对今后发生的兴奋剂调查中发现可疑违纪行为的处理，可参考里约奥运会
期间制定的规则。

在判断是否采取临时措施的问题上，裁判机关要考虑以下几个问题，
包括申请人胜诉的可能性、若不采取临时措施申请人是否会受到无法弥补
的损失、采取临时措施对双方的伤害的大小等①，CAS 仲裁规则也有类似
的规定。参考里约奥运会的实践，在处理兴奋剂调查中发现的违纪问题
时，可将这几个方面具体化为以下参考因素。

对申请人胜诉可能性的判断，应对运动员的反兴奋剂记录进行个案
分析，参考充分的、可靠的兴奋剂检验结果，考虑运动员所在的项目的
具体情况及其规则以及现有的其他证据所包含的信息，必要的时候再进
行额外的检验，来推断运动员违纪的可能性，即要在充分的证据基础上
进行判断。

对不临时禁赛申请人是否会受到无法弥补的损失的判断，应考虑反兴
奋剂组织是否可以在比赛前或比赛结束后较短的时间内收集到更多证据，
若能在短时间内通过更进一步的兴奋剂调查获得更多可靠证据，则即使运
动员参赛获奖，若查实其违纪，也能马上取消其成绩，剥夺其获得商业价
值的机会，就不会对比赛公平造成过多的损害。

对临时禁赛对双方当事人的伤害大小的判断，应根据所参加比赛的类
型及其商业价值、所参加比赛的可替代性、运动员的运动寿命、运动员获

---

① 刘峰江：《民事诉讼临时救济制度实质要件比较研究》，《湖州师范学院学报》2010 年第
5 期。

得奖牌的可能性等来进行判断。比如一名年龄偏大的游泳运动员，平时成绩表明其有望冲击奥运会奖牌，若他错过一次奥运会，就可能再无成功的机会，这时对他的奥运会的禁赛应十分谨慎。

除此之外，还应遵守相关法律原则，比如 IOC 决定第 3 条就因违反一事不再罚原则和自然正义原则而被宣告无效。另外，笔者认为，FISA 的决定违反了程序公正原则，虽然 CAS 对此决定予以肯定，FISA 要求运动员至少进行三次除莫斯科实验室外的兴奋剂检查，但对是否检查、检查多少次等问题，运动员自己无法决定，只能接受相关反兴奋剂机构的安排。参赛条件应当是运动员通过自己的努力能够达到的条件，但兴奋剂检查的次数显然不是运动员通过自己的努力就能达到的，这等于剥夺了运动员的参赛资格和抗辩机会，因此笔者认为这违反了程序公正原则。

五 对我国的启示

尽管里约奥运会期间的反兴奋剂规则和判例大多是为了应对外界压力而仓促出台的，但依然能给我国反兴奋剂运动的开展以下启示。

1. 建立独立的兴奋剂纠纷解决机制是大势所趋

兴奋剂纠纷解决机制的独立性，首先体现在组织机构的独立上。ADD 的设立是 IOC 向世界的一次表态，表明其愿意将兴奋剂处罚权交给独立的机构处理，是其内部改革的一项重要举措。这种体育组织内部独立的第一审救济程序能增强其本身的公信力，可使当事人不会因为程序不公而产生过于强烈的申诉诉求，从而减轻当事人的诉累，更好地保障当事人的权益。ADD 的设立是 IOC 的善治之举，各国和体育组织应当对此加以借鉴。兴奋剂纠纷解决机制的独立性，还体现在程序本身的独立上。兴奋剂纠纷具有许多不同于其他体育纠纷的特征，对运动员利益的影响尤为重大，因此 IOC 将兴奋剂纠纷与其他纠纷分离，兴奋剂纠纷由 ADD 专门处理，体现了对兴奋剂纠纷的特殊性的认识，这也值得肯定。我国虽然已经设立了兴奋剂违规听证制度，但不管是在组织机构上还是程序上，都没有太多的独立性和特殊性，兴奋剂纠纷解决机制独立性的建设依然是我国体育体制改革的重要组成部分。①

2. 重视反兴奋剂规则的细化

各体育组织对俄罗斯兴奋剂事件的处理结果各不相同，CAS 也肯定了这样的差异。虽然 CAS 尊重体育组织自治权的做法并无法律上的过错，但曾几何时，就因为各体育组织对兴奋剂违纪的运动员处罚不一，而使运动员倍感不公，导致反兴奋剂运动受到了极大的阻碍，从而倒逼各界组建WADA 并出台 WADC，而 WADC 的首要宗旨就是"确保在发现、遏制和防止使用兴奋剂方面，形成国际和国家层面上的协调一致的有效的反兴奋剂体系"。既然 WADC 的主要任务是统一世界的反兴奋剂体系，那么就不应仅仅在对个人处罚问题上做到这一点，在兴奋剂违纪的团体的处罚规则、兴奋剂违纪团体处罚时个别正义保障规则以及兴奋剂调查过程中临时禁赛规则上也应该尽量统一，以免运动员因其所处的运动项目、运动团体以及所属国家的不同而在同等情况下面临截然不同的处罚。因此，我国在兴奋剂规则的制定上，也应吸取本次里约奥运会的教训，在反兴奋剂规则尤其是兴奋剂调查规则方面应当尽量细化，同时，我国作为 WADA 的重要成员，也应当在这一问题上积极地表达出自己的立场，推动 WADC 的规则细化。

3. 严格法律对反兴奋剂规则的审查

虽然因为社会分工的专业化和精细化，有必要尊重行业自治，不应过多地以法律来评断行业内的专业性、技术性事实。但从里约奥运会上发生的案例来看，过于宽松的法律管制会造成显失公平的结果。尤其是在当前体育行业结构日趋复杂的情况下，忽视基本人权原则、忽视世界普遍遵守的基本法律原则会造成自治权的滥用，使体育组织的成员利益得不到基本的法律保障。因此，我国体育组织在制定自身规则时，应当严格遵守各项法律原则和相关的法律规则。同时，审查机构也应当严格按照法律原则原本的含义、目的、界限、适用方法等来判断相关规则有无违反法律原则，而

---

① 夏婧：《我国兴奋剂违规行为听证制度的历程评价与发展对策》，《天津体育学院学报》2016 年第 2 期。

不能因原则的抽象性而随意适用，这样才能实现自治和法治的协调共融。

当然，里约奥运会期间的兴奋剂事件所引起的反思远不止于此，如何加强反兴奋剂调查、改革 WADA 的治理结构等问题也是今后反兴奋剂运动中的重要课题，篇幅所限，在此不再赘述。总之，里约奥运会上对反兴奋剂规则的发展尽管有不尽完美之处，但它所引发的问题却值得各界不断地对反兴奋剂规则进行反思，从而完善 WADC 的反兴奋剂体系，并进一步推动反兴奋剂运动的开展，保障体育运动的公平公正。

（作者简介：宋彬龄，湘潭大学法学院讲师；韩海霞，湘潭大学法学院硕士研究生）

图书在版编目（CIP）数据

民商法论丛. 第 67 卷 / 梁慧星主编. -- 北京：社
会科学文献出版社，2018.11
ISBN 978 - 7 - 5201 - 3494 - 1

Ⅰ. ①民…　Ⅱ. ①梁…　Ⅲ. ①民商法 - 研究 - 文集
Ⅳ. ①D913.04 - 53

中国版本图书馆 CIP 数据核字（2018）第 214926 号

民商法论丛　第 67 卷

主　　编 / 梁慧星

出 版 人 / 谢寿光
项目统筹 / 刘骁军
责任编辑 / 关晶焱　张　娇

出　　版 / 社会科学文献出版社·集刊运营中心（010）59367161
　　　　　　地址：北京市北三环中路甲 29 号院华龙大厦　邮编：100029
　　　　　　网址：www.ssap.com.cn
发　　行 / 市场营销中心（010）59367081　59367018
印　　装 / 三河市龙林印务有限公司

规　　格 / 开　本：787mm × 1092mm　1/16
　　　　　　印　张：26.25　字　数：395 千字
版　　次 / 2018 年 11 月第 1 版　2018 年 11 月第 1 次印刷
书　　号 / ISBN 978 - 7 - 5201 - 3494 - 1
定　　价 / 98.00 元

本书如有印装质量问题，请与读者服务中心（010 - 59367028）联系